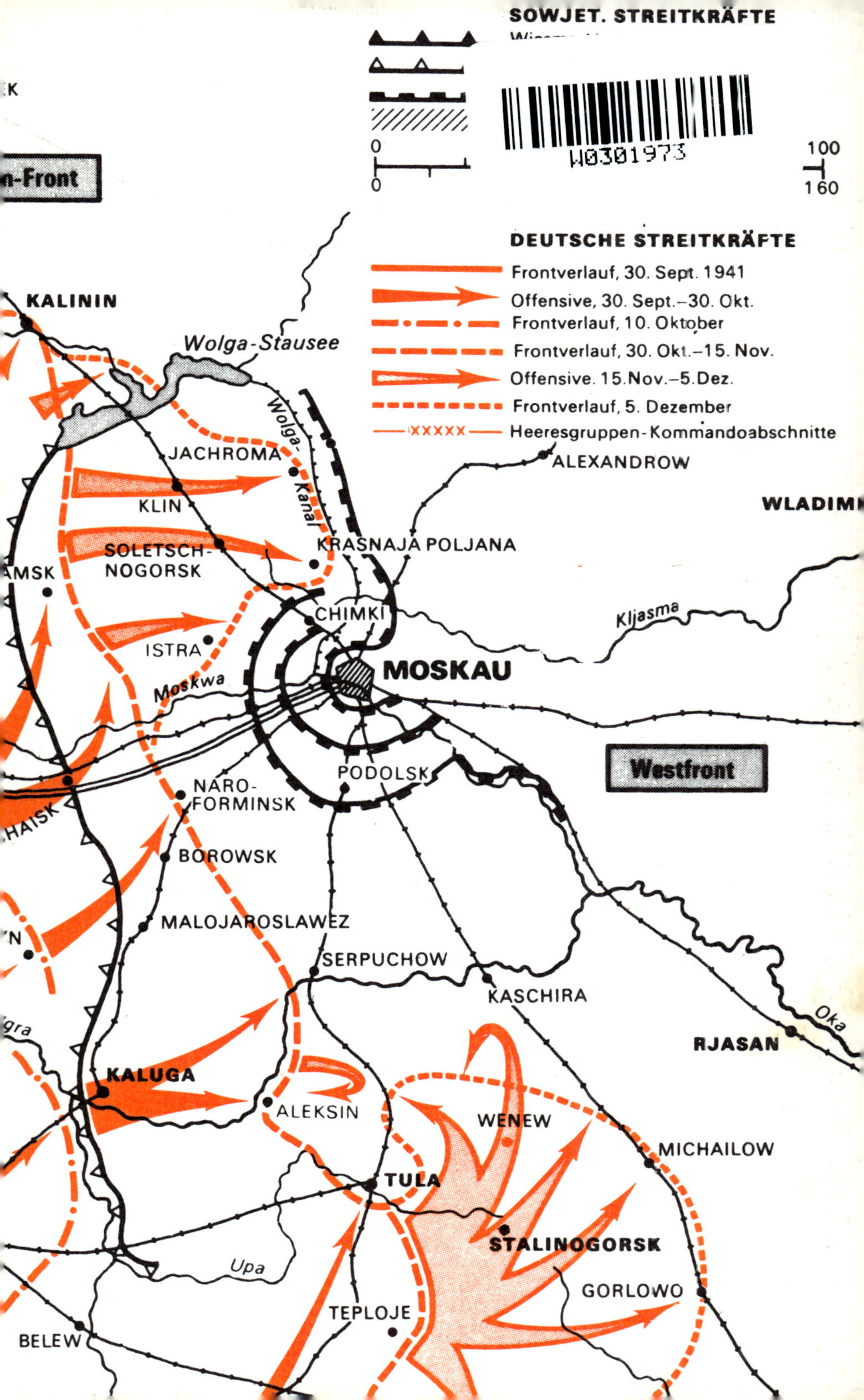

SOWJET. STREITKRÄFTE
0
100
0
160
DEUTSCHE STREITKRÄFTE
Frontverlauf, 30. Sept. 1941
Offensive, 30. Sept.–30. Okt.
Frontverlauf, 10. Oktober
Frontverlauf, 30. Okt.–15. Nov.
Offensive. 15. Nov.–5. Dez.
Frontverlauf, 5. Dezember
Heeresgruppen-Kommandoabschnitte
n-Front
KALININ
Wolga-Stausee
Wolga-Kanal
JACHROMA
KLIN
ALEXANDROW
WLADIMI
SOLETSCH-NOGORSK
KRASNAJA POLJANA
AMSK
CHIMKI
Kljasma
ISTRA
MOSKAU
Moskwa
Westfront
PODOLSK
NARO-FORMINSK
HAISK
BOROWSK
MALOJAROSLAWEZ
SERPUCHOW
KASCHIRA
Oka
RJASAN
KALUGA
ALEKSIN
WENEW
MICHAILOW
TULA
STALINOGORSK
GORLOWO
Upa
TEPLOJE
BELEW

Wolfgang Paul · Erfrorener Sieg

Wolfgang Paul

Erfrorener Sieg

Die Schlacht um Moskau 1941/42

Bechtle

Umschlaggestaltung: Christel Aumann, München
Gesamtherstellung: Bechtle Druck, Esslingen am Neckar
Printed in Germany 1975
ISBN 3-7628-0362-5

Inhalt

Dem Gedächtnis der Soldaten

Non omnis moriar
Ich werde nicht völlig sterben
Horaz

Dein Himmel, der über deinem Haupte ist,
wird ehern sein,
und die Erde unter dir eisern.
5. Buch Mose 28, 23

Diesem Narren traue ich es wahrhaftig zu,
daß er uns auch noch Rußland auf den Hals hetzt.
Ich denke nicht daran, mich damit zu beschäftigen.
Halder zu v. Brauchitsch Ende Juli 1940 in Fontainebleau

Heute sind meine Soldaten in Richtung Moskau zum Großangriff angetreten. Ein Angriff in 500 Kilometer Breite! Um diese Operation habe ich gekämpft und gerungen.
Halder am 2. 10. 1941 an seine Frau

Sehr ernste Besprechung mit dem Oberbefehlshaber des Heeres über die Lage. Er ist sehr niedergeschlagen und sieht keinen Ausweg mehr, um das Heer aus der schwierigen Lage zu retten.
Halder-Tagebuch, 15. 12. 1941

Wenn man mich fragt, welches Ereignis sich mir im vergangenen Krieg am stärksten eingeprägt hat, so antworte ich stets: Die Schlacht um Moskau.
Marschall Schukow »Erinnerungen und Gedanken«

1. KAPITEL

Unwiderruflich über den Rubikon

An diesem Sonntag, dem 22. Juni 1941, gegen Morgen, der noch in schweren Wolken hing, die über beiden Ufern des Bug-Flusses sich nicht zerstreuen wollten, legte der Kriegspfarrer Wolf den Mückenschleier ab, der ihn in den Wäldern der Bereitstellung geschützt hatte, packte den grauen Meßkoffer und setzte den Stahlhelm auf. In der letzten Dorfkirche vor dem Fluß hatte noch am Abend einer auf der Orgel Bach gespielt, Toccata und Fuge in d-Moll und »Uns rufet die Stunde«. Langsam, ohne sich zu beeilen, ging er unter dem Donner der 50 Geschütze, die feuerten, zum Ufer, um bei den ersten Panzern zu sein, die in den Fluß fahren würden. Da es der gleiche Tag war, an dem vor 129 Jahren Napoleons Grande Armee weiter nördlich den Fluß Njemen (Memel) überschritt, um nach Moskau zu marschieren, hatte Kriegspfarrer Wolf die Weltgeschichte, in die er jetzt eintrat, wie eine Prozedur anzusehen, die niemanden auslassen würde, keinen mehr verschonen konnte, der sie auf sich nahm. Ihm war, als habe Gott, dem er diente, an diesem Tage die Menschheit vergessen, sie einem Menschen überlassen, der diesen Tag wählte, um sie zu verderben. Da blieb ihm (und allen anderen) nur übrig, sein Handwerk zu versehen, den Männern, die er begleiten würde, Trost zu spenden, das winzige Erbarmen eines Priesters auf dem Schlachtfeld, kein Erbarmen im Großen, das die Historie nicht kennt.
Von hier hatte alles auszugehen, mit den ersten Panzern III und IV, die um 4.43 Uhr bei der 18. Panzer-Division in den Fluß eintauchten, Anhänger hinter sich nachziehend, die 400 Liter Reservebenzin enthielten für die weite Fahrt. Angefertigt und ausgerüstet waren diese ersten Tauchpanzer eigentlich für eine Landung in England, die jedoch nicht stattzufinden hatte. Der erste Panzer des Oberfeldwebels Wierschin fand sofort eine seichte Stelle, der Fluß war hier nur zwei Meter tief. Über Funk meldete er diese Untiefe, so daß die anderen Panzer mit

offenem Turm durch den Bug waten konnten. Drüben auf der anderen Seite, die seit 1939 russisch war, blieb es weiter ruhig. Der Morgen sah nur eine ungeheure Geschäftigkeit auf dem westlichen Ufer; das Schauspiel war ganz einseitig, deutsch. So stand Kriegspfarrer Wolf mit seinem grauen Meßkoffer wie versunken im weißen Sand des Ufers, den Kopf etwas vorgeneigt, gerade soviel, daß seine Ohren unter dem Stahlhelm den unaufhörlichen Motorenlärm, der dem Artilleriefeuer und Sturzkampfflieger-Bombardement gefolgt war, vernahmen — wie ein Rauschen, das alle, die es hörten, mit einem unverschämten Mut erfüllte.

Er bemerkte den Generaloberst, der hinter ihm aus dem Uferwald getreten war, um das Manöver der Tauchpanzer zu beobachten, wie etwas, das er nie vergessen würde. Jeder Zweifel, der ihn befallen hatte, war beseitigt, wenn er zu diesem Mann hinüberblickte, der diese Gewalt nun steuern würde. Denn mußte nicht vor allen anderen ihn der Zweifel gepackt haben, ob das richtig sei, wenn auch nicht gut, über diesen Fluß zu gehen, den er schon einmal, im Polenfeldzug 1939, überschritten hatte mit seinen Panzern, um den russischen Offizieren dann in der Zitadelle von Brest-Litowsk dieses östliche Ufer zu übergeben, das er soeben erobert hatte?

Der Generaloberst hatte die Mütze in den Nacken geschoben, er lächelte, als er den Kriegspfarrer sah, ging auf ihn zu, bot ihm die Hand.

Nichts wird das Innere seiner Seele ändern, dachte Wolf, er ist mit sich einig, auch wenn er alles nicht gewollt haben mag.

Und er wird seinen geraden Weg gehen und tun, was er für nützlich und ehrenvoll hält.

Generaloberst Guderian, Oberbefehlshaber der Panzergruppe 2, die soeben nach Moskau aufgebrochen war, würde die Zweifel, die er jetzt in sich verschloß, bald wieder hervorholen, und auch Kriegspfarrer Wolf würde es tun, und so trennte sie jetzt, nach dem Handschlag, dem wortlosen am westlichen Ufer des Bug bei Pratulin, nur noch das Kriegsgeschehen, das sie nicht mehr verlassen sollte. Mit dem Sturmboot, das der Generaloberst bestieg, um das andere Ufer zu erreichen, fuhr auch der Kriegspfarrer, der zu den Panzern wollte, die ihrem ersten Gefecht entgegenfuhren. Beide hatten ganz vorn dabei zu sein, das war nicht unbedingt jetzt ihre Pflicht, es war Ausdruck ihrer Verbundenheit mit den Männern, aber auch ihrer Verzweiflung, die sie zu verbergen hatten.

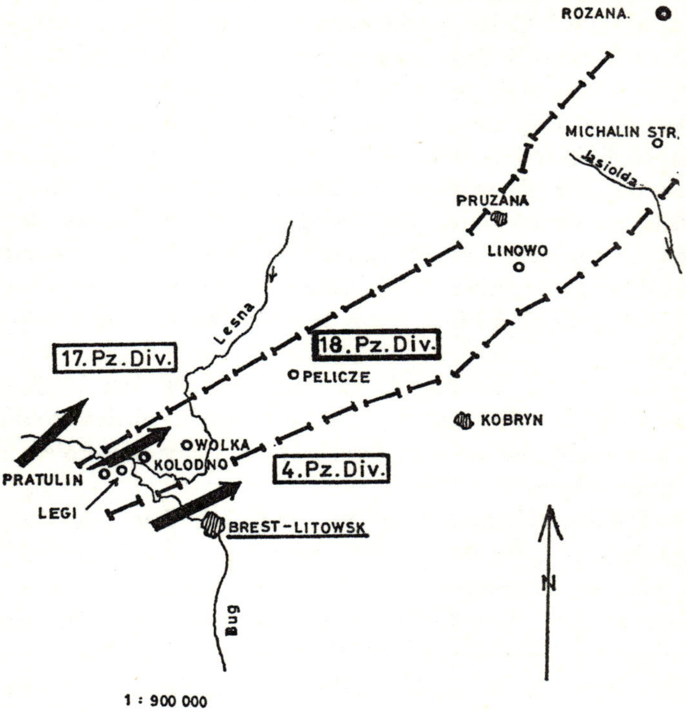

Abb. 1: Bugübergang bei Pratulin am 22. Juni 1941

»Unser Ziel ist weitgesteckt«, hieß es im Angriffsbefehl des 47. Panzerkorps, das nordwestlich von Brest über den Bug ging, »es ist die feindliche Hauptstadt Moskau.«
Als dieser Befehl am Tage vorher bei der 18. Panzer-Division eingegangen war, zusammen mit dem Stichwort »Dortmund«

und »y-Zeit = 03.15«, hatte der Major Treptow vom sächsischen Schützenregiment 52 seinem Divisionskommandeur noch gesagt: »Alles Propaganda, Herr General, nachts erfolgt der Widerruf.« Aber dies war nun unwiderruflich für die Männer und die Historie, in die sie eingeschlossen waren.
Unwiderruflich sollte es auch werden für Alexander Twardowskij, der an diesem Morgen dort, wohin die Deutschen nun wollten, im Dorfe Grjasi bei Moskau, in seiner Datscha aufwachte, die er für den Sommer bezogen hatte, um ein Buch zu schreiben. Er stand auf, ging zum Fenster, blickte in den verwilderten ehemaligen Gutspark, sah die sehr hohe und dichte Feldtanne, die auch in seiner Heimat, in Sagorje bei Smolensk, stehen konnte. Zum Wasserholen mußte er weit gehen, in eine grüne Schlucht mit mehreren Quellen. Das Bett des Baches, den die Quellen speisten, war rötlich gefärbt. Den Platz überschatteten Weiden. Zwei weiße Birken standen herum, die, so schien es Twardowskij, dem Ort etwas Freundliches und Liebenswertes gaben.
Als er zurückkehrte von den Birken, dem rötlichen Bach, sagte man ihm, daß die Deutschen kämen, aber sie würden wohl bald zurückgeschlagen werden dort im fernen Russisch-Polen, diese Wahnsinnigen.
»Rußland greift man nicht an, es ist kein Land, sondern ein Kontinent«, hatte der letzte Zar dem deutschen Kaiser Wilhelm II. bei dem Zusammentreffen in Björkö 1905 gesagt.
Twardowskij, dem die Historie an diesem Tage nicht anders vorkam als dem Kriegspfarrer Wolf, nämlich napoleonisch, sagte die Namen auf, als er überdachte, was geschehen war: Borodino, Moskau, Beresina. Dann kämen Tilsit, Dresden, Leipzig, Orte nun in Deutschland wie 1813.
Und ihm war, als habe in der Schlucht, aus der er gerade mit dem Quellwasser gekommen war, noch Schnee gelegen.
Er würde sich später daran erinnern, wenn er 1945 durch das zerstörte Dresden ging, die Rubaschka wie gebleicht von den Sommern, in denen er sie in vielen Schlachten getragen hatte, die Meldetasche, die bei jedem Schritt gegen die geputzten Stiefel stieß, mit Papieren, auf denen endlich wieder Gedichte stan-

den, die er doch schreiben wollte, als er auf die Datscha in Grjasi sich im Sommer 1941 zurückzog.
Den Kriegspfarrer Wolf, der jetzt bei seinen Panzern war, traf er in Dresden nicht; der hatte längst eine Pfarre in Frankfurt am Main. Aber begegnen konnte er dort einem Manne, der sein linkes Bein etwas nachzog – das hatte man ihm vor Moskau zugefügt –, der am 22. Juni 1941 wie er davon abgehalten wurde, ein Buch zu schreiben, und der nun wie Twardowskij mit Gedichten wieder anfing, und sie hätten sich nichts anderes zu sagen, gleichzeitig, in zwei Sprachen, als »wissen Sie, wir Soldaten kommen von weit her«.
Wolfgang Koch, damals Leutnant der Reserve im Schützen-Ersatz- und Ausbildungsbataillon 101 in Leisnig (Sachsen), erwachte an diesem Morgen des 22. Juni 1941 durch eine Stimme, die er kannte. Er hatte sie seit 1933 so oft gehört, daß sie ihn nicht erschreckte. Aber mit dieser Stimme hatte er jetzt nicht gerechnet. Er hörte ihr zu, während er aufstand, zum Fenster trat, hinaus auf den Kasernenhof sah, hinter dem ein Kornfeld sich ausdehnte. Alles war friedlich, der Himmel hoch und hell, die Sonne jetzt morgens kurz vor 6 Uhr leicht verschleiert, der Kasernenhof leer, unter dem Fenster die alte Feldkanone von 1870/71, die als Trophäe aus einem anderen Krieg zurückgeblieben war, fast wie ein Spielzeug nur noch. Hinter ihm kam die Stimme aus dem Radio, das er vergessen hatte nachts abzustellen. Er hatte seinen Vater in Grimma, der dort Leutnant in einer Reit- und Fahrersatzabteilung war, am Abend besucht. Er, der Husarenwachtmeister von 1914, der die Attacke von Vassimont, die letzte Husarenattacke im Westen, überlebt hatte, war als Offizier kürzlich wieder ins Heer übernommen worden, und sie hatten noch spätabends auf der Begerburg über dem Mulde-Flüßchen gesessen, in einem Ausflugslokal, beim Bier, und nichts geahnt von dem, was jetzt hinter ihm aus dem Radio kam: Der Propagandaminister des Deutschen Reiches, das nun ein Großdeutsches Reich sein sollte, schrie hinaus, daß der Feldzug gegen die Sowjetunion soeben begonnen habe. Wolfgang Koch war 1939 in Polen gewesen, als MG-Schütze I zuerst, dann, nachdem außer ihm alle Männer seiner schweren Maschi-

nengewehr-Gruppe vor Lublin gefallen waren, hatte er Unteroffizier werden dürfen. Den Feldzug gegen Frankreich versäumte er auf der Infanterieschule in Döberitz, von dort kehrte er als Feldwebel, bald zum Leutnant d. Res. befördert, zur Truppe zurück, aber sie bildete hier nur aus, sie war Zubringerin für die andere Truppe, die jetzt diesen Feldzug begann. Koch war es, als habe ihn ein Schlag getroffen, eine Faust gestreift. Etwas Entsetzliches war geschehen, und er wußte, daß er an diesem Entsetzlichen noch teilhaben würde. Denn es mußte andauern, es brauchte Zeit, es war kein Blitzkrieg mehr.

Er hörte noch, wie die Ansprache des deutschen Propagandaministers abschloß mit dem Schicksalsmotiv aus Les Préludes von Franz Liszt, einem unheilverkündenden Aufschrei, der ein langanhaltendes Donnern nach sich zog, dann ging er zur Tür, trat auf den Korridor, klopfte an die Zimmertür des Leutnants Bellmann, riß sie auf und sagte: »Ich glaube, wir sollen nach Moskau.«

Am Nachmittag dieses 22. Juni 1941 fuhr er noch einmal nach Grimma, um seinen Vater zu sprechen. Auf der Begerburg, über dem Fluß, wurde getanzt, zum letzten Male in diesem langen Kriege, es gab noch keine Verordnung, die den Tanz verbot, der für die trügerische Zeit des Friedens zwischen dem Sieg über Frankreich und dem Angriff auf die Sowjetunion erlaubt worden war.

Sein Vater kannte Rußland, er war 1915 dort gewesen, in den Pripjetsümpfen, am Stochod, und er sprach an diesem Abend wenig.

Als es dunkel wurde, löschte der Wirt die Lichter. Die Kapelle packte ihre Instrumente zusammen. Es war immer noch sehr warm; die beiden Offiziere, Vater und Sohn, standen nicht auf, sie blieben sitzen, sie waren verzaubert von der letzten Gemeinsamkeit, die sie noch haben durften.

»Die Verantwortung«, sagte einer, und Wolfgang Koch erinnerte sich später nicht mehr, ob er oder sein Vater so gesprochen hatte, »die Verantwortung dafür nimmt uns niemand mehr ab, obwohl wir damit nichts zu tun haben.«

Aber sie trugen die Uniform, und sie waren Soldaten, und nun

mußte geschehen, was nicht mehr ungeschehen zu machen war. An Napoleon dachten sie auch, aber das waren doch andere Zeiten gewesen.
Andere Zeiten: diese Zeit war ihre Zeit, und Kriegspfarrer Wolf, der jenseits des Bug, bei Pruzana, seinen Meßkoffer an diesem Abend auspackte, weil seine Panzer ihr erstes Gefecht gegen russische Panzer bestanden hatten, wußte nur ein wenig früher als die beiden Kochs jetzt in Grimma, daß Twardowskijs riesiges Land, obwohl er hier erst in Russisch-Polen war, noch gar nicht in Rußland selbst, nicht leicht zu befahren oder zu begehen war.
Aber vier Jahre würde es dauern, bis dieser kleine Fluß in Sachsen, die Mulde, die Demarkationslinie zwischen dem Alliierten Expeditionskorps und der Sowjetischen Armee würde, nachdem ihre beiden Ufer für kurze Zeit den deutschen Truppen als Ostfront und Westfront gedient hatten.
Winston Churchill würde dann längst, am 20. Februar 1944 in London, einen Brief an Marschall Stalin in Moskau geschrieben haben, in dem es hieß:
»Ich betrachte diesen Krieg gegen die deutsche Aggression als ein Ganzes und als einen dreißigjährigen Krieg von 1914 an und erinnere an die Tatsache, daß die Erde dieses Teiles von Ostpreußen, der mit Königsberg an die Sowjetunion fallen soll, mit russischem Blut getränkt ist, das reichlich für die gemeinsame Sache vergossen wurde. Hier hatten die russischen Armeen, die im August 1914 vorrückten und die Schlacht von Gumbinnen und andere Gefechte gewannen, durch ihren Angriff und zum großen Schaden für ihre eigene Mobilmachung die Deutschen gezwungen, zwei Armeekorps vom Vormarsch auf Paris abzuziehen, und dieser Abzug spielte eine bedeutende Rolle für den Sieg an der Marne. Die Katastrophe von Tannenberg hat in keiner Weise diesen großen Erfolg zunichte gemacht. Deshalb scheint mir, daß die Russen einen historischen und wohlbegründeten Anspruch auf dieses Gebiet haben.«
Vom historischen Tag des Übergangs über den Bug, Hitlers Rubikon, um den Mann zu nennen, der hierfür die Verantwortung trug, bis zu den Jahren 1944 und 1945 hatte die Geschichte

noch genug festzuhalten. Sie widersetzt sich der Vergeßlichkeit der Menschen.

Jetzt hieß Moskau das Ziel für die Deutschen, und sie setzten ihre Energie daran – wie die Russen ihre Leidensfähigkeit, um sie daran zu hindern –, diese Stadt zu erreichen. Die Schlacht um Moskau begann mit dem Übergang über den Bug.

2. KAPITEL

Verantwortung für einen Feldzug

Wenn es eine Faszination durch die geschichtliche Parallele gibt, im historischen Vergleich zweier Unternehmungen, die mit dem gleichen Ziel begonnen wurden, dann ist sie nun gegeben. Für beides, den Feldzug Napoleons gegen Rußland 1812 und den Angriffskrieg Hitlers gegen die Sowjetunion 1941, sondert sich das ab, was man die Wiederholbarkeit eines militärischen Wagnisses nennen könnte. Es zeigt sich, daß die Menschen immer wieder in denselben Fluß steigen, wohin jemand sie führt, damit die Weltgeschichte zum Weltgericht werden kann.

Kriege zählen zur Selbstjustiz der Völker.

Für Napoleon war die in Tilsit geschlossene und auf dem Fürstentag zu Erfurt besiegelte Freundschaft mit Kaiser Alexander von Rußland nur von kurzer Dauer gewesen.

Am letzten Tage des Jahres 1810 hatte sich Rußland von der Kontinentalsperre gegen England losgesagt, Alexander hatte die Bewerbung Napoleons um die Großfürstin Anna abgeschlagen, Frankreichs erbittertstem und noch ungeschlagenem Gegner England schien Rußland sich zu nähern.

Das Herzogtum Warschau war im Wiener Frieden vergrößert worden, wofür Zar Alexander kein Verständnis hatte, ein Großpolen schädigte seine Interessen.

Aber es war doch Napoleons Sorge, daß Rußland sich mit England verbünden könnte, um ihn in seinem europäischen Imperium niederzuwerfen.

Im Schloß Charlottenburg bei Berlin entschied sich Napoleon 1811 für den Krieg gegen Rußland, zu dessen Vorbereitung er ein Jahr für ausreichend hielt.

»Ich brauche 800 000 Mann und habe sie: ganz Europa werde ich hinter mir herschleifen. Ich habe meine Bestimmung noch nicht erfüllt, ich will beenden, was ich erst begonnen habe.« Zu Fouché sagt er das. Anders sagt es Hitler zu Feldmarschall v. Brauchitsch Mitte Juli 1940 auch nicht.

Am 22. Juli 1940 fragte Brauchitsch, der mit dem Heer (und der Luftwaffe) eben Frankreich niedergeworfen hat, seinen Generalstabschef Franz Halder im Schloß Fontainebleau bei Paris, ob er sich schon einmal Gedanken über eine Auseinandersetzung mit Rußland gemacht habe. Halder, der tief in der Arbeit steckt, um die Landung des Heeres in England vorzubereiten, erwidert heftig: »Diesem Narren traue ich es wahrhaftig zu, daß er uns auch noch Rußland auf den Hals hetzt. Ich denke nicht daran, mich damit zu beschäftigen.«

Als Gründe für die Fortsetzung des Krieges durch England, das jetzt isoliert war, hatte Hitler Brauchitsch am Tage vorher in Berchtesgaden auch die »Hoffnung auf Rußland« genannt, denn da die Lage Englands hoffnungslos sei, könne England nur noch auf Rußland hoffen, wenn es weiter im Krieg verharre. Durch Rußland könne, so Hitler zu Brauchitsch, England Unruhe auf dem Balkan stiften, um Deutschland das rumänische Erdöl wegzunehmen.

Halder will davon nichts wissen; aber er traut es Hitler zu. Brauchitsch bittet nun Halder, sich alles Material zureichen zu lassen, das man braucht, um einen Operationsplan aufzustellen. Wenn Rußland wirklich angreifen wollte, dann müsse man, das habe Hitler ihm anvertraut, durch eine Offensive zuvorkommen. Man denke dabei an 80 bis 100 Divisionen, die weit genug vorzustoßen hätten, um »die deutsche Heimat der russischen Luftüberlegenheit zu entziehen«.

Napoleon fiel in Rußland ein, um das Großherzogtum Warschau bis Smolensk auszudehnen, dann wollte er mit dem Zaren Frieden schließen. Auch Hitler will nicht den Erdteil Sowjetunion erobern, er will nur seinen Machtbereich entscheidend nach Osten vergrößern. Daß er mit diesem Gedanken nicht mehr spielt, der doch aus seinen politischen Anfängen bekannt sein müßte – in »Mein Kampf« hat er die Eroberung des Lebensraums im Osten angekündigt, als noch kaum jemand auf ihn hörte –, sondern sich damit beschäftigt, geht aus seiner Forderung an Brauchitsch hervor, die dieser nun an Halder in Fontainebleau weitergibt, höflich, aber bestimmt: die Kartenziele weit genug zu stecken und am 31. Juli, in zehn Tagen, nach

Berchtesgaden zu fliegen, auf Hitlers Berghof zu erscheinen und dort Vortrag zu halten.
Halder, der nicht selbst diese Materialien anfassen möchte, dem es davor graut, an den Krieg gegen die Sowjetunion überhaupt zu denken, bestellt zwei Offiziere, die sich mit den gedanklichen Grundlagen für eine Operation im Osten befassen sollen, General Marcks, Chef des Generalstabes der 18. Armee, die zu dieser Zeit in Polen steht, und Oberstleutnant im Generalstab Feyerabend, der zu diesem Zwecke in die Operationsabteilung des Heeres versetzt wird.
Marcks meldet sich am 29. Juli in Fontainebleau. Er beginnt seine Arbeit sofort.
Am 31. Juli, nachdem mittags die Landeoperation in England besprochen worden war, kommt Hitler schnell wieder auf sein großes neues Thema: »Englands Hoffnung ist Rußland und Amerika. Wenn Hoffnung auf Rußland wegfällt, fällt auch Amerika weg, weil Wegfall Rußlands eine Aufwertung Japans in Ostasien bedeutet. Rußland«, so notiert Halder in sein Tagebuch, »ist der Faktor, auf den England am meisten setzt. Irgendetwas ist in London geschehen. Rußland unangenehm berührt von schneller Entwicklung der westeuropäischen Lage.« Halder stenographiert weiter mit: »Ist aber Rußland zerschlagen, dann ist Englands letzte Hoffnung getilgt. Der Herr Europas und des Balkans ist dann Deutschland.« Jetzt hebt er ein Wort seines Stenogrammes heraus, groß schreibt er, was Hitler sagt: »ENTSCHLUSS: Im Zuge der Auseinandersetzung muß Rußland erledigt werden. Frühjahr 1941. Je schneller wir Rußland schlagen, um so besser. Operation hat nur Sinn, wenn wir Staat in einem Zug schwer zerschlagen. Gewisser Raumgewinn allein genügt nicht. Stillstehen im Winter bedenklich. Beginn des Feldzuges: Mai 1941. 5 Monate Zeit zur Durchführung. Ziel: Vernichtung der Lebenskraft Rußlands. Zerlegen in 1. Stoß Kiew, Anlehnung an den Dnjepr, 2. Stoß Randstaaten mit Richtung Moskau.
Später:....«
Als Halder um 13.45 Uhr von Salzburg nach Fontainebleau zurückfliegt, kennt er auch schon die Beute, die Hitler machen

will: Ukraine, Weißrußland, die Baltischen Staaten. »Der Oberbefehlshaber des Heeres und Generaloberst Halder«, heißt es in einer Anmerkung im Kriegstagebuch Halders zum 31. Juli 1940, »beschränkten sich darauf, Hitlers Absichten zur Kenntnis zu nehmen. Halder wollte alle Erörterungen darüber so lange wie möglich vermeiden, auch, um die Entscheidung über die Auslösung des Krieges zu verzögern. Er wartete ab, bis Hitler selbst darauf zurückkam und das OKH zur Darlegung seiner Gedanken aufforderte.«
Aber am 1. 8., am 5. 8. und 6. 8. 40 ließ sich Halder von General Marcks über dessen Ideen zu einer Rußland-Operation vortragen.
Mai 1941: Halder denkt an den Mai 1812, an Napoleon, der mit seiner Großen Armee in Dresden eintrifft, im Schloß an der Elbe seine Verbündeten empfängt; glänzende Feste werden gegeben, Paraden abgehalten, nachts wird die Stadt illuminiert. Auf dem Schloßplatz, am Zwinger, erhebt sich die Ehrenpforte für den Kaiser der Franzosen, dessen kaiserliche Sonne (vergoldetes Holz) auf ihr strahlt. Feuerwerke werden abgebrannt.
Napoleon feiert Abschied vom Frieden, den er als Kaiser nie mehr erleben wird. Sieben Monate danach ist Napoleon wieder in Dresden; er kommt aus Moskau, der Krieg ist verloren, die Große Armee untergegangen. In einem Wagen, der auf Schneekufen gebunden ist, trifft er bei 25 Grad Kälte vor dem Hause des französischen Botschafters ein...
Nun dieses alles noch einmal, aber anders, ohne das brennende Moskau, ohne die beißende Kälte, den Rückzug, das Weltgericht? Der Generaloberst gibt dem General Marcks Anregungen, er beeinflußt die Studie, die dieser vorträgt, es ist ja sein Ehrgeiz, nach drei Feldzügen, die er erdacht und gewonnen hat, auch den nächsten Feldzug zu gewinnen, nach seinen eigenen Gedanken zu gewinnen; Schlieffens Traum, die entscheidende Schlacht zu schlagen, ein riesiges Cannae, warum nicht gegen die Sowjetunion?
Den Operationsentwurf wird General Paulus machen, von Halder bekommt er die Studie des Generals Marcks. Paulus wird einst aus Stalingrad heimkehren, um in Dresden zu sterben.

Halder wollte nicht, wie er Brauchitsch erklärte, daß das OKH von sich aus bei Hitler wegen des Plans vorstellig würde, aber die Aufrüstung des Heeres wird auch ohne »Barbarossa«-Plan durchgeführt.
Die Zahl der Panzer-Divisionen wird verdoppelt.
Der deutsche Militärattaché General Köstring muß in Moskau die Herren im Kreml beruhigen, da immer mehr deutsche Truppen nach Polen verlegt werden.
Hitler wird erst am 5. Dezember 1940, nach dem Besuch des sowjetischen Außenministers Molotow in Berlin, über Halders Kriegsplan informiert.
Am 18. 12. 1940 erläßt das OKH den Operationsbefehl »Barbarossa«. Hitler sammelte bis dahin alle Argumente für den Angriff, Halder alle Gegenargumente. Der Nichtangriffspakt mit der Sowjetunion vom August 1939 war als Riegel vor einem Krieg im Osten, nach der Niederwerfung Polens und der Aufteilung dieses Landes durch Hitler und Stalin, gedacht gewesen. Weder Napoleon noch Hitler konnten davon abgehalten werden, ihre Verträge mit Rußland, den Riegel, zu brechen. Bevor Hitler den Nichtangriffspakt mit der Sowjetunion schloß, der Krieg drohte, den Hitler beginnen wollte, besucht ihn am 11. August 1939 auf dem Berghof bei Berchtesgaden der Hohe Kommissar des Völkerbundes in der Freien Stadt Danzig, der Schweizer Carl Jakob Burckhardt. Da sagte er zu Burckhardt: »Alles, was ich unternehme, ist gegen Rußland gerichtet; wenn der Westen zu dumm und zu blind ist, um dies zu begreifen, werde ich gezwungen sein, mich mit den Russen zu verständigen, den Westen zu schlagen, und dann nach seiner Niederlage mich mit meinen versammelten Kräften gegen die Sowjetunion zu werfen. Ich brauche die Ukraine, damit man uns nicht wieder wie im letzten Krieg aushungern kann.« Burckhardt erschienen diese Bemerkungen Hitlers »wie der Bestandteil einer Halluzination, völlig unwahrscheinlich«, so daß er ihnen keine Bedeutung zumaß. Er ließ sie in dem Bericht weg, den er am 13. August 1939 den beiden Abgesandten von Lord Halifax und Minister Georges Bonnet, Roger Makins und Minister Pierre Arnal in Basel abstattete.

Burckhardt merkt hierzu an *(Meine Danziger Mission 1937–1939)*: »Etwa vierzehn Tage später, am 23. August, nach meinem Gespräch mit Adolf Hitler, unterschrieb der Reichsaußenminister Joachim von Ribbentrop mit Stalin und Molotow den russisch-deutschen Beistandspakt. Die Politik Stalins war es seit Jahren gewesen, Deutschland und die übrige Welt Schritt für Schritt in einen Konflikt hineinzutreiben. Der Wechsel im russischen Außenministerium: Litwinows Verschwinden und sein Ersatz durch Molotow war das Zeichen für den Kurswechsel der russischen Außenpolitik gewesen. Es ist nicht wahrscheinlich, daß Hitler gewagt hätte, ohne die russische Rückendeckung Polen anzugreifen.« Das für Burckhardt Unvorstellbare wurde jetzt, im Herbst, Winter, Frühjahr 1940/41 auch nicht vorstellbarer für die Menschen, die dies doch alles in Zukunft darzustellen hatten. Sie wurden auf die Bühne der Weltgeschichte und des Weltgerichts hinaufbefördert, zu Handlungen angeregt und gezwungen, die das alte Europa zu Asche zerfallen lassen sollten.
Wenn dem Schweizer Burckhardt, in diesem Europa Mitglied einer Familie von hohem Rang, die Einsichten in die Historie besaß, deren Veränderungen sie in mehreren Generationen an hervorragender Stelle verfolgte –, wenn selbst Burckhardt halluzinatorisch erschien, was Hitlers reale Machtpolitik war, dann kann man, auch im Nachher, in der Übersicht, die erlaubt ist, mit Bitterkeit auf der Zunge, Asche im Mund, doch nicht ausschließen, daß die Verantwortung für den Raubkrieg im Osten nur wenige trifft; diese, die sehend waren und ihn doch nicht verhinderten, jene, die blind waren und nicht hörten, was sich vorbereitete.
Nur ein Blinder, dem es gegeben ist, aus den kleinsten Geräuschen das Unmittelbare abzuleiten, war hier in der Lage, zum Seher zu werden, wie ihn die Antike kannte, zum blinden Seher.
Für Burckhardts Bildung war die Hitlersche Absicht, die er ihm so freimütig auf dem Obersalzberg offenbarte, unerklärlich, das Gesagte grenzte an Pathologie. Burckhardt, der das ihm Anvertraute mit dem vergleichen konnte, was Hitler in »Mein

Kampf« geschrieben hatte, sah nur, wie sich das Gedruckte mit dem Beabsichtigten deckte.
Aber was er nun wußte, gab er nicht weiter. Der Schlüssel zu neuen Wendungen der Weltgeschichte war in die Hände eines Mannes geraten, der sich nicht mehr verstellen mußte. Er sagte seine Wahrheit, aber sie klang so unglaublich, daß man darüber hinweg ging.
Es zeigt sich hier in der Spätzeit des alten Europa eine byzantinische Naivität, die nicht wahrhaben wollte, daß der Türke schon in der Stadt Fuß gefaßt hat und alles bestimmt, obwohl er noch Belagerungsgerät aufbaut, mit dem er die Stadt stürmen will. Halders Taktik wird in den Monaten, die ihm noch bis zum 22. Juni 1941 verbleiben, bestimmt von Gegenargumenten, die ihn gegenüber dem Obersten Befehlshaber der Wehrmacht hilflos machen. So bleibt ihm, wenn er seine Aufgabe, die des deutschen Generalstabschefs, dennoch erfüllen will, nur die Flucht nach vorn.
Er wollte diesem neuen Feldzug den militärischen Vorrang lassen, den er zweifellos haben mußte. Halder spürte, daß Hitler etwas anderes wollte. »Ich fühlte bei den Besprechungen genau, daß er andere Ideen hatte..., daß es ihm nicht genügte, nur die Aktivität Rußlands auszuschalten, sondern er einen erbarmungslosen Entscheidungskampf der Ideologien und Rassen zu führen gedachte«, schrieb Halder in einem Brief (an Uhlig) am 21. 12. 1955. »Unsere Überzeugung, daß ein solcher Traum mit den praktischen Möglichkeiten nicht zu vereinen sei, konnten wir auf ihn nicht übertragen.«
Halders Idee und Absicht war es, Hitler dazu zu zwingen, soweit man ihn überhaupt zwingen konnte, wenn alles erst begonnen hätte, den Durchstoß durch die Mitte auf das Fernziel Moskau zu riskieren. Um Moskau zu schützen, mußte Rußland seine Hauptkräfte vor Moskau versammeln, dort waren sie von den Deutschen zu schlagen. Alles andere war für Halder Hitlersche Phantasterei. Gelänge aber das, so wären die Mittel gefunden, diesen Krieg zu beenden.
Halders grober Fehler war jedoch, daß er nicht wagte, Hitler auf das Fernziel Moskau festzulegen. Wenn er ihm schon die

stärkste Militärmacht der Geschichte, mehr als drei Millionen Mann, zum Angriff gegen die Sowjetunion ausrüsten und zur Verfügung stellen mußte, so wäre als Gegenleistung Hitlers zumindest dessen Einverständnis mit dem Fernziel Moskau zu verlangen gewesen.

Daß der Feldzug gegen Rußland nicht ein Feldzug wie andere wurde, liegt auch in der Schwäche Halders, in dem, wie er später schrieb, »Erinnertbleiben an die sonnigen Zeiten des zweiten Abschnitts des Frankreichfeldzuges«. Halder meinte, alles werde bis zum ersten Ziel, der Höhenstufe von Smolensk, schon gut gehen, dann würde sich alles von selbst anfügen. Hitler werde ihm zustimmen. Er glaubte, der schnelle Fluß der Ereignisse müsse ihm nochmals, wie eben jetzt in Frankreich, zu Hilfe kommen, um seine Konzeption durchzusetzen.

Für sein Heer sollte es, obwohl der Plan »Barbarossa« die Stadt nicht nennt, nur ein Ziel geben, und das hieß Moskau, wenn es schon in diesen Krieg gehen mußte.

Es ging, als es soweit war, um Alles oder Nichts in diesem neuen Krieg, der für seine Führung, die des Heeres, die Entscheidung vor Moskau bringen sollte.

Hitlers seltsame Abneigung, die Stadt nicht nehmen zu wollen, findet sich auch bei Napoleon. In Wilna angekommen, sagt er: »Wenn Herr Barcley (russischer General) meint, ich werde ihm bis zur Wolga nachlaufen, so irrt er sehr. Wir werden ihm bis Smolensk und an die Düna folgen, wo eine gute Schlacht uns Quartiere schaffen wird. Die Düna dieses Jahr zu überschreiten wäre unfehlbares Verderben. Ich werde nach Wilna zurückkehren, dort den Winter verbringen.«

Vor Witebsk sagt Napoleon: »Hier bleibe ich, wir wollen uns sammeln, der Feldzug vom Jahre 1812 ist zu Ende.«

Erst vor der Schlacht auf der heiligen Heide bei Borodino sagt Napoleon: »Der Wein ist eingeschenkt, er muß ausgetrunken werden. Ich will nach Moskau. Lange genug bin ich Kaiser gewesen. Ich werde wieder General.«

Es ist September 1812. Im September 1941 wird endlich auch Hitler gezwungen sein, den Befehl Halders zu unterzeichnen, der als Ziel vor dem Winter noch Moskau anweist.

Auch Hitler sollte vor Moskau »General« werden, aber er blieb gleichzeitig Diktator.
Worüber man in der Umgebung Hitlers spricht, während das OKH den Operationsplan bearbeitet, berichtet am 2. 12. 1940 Oberst Heusinger dem Generaloberst Halder: »Wir werden in 3 Wochen in Petersburg sein.« Drei Tage später, am 5. 12. 1940, sagt Hitler in der Reichskanzlei zu Brauchitsch und Halder: »Die bisherigen Feldzüge beweisen, daß Angriffe an einem günstigen Zeitpunkt gestartet werden müssen. Die Gunst des Zeitpunktes hängt nicht nur von der Witterung ab, sondern auch von dem gegenseitigen Verhältnis der Kräfte, der Bewaffnung. Der Russe ist uns waffenmäßig unterlegen wie der Franzose. Er hat wenige moderne Feldbatterien, alles andere ist nachgebautes altes Material. Uns gibt unser Panzer III mit 5-cm-Kanone, im Frühjahr davon 1500 Stück, eine klare Überlegenheit. Die Masse der russischen Panzer ist schlecht gepanzert. Die russische Armee ist führerlos.
Bis zum Frühjahr kommen 1600 schwere Flaks und Beute-Flaks neu hinzu, ferner 2500 bis 3000 kleinkalibrige Flaks. Dann sind Tagesangriffe im Sommer nicht mehr möglich. Unsere Jagdwaffe ist den Russen an Modellen überlegen. Im Mai und Juni kommen die ersten Serien unserer neuen Modelle heraus. Sie gehen nach dem Westen. Die älteren Typen sollen gegen Rußland verwendet werden.«

Hitler fürchtet Rußland nicht; er will gegen dieses Land die älteren Jagdflugzeuge schicken, die neuen Jagdflugzeuge sind gegen England bestimmt. Die Ahnungslosigkeit wird besonders deutlich, wenn er über die schlecht gepanzerten russischen Panzer spricht. Unverständlich ist die Bemerkung: »Der russische Mensch ist minderwertig.« Bisher hatten die Offiziere, die hier vor Hitler standen, nur gehört, daß Hitler ein Feind der Kommunisten sei. Nachdem er die Kommunisten in Deutschland besiegt, ihre Führer eingesperrt oder ermordet hatte, schloß er mit Stalin den Beistandspakt.
Für den Demagogen Hitler waren »minderwertige Menschen«

die Juden; das wußte man. Aber wie kam er dazu, unwidersprochen äußern zu können, daß nun auch die Russen, also ein anderes Volk, »minderwertig« seien.
Diese Einstellung konnte doch nur, hebt man sie aus dem Tag heraus, an dem sie begann, von oben nach unten sich ausbreiten, von Hitler zu den Generälen, von ihnen in die Truppe, die dann überrascht wurde, daß die Russen verbissen kämpften, anspruchslos waren, tapfer, willig – Eigenschaften zeigten, die Achtung abverlangten. Daß die Deutschen aber »Herrenmenschen« seien, die den »Untermenschen« nur zu beweisen hätten, wer der Herr im Hause Rußland sei, das konnte ihnen auch die Propagandatrommel nicht einhämmern. Man konnte es ihnen auch nicht befehlen.
Jetzt, Mitte Dezember 1940, nachdem Molotow bei seinem Besuch in Berlin die aktive Teilnahme der Sowjetunion am Krieg gegen England abgelehnt hatte, aber bereit war, große wirtschaftliche Leistungen zu erbringen, damit Hitler seinen Krieg fortsetzen konnte –, in diesem Augenblick der Vorgeschichte des neuen Krieges fällt der ungeheuerliche Leichtsinn auf, mit dem er vorbereitet wird.
Weder die Versorgung mit Lebensmitteln ist bis Ende des Jahres 1941 gesichert, falls der Krieg im Osten ausbricht. Für die Neuaufstellungen nimmt man den Geburtsjahrgang, der erst im Herbst 1941 einberufen werden sollte, schon im Frühjahr zur Truppe.
Da die Armee einen »Waffengang« im Osten entschieden ablehnte, mußte sie nun gewonnen werden durch Verniedlichung der Aufgabe, durch einen Hinweis, daß es gar nicht so schlimm werden würde, das Spiel sei eben nicht va banque, es sei ein kalkuliertes Risiko.
Der Gedanke, sich defensiv auf einen Krieg im Osten vorzubereiten, den Gegner, wenn er kommen wollte, auch kommen zu lassen, fehlte in den Überlegungen der Planer der neuen Operation. Sie dachten expansiv und handelten aggressiv.
Und ihre heimliche Erwartung dabei war, Hitler dazu zu zwingen, allein ihren militärischen Gedankengängen zu folgen; Petersburg, wie Hitler noch sagte, Leningrad – das war nicht das Ziel, wenn man Moskau schlagen wollte.

Am 12. Dezember 1940 erhielten auf Weisung Hitlers nun auch die »beteiligten Dienststellen« des OKH Aufträge, falls die politische Lage es erforderte, gegen Rußland anzutreten, in einem Einfrontenkrieg, für den 130 bis 140 Divisionen ab Frühjahr 1941 verfügbar sein mußten. Für die Luftwaffe, so hielt Halder in seinem Tagebuch weiter fest, sei es ein Zweifrontenkrieg, der auf beiden Fronten, im Westen gegen England und im Osten gegen Rußland, zum Schutz von Heimat und Heer defensiv geführt werden müsse. Im Sommer, so glaubt man, könnten die englischen Bombenflugzeuge nur bei Tag über dem Reich erscheinen, deshalb wären ihre Möglichkeiten eingeschränkt. Seltsam klingt es, wenn Halder abschließend notiert: »Wir suchen Konflikt mit Rußland nicht, müssen aber ab Frühjahr 1941 bereit sein auch für diese Aufgabe.«

Am späten Nachmittag des 13. Dezember steht Halder vor den Generalstabsoffizieren der Heeresgruppen und Armeen. Er weist sie in die militärpolitische Lage ein, wie sie nach der Aussprache mit Hitler sich darstellt.

Zum Schluß sagt er: »Die Forderung ständiger Bereitschaft zu schnellster Erfüllung politischer Forderungen schafft Unbequemlichkeiten und Reibungen. Wir wollen sie überwinden, ohne uns gegenseitig das Leben schwer zu machen. Wir werden sie überwinden und jede Aufgabe erfüllen, die uns gestellt wird.« Jede Aufgabe.

Politische Forderungen erfüllen.

Das war es, und so würde niemand mehr die Deutschen davon abhalten, auf den Befehl eines einzigen Mannes in Rußland einzufallen.

3. KAPITEL

Aus Sachsen zur Wolga

Auf dem Wiener Platz in Dresden, der dreißig Jahre später Lenin-Platz heißen wird, meldet am 9. August 1940 Generalleutnant Hansen die 4. Infanterie-Division aus dem Feldzug gegen Frankreich zurück. Sternförmig stehen seine Soldaten auf fünf Straßen, die Spitzen haben den Platz erreicht, der Hauptbahnhof ist beflaggt. Dann marschiert die Division durch die Prager Straße zum Altmarkt, dort wird ihr Vorbeimarsch abgenommen. Am anderen Elbufer, auf dem Albert-Platz, der 1945 Platz der Einheit genannt wird, teilen sich die motorisierten und bespannten Truppenteile und marschieren in die Unterkünfte im Norden der Stadt.

»Die Bevölkerung«, so heißt es im Kriegstagebuch der Division, »bereitete den einmarschierenden Soldaten einen unbeschreiblich jubelnden Empfang. Die Stadt ist mit Fahnen und Blumen geschmückt. Auf die Soldaten regnet bereits in den Vorstädten ein Blumensegen herab. Obwohl weder in den Ankündigungen in den Zeitungen noch sonst irgendwie die Regimentsnummern bekanntgegeben wurden, war es nicht zu vermeiden, daß die Bevölkerung sehr bald erfahren hatte, daß es sich um die in Dresden und Ostsachsen beheimatete 4. Inf. Div. handelte. In den folgenden Tagen wird mit den ersten Arbeiten für die Umgliederung der Div. in die Panzer-Division begonnen.« Ein Regiment, das hier vorbeimarschiert — es ist ein glücklicher, heißer, sonniger Tag für die Dresdner —, trägt die Nummer 52; es wird, zusammen mit dem Regiment 101, das in der Gegend von Leipzig jetzt liegt, bald zur 18. Panzer-Division gehören. Triumph und Heimkehr werden zum Abschied, zur Wiederkehr in neuen Verbänden, deren Bestimmung damals ungewiß war. Kein Soldat ahnt, daß der Krieg, der für viele soeben entschieden wurde, noch dauern sollte, ohne Heimkehr nach Dresden wie an jenem 9. August 1940.

Am 29. September 1940, zwei Monate, nachdem Hitler erstmals auf dem Obersalzberg zu Brauchitsch von einem »Niederwerfen der Sowjetunion« gesprochen hatte, mit der das Deutsche Reich in Frieden lebte, befahl das OKH, 9 Infanterie-Divisionen zu Panzer-Divisionen und motorisierten Inf. Div. umzurüsten. Aus den bei dieser Umstellung freiwerdenden Teilen sollte die 18. Panzer-Division entstehen, der Feldverwendungsbereitschaft für den 30. April 1941 befohlen wurde.

Die Aufstellung und Ausbildung dieser neuen Panzer-Division des deutschen Heeres, die am 25. Oktober 1940 begann und am 21. Juni 1941 endete, wurde getarnt durchgeführt, unter größter Geheimhaltung. Zur Truppe durfte über ihre Verwendung nicht gesprochen werden, nur der Divisionskommandeur und sein 1. Generalstabsoffizier wußten vor jenem 22. Juni Bescheid, einige ahnten etwas, manche stellten Vermutungen an, die Soldaten glaubten den »Unsinn« der Gerüchte nicht, die aufkamen, sie hielten den der Aufstellung folgenden Aufmarsch in Polen für ein Druckmittel gegen das riesige Reich jenseits des Bug, die Sowjetunion.

Die Division setzte sich aus Truppenteilen mehrerer Divisionen und Neuaufstellungen zusammen, die mit Ausnahme des Panzer-Regiments, der Panzer-Aufklärer, der Panzerjäger und der III. (schweren) Abteilung des Artillerie-Regiments reine Infanterieverbände gewesen waren. Vorkenntnisse und Erfahrungen in der Motorisierung, der Verwendung und Kampfesweise als Schnelle Truppe hatten weder Führer noch die Truppe mit Ausnahme des Divisionskommandeurs Generalmajor Nehring, der Chef des Stabes der Panzergruppe Guderian im Feldzug gegen Polen und Frankreich gewesen war.

Nehring übernahm am 26. Oktober 1940 den Befehl, er wohnte mit seinem Stab im »Chemnitzer Hof«, dem besten Hotel dieser sächsischen Stadt, die nach dem Kriege in Karl-Marx-Stadt umbenannt wurde, gleichwohl das Hotel »Chemnitzer Hof« mit diesem Namen weiterführte.

Die Division setzte sich zu achtzig Prozent aus Sachsen zusammen, dazu kamen noch Sudetendeutsche, Rheinländer, Pommern und Mecklenburger. Die Panzerbesatzungen kamen aus dem ganzen Reich, das Offizierkorps der Panzer-Brigade 18 war vornehmlich schlesischer Herkunft.

Seit 1. November 1940 verfügte Nehring über eine stattliche Panzer-Brigade, die aus vier Abteilungen bestand. Eine Abteilung, die Flammpanzer-Abt. 100, hatte keine Panzerkanonen, sondern Flammenwerfer, mit denen bis zu einer Entfernung von 30 Metern der Gegner ausgeräuchert oder verbrannt werden konnte. Die Abteilung kommandierte Major von Zezchwitz, der vier Tage nach dem Übergang über den Bug ungefähr an der gleichen Stelle fallen sollte (er hatte seinen Panzer verlassen, um Russen gefangen zu nehmen), an der ein Vorfahr, Oberst von Zezchwitz, am 27. Juli 1812 in russische Gefangenschaft geriet, als er, zur Grande Armee Napoleons gehörend, mit dem Ulanen-Regiment Prinz Clemens von russischer Übermacht eingekreist worden war. Darüber heißt es: »Die letzte Patrone war verschossen, ein Geschütz nach dem anderen mußte das Feuer einstellen. Als die feindliche Infanterie sich anschickte, die zerschossenen Wälle der Schanze bei Kobrin zu ersteigen, ließ der General ›Wirbel schlagen‹. Zwei russische Generale eilten sofort herbei, die Ordnung herzustellen und die Sachsen vor Mißhandlungen zu schützen.« Die Regimentsgeschichte der Ulanen, – die später das Husaren-Regiment 18 bildeten, von denen dann, nach so vielen Zwischenstationen, die 18. Panzer-Division im September 1940 ihre Nummer erhielt, noch bevor sie an der gleichen Stelle, wie die sächsischen Ulanen 1812, ostwärts des Bug, in Rußland erschien, damit dort als erster Kommandeur aus dieser Division Major v. Zezchwitz fallen sollte –, diese Regimentsgeschichte beschrieb den Krieg gegen Rußland (1812). In der Regimentsgeschichte 1812 heißt es: »Der russische Höchstkommandierende ließ den gefangenen Offizieren die Degen, sie erhielten die Erlaubnis, in die Heimat zu schreiben, eine Reisebibliothek und Sold wurden gewährt, einige Reitpferde gestellt, durch Vermittlung Leipziger Bankhäuser erhielten sie die Hälfte der Gebühren, die andere bekamen ihre Familien in der Heimat. Aber es begann doch eine lange Leidenszeit, die für fast ein Drittel des Regiments mit dem Tode endete. Die Toten fanden ihr Grab in Kiew, wohin die Ulanen in 44 Tagesmärschen gelangt waren.«
Aus dem Raum Chemnitz verlegte die 18. Panzer-Division, nur

notdürftig motorisiert, im März 1941 auf den Truppenübungsplatz Milowitz bei Prag, das damals die Hauptstadt des Protektorats Böhmen und Mähren war.

Panzer und Artillerie der Division nahmen am 15. März, dem zweiten Jahrestag des Einmarsches in die Tschechoslowakei, an der Parade auf dem Wenzelsplatz teil, wobei sie, laut Kriegstagebuch der Division, einen »nachhaltigen Eindruck auf die Bevölkerung machten«.

Für General Nehring und seinen Ia, Major im Generalstab Fritz Estor, zeichnet sich der neue »Ernstfall«, wie man damals sagte, oder die neue »Aufgabe«, bei einer Planübung ab, zu der sie nach Berlin gefahren waren. Sie wurde von Generaloberst Guderian geleitet.

Am 23. März 1941 heißt es hierüber im Kriegstagebuch: »Um die bei der Planübung in Berlin bekanntgegebenen Grundsätze für die Führung von Mot.- und Panzerverbänden auf schnellstem Wege an die Kommandeure weiterzugeben und ihnen damit Unterlagen für die Ausbildung zu geben, fand am 23. 3. 41 in Chemnitz eine Kommandeursbesprechung statt, in der der Div.Kdr. an Hand einer »... Studie Milowitz« die Einsatzgrundlage besprach. Als Unterlage für die kommende Ausbildung wurde den Kommandeuren ein Divisionsbefehl ausgehändigt und eine zu diesem Zweck angefertigte Übungskarte 1:25 000. Der Befehl hielt sich an die der Division in einem kommenden Einsatz zufallenden Aufgaben.« Der Einsatz hieß, und damit war das Thema gestellt: »Übergang über einen Fluß in Angriffsgruppen, Durchbruch durch eine befestigte Uferstellung und Stoß in die Tiefe des Feindes.« Wo dieser Fluß, und damit der neue Feind zu finden war, blieb unbekannt.

Die Übungen wurden ohne Kraftfahrzeuge durchgeführt. Am 9. April 1941 traf die erste Kette der Heeresaufklärungsstaffel (4 Flugzeuge) auf dem Flugplatz Rusin bei Prag ein, die Division verfügte nun, für den Stoß in die Tiefe des Feindes, über eigene Aufklärungsflieger.

Nachdem sie ihren zukünftigen Kampfauftrag erhalten hatte, den sie nun praktisch übte, wurde sie am 15. April dem 47. Panzerkorps unterstellt, das zur Panzergruppe 2 gehörte. Deren

Oberbefehlshaber, Generaloberst Guderian, inspizierte am 17. April die Tauchübungen der Panzer, wozu auf dem Truppenübungsplatz von der Division Tauchbecken gebaut worden waren. Guderian fand hier Panzer III und IV vor, die im Herbst 1940 für das »Unternehmen Seelöwe«, die Landung des deutschen Heeres in England, vorbereitet worden waren. Sie sollten dazu zu zweit auf Elbkähne verladen werden, deren Vorderteil abgeschnitten und mit Zement ausgegossen war, um beim Tauchen das nötige Gegengewicht zu schaffen. Diese »Tampinen« wären von Schleppdampfern vor die englische Küste zu bringen gewesen. Über eine ausschiebbare Gleitbahn sollten die Panzer ins Meer eintauchen und versuchen, das Ufer zu erreichen. Jeder Panzer hatte Sender und Empfänger, um von der Landfunkstation an der französischen Küste jederzeit erreicht zu werden. Für den Fall, daß der Funk ausfiel, hatte jeder Panzer einen Kreiselkompaß. Getaucht wurde bis zu 30 Minuten in Tiefen zwischen 10 bis 12 Meter. Da der Panzer unter Wasser einen beträchtlichen Teil seines Gewichts verlor, genügte schon eine Lenkbewegung von einigen Zentimetern, um eine Drehung von 90 oder 180 Grad zu erreichen. Durch Spezialdichtungen war der Tauchpanzer vollkommen wasserdicht gemacht worden. Der Motor wurde durch einen Luftschlauch, der an der Turmluke angebracht war, mit Frischluft versorgt, und zwar durch den Kampfraum hindurch. Der Auspuff war mit Fallventilen ausgestattet, die den Austritt der Motorgase unter Wasser ermöglichten und gleichzeitig verhinderten, daß Wasser eindrang. An dem Luftschlauch war am oberen Teil eine Schwimmboje angebracht, die anderthalb Meter aus dem Wasser ragte und die Aufgabe hatte, den Panzer mit Frischluft zu versorgen, die durch den Motor abgesaugt wurde.

Im September 1940 gab man die Versuche mit diesen Tauchpanzern auf dem Panzerschießplatz Putlos an der Ostsee auf, nachdem eine Landung in England durch den Verlust der Luftschlacht über England nicht mehr in Frage kam. Die letzten Tauchübungen sollten die Panzer Anfang Juni 1941 in märkischen Seen durchführen, auf dem Müggelsee in Berlin, dem Werbellinsee und dem Templiner See.

Guderian, der wußte, daß diese Tauchpanzer durch den Bug fahren sollten, teilte nach der Besichtigung General Nehring mit, daß die Division damit rechnen könne, etwa bis zum 1. Juni 1941 auf dem Truppenübungsplatz stationiert zu bleiben. Da die Schützenregimenter der Division sowie ihr Nachschub noch ohne Kraftfahrzeuge waren, empfand General Nehring diesen Aufschub als eine Gunst des Schicksals. Die Kraftfahrzeuge sollten aus Frankreich kommen. Dort aber mußten sie erst gebaut werden.

Anfang Mai 1941 wurde General Nehring bekannt, daß es in der Sowjetunion einen neuen Panzer gäbe, der dem schwersten deutschen Panzer, dem Panzer IV, überlegen sei.

Nehring, der als Mitarbeiter General Guderians vor dem Kriege die deutsche Panzertruppe aufgebaut hatte, reiste ins OKH nach Berlin, um dort die schwierige Kraftfahrzeuglage seiner Division zu besprechen und gleichzeitig zu fragen, wie man dem neuen sowjetischen Panzer begegnen solle. Am 12. Mai 1941 berichtete er während dieser Besprechung in der Organisationsabteilung des OKH, daß seine Division nur über 3,7 cm Panzerabwehrkanonen verfüge, die es schon vor dem Kriege gegeben habe. Oberst Buhle versprach ihm, zur Abwehr eines neuen russischen Panzers eine größere Anzahl der neuen 5-cm-Panzerkanonen zuzuteilen.

In der deutschen Panzertruppe war Anfang Mai 1941 bekannt, was Hitler im Dezember 1940, als er seine Weisungen für die neue »Aufgabe« erteilte, nicht wahrhaben wollte. Daß General Nehrings 18. Panzer-Division dann Anfang Juli 1941 zum ersten Male auf diesen neuen russischen Panzer, den T 34, treffen würde, als Panzerspitze des deutschen Ostheeres auf der Autobahn zwischen der Beresina und dem Dnjepr, mit nur wenigen 5-cm-Panzerkanonen, die ihm zugesagt worden waren, ohne ein wirksames Gegenmittel seiner Panzer gegen diesen neuen Panzertyp –, das gehört in die Militärgeschichte, in der Überraschungen immer möglich sind.

In das zukünftige Einsatzgebiet, das dem Grenzschutzkommando unterstellt ist, waren seit 1. Mai 1941 zwei Offiziere, von der Artillerie und den Pionieren, aus der Division abgereist. Das ließ vorerst auf eine defensive Aufgabe schließen. Doch am 22. Mai 1941 folgten ihnen fünf weitere Offiziere, darunter ein Offizier des Panzerregiments. Sie erkundeten Unterkünfte an der deutsch-sowjetischen Interessengrenze am Bug. Diese Unterkünfte waren nur mit Kraftfahrzeugen zu erreichen, die aber bis zu diesem Tage die Division noch gar nicht hatte. Anfang Juni trafen endlich 2500 Kraftfahrzeuge handelsüblicher Bauart und französischer Fertigung aus Paris in Prag ein. Die Division mußte sie aus der französischen Hauptstadt, die damals in deutschen Händen war, selbst abholen.

Zu einer Übung als motorisierte Division, als Panzer-Division, kam es nicht mehr. Denn am 11. Juni 1941 rollte die Division in den neuen Unterbringungsraum Kaluszyn in Polen. Von dort wurde sie am 18. Juni 1941 in den Grenzschutzbereitstellungsraum am Bug vorgezogen, nordwestlich von Brest-Litowsk. Für den Einsatz hatte das 47. Panzerkorps am 17. April 1941 »vertraulich und geheim« diese Forderungen aufgestellt, die sich in den kommenden Kriegswochen (man hoffte, Mitte August in Moskau zu sein) verwirklichen sollten:

»Enorme Leistungsanforderung bei kommendem Einsatz notwendig. Keine Ruhe, kein Schlaf, um schnell ins freie Feld zu kommen. Verpflegung wird dürftig sein. Munition ist schwer heranzuschaffen. Reserven-Ausscheiden auf ein Mindestmaß beschränken. Keine Angriffe mit kurzen Zielen geben. Der Truppe eine weitreichende Fahrkarte mit auf den Weg geben, so daß sie sinngemäß selbständig handeln kann. Fahrzeuge nicht überlasten, da schlechte Wege. Die Hauptwaffe sind die Panzer. Schützen werden nicht durch Panzer vorwärtsgerissen, sondern Schützen nützen den Erfolg der Panzer aus.«

Im Panzerregiment 18, das sich in den Wäldern am Bug nun bereitstellte, kommandierte die II. Abteilung Major Teege, der an dem Lehrgang 1929/30 für deutsche Offiziere an der Kampfwagenschule »Kama« in der Sowjetunion teilgenommen hatte. Sie befand sich damals bei Kasan an der Wolga. Panzerspezialisten der Reichswehr wurden dort in Zusammenarbeit mit der Roten Armee ausgebildet, Fahrzeuge entwickelt, erprobt und ausgewertet. Major Teege, der jetzt, 1941, mit seiner Panzerab-

teilung sich auf den Krieg gegen das Land vorbereiten mußte, das ihm einmal Gastfreundschaft gewährt und ausgebildet hatte, hatte schwere Bedenken gegen das Unternehmen. Er schilderte seinen Offizieren das Land, diese endlose Fahrt, die ihnen bevorstand, und er wußte auch bald, als die Befehle ausgegeben wurden, daß die 18. Panzer-Division von dieser Stelle nordwestlich Brests, über Minsk, Smolensk, Moskau genau auf Kasan an der Wolga angesetzt war, wenn man den Angriffsstreifen, der ihr gegeben war, verlängerte. Nach Kasan war er 1929 mit dem Schiff von Stettin über die Ostsee nach Leningrad und dann im Zug über Moskau gefahren. Es blieb ihm auch jetzt unvorstellbar, daß er nun mit seinen Panzern sich auf den weiten Weg nach Kasan an der Wolga, dem Endziel des beabsichtigten Panzerraids, machen sollte.
Nach Kasan würde er nicht geraten, aber fast bis Lipezk, der Stadt, in der in den zwanziger Jahren bis 1933 die deutschen Flieger ausgebildet wurden. Doch dann war es schon Winter, und die Panzer hatten keine Eisstollen, um sich behaupten zu können in diesem schluchtenreichen Gebiet um Lipezk.
Von der Weite des Landes, in das die Deutschen nun einfallen würden, hatte der Chef des Generalstabes Halder zum ersten Male während eines Fluges am 9. Juni von Warschau über Brest nach Tilsit einen Eindruck erhalten (während des 1. Weltkrieges war er nur in Frankreich eingesetzt). Er notiert in sein Tagebuch: »Eindrucksvoll ist die Unendlichkeit der Räume, in denen unsere Truppen zum Angriff antreten. Das Tuchfühlunghalten hört hier von selber auf. Die Gefechtseinheit der Division tritt stark hervor. Alle Arbeit, die wir seit Jahrzehnten in die Schulung der Divisionsführung gelegt haben, muß sich hier lohnen.«
Romantisches klingt hier an, eine von geheimer Furcht hervorgerufene Flucht in die Ausbildungspraktiken, in das Vertrauen, das man in die Division und ihre Führung setzen kann. Die Divisionen, vor allem die gepanzerten, wie Kriegsschiffe im russischen Landozean, dirigiert vom OKH, mit Aufträgen versehen, aber doch gleichzeitig sehr selbständig: eine Flotte, die ihre Schiffe getrennt fahren und vereint schlagen läßt.

In den russischen Feldzug, der zum Vaterländischen Krieg, dem dritten nach 1812 und 1914 in der russischen Geschichtsschreibung, werden sollte, sind die Deutschen wie Träumer eingezogen, von der militärischen Spitze bis zum letzten Mann, befangen in einer Karl-May-Welt, die durch große militärische Siege in Blitzkriegen bestätigt worden war. Old Shatterhand, der immer siegt, niemals verliert, eine Armee Winnetous, die meinte, sie kämpfte für das Gute, für sich selbst, das sie zum Besten erhob, was es damals gab.

Unter der diktatorischen Befehlsgewalt eines Mannes, der niemals in Rußland gewesen war, der vor dem Kriege nur sein Land, Frankreich und Italien gesehen hatte. Ein Gefühl für weite Räume — anders als die mitteleuropäische Beschränktheit, aus der sie kamen — mußten die Deutschen bekommen, aber dann war es zu spät; zurückfallen sollten sie für unabsehbare Zeit ins Kleinliche ihrer zusammengeschrumpften Staatlichkeiten.

Warnungen gingen ins Leere. Am 10. 12. 1941 schreibt Guderian an seine Frau: »Man hat den Gegner, die Weite seines Landes und die Tücken des Klimas erheblich unterschätzt und das rächt sich nun. Wir haben uns vor Ausbruch dieses Feldzuges oft genug über dieses Thema unterhalten und Du weißt, daß ich die Lage etwas anders sah, als die Mehrzahl meiner Kameraden.«

Der Auftrag für die 18. Panzer-Division in der Heeresgruppe Mitte des Feldmarschalls von Bock (drei Heeresgruppen hatte auch Napoleon bilden lassen, als er über den Njemen ging) war, wie General Nehring 1961 schrieb, eindeutig und klar: »Sie sollte den Grenzfluß Bug bei Pratulin überraschend mit Behelfsmitteln überschreiten, dann mit den übergegangenen Spitzen sofort über Pruzana, Slonim auf Minsk antreten, russischen Widerstand brechen und unaufhaltsam nach Osten vorstoßen. Erstes Ziel war Smolensk. Vom Feinde war bekannt, daß auf diesem Wege mit starken Kräften zu rechnen sei. Die Anlehnung an eigene Verbände rechts und links war nur sehr lose. Gleich abgeschossenen Pfeilen sollten die Panzer-Divisionen die feindlichen Armeen durchbrechen, in die Tiefe eindringen und das Gebäude der Verteidigung durch Zerstören der tragenden Säulen zum Einsturz bringen. Durch Überraschung sollten schnelle Anfangserfolge erzielt werden, dann durch sofortiges tiefes Nachstoßen den Gegner am erneuten Festsetzen und Bilden neuer Fronten hindern und somit den Zusammenbruch Rußlands bis zum Herbst des Jahres erzwingen.«

»Die Divisionsführung«, schreibt Nehring, »war sich über ihre schwere Aufgabe völlig klar. Um so sorgsamer war ihre Lösung vorbereitet worden, um den erstrebten Erfolg zu erringen. Trotz der Erfahrungen in Polen und Frankreich war der Angriff in dieser Tiefe von zunächst etwa 750 Kilometern ein Novum, das Überraschungen mit sich bringen mußte. Wie würde der unentbehrliche Nachschub an Betriebsstoff und Munition sichergestellt werden? Wann würden die Infanterie-Divisionen zu Fuß Anschluß nach vorn gewinnen? Man mußte Vertrauen haben, in die obere Führung, in die eigene Truppe, in die Nachbarn, in den ungeheuren Apparat, der am 22. Juni 1941 auf den Befehl eines einzigen unkontrollierten Mannes zu arbeiten begann, der die Widerstandskraft des sowjetischen Volkes und Staates und die unendliche Weite des Landes grobfahrlässig unterschätzt hatte. Die Truppen taten befehlsgemäß ihre Pflicht und erfüllten ihren Auftrag.«

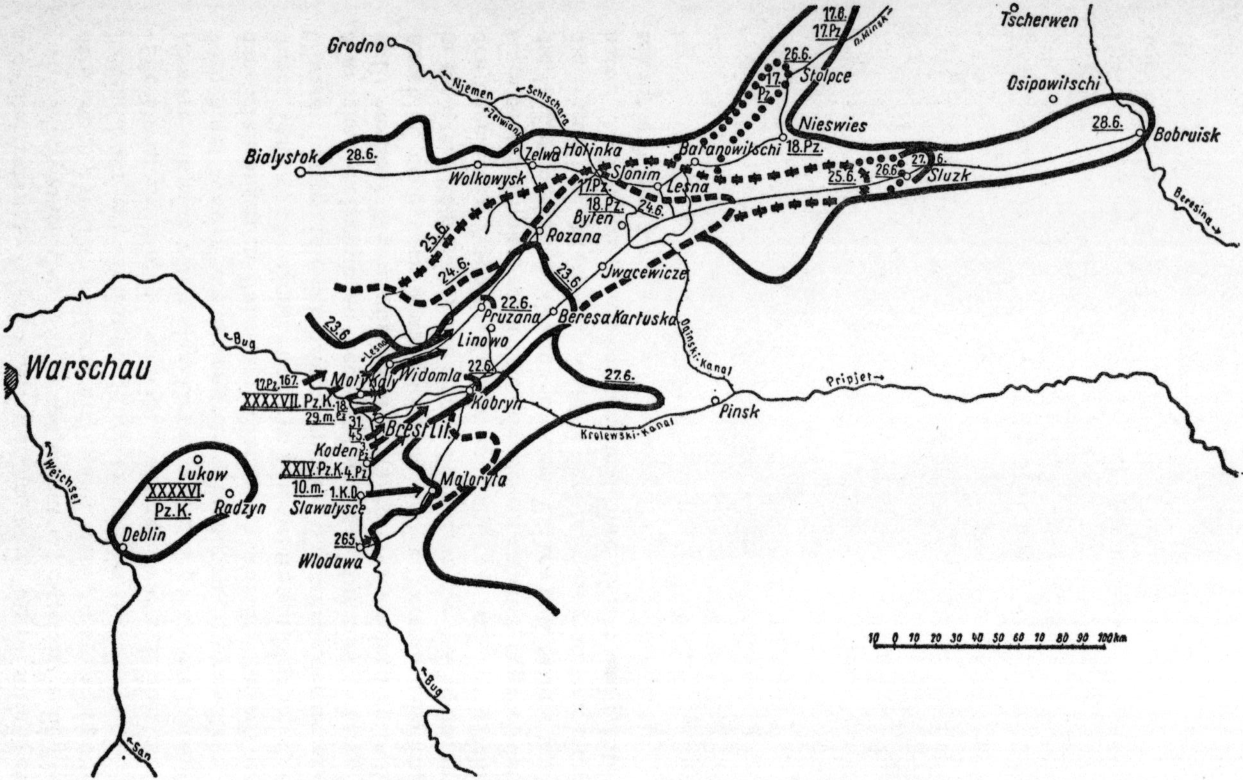

Abb. 2: Vormarsch im Osten 1941 (22. 6. bis 28. 6. 1941)

4. KAPITEL

»Der Marsch gegen Moskau«

Die notwendigen Vereinfachungen, denen ein geschichtliches Drama unterliegt, das dem Teilnehmer entrückt ist und demjenigen, der es nur vom Hörensagen, der Literatur, dem Film, der Erzählung kennt, nicht mehr als das Ergebnis, das Ende, den Fall des Vorhangs übrig läßt, haben ihren eigenen Rang. Der geistige Zustand einer Nation, die sich anschickt, ein großes Reich zu zerstören, wobei das eigene Reich zerstört wird, verträgt nicht mehr ein Rätselraten über die Motive. »Die deutsche Armee marschiert nach Osten, siegesgewiß wie immer und gewillt, die letzte Bedrohung Europas endgültig zu bereinigen.« Das las Leutnant Wolfgang Koch in seiner Leisniger Kasernenstube in der Wochenzeitung »Das Reich« vom Sonntag, dem 29. Juni 1941. Die Schlagzeile lautete: »Der Marsch gegen Moskau«. Wer sich diesem Marsch, an dem Koch noch nicht beteiligt war, entgegenstellen würde, das war Marschall Timoschenko, dem die Wochenzeitung einen biographischen Abriß auf ihrer ersten Seite widmete. Ihm entnahm Koch, daß Timoschenko, Marschall der Sowjetunion, im russisch-finnischen Winterkrieg 1939/40 eine Heeresgruppe kommandierte, danach Woroschilow als Kriegsminister ablöste und Reformen durchführte, die an die Tradition der zaristischen Armee anknüpften: Eine neue Disziplinarordnung wurde geschaffen, die Autorität der Offiziere verstärkt, dagegen die der politischen Kommissare geschwächt (Hitlers grausamer, völkerrechtswidriger »Kommissar-Befehl« vom 6. 6. 1941 gründete sich auch auf den Irrtum, die Kommissare seien allmächtig), die Grußpflicht wurde wieder eingeführt, die Armee erhielt neue, gefälligere Uniformen, die Generale durften wieder Säbel und Dolche tragen, die Truppenteile bekamen Fahnen.

Timoschenko würden sie also vor Moskau zu schlagen haben, aber wo war Stalin? Nichts war von ihm zu hören, obwohl doch alle darauf warteten, daß er eine Rede hielte, ein Lebenszeichen gäbe, ein Signal, auf das auch Churchill in London hoffte.

Nicht Aktivität, sondern Lähmung, die sich mit einem Erstaunen verband, daß Hitler diesen Krieg angefangen hatte, wäre zu vernehmen gewesen, hätte sich Koch über den Rundfunk ein Bild machen können. Aber der Rundfunk des Großdeutschen Reiches brachte nur die eigenen Siegesmeldungen, die von Fanfaren angekündigten Sondermeldungen, und Auslandssender abzuhören war bei Todesstrafe verboten.

Leutnant Koch fuhr wieder zu seinem Vater, sie besprachen die Kriegslage, sie dachten aber eher an sich selbst und fragten, wohin sie das alles führen würde. Die Menschen im Lande blieben still. Es gab keinen Triumph, keine heisere Siegesrede, nichts Demagogisches in diesen ersten Kriegstagen, sieht man von dem ab, was in den Zeitungen stand. Aber auch dort wirkte die Zuversicht irgendwie gebremst; man mußte erst einmal damit fertig werden. Fontanes »Das ist ein weites Feld, Luise« aus dem Roman »Effi Briest« drückte wieder aus, was man dachte: man schob das Denken damit fort, überließ es anderen. Die Deutschen waren in das größte Abenteuer ihrer Geschichte eingetreten, aber sie nahmen den Umfang dieses Abenteuers nicht wahr.

Kochs Vater, der als Husarenwachtmeister über die Marne 1914 geritten war, mit dem Respekt, den er seitdem vor der Geschichte besaß, in die einer verwickelt werden konnte, hielt dies alles für eine Zäsur, einen Schnitt, der die Geschichte von gestern von der von morgen trennte, säbelschnittartig, wild, ungestüm, ohne Erbarmen. Er sprach über den Tod Kaiser Wilhelms II., der gemeldet worden war – gleichsam als Bestätigung, daß jene wilhelminische Vergangenheit nun endgültig vorbei sei, eine neue Zeit, Hitlers größte Zeit als Reichsgründer, wie er in dem »Reich« genannt worden war, anbrach. »Es sind doch meine Soldaten«, hatte Wilhelm II. in Doorn zu den Holländern gesagt, als sie ihm rieten, vor der deutschen Offensive auszuweichen, im Mai 1940.

»Da kommen doch meine Soldaten von damals«, nochmals.

Und, so meinte jetzt, Ende Juni 1941, der frühere Husarenwachtmeister: sie sind es gewesen, vor allem die Offiziere, die Höheren in den Stäben, die an der Marne schon dabei waren und als Hauptleute, Majore, Leutnante wie von Bock, Rundstedt, Guderian das Ausmaß der Niederlage erkannten, als sie vor Paris stehenblieben, kehrtmachten, den Krieg mitnahmen in die Unterstände, die nun gebaut wurden. Noch einmal würden sie, sagte Koch zu seinem Sohn, nicht vor der feindlichen Hauptstadt stehen bleiben wie vor 27 Jahren, als sie die Straßenschilder lasen: »55 km nach Paris«.

Das bedrückte nun wieder den Sohn, der in Sachsen zurückbleiben mußte.

Aber auch andere wollten dabei sein, beteiligt werden. Die Finnen gingen gegen die Sowjetunion vor, die Ungarn fragten bei Halder im ostpreußischen Hauptquartier an, wieviele Divisionen sie stellen sollten, die Rumänen unter Marschall Antonescu warteten auf den Befehl Hitlers, gegen Odessa anzutreten, mit deutscher Unterstützung. Das OKH stellte eine Liste der Divisionen zusammen, die Mussolini geben würde. Zugesagt hatte er. Und in den besetzten Ländern rührten sich die Komitees, die Freiwilligenverbände aufstellen wollten, Flamen, Wallonen in Belgien, Holländer in Holland, Franzosen in Frankreich, Norweger in Quislings Norwegen, auch Dänen.

Es sah schon aus, wie es sich auch Napoleon vorgestellt hatte, daß er »ganz Europa hinter sich nachschleifen werde«.

Aber es regte sich auch Widerstand, im zerrissenen Jugoslawien sammelten sich die Partisanen, der Untergrund, der sich gegen die Deutschen wenden sollte. Der bestand auf einmal nicht mehr nur aus geheimen Funkstationen, Kurieren, Handzetteln. Die Welt aber, die Öffentlichkeit, soweit es sie damals überhaupt noch gab, hielt nicht den Atem an, es hatte ihr nur die Sprache verschlagen.

Erst am 8. und 10. Juli 1941 richtete der britische Premierminister Winston Churchill persönliche Botschaften an Stalin, auch er, der nun endlich einen starken Verbündeten gewinnen sollte, hatte gezögert, gewartet, sich still verhalten. Er sah die Größe des Tatbestands, der ihn doch begünstigte.

»Ungefähr 400 Flugzeuge«, schreibt er am 8. Juli, »flogen gestern tagsüber Einsätze auf dem Kontinent. Sonnabendnacht griffen mehr als 200 schwere Bomber, von denen einige bis zu drei Tonnen Bombenlast mit sich führen, deutsche Städte an, und in der vergangenen Nacht waren etwa 250 schwere Bomber eingesetzt. Außerdem bereitet unsere Admiralität in der Arktis eine bedeutende Operation vor.«
Für Stalin bedeutete das nichts; er schickte zwar eine Militärmission nach London, besprach sich mit dem britischen Botschafter in Moskau, Cripps, wegen einer englisch-sowjetischen Erklärung, aber Churchill antwortete er erst am 18. Juli, als Smolensk schon genommen war, die Deutschen dreihundert Kilometer vor Moskau standen: »Ihre Botschaften haben den Grundstein für die Übereinstimmung zwischen unseren beiden Regierungen gelegt. Jetzt sind die Sowjetunion und Großbritannien, wie Sie mit vollem Recht sagten, Bundesgenossen im Kampf gegen Hitlerdeutschland geworden. Ich zweifle nicht daran, daß unsere beiden Staaten stark genug sein werden, um ungeachtet aller Schwierigkeiten unseren gemeinsamen Feind zu besiegen. Ich muß Ihnen mitteilen, daß die Lage der sowjetischen Truppen an der Front auch weiterhin angespannt bleibt. Man kann sich leicht vorstellen, um wieviel günstiger die Lage der deutschen Truppen wäre, wenn die sowjetischen Streitkräfte diesen Angriff nicht längs der Linie Kischinew–Lemberg–Brest–Bialystok–Kowno und Wyborg, sondern entlang der Linie Odessa–Kamenez-Podolsk–Minsk und in der Umgebung von Leningrad hätten abwehren müssen.«
Damit rückt Stalin die sowjetischen Neuerwerbungen, die aus der Teilung Polens, der Besetzung der baltischen Staaten sich ergeben hatten, ins militärgeschichtliche Kalkül. Er, der mit Hitler paktierte, fühlt sich nun gerechtfertigt, denn die deutschen Armeen müssen erst der Roten Armee alles wegnehmen, was sie dieser seit 1939 zugestanden hatten. Und der sowjetisch-finnische Winterkrieg 1939/40 ist nun auch eine Abwehrmaßnahme Moskaus: Wyborg wurde russisch.
Aber da Stalin zu dieser Zeit sehen mußte, wie die Landstriche, die er zu seinem Glacis gemacht hatte, in deutsche Hände fielen

oder schon gefallen waren, fordert er Churchill auf, sofort in Nordfrankreich zu landen, eine zweite Front dort gegen die Deutschen zu bilden, eine dritte Front in der Arktis mit Seestreitkräften der Briten, mit Land-, See- und Luftstreitkräften der Sowjetunion aufzubauen, in Nordnorwegen zu landen, vom Nordkap die deutsche Flanke aufzurollen.
Doch wie wenig das in Skandinavien gefürchtet wurde, geht daraus hervor, daß jetzt Schweden den Transport einer deutschen Division mit der Bahn von Oslo nach Finnland gestattet. Den Deutschen traute man im neutralen Ausland damals mehr zu als den Briten und den Russen.
Eine Wendung Hitlers gegen die Sowjetunion vor Beendigung des Krieges gegen Großbritannien hatte Stalin nicht erwartet. Er hielt dies nicht für möglich, weil es nicht im deutschen Interesse liegen konnte, da doch ein Eingreifen der USA zugunsten des schwer bedrohten Großbritannien immer näher rückte.
Und bewunderte Stalin nicht Hitler, dem er einen eiskalten Realismus zugute hielt, in seinen bisherigen Handlungen? Bewunderung, so enttäuscht durch den deutschen Angriff, mußte in glühenden Haß umschlagen, der sich nun mit dem glühenden Haß auseinandersetzen würde, den Hitler Stalin entgegenbrachte. Merkwürdig, aber auch verständlich, daß von nun an Stalins Haß mit den Mißerfolgen Hitlers in tiefe Verachtung für den Mangel an politischem Verstand bei seinem Gegner umschlug, während Hitlers Haß zur Bewunderung gegenüber Stalin werden sollte.
Haß ist die tiefste Stufe der Verachtung; dort hatte Hitler angefangen. Im Verlauf des Krieges im Osten würde er seine haßerfüllte Verachtung noch bedauern, in die die Unterschätzung des Gegners eingeschlossen gewesen war.
Die Konstellation von 1939/41, eine Abgrenzung beider Diktatoren mit einem Interessenausgleich, würde sich nicht mehr herstellen lassen, auch wenn sie in Friedensfühlern von Stalin nach der Schlacht vor Moskau versucht würde.
Für die Kochs jetzt noch in Sachsen, für die Russen und für all die einfachen Menschen, die doch alles auf sich zu nehmen hatten, was die Großen fühlten, beschlossen, riskierten, sind solche

Überlegungen im Sommer 1941 ohne Interesse. Für die Völker der Sowjetunion ruft Stalin den Großen Vaterländischen Krieg aus, einen Verteidigungskrieg gegen die Hitlerfaschisten. Das klingt nach einem Heiligen Krieg, und etwas Ähnliches wurde er auch.

»Keinen Schritt mehr zurück, den Verrätern den Tod, Kapitulation — nie«, das war Stalins Antwort in seiner ersten Radioansprache seit dem 22. Juni 1941, am 3. Juli, dem Tage, an dem die 18. Panzer-Division aus Sachsen über die unversehrten Brücken gestürmt war, die bei Borissow die Beresina überspannten.

Minsk, die Hauptstadt Weißrußlands, war schon längst in deutscher Hand, in großen Kesselschlachten machten die Deutschen bei Bialystok Hunderttausende von Gefangenen. An diesem Tag erhielt Leutnant Koch in Leisnig den Befehl, sich in Warschau bei der Führerreserve der Heeresgruppe Mitte zu melden.

Sein Offiziersbursche packte den Offizierskoffer, eine hölzerne, eisenbeschlagene Kiste, in die er nicht vergaß, die Ausgehuniform zu legen, den Offiziersdolch und den Säbel mit dem Löwenkopfknauf.

Der Bursche und auch der Leutnant glaubten bestimmt, daß er, Koch, gerade noch zurecht käme, um den Einmarsch in Moskau mitzumachen, und es genierte sie beide etwas, den Burschen weniger als den Leutnant, so weit entfernt vom nahen Sieg in Rußland sich zu verabschieden. Mit Leutnant Bellmann, seinem Nachbarn in der Kaserne, fuhr Koch mit der Eisenbahn im Schnellzugabteil 1. Klasse über Dresden nach Warschau.

Einen Rat hatte ihm sein Vater mitgegeben. Er solle sich nicht zu weit hervorwagen, es gelte, auch als junger Leutnant eine vernünftige Mitte zwischen Vorleben und Vorsterben zu finden. Denn, so hatte der Vater noch hinzugefügt, es kann alles länger dauern als wir jetzt denken, das Land braucht auch später noch gute Soldaten, besonders Offiziere.

Von dem anderen Land, in das er nun aufbrach, wußte Leutnant Koch nichts, auch Bellmann wußte nichts, obwohl dieser doch Bankkaufmann war, einen Beruf hatte, während Koch nur als Beruf Schüler angeben konnte, Abiturient, und ein Beruf war das nicht, es war nur ein Zustand, in dem er 1937 stehengeblieben war, als er sich zum Heer meldete, um seine zweijährige Dienstzeit als Freiwilliger so früh wie möglich abzuleisten. Das Vaterland hatte anderes mit ihm vor, und es würde ihm nichts anderes übrig bleiben, bald viele andere Schüler, Abiturienten, junge Leute seines Alters — wahrscheinlich erst in Moskau —, anzutreffen, mit denen er sein Soldaten-Handwerk auszuüben hätte.

Noch einmal sah er, beim Blick durchs Abteilfenster, dieses Deutschland, das er in seinem Leben bisher nur zur Tschechoslowakei und nach Polen, 1939, verlassen hatte.

Als er damals aus Polen zurückfuhr, an die Westfront am Rhein, da hatte es ihn gerührt, die schönen Häuser von Schneidemühl zu sehen, die so sehr abstachen von den Häusern in Polen, an die er sich nie gewöhnen wollte. Nun begann alles von vorn, auch anders, in einem größeren Rahmen, ins Endlose hinausgreifend, das er schon merkte, als der Zug in verbrannten polnischen Bahnhöfen hielt.

Er hatte wieder den Geruch in der Nase von verbrannten Städten und Dörfern, Feuer und Rauch von Ruinen und stehengebliebenen Kaminen, in denen sich der Rauch festsetzte. Alles war in Polen noch so, wie vor zwei Jahren, als der Krieg Zerstörung und Not brachte. Er nahm sich vor, aufzuschreiben, was er sah, auch was er dachte, kühl, gelassen in etwas hineinzugehen, das ihm selbstverständlich war.

Und da er zu denen gehörte, die immer siegten, fiel es ihm leicht, sich auszumalen, wie er nun in das andere Land käme, ohne Liebe, ohne Haß, vielleicht verwundert und doch bald aufgesogen von der Truppe, die ihre eigene Welt sich geschaffen hatte, aus der es kein Entrinnen gab. Von Warschau wurden er und Bellmann zur Panzergruppe Guderian befohlen, die vor dem Dnjepr angekommen war.

Nachts fuhren sie auf einem offenen Güterwagen über den Bug. Sie saßen auf ihren Offizierskisten, die Morgendämmerung näherte sich ihnen aus dem Osten, sie fuhren in einen strahlenden Sommertag hinein, der ihnen endlos schien. Dieser Tag bestärkte sie in ihrem Glauben, daß sie bis Moskau durchfahren würden.

5. KAPITEL

Über das Birkenflüsschen

Eine Woche ist am 29. Juni die 18. Panzer-Division unterwegs, ihr Marschweg durch die weite Ebene zielt auf Moskau, sie hat Gefechte hinter sich, staubbedeckt sind die Gesichter der Männer.

Auch die anderen Panzer-Divisionen der drei Heeresgruppen sind rastlos im Marsch, ohne Schlaf die Männer, mit Gedanken, die auf die einfachsten Dinge konzentriert sind: Fahren, absitzen, kämpfen, aufsitzen, fahren. Die Sonne brennt gnadenlos, die Dörfer, zuerst die Polens, ostwärts des Bug, nun die Dörfer Weißrußlands sinken in Asche oder sie werden rasch durchfahren (einmal fuhren sie durch ein triumphales hohes Tor, hinter dem ein fataler Wachtturm sich erhob, beide von den Insignien der Sowjetmacht bedeckt). Diese Panzer-Division aber, die achtzehnte, erhält am 29. Juni von Generaloberst Guderian den Befehl, am nächsten Tage früh auf Borissow an der Beresina anzutreten, dort einen Brückenkopf über den Fluß zu bilden und zu halten. Eile ist geboten, um das weit im Osten liegende Ziel handstreichartig durch Überraschung zu nehmen. Die Division ordnet daher die Bildung einer Vorausabteilung unter Oberst Jollasse an, die aus dem 1. Bataillon des Schützenregiments 52, der II. Abteilung Panzerregiment 18, der I. (Leichten) Abteilung des Panzerartillerie-Regiments 88 und der 1. Kompanie des Kradschützenbataillons 18 bestehen soll.

Anzutreten ist um 3.00 Uhr morgens, der Marschweg führt südlich um Minsk herum, dann auf der Autobahn Richtung Moskau, die keine Karte verzeichnet. Der Abmarsch verzögerte sich bis 6.00 Uhr, da die Panzerabteilung nicht eher Treibstoff erhielt. Die Straßenerkundung ergab eine gute Zubringerstraße zur Autobahn, die auf den deutschen Karten ebenfalls nicht enthalten war.

Weit den deutschen Panzerspitzen voraus, hinter sich eine Kesselschlacht, die nach der Stadt Minsk genannt werden wird, stößt die Division tief in das Hinterland des Gegners. Erstmals gestattet die verhältnismäßig gut ausgebaute Autobahn einen schnellen motorisierten Vormarsch. Die Beresina, das »Birkenflüßchen«, ging in die Kriegsgeschichte ein, als Napoleons Grande Armee bei ihrem Rückzug aus Moskau im November 1812 dort eine schwere Niederlage erlitt; die Garde überquerte zuletzt den Fluß, auf dem Eisschollen trieben, Tote und Verwundete.

Operatives Angriffsziel der Panzergruppe Guderian für den weiteren Vormarsch sind die beiden wichtigen Brücken von Borissow.

Am Westrand eines riesigen Waldgebietes, am Ussa-Abschnitt bei Wolma, stößt die Vorausabteilung auf heftigen Widerstand. Die Brücke ist gesprengt. Die Vorausabteilung bildet einen Brückenkopf, danach liegt sie fest.

Unter starkem feindlichen Artilleriefeuer bauen die Panzer-Pioniere eine Kriegsbrücke, der Gegner zieht sich nachts zurück, nachdem das Schützenregiment 101 vom Divisionskommandeur General Nehring zur Umfassung angesetzt wurde.

Am frühen Morgen des 1. Juli tritt die Vorausabteilung wieder an. Der Rest der Division soll schnell aufschließen, aber zwischen Vorausabteilung und Masse der Division entsteht ein mehrstündiger Abstand, in den sich die Generalsstaffel eingliedert. Es sind, außer einigen Kradmeldern, drei Fahrzeuge: der Panzerbefehlswagen III mit einem 100-Watt-Sender (statt der Kanone hat er eine Attrappe aus Holz, um innen Platz für das umfangreiche Funkgerät zu schaffen), ein leichter Panzer II mit einer 2-cm-Maschinenkanone und einem MG 7,9 mm im Drehturm sowie der Kraftwagen des Generals. Die Vorausabteilung fährt sehr schnell. Ein Panzerkommandant macht die Kradschützen darauf aufmerksam, daß die Panzer diese hohe Geschwindigkeit kaum durchhalten werden. Auf halbem Wege zur Beresina rastet die Generalsstaffel, um Funksprüche auszufertigen. Hier wird die Autobahn von Eisenbahngleisen begleitet, auf denen plötzlich ein russischer Panzerzug erscheint, der im 20-km-Tempo fährt. Der Befehlspanzer kann nicht schießen, er hat nur die Holzkanone, er kann auch nicht anfahren, da der Motor wegen des Funkens abgestellt ist. Mit dem

Begleitpanzer nimmt der Divisionsadjutant Hauptmann von Reinhard den Kampf gegen den Panzerzug auf. Nach dem ersten Schuß aus der 2-cm-Maschinenkanone – er prallt von der Panzerung funkensprühend ab – hat das MG Ladehemmung. Der Panzerzug antwortet daher auch nur mit einem Schuß über die Köpfe der Deutschen hinweg und fährt weiter. Ein Gefangener sagt später aus, der Panzerzug habe die Generalsstaffel für die eigene Truppe gehalten, die sich geirrt hätte.
Die Vorausabteilung Jollasse ist inzwischen vor Borissow eingetroffen und in harte Kämpfe verwickelt. Eine russische Panzerschule ist hier eingesetzt, die durch weitere Verbände verstärkt wurde, darunter die 1. Panzerbrigade »Moskau«. Weitere Truppen aus Moskau waren im Anmarsch, darunter auch Panzerverbände. Der aus Sibirien herausgeholte General Jeremenko hatte sich entschlossen, die Beresina-Linie zu halten.
Diese Kräfte sind stark genug, um die 18. Panzer-Division aufzuhalten, aber sie befinden sich noch in der Entwicklung, aus der sie jedoch sofort zum Angriff übergehen. Gegen Mittag ist General Nehring vor Borissow eingetroffen. Er hat die Lage mit den Kommandeuren besprochen, man erwartet sehnsüchtig, wie er später schreiben wird, Verstärkung. Sie sollte auch kommen, Guderian hatte dafür die 17. Panzer-Division bestimmt, aber Feldmarschall von Kluge gab sie an der Einschließungsfront bei Minsk nicht frei.
Die Verluste bei den Schützen wachsen. Plötzlich erkennt General Nehring, der neben seinem Befehlspanzer mit der Holzkanone steht, wie unter heftigem Pak- und Artilleriefeuer auf der Autobahn etwa 20 leichte russische Panzer auf ihn zufahren. Nehring schreibt später darüber: »Je zwei nebeneinander rasen sie auf uns zu, ohne zu schießen. Wir springen in Deckung unseres Befehlspanzers, der von einem russischen Panzer gerammt wird, wobei ihm das Leitrad vorn rechts abgerissen wird, da er auf der Autobahn links stand. Den feindlichen Panzern bekommt ihr Durchbruch schlecht. Ein Teil hat am Waldrand eingedreht, um uns aufzurollen, und fährt sich zwischen Bäumen fest. Sie werden dort mit behelfsmäßigen Mitteln vernichtet, da die Besatzungen trotz Aufforderung in russischer Sprache nicht

aussteigen, sondern aus den brennenden Panzern heraus feuern. Hier konnte man erneut die Härte des russischen Soldaten feststellen, die man schon in den ersten Tagen seit Kriegsbeginn erkannt hatte. Der andere Teil fällt unseren eigenen Panzern und Pak zum Opfer, die beiderseits der Autobahn in Reserve gestanden hatten. Das Unternehmen der Russen war tapfer, aber sinnlos gewesen, da die taktischen Voraussetzungen für den Einsatz von Panzern fehlten.«

Den sofort beiderseits der Autobahn angreifenden Schützen gelingt es, unter erheblichen Verlusten, den Wald zu säubern.

General Nehring kann jetzt den Schwerpunkt nach links zum Schützenregiment 52 verlegen, dem er die Panzer zuführt. Panzer und Schützen greifen linksumfassend gemeinsam an. Die Straßenbrücke nördlich der Eisenbahnbrücke über die Beresina wird erreicht, ein russischer Sprengtrupp im letzten Augenblick daran gehindert, die Brücke in die Luft zu jagen. Auf der Brükkenmitte fällt der Führer des Trupps, ein Offizier, seine Leute werden von Unteroffizier Bukatschek gefangen genommen, der dafür das Ritterkreuz erhält. Er wird schwer verwundet.

Unter starkem feindlichen Artilleriefeuer, das die ganze Nacht andauert, wird der operativ entscheidende Brückenkopf an der Autobahn nach Smolensk und Moskau gebildet.

Abends 21.50 Uhr wird dieser Erfolg dem Panzerkorps gemeldet. Das zweite Schützenregiment der Division, 101, trifft 20.00 Uhr an der Beresina ein.

Am Morgen des 2. Juli ruft Oberst Jollasse aus dem Brückenkopf im Divisionsgefechtsstand an: »Igelstellung liegt in schwerem feindlichen Artilleriefeuer. Dabei einige Verluste an Flakgeschützen. Anfrage: Kann Panzerabteilung nicht durch eine neue Abteilung abgelöst werden? Erbitte mehr Artillerieunterstützung.«

Fünf Minuten später, 5.20 Uhr, ruft Jollasse wieder an: »Flakgeschütze werden zusammengeschossen. Neue Panzerabteilung ansetzen, um nach vorn Luft zu schaffen.«

Jetzt fährt die 1. Abteilung des Panzerregiments 18 über die Beresinabrücke und tritt zum Entlastungsvorstoß an. Sie vernichtet dabei 20 Panzer, 28 Geschütze und 50 Lastkraftwagen. Der

Brückenkopf wird ausgeweitet. Das Kradschützenbataillon hat, mit dem Panzervorstoß gleichzeitig antretend, in den Vormittagsstunden auch die Eisenbahnbrücke unversehrt genommen und dort einen Brückenkopf gebildet. Abends stehen die Schützen auf dem Höhengelände nördlich Borissow. Es herrscht Ruhe.

Durch Aussagen von Gefangenen bestätigt es sich, daß erhebliche Teile der 1. Proletarischen Schützendivision und des Panzerregiments 12 aus Moskau, Elitetruppen, gegenüberstanden, um den Beresina-Übergang auf jeden Fall zu halten. Er sollte, nach der Einkesselung der sowjetischen Divisionen westlich des Flusses, die erste größere Widerstandslinie vor Moskau werden. Die 18. Panzer-Division, deren wichtiger operativer Erfolg bereits am Abend von Guderian anerkannt wird, ist jetzt auf der Straße nach Moskau die vorderste Division des deutschen Ostheeres. Ihre Leistung zerriß das sowjetische Konzept, hinter dem Birkenflüßchen einen Sperriegel aufzubauen, um endlich den deutschen Einbruch aufzuhalten. Ihr Erfolg, blutig errungen, ersparte nun einen deutschen Großangriff über das verteidigte Flußhindernis, der noch höhere blutige Verluste die Deutschen gekostet hätte.

Aber Oberst Jollasse schrieb später über diese Tage: »Man kann wohl sagen, daß am 1. und 2. Juli die Blüte des jungen Offizierskorps an der Beresina fiel oder verwundet wurde.« Kriegspfarrer Wolf schreibt in sein Tagebuch: »Auf dem Vormarsch, Staubfahnen wehen hinter den endlosen Kolonnen, Geschützdonner und Gefechtslärm klingt von vorn herüber. Über einem halbzerschossenen Gebäude weht die Rote-Kreuz-Fahne, der Hauptverbandsplatz der Division. Sanitätsfahrzeuge laden ihre traurige Last ab, verschwinden wieder in Richtung Front. Beim Betreten des Gebäudes schlägt einem der bekannte Karbolgeruch entgegen, überall sitzen Verwundete, lehmgelbe, fahle Gesichter, wirre Haare, aufgeschnittene Uniformen, weiße Verbände mit roten Blutflecken. Müde sind die Gesichter, alt. Im Operationsraum steht Bahre an Bahre. Der Blutzoll der Division wird gebracht. Ich gehe von Raum zu Raum. Hier versagen Worte. Hier müßte man physisch helfen können. Leises

Stöhnen, leises Flüstern, meist stille, große, weit aufgerissene Augen. Hier und da lächelt mir einer zu, ein müdes Lächeln. Wasser, flüstert einer. Er hat einen Oberschenkeldurchschuß. Ich gebe ihm zu trinken. Einem anderen fahre ich mit einem nassen Tuch übers Gesicht. Einer sitzt aufrecht, bittet um Papier und Bleistift. Er will nach Hause schreiben, daß er der Hölle entronnen ist.

Hinter dem Haus, im Schatten, die Toten, Offizier und Mann. Es werden immer mehr. Es sind manche Bekannte darunter. Still und stumm, die Hände in der letzten Kampfbewegung erstarrt. Junge Menschen sind es, kaum volljährig, die Division hat ja nur aktive Truppen ...«

Von einem Überläufer, einem Litauer, der in der Redaktion der Zeitschrift »Krasnoarmejez« gearbeitet hatte und mit den Panzern aus Moskau zur Beresina gefahren war, um als Kriegsberichterstatter dort zu arbeiten, erfährt die Division an diesem 3. Juli, daß der nächste starke Widerstand 120 Kilometer ostwärts, bei Orscha am Dnjepr, zu erwarten sei. Dorthin seien die Truppen in völliger Unordnung zurückgegangen, nachdem sie die Beresina nicht halten konnten.

Tief im Rücken der Division, im Kessel von Bialystok, gingen die Kämpfe weiter. Ein Regiment der zum 47. Panzerkorps gehörenden 29. Infanterie-Division (mot) machte dort in vier Tagen 36 000 Gefangene.

Guderian, der am Vormittag des 3. Juli in Neu-Borissow, am Westufer der Beresina eintrifft, ordnet den Vormarsch der 18. Panzer-Division auf Tolotschin an. Die 17. Panzer-Division, die dies eigentlich tun sollte, wird von Feldmarschall von Kluge noch am Kessel von Bialystok festgehalten. Zurückbleiben soll das Schützenregiment 52, den Brückenkopf hätte es dann an die 17. Panzer-Division zu übergeben. Damit war der Angriffsrhythmus unterbrochen, der überschlagende Einsatz von Panzer-Divisionen. Die 18. Panzer-Division blieb weiter Spitze der Panzergruppe mit Stoßrichtung Smolensk. Während 14.30 Uhr eine Vorausabteilung mit dem Schützenregiment 101, Batterien der Panzer-Artillerie und 8,8-cm-Flak sowie der 1. Abteilung des Panzerregiments auf Tolotschin antritt, meldet der Aufklä-

rungsflieger der Division, daß auf der Autobahn von Moskau her etwa 100 Panzer im Anmarsch seien.
Auf die Spitze dieser Panzerkolonne treffen Nehrings Panzer unmittelbar danach.
Es sind 15 russische Panzer, von denen 8 vernichtet werden, darunter 3 schwere Panzer, die von den Panzermännern noch niemand kennt. (Hier trat zum ersten Male der neue Panzer auf, von dem General Nehring im Mai 1941 gehört hatte). Diese T 34 waren vor dem deutschen Panzer mit der 3,7-cm-Kanone fast sicher, sie konnten, wie es sich nun herausstellte, von der 5-cm-Panzergranate auch nur in einer Entfernung unter 300 Metern durchschlagen werden.
7 Panzer können sich auf der Autobahn zurückziehen. Ihnen folgen die deutschen Panzer, die in der Abenddämmerung dieses Sommertages am Ortseingang von Natscha auf schwere Feindpanzer stoßen, die in der Erde eingebaut sind. Der eigene Panzerüberwachungsflieger meldet schwere Flak im Abschnitt Natscha. Die Autobahn wird von 20 russischen Flugzeugen angegriffen, die 18. Panzer-Division schießt 9 davon ab.
»Die Angriffe wurden unter schweren russischen Verlusten abgewiesen«, schreibt Guderian, »aber der Eindruck auf die 18. Panzer-Division war doch nachhaltig genug, weil hierbei die ersten T 34 auf der Feindseite aufgetreten waren, denen unsere damaligen Panzerabwehrgeschütze und Panzerkanonen nicht viel anhaben konnten.«
Leutnant Pohl vom Panzerregiment 18 schreibt über »die ersten T 34«: »Zwischen Borissow und Tolotschin Panzeralarm. Von rechts kommt eine russische Panzerabteilung und greift uns an. Hauptmann Kirn schießt mit der 1. Abteilung wie wild, alle Treffer rutschen ab. Die ersten T 34. Entsetzen macht sich bei uns breit. Eine nasse Wiese trennt uns noch von den Russen. Sie fahren mit voller Kraft in den Sumpf hinein und elf Panzer T 34 bleiben auf der Wanne sitzen. Der Rest macht kehrt, zu unserem Glück. Nun schossen wir sie mürbe, langsam steigen sie aus, wir nehmen elf Besatzungen mit ihrem Kommandeur und Adjutanten gefangen. Der russische Kommandeur ist tief beeindruckt.«

Die Sondermunition, die allein diesem neuen russischen Panzer hätte gefährlich werden können, wurde erst Ende Dezember der Truppe zugeteilt. Sie wurde vom OKH in der Heimat zurückgehalten, damit sie nicht vorzeitig, vor ausreichender Massenfertigung, dem Gegner bekannt würde und Gegenmaßnahmen auslöste.

Die Ereignisse des 3. Juli 1941 ostwärts der Beresina bedeuteten militärisch und waffentechnisch eine tiefeingreifende Zäsur. Die Sowjetunion verfügte über Panzerkampfwagen, die den deutschen Panzern weit überlegen waren.

Die Erstürmung der Brücke über die Beresina und die Panzerkämpfe danach wurden für die Truppe zur Stunde der Wahrheit. Zu ihrer Tapferkeit kam nicht mehr das überlegene Material. Die 18. Panzer-Division meldete diese neue Panzerlage gründlich. Ein erbeuteter T 34 wurde nach Deutschland übergeführt. Mehr als drei Monate sollten verstreichen, ehe diese Meldung eine praktische Auswirkung zeigte. (Der Anstoß zum Bau des Tigers erfolgte im Mai 1941; der Panzer gelangte im Sommer 1943 zur Truppe. Zum Bau der Panther kam es erst, nachdem im November 1941 der T 34 bei Mzensk in größerer Zahl auftrat.) Ein Ausschuß des Heereswaffenamtes traf jedoch schnell bei Tolotschin ein.

Am gleichen Tage, dem 3. Juli, ist zum ersten Mal seit Ausbruch des Krieges im Osten Stalin im sowjetischen Radio zu hören. Der Vorstoß der 18. Panzer-Division hat ihn aus der Lethargie gerissen, in die er am Morgen des 22. Juni fiel. Während Stalins rauhe, tiefe Stimme zwischen Beresina und Dnjepr der Dolmetscher der 18. Panzer-Division im Dienstradio hört (Oberleutnant Dr. Becker war Kadett in der alten russischen Armee 1917), notiert im fernen Ostpreußen der deutsche Generalstabschef Halder in sein Tagebuch: »Es ist wohl nicht zuviel gesagt, wenn ich behaupte, daß der Feldzug gegen Rußland innerhalb von 14 Tagen gewonnen wurde. Natürlich ist er damit noch nicht beendet. Sobald die Kriegführung im Osten aus dem Bereich der Zertrümmerung der feindlichen Wehrmacht in den Bereich der wirtschaftlichen Lahmlegung des Feindes übergeht, werden die weiteren Aufgaben der Kriegführung gegen England

wieder in den Vordergrund treten und eingeleitet werden müssen.«
Im Beresinabrückenkopf erhält an diesem Abend die Truppe Sekt aus den Vorräten, die der Quartiermeister der Division nach vorn gebracht hat. General Nehring, dem eben sein Dolmetscher Oberleutnant Dr. Becker den Text der Ansprache Stalins übersetzt hat, fragt den Quartiermeister, ob er nicht auch Sekt erhalten könne. Der Quartiermeister verneint, der Sekt sei für die Schützen.

Für seine Divisionsführung und für die Tapferkeit seiner Soldaten bei Borissow würde General Nehring das Ritterkreuz erhalten, doch jetzt war er mit seinen Soldaten sehr einsam auf dieser Autobahn nach Moskau.

Der General, der vor dem Zweiten Weltkrieg Artikel und Bücher über den Kampf mit Panzern veröffentlicht hatte, Guderians enger Mitarbeiter beim Aufbau der deutschen Panzertruppe in den dreißiger Jahren war, ein schmaler, kleiner Offizier mit dem Kopf eines Gelehrten, eines Denkers, hart gegen sich selbst, in der ersten Woche des neuen Krieges hatte er nicht einmal warmes Essen verzehrt, voller Mitgefühl für die Truppe, von der er Ungewöhnliches verlangte —, dieser Panzerexperte Nehring war jetzt tief betroffen.

Der Russe hatte doch bessere Panzer. Im Mai im OKH hatte der General darüber vorgetragen, als er Abwehrwaffen dagegen forderte, und ihm blieb nichts übrig, als auf seinen Gott zu vertrauen, der ihm nicht fremd geworden war.

Aber würde Gott diesem Westpreußen helfen, seinen Sachsen außerdem, mit denen er Moskau am nächsten stand an diesem 3. Juli 1941, weit voraus allen anderen?

Bis Moskau waren es 450 — 500 Kilometer.

Es mußte wohl zu schaffen sein, denn viele neue Panzer konnte der Gegner noch nicht haben. (Er hatte recht: die russische Armee war zu diesem Zeitpunkt nur zu 9 % ihres Panzerkampfwagenbestandes mit dem neuen T 34 ausgerüstet, verteilt auf die riesige Front und die Reserven.)

Er dachte an Sedan 1940, an den Durchbruch der Panzergruppe Guderian in Frankreich, den Sichelschnitt, an dem er als Chef des Generalstabes des Panzercorps damals mitwirkte. Auch vor

einem Jahr schien alles unsicher zu sein, doch dann folgten der Sieg über die Engländer, Dünkirchen, der zweite Sichelschnitt, der Frankreichs Niederlage bewirkte.
Damit war er zurechtgekommen; weshalb sollte es nicht, mit den Erfahrungen aus Frankreich, hier nocheinmal gelingen? Wer Frankreich besiegte, Englands Kontinentalheer in die Flucht schlug, durfte der jetzt an einem Sieg über Rußland zweifeln?
Aber nicht nur Gedanken mußte Nehring sich jetzt machen. Es fehlte ihm der Sekt — Phantasie mußte man jetzt haben.

6. KAPITEL

IM HINTERLAND

Jetzt begegnet Alexander Twardowskij, der von Moskau nach Kiew geschickt wird, zum ersten Male dem Krieg. Ein kleiner Bahnhof, auf dem der Zug hält. Der Russe blickt durch das Fenster und sieht »etwas dermaßen Seltsames und Entsetzliches«, daß er diesen Eindruck lange Jahre behielt, nicht abschütteln konnte, obwohl doch so vieles diesen Anfang überdeckte. »Ich sah ein Feld, ein riesiges Feld, aber ob es eine Weide, ein Winterfeld oder ein Sommerfeld war, das konnte man nicht ausmachen. Das Feld war mit liegenden, sitzenden, wimmelnden Menschen, mit Bündeln, Säcken, Koffern, Wagen und Kindern bedeckt. Auf diesem Feld lagerten vielleicht fünftausend, vielleicht auch zehntausend Menschen. Das war ein Lager, ein Bahnhof, ein Bazar, ein riesengroßer Rastplatz, eine zigeunerhaft bunte Stätte der Flüchtlingsnot. Das Feld dröhnte. In diesem Dröhnen war noch die Erregung des erst unlängst Erlebten zu hören, aber auch bereits die tiefe schwere Müdigkeit, das Erstarren, der dumpfe Halbschlaf: genau wie im Wartesaal eines bis zum Äußersten vollgepfropften Bahnhofgebäudes, nachts, an einem Eisenbahnknotenpunkt. Das Feld erhob sich, kam in Bewegung, wälzte sich auf den Bahnkörper zu, es schlug gegen die Wände und Fenster der Waggons und besaß, so schien es, genug Kraft, den Zug von den Gleisen zu heben. Der Zug fuhr an. Wir Uniformierten im Zug zogen, gegen die grausame und notwendige Ordnung verstoßend, eine mit Bündeln behängte Frau in den Waggon, reichten uns ihre beiden Kinder zu, wovon das eine drei, das andere fünf Jahre alt war. Die Frau kam aus Minsk.« Die Kehrseite des Krieges, die andere Wahrheit, rührte den Schriftsteller; er fügt an, daß die Frau aus Minsk nach Belaja Zerkow, in die Ukraine fahren wollte, dort wird sie, da die Deutschen sich dem Ort näherten, mit ihren Kindern untergegangen sein. Da im Sommer und Herbst

1941 auf den sowjetischen Eisenbahnen 10 Millionen Menschen transportiert wurden, wobei 1,5 Millionen Waggons nur für die Verlagerung von 1360 Großbetrieben verwendet wurden, die weiter östlich wieder ausgeladen und aufgebaut werden mußten, bis tief in das Jahr 1942 hinein, ist die Frau aus Minsk nur ein winziger Splitter Menschlichkeit in diesem Zahlenmaterial, das zur Statistik gehört.
Der deutsche Generalstab hatte auch die sowjetischen Eisenbahnen unterschätzt; die eingleisigen Strecken nach Osten wurden durch ein kunstvolles System von Aushilfen bis zur äußersten Grenze ihrer Leistungsfähigkeit ausgenützt. Die deutschen Aufklärungsflieger meldeten unaufhörlich die unter Dampf stehenden Züge, die nach Osten gerichtet waren, wie von einer geheimen Mechanik hin zur Wolga und zum Ural ausgerichtet. Koch und Bellmann, die beiden Leutnante aus Leisnig in Sachsen, hatten sich längst an den langsamen Bahntransport von Brest nach Minsk gewöhnt. Ihr Güterzug, der mit Heeresgut und Proviant beladen war, hielt oft lange Zeit, sie konnten sich nicht nur die Beine vertreten, sie machten auch Streifzüge ins Land, sahen mißtrauisch in die Dörfer, in denen der Krieg schon fast vergessen war, blickten auf die Rollbahn, die sich neben den Bahngleisen hinzog, sahen die Lastwagenkolonnen, die Tag und Nacht dort in beiden Richtungen rollten, eine drängende, dröhnende Bewegung, die Aktivität ausstrahlte in ihr passives Herumstehen, das Warten auf den Pfiff der Lokomotive, das Anfahren, um dann bald wieder stehen zu bleiben.
Güterzüge begegneten ihnen, auf denen ganze Autofriedhöfe nach Westen abtransportiert wurden, eigene Fahrzeuge, fremde Fahrzeuge, der Müll der Kesselschlachten, mit dem die Fabrikation im Reich geheizt werden sollte. Zerschmetterte eigene und russische Panzer, trostlose Geschütze, die halbe Wracks waren, Sperrmüll der Kriegsgeschichte. Für sie war das alles das Zeichen eines nahen Sieges, die Schlachtfelder wurden schon aufgeräumt, es mußte zu Ende gehen, während sie noch so weit rückwärts nachhingen, auf die langsame Bahnfahrt angewiesen. Wie lautlos erschien ihnen dieses neue Land, obwohl doch die Lastwagen dröhnten auf der nahen Rollbahn. Das Land antwor-

tete diesem Dröhnen nicht, es lag, anscheinend vergessen wieder, neben den Bahngleisen, und wenn man weiter vordrang, dann war nur noch Sommer mit weidendem Vieh, Roggen gab es, der noch nicht gemäht werden konnte, Holunderbüsche mit ihren weißen, vollen Blüten. Sie wußten nicht, daß der Sommer spät in diesem Jahr gekommen war, der Frühling dauerte länger als sonst; spät waren die Wege trocken geworden.

Endlich, Mitte Juli, kamen die beiden nach Minsk. Hier hatte die Heeresgruppe Mitte ihr Hauptquartier, bei der sie sich meldeten, um zu erfahren, daß sie als Führerreserve der Panzergruppe Guderian zugeteilt wären, die über den Dnjepr angriff. Eile sei nicht geboten, erfuhren sie, die Panzergruppe würde Ende Juli um Smolensk sammeln, kurz aufgefrischt werden, dafür waren auch sie vorgesehen, sie sollten — wie andere Offiziere, denen sie bei der Heeresgruppe begegneten — die erfahrenen, aber ausgefallenen jungen Offiziere ersetzen. Es sei nicht mehr weit bis Moskau, zurecht käme noch jeder, meinte der Major, der ihnen ihre Bestimmung sagte. So sahen sie sich die Stadt an, gingen zu den großen Verwaltungsgebäuden, liefen durch die Korridore und Zimmer, sahen die Akten, die auf den weiten Hof geworfen worden waren. Als sei Schnee gefallen, so weiß sah der Hof aus. Papier, das durch die Fenster geworfen worden war, als Zeichen der Auflösung, des Umschwungs, ein Beispiel für die Niederlage, die man zugefügt hatte: Koch hatte gleiches in Polen gesehen. Er verstand es nicht, aber so mußte es wohl aussehen, wenn der Sieger kam. Die Minsker Behörden konnten das nicht getan haben, es mußten die Sieger gewesen sein, die sich an diesen armseligen Akten rächten.

Vom neuen Krieg hatten sie bisher nur die Züge mit seinem Schrott gesehen, die Fahrzeuge auf der Rollbahn, das Verwaltungsgebäude von Minsk mit dem papierenen Schnee im Hof.

Nun, als sie auf einen Lastwagen stiegen, sorgsam die Offizierskisten nach oben reichend, dann ihnen folgend, behutsam in die neue Phase hineintapsend, die ihnen bevorstand, bemerkten sie auch das Zeichen »G«, das auf die Kotflügel gemalt war, »G«, das hieß Guderian.

Und sofort fühlten sie sich aufgenommen, eingereiht, in eine Gemeinschaft gezogen, die für sie sorgen würde mit Verpflegung und Befehlen, auch mit Nachrichten über das, was eigentlich vor sich ging.

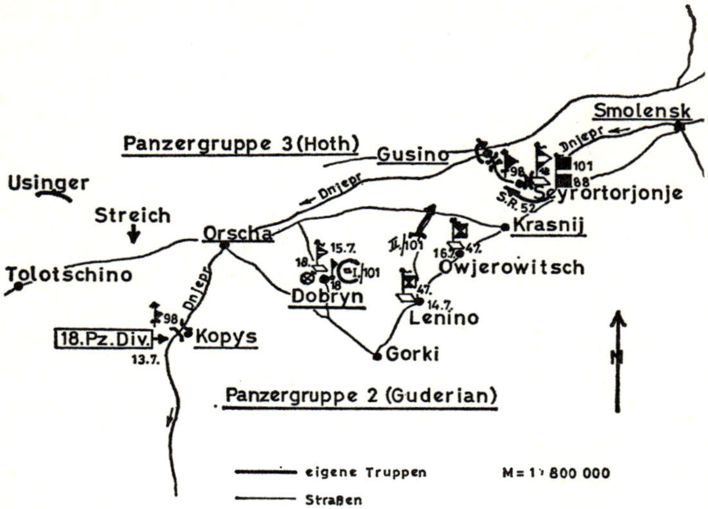

Abb. 3: Vorstoß auf Smolensk (13. bis 21. 7. 1941)

Denn je näher sie dem Krieg kamen, desto weniger wußten sie von ihm. In Warschau hatte es noch Zeitungen gegeben, hier gab es nur beiläufige Bemerkungen über den Fortgang der Ereignisse; je näher die Front, desto schweigsamer wurde alles. Nur die Dörfer, die abseits der Autobahn lagen, schienen ihnen lebendiger als die Dörfer vor Minsk. Dort waren Lastkraftwagenkolonnen untergezogen. Infanterie spannte Pferde aus. Das rückwärtige Heeresgebiet begann mit Geschäftigkeit sie an sich zu ziehen – wenn auch nur optisch, im Vorbeifahren, beim Halt vor Brücken, die von Arbeitsdienstmännern ausgebessert wurden. Dabei sahen sie auch die ersten russischen Soldaten, Gefangene in dieser leichten Sommeruniform, die so unscheinbar

aussah, fast liederlich, die Soldaten in der Rubaschka, dem Hemd, das sie über der Hose trugen, fleißig arbeitende Männer, mit Augen, die zu brennen schienen, wenn man in sie hineinblickte, um zu erraten, wer das eigentlich nun war, der Feind.
Nachts hielt der Lastwagen, mit dem sie reisten, etwas abseits der Straße, die großen Kolonnen ruhten, der Krieg rastete hier wie in alten Zeiten. Der Mensch braucht Schlaf. Das Merkwürdigste war für Koch dieser ungeheure Gleichmut. Nichts wurde übereilt. Man hatte sich Zeit mitgebracht in das neue Land, das man nun in Besitz nahm.
Als sie endlich bei der Quartiermeisterabteilung der Panzergruppe 2 sich meldeten — bestehend aus einigen Fahrzeugen, darunter einem Omnibus, der feldgrau angestrichen war, Funkwagen abseits der Autobahn bei Tolotschin unter Fichten —, hatten sie schon die Beresina überquert, den Fluß, dessen Namen sie mit Napoleons Rückzug verbanden. Sie sahen die Gräber vor und hinter der Brücke mit den Holzkreuzen und den darübergestülpten Stahlhelmen. Verwelkt die Blumen. Keiner stieg ab, um neue Blumen auf die Gräber zu legen, auch sie waren schon beinahe alt.
Aber sie wußten nun, daß es auch dieses gab, die Soldatengräber, dieses Versenken einen Meter oder mehr in die Erde für diejenigen, die allem enthoben waren.
Der Oberst von der Panzergruppe begrüßte sie freundlich. Er sagte, man habe keine Eile mit ihnen, sie sollten sich in der Nähe eine Schlafgelegenheit suchen, es werde für sie noch dauern, vorn ginge alles planmäßig, sie würden eingesetzt, wenn die Truppe in Ruhe käme.
Sie trugen ihre Offizierskisten durch den Wald in ein Dorf, in dem auch der Stab lag, fanden eine Hütte hinter einem von Soldaten belegten Haus; dort richteten sie sich ein. Sie waren angekommen, aber man brauchte sie nicht.
Nun kamen sternenklare Nächte, in denen sie, wie einst vor 1933 als Pfadfinder, wach lagen, zugedeckt von dem gewaltigen Nachthimmel. Nichts war von einer Front zu hören, tief schien der Friede hier zu sein. In anderen Hütten lagen andere junge Offiziere. Die Panzergruppe hortete ihre Offiziersreserve, sah

eifersüchtig darauf, daß keiner etwas tat, daß alle gut aßen und gut schliefen; sie würden schon noch genug schlaflose Nächte vor sich haben auf der Straße nach Moskau.
Fast war Grund für Koch und Bellmann, zu denken, man wolle sie hier vergessen.
So reich, meinte Koch leichtfertig, ist unser Heer hier in Rußland, daß man denken könnte, es schöpfe aus einem Menschenüberfluß, den es gar nicht benötigte. Denn vorn, bei den Panzerspitzen und den ihnen folgenden Infanteriekorps, da wurde noch immer gesiegt.

7. KAPITEL

Warten bei Smolensk

Jetzt, Mitte Juli, zeigen sich erste Abnützungserscheinungen bei der Panzerspitze des Ostheeres. Nach dem Übergang über den Dnjepr verliert die 18. Panzer-Division durch einen Überfall russischer Panzer auf Teile ihres Trosses und das Divisionslazarett bei Dobryn, tief im Rücken ihrer Vorausabteilung, die bei Krasnij in schwere Kämpfe verwickelt wird, wichtige Papiere. Darunter ist auch ein Divisionsbefehl vom 11. Juli 1941, in dem General Nehring besorgt und prophetisch für den weiteren Verlauf des Krieges bemerkt: »Die Verlustzahlen an Waffen, Gerät und Kraftfahrzeugen erscheinen ohne nähere Erläuterung als ungewöhnlich hoch. Sie übertreffen trotz unseres siegreichen Vormarsches die Beute anscheinend erheblich. Dieser Zustand und seine Fortsetzung sind auf die Dauer unmöglich, wenn wir uns nicht totsiegen wollen. Es genügt nicht, nur zu siegen, sondern auch einsatzfähig zu bleiben.« Der Moskauer Rundfunk sagt nun ihren so nahe gekommenen Feind, die 18. Panzer-Division, tot, der General sei gefallen, die Truppe vernichtet. Unter den Gefangenen, die in Dobryn gemacht wurden, ist auch der Obermusikmeister des Regiments 52; er wird nach dem Kriege in Peking der chinesischen Volksarmee westliche Militärmusik beibringen, in Berlin Ost das Musikkorps des Wachregiments dirigieren, wenn die Volksarmee vor russischen Offizieren paradiert, die auf einer Tribüne stehen, unter der einmal die Fundamente des Schlosses der Hohenzollern lagen.

Die Blitzkriege, an die sich die Deutschen gewöhnt hatten, dauerten nur wenige Wochen. Polen 3 Wochen. Die Operation Sichelschnitt in Frankreich 5 Wochen, sie war die längste militärische Aktion. Die Schlacht um Frankreich dauerte zweieinhalb Wochen.

Aber jetzt ist man in eine Kette von Schlachten verstrickt, die siegreich bestanden werden, doch die Kette reißt nicht ab, eine Hauptschlacht ist nicht abzusehen.

Das 47. Panzerkorps dringt, mit der 29. I. D. (mot), Mitte Juli in Smolensk ein, aber es fehlen die Kräfte, um über den Dnjepr zu gehen, den Ring um die noch rückwärts stehengebliebenen russischen Truppen ganz zu schließen. Als das Panzerregiment 18 Ende Juli nach Smolensk hineinfährt, hält es an der Kathedrale; Smolensk. Das ist, als wäre es Reims. Vor der Kathedrale stehen zwei Vickers-Armstrong-Panzer aus dem 1. Weltkrieg, die von den Panzeroffizieren verwundert betrachtet werden, Trophäen, einmal den Polen abgenommen, als die Rote Armee sie bis nach Warschau zurückschlug, nun eingeholt von den deutschen Panzern. Aber den letzten Angriff bei Smolensk fährt das Panzerregiment 18 mit nur noch 12 Panzern. Mit 212 hatte es den Bug überschritten, nun waren es nur noch 12. In jedem Panzer saß ein Offizier, fünf T 34 wurden abgeschossen, es gab keine eigenen Verluste.
Das 1. Ziel war erreicht; aber es fehlten der 18. Panzer-Division 153 Offiziere, 593 Unteroffiziere und 2607 Mannschaften, alles Männer der vordersten Front, unersetzlich, unwiederholbar alles, was bisher mit diesen Soldaten gemacht werden konnte.
Im Kriegstagebuch der Division vom 26. Juli 1941 heißt es: »Am Morgen vor der Ablösung durch Infanterie lag auf den eigenen Stellungen ständig schwerstes Artilleriefeuer, wie es bisher die Truppe kaum erlebt hat. Die seelische Belastung der Truppe wächst. Sie ist durch die vielen Kämpfe zwar abgespannt und ruhebedürftig, aber kampferprobt. Diese Teile werden bei der erwarteten dringenden Auffüllung das Rückgrat bilden und den Kampfwert der neuen Division entscheidend bestimmen.«
Seelische Belastung, bereit sein zum Sterben, der Tod als letzte Handlung, die einer hinter sich zu bringen hat: Noch immer, wie im Ersten Weltkrieg, trägt der Soldat auf seinem Koppelschloß »Gott mit uns«.
Es ist eine christliche Armee, die ins Land einfiel. Von 79,4 Millionen Deutschen, die das Reich bewohnen, sind 75,4 Millionen, 95 vom Hundert, in einer Kirche oder in einer religiösen Gemeinschaft. Nur 2,7 Millionen, 3,5 vom Hundert, erklärten sich bei der letzten Volkszählung im Sommer 1939 als »gottgläu-

big«, also nichtchristlich. Es gibt 41,9 Millionen Protestanten und 31,4 Millionen Katholiken.

Das ist für den Kriegspfarrer Wolf ein fester Grund, den Sterbenden nahe zu sein, die Toten zu begraben. Er schreibt Briefe an die Angehörigen. Von ihnen erhält er Antworten. Gleichzeitig fährt er Panzerangriffe mit, er geht mit den Schützen vor, wenn ihn ein Offizier darum bittet, weil kein Arzt zur Stelle sein kann.

Oft grübelt er, weshalb so viele die letzte Kraft haben, zu sterben, als sähe ihnen jemand zu. Doch auch elend, fern jeder Wärme, einsam in dieses Sterben zu gehen – der Tod hat viele Gesichter.

Kein Führer ist es, kein Reich, die hier Mythen säen, es ist soviel Anständigkeit, Kameradschaft, die geben Halt und den Sinn des Ganzen.

Als sie über den Dnjepr gefahren waren, in den Rücken der russischen Armeen, um auf Smolensk vorzustoßen, rasteten die Panzer in einem Dorf. Die Einwohner kamen zu ihnen, sie brachten die Ikonen aus den Häusern, zeigten auf das weiße Balkenkreuz der Panzer, auf die Ikonen: Was für eine Bewegung, die ihn ergriff, obwohl er sich doch schämte, daß er so kam, mit diesen Panzern, die als Fliegerkennzeichen auch das heidnische Kreuz mitführten, die Hakenkreuzfahne ausgespannt über den Bug des Panzers.

Er ertappte sich dabei, diese ungeheure Anstrengung, ein feindliches Heer zu schlagen, als eine Sache anzusehen, die auch mit Gott etwas zu tun habe, obwohl er wußte, daß Gott mit all diesem nichts zu tun hatte.

Er wußte nicht, daß auch auf der Gegenseite Gott wieder genannt wurde, daß die Metropoliten und Popen, nachdem Stalin den Großen Vaterländischen Krieg ausgerufen hatte, für das Vaterland Rußland beteten und wieder Gottesdienste abhielten. Das alte Rußland wurde geweckt, es stand auf aus dem Totenreich, in das es von der neuen Lehre verwiesen worden war.

Wer im Kriege ist, lernt wieder glauben.

Das Schreckliche war, daß keiner vom anderen etwas wußte. Diese Unwissenheit würde sich fortsetzen, auch über diesen

Krieg hinaus, sie war nur schwer zu beseitigen, und Kriegspfarrer Wolfs Gott würde nicht zweifeln, daß er auch der Gott der anderen Seite war, wenn Wolf es ihm nur einmal gesagt hätte, im Gebet. Er sollte dieses Gebet noch sprechen, etwas später im Jahr, während des Winters, den sie jetzt noch vor sich hatten, und an den sie nicht glauben wollten, so heiß war es im russischen August, so trocken und übermütig zugleich das Wetter, so gut der schlechte Weg im Staub.

Jetzt lagerten einige Divisionen von Guderians Panzergruppe bei Smolensk. Infanteriedivisionen hatten sie abgelöst, bei Jelnja standen diese Divisionen in schweren Kämpfen mit der sowjetischen Reservefront, die rasch errichtet worden war nach dem Fall von Smolensk. Mit Lastwagen waren die Truppen aus Moskau herangefahren worden, nun dröhnten die Geschütze Tag und Nacht.

Die Fahrzeuge standen getarnt in den Dörfern, die Soldaten warteten, sie hörten der Militärmusik zu, die für sie und die Leute des Dorfes spielte, soweit sie nicht weggegangen waren. Der Himmel über der weiten Ebene ist frei von Flugzeugen, die Straßen sind belebt, die Pause ist eingetreten, auf die sie gehofft hatten. Nun kommt auch Ersatz. Es treffen wenige neue Panzermotoren ein. Die Panzerregimenter sammeln ihre reparierten Kampfwagen wieder ein, die sie auf dem stürmischen Vormarsch unterwegs mit Schäden liegen lassen mußten.

Wohin es weitergehen soll, ist jedem klar. Es kann nur Moskau sein, die feindliche Hauptstadt, dort ist der Sieg. Generaloberst Halder hat Anfang August ausgerechnet, daß die Heeresgruppe Mitte ihrem Gegner an Truppen überlegen ist. Nach 750 Kilometern nur noch 300 Kilometer bis zum Ziel, das werden auch die schwer geprüften Motoren der Panzer noch aushalten.

Aber aus der Auffrischung wird ein Warten bei Smolensk. Die Wege, von denen die wogenden Kornfelder aufgeteilt werden, zerfließen ins Uferlose, von unzähligen Radspuren geprägt, die sich immer neue Räume erschließen.

Guderian und seine Generale erwarten, daß nun bald mit allen verfügbaren Panzer-Divisionen auf der Autobahn nach Moskau

weiter vorgestoßen wird, sie möchten keine Zeit verlieren, die Auffrischung braucht nur eine Woche zu dauern.
Der Gegner verstärkt sich vor Moskau täglich, die Aufklärungsflieger melden es. Weshalb wartet man noch?
Nimmt man die 18. Panzer-Division aus Chemnitz in Sachsen, die mit anderen Divisionen des deutschen Heeres bei Smolensk lagert, für einen Augenblick aus ihrer Gegenwart heraus, in der nichts geschieht, denkt man sie sich in die Zukunft, so wird ihr Schicksal sich hier, zwischen dem Dnjepr und dem Don, erfüllen, wenn eine Division ein Schicksal hat wie ein Mensch. Nur wenige von denen, die Ende Juli 1941 hier eintrafen, geschwächt von Schlaflosigkeit und vielen Gefechten, in denen so viele fielen oder verwundet wurden, werden sich Jahre danach an diese Ankunft erinnern. Für die anderen wird es sein, als sei es immer schon so gewesen, hier bei Smolensk, fern von Moskau, sehr fern von Chemnitz in Sachsen oder einer anderen Stadt.
Jetzt ist dies unvorstellbar, es ist alles ganz einfach für diese Männer, die den Krieg beenden wollen, damit sie wieder nach Hause heimkehren können.
Sie vertrauen darauf, daß ihre Reihen sich wieder füllen, Ersatz ausreichend eintrifft, neue Panzer kommen, neue Fahrzeuge.
Auch der Frankreichfeldzug wurde in zwei Phasen erledigt, die erste Phase haben sie nun auch hier hinter sich gebracht, die zweite Phase wird Aufgaben bringen, die einfacher und schneller zu lösen sind.
Kriege vereinfachen vieles; wer sie zu führen hat, zu erleiden auch, der sieht nur das Einfachste, es ist das Nächstliegende.
Am letzten Julitag, als die Division abgelöst wurde, meldeten sich die Leutnante Koch und Bellmann bei ihren neuen Kompanieführern im Schützenregiment 52.
Sie waren auf einem Umgehungsweg südlich Smolensk an der weißgrauen Stadt vorbeigefahren, deren Kathedrale sie aus der Ferne bewunderten, dann näherten sie sich der Chmara, einem kleinen Fluß in tiefen Wäldern. Auf diesen Wäldern lag ein gewaltiges Artilleriefeuer, als die Schützen aus ihnen hervortraten, auf die Fahrzeuge zugingen, wie nach einem Wachtraum, den sie nie vergessen würden, aufsaßen und auf das Zeichen

zum Anfahren warteten. Koch meldete sich beim Kompanieführer, der ihm die Hand gab und zugleich die Feldflasche mit Wodka, und sagte, daß dies alles nur im Suff zu ertragen sei, aber Suff, das gäbe es hier nicht in dieser Einöde.

Zwei Tage später war alles freundlich geworden. Koch hatte seinen Zug übernommen, er hörte die Militärmusik, das Dorf hieß Ananjina.

Am 6. August schreibt Oberst Jollasse, der das Schützenregiment 52 führt, einen Feldpostbrief: »Nach den Sondermeldungen heute, die doch fabelhaft waren und in denen wir bei Smolensk besonders gut erwähnt werden, ist wohl damit zu rechnen, daß es bald wieder los geht. Es ist jetzt so wie am 5. 6. 40 vor dem Durchbruch durch die Weygandlinie. Es wird dann wohl in drei bis vier Wochen zu Ende sein. Du fragst nach den Verlusten. Sie sind leider bei mir sehr hoch. 18 Offiziere des Regiments sind gefallen, dabei die besten aktiven, und 27 verwundet. Außerdem an Unteroffizieren und Mannschaften über 1000 Mann tot oder verwundet von insgesamt 2100. Die 18. Panzer-Division stand aber auch immer im Brennpunkt.«

Der Oberst ahnte nicht, daß er mit seinem Regiment, das wieder aufgefüllt wurde, die gleiche Zeit, die er für den ganzen Feldzug noch berechnete, in diesen Dörfern bei Smolensk zubringen würde, von Tag zu Tag wacher werdend nach soviel Schlaf, unruhig in dieser Ruhe, die so eigentümlich war, während dieser Pause, die später von Historikern fatal genannt wurde, fatal für die Deutschen.

Er war aber auch sehr weit entfernt von denen, die zu entscheiden hatten, wie es weiterginge.

Merkwürdigerweise wußten sie es nicht, sie stritten sich, sie entwarfen Pläne und Denkschriften, sie waren sehr weit entfernt von Jollasse und seinem Schützenregiment auf dem Höhenrükken von Smolensk, von den Wäldern mit den Beeren, aber ohne Wild, das man jagen konnte zum Zeitvertreib.

8. KAPITEL

Der neue Kriegsgott

Die Macht des Schicksals, eine theatralische Drapierung eigener Wünsche oder die Flucht ins Irrationale, nicht ins Gewissen, war von Hitler herausgefordert worden. Er hatte, wie einst Napoleon, die Tür in ein dunkles Zimmer aufgestoßen. Napoleon war am Tage, da seine Armee über den Njemen, die Memel ging, ganz allein jenseits des Flusses vorgaloppiert, um sich selbst zu beweisen, daß er ein neuer Alexander sei. Aber ihm kam kein Alexander entgegen, der Zar blieb in St. Petersburg, er ließ seine Armeen antreten.

Hitler betrat Rußland erst am 4. 8. in Neu-Borissow, der Stadt, die Nehrings Division erobert hatte. Dort, im Hauptquartier der Heeresgruppe Mitte, hatten die beiden Panzergenerale Guderian und Hoth vorzutragen, einzeln, so daß keiner wußte, was der Vorredner gesagt hatte. Hitler, der von seinem Heeresadjutanten Oberst Schmundt, von Oberst Heusinger aus der Operationsabteilung des OKH begleitet war, schwieg zu dem, was die Generale sagten. Feldmarschall Fedor von Bock, dem Hitler für den historischen Sieg über die russischen Armeen gratuliert hatte, hörte zu.

Guderian kam von der Front. Er hatte am Tage vorher an der großen Straße mit einigen Panzern gestanden, die von Roslawl nach Moskau verläuft. Sie war feindfrei, hinter ihm, im Kessel, waren erneut sowjetische Verbände eingeschlossen worden. Die Moskauer Chaussee beherrschte Guderians Denken, sie sollte seine Rollbahn werden.

Aber im Jelnjabogen wurde schwer gekämpft. Die sowjetische Reservefront versuchte vergebens, die am weitesten gegen Moskau vorgeprellten Divisionen zurückzuschlagen. Das russische Artilleriefeuer erinnerte an den 1. Weltkrieg, den Deutschen fehlte es an Munition.

Guderian wollte diesen russischen Kräften auf der Moskauer Chaussee in den Rücken stoßen, seine Panzerkorps auf der

Chaussee, die Infanteriekorps in der Mitte und auf dem linken Flügel. Mit Schwerpunkt rechts sollte die dünne russische Sicherung durchbrochen werden, Spass-Djemenskoje erreicht und auf Wjasma vorgegangen werden. Dadurch wollte er Hoths Vorgehen auf der Autobahn Smolensk-Moskau erleichtern und die Offensive gegen Moskau wieder in Gang bringen. Hitler meldete er als frühesten Zeitpunkt für den Vorstoß den 15. August. Hoth erklärte, er wäre am 20. August dazu bereit.

Merkwürdig an dieser Lagebesprechung in Neu-Borissow ist die Abwesenheit des Oberbefehlshabers des Heeres und des Generalstabschefs. Hitler war gekommen, um zu hören, was vorn gedacht wurde. Er wollte nichts entscheiden. Im ostpreußischen Hauptquartier hatte kurz nach der Einnahme von Smolensk (16. 7. 1941) durch das 47. Panzerkorps die Auseinandersetzung zwischen OKH und OKW über den Fortgang der Operationen begonnen.

Guderian fiel auf, daß Hitler, den er gut kannte, unsicher wirkte. Als erstes Ziel sollte nun das Industriegebiet um Leningrad eingenommen werden, die Stadt selbst schien Hitler nicht zu interessieren. Ob dann, so hörte Guderian von Hitler, Moskau oder die Ukraine eingenommen werden müßten, das wäre ihm nicht klar. Die »schwerste Entscheidung des Feldzuges«, wie sie Hitler schon am 4. Juli genannt hatte, die Verwendung der Heeresgruppe Mitte entweder für eine Unterstützung der Heeresgruppe Nord oder Süd, war noch nicht gefällt worden, der Gedanke daran bedrückte den Mann, der diesen Feldzug begonnen hatte. Damals, vor vier Wochen, hatte Hitler vor, abzuwarten, wohin die Waage der »schwersten Entscheidung« sich senken würde, nun schien es, als sinke sie südwärts, um eine gigantische Einschließungsoperation in der Ukraine zu ermöglichen.

Moskau hatte er seinen militärischen Ratgebern als Ziel gelassen, als Zugeständnis, daß dies ein Krieg war, in dem allein die militärische Macht des Gegners zerschlagen werden sollte, nicht ein Eroberungsfeldzug, wie er ihn schon in seinem Buch »Mein Kampf« vorgesehen hatte.

Hier in Neu-Borissow sprach Hitler nun von den Rohstoffen und Lebensmitteln der Ukraine, die Deutschland brauche. Guderian verstand das nicht, er war Panzergeneral, ihn bedrückte jetzt nicht die zukünftige Versorgung, er fragte, wieviele neue Panzer er bekommen werde.

Er hielt Hitler vor, daß die Russen eine starke Überlegenheit an Panzern hätten. Ihr könnte man nur begegnen, wenn die eigenen Kampfwagenverluste bald ausgeglichen würden. Hitler verweigerte Guderians und Hoths Panzergruppen die Zuführung neuer Panzer. (Im ganzen Jahr 1941 wurden im Deutschen Reich 2875 Panzer des Typs III und des Typs IV sowie Sturmgeschütze gebaut.) Er könne nur Panzermotoren zur Verfügung stellen. Und er fügte hinzu: »Wenn ich gewußt hätte, daß die Panzerzahlen der Russen, die Sie in Ihrem Buch erwähnt haben, tatsächlich stimmten, dann hätte ich, glaube ich, diesen Krieg nicht angefangen.«

Guderian hatte in seinem 1937 erschienenen Buch *»Achtung! Panzer!«* 10 000 russische Panzer angegeben. Er mußte diese Zahl niedriger halten, als sie damals in Wirklichkeit war, da diese Zahl den Widerspruch der Zensur erregte. Guderian konnte der Zensur 17 000 Panzer nachweisen. Die Veröffentlichung von 10 000 russischen Panzerkampfwagen wurde ihm daraufhin erlaubt. Aber Hitler hatte nicht an diese 10 000 geglaubt. Mit 3200 Panzern war er nun in die Sowjetunion eingefallen. Und an der Beresina hatte es sich herausgestellt, daß es bessere russische als deutsche Panzer gab.

Die neuen Panzer, sagte Hitler, würden für Neuaufstellungen in der Heimat gebraucht.

»Die ganze Ostfront erhält 300 Panzermotoren.«

Da konnten Guderian und Hoth nur an eigene Möglichkeiten denken, den Panzerverschleiß aufzuhalten, marode Kampfwagen, die beim Vormarsch liegengeblieben waren, durch die Werkstätten wieder in Ordnung bringen zu lassen, sich selbst zu helfen, und dies geschah auch. Kommandos wurden mit dem Flugzeug ins Reich entsandt, um wichtige Einzelteile zu holen. Die Staubplage hatte den Verschleiß der Motoren bewirkt, den Kraftfahrzeugen fehlten neue Kolbenringe.

Die Panzer-Divisionen mußten umgegliedert werden, die Zahl von 200 Panzern bei einer Division war nicht mehr aufrechtzuerhalten.
Dennoch läßt Hitler, der gar nicht mehr an Moskau interessiert ist, wenn er es überhaupt je war, nicht zu, daß die Generale ihren Drang nach Moskau aufgeben. Bis zum Einbruch des Winters hofft er, im Besitz von Moskau und Charkow zu sein. Er sagt es, aber bei den Generalen steigen erste Zweifel auf, ob er dies auch will.
Guderian beschloß auf dem Rückflug in sein Hauptquartier bei Smolensk (unter ihm lag erobertes Land, das seine Soldaten genommen hatten, nicht um es zu besitzen, sondern um zu siegen), den Angriff in Richtung Moskau auf alle Fälle vorzubereiten. Den Jelnjabogen durfte er nicht aufgeben, die Stellung verkürzen. Hitler (aber auch Halder und Bock) wollten nichts preisgeben, was Soldaten in die Hand genommen hatten. Für Hitler war politisch dieser Krieg schon zu Ende.
Als Smolensk fiel, am 16. Juli 1941, besprach er in Ostpreußen mit Reichsleiter Rosenberg, Reichsminister Lammers, Feldmarschall Keitel, Reichsmarschall Göring und Reichsleiter Bormann die Zukunft der Sowjetunion. Bormann machte sich Aufzeichnungen, er ist, nachdem Rudolf Heß im April 1941 nach England flog, Hitlers engster Mitarbeiter.
Die Besprechung dauert fünf Stunden, sie wird von einer Kaffeepause unterbrochen.
Zuerst hatte man über den Aufruf Stalins zum Partisanenkrieg gesprochen.
Hitler: »Dieser Partisanenkrieg hat auch wieder einen Vorteil. Er gibt uns die Möglichkeit, auszurotten, was sich gegen uns stellt.«
Das war die Sprache des Diktators, nicht eines Feldherrn, der an seine Soldaten zu denken hat, an ihre rückwärtigen Verbindungen, an die ausschließliche Konzentration auf die militärische Kraft des Gegners.
Es war die Sprache des »Kommissar«-Befehls, einer ideologischen Kriegführung, gegen die sich Guderians Generale von Anfang an gewandt hatten.

Hitler: »Die Bildung einer militärischen Macht westlich des Ural darf nie wieder in Frage kommen, und wenn wir hundert Jahre darüber Krieg führen müßten.«
Bormann ergänzt: »Alle Nachfolger des Führers müssen wissen, die Sicherheit des Reiches ist nur dann gegeben, wenn westlich des Ural kein fremdes Militär existiert. Den Schutz dieses Raumes vor allen eventuellen Gefahren übernimmt Deutschland.« In Bormanns Aufzeichnungen geht es dann um die Ukraine, die Hitler »für die nächsten drei Jahre« als sehr wichtig einstuft. Dann notiert Bormann: »Der Führer fragt, ob der Gauleiter Kube nicht als Reichskommissar für das Moskauer Gebiet in Frage kommen könne; Rosenberg und der Reichsmarschall meinen, Kube sei zu alt geworden ... Der Führer betont, Lohse solle zunächst, wenn er sich dieser Aufgabe gewachsen fühle, das Balten-Land übernehmen, Kasche Moskau, Koch die Ukraine, Frauenfeld die Krim, Terboven die Halbinsel Kola und Schickedanz, das ist Rosenbergs Stabsleiter, den Kaukasus.«
Seine Ordnung, die er dem Land geben will, ist jetzt schon organisiert. Die Gauleiter werden die Völker im Osten regieren. Das Konzept ist in »Mein Kampf« nachzulesen, aber wer las dieses Buch eigentlich?
Die eroberten Ostgebiete sollen von Berlin aus verwaltet werden. Dort, in Berlin, das Hitler nach seinem Sieg in diesem Weltkrieg »Germania« nennen will, baut sein Architekt Speer zu dieser Zeit noch die Reichshauptstadt aus, ihm hatte bei Beginn des Rußlandfeldzuges Hitler Granit und Marmor für die Prunkbauten aus der Sowjetunion versprochen. Er hatte ihm zugesagt, Beutepanzer aus Rußland zu schicken, die auf granitenen Postamenten in den neuen Prachtstraßen aufgestellt werden sollten. Je höher die Zahl der abgeschossenen Panzer wurde, desto mehr davon versprach Hitler Speer und damit Berlin. Aber es kam anders: Sowjetische Panzer würden nach dem Kriege ihren Platz im Berliner Stadtbild, auch auf Postamenten aus Granit erhalten, dafür sorgte Marschall Schukow, der jetzt Leningrad verteidigte. Am Brandenburger Tor ein T 34, an der Stadtgrenze und Autobahn nach dem Westen ein T 34; das Zeichen des Sieges wahrhaftig in dieser Stadt und in ihrer Umgebung, zum

Denkmal eingefroren, aber wie anders als damals von Hitler vorgesehen.
Die Ostgebiete sollen von nun an, 1941, dem Tag der Eroberung von Smolensk, vom Gebäude der Handelsvertretung der Sowjetunion in der Lietzenburger Straße in Berlin-Charlottenburg verwaltet werden.
Rosenberg bittet um dieses Gebäude den Führer, fügt hinzu, das Auswärtige Amt sei der Auffassung, dieses Gebäude sei exterritorial.
Hitler erwidert: »Das ist Unsinn.«
Bormann hält fest: »Reichsminister Dr. Lammers wird beauftragt, dem Auswärtigen Amt mitzuteilen, das Haus ohne Verhandlung augenblicklich an Rosenberg zu übergeben.«
Die Konsequenz der Geschichte: Als Kriegsruine wird das Haus von der Sowjetunion 1973 gegen ein Landhaus in Dahlem eingetauscht, in dem der sowjetische Generalkonsul für West-Berlin, akkreditiert bei den drei Westmächten, seinen Sitz nimmt.
Das »geschichtliche Format«, das Hitler in Neu-Borissow seinen Heerführern zubilligte, nahm er, der sich als Mann der Geschichte, als Vollzieher der Vorsehung ausgab, nicht nur für sich in Anspruch. Aber sich selbst hatte er durch die Maßlosigkeit seiner Vorstellungen davon schon so weit entfernt, daß er sich außerhalb jeder Geschichte stellte. Sein Sendungsbewußtsein war ungeheuerlich, als er sich dem Kriegsgott gegenübersah, der ihm bisher so wohl gesonnen gewesen war.
Dieser östliche Kriegsgott aber erschreckte ihn jetzt.
Seine Bemerkung zu Guderian, er hätte diesen Krieg nicht angefangen, wenn er gewußt hätte, wieviele Panzer der Russe besäße, kann nur eine Entschuldigung gewesen sein, ein Eingehen auf seine Generale, aber niemals hätte Hitler auf diesen Krieg nach allen siegreichen Feldzügen verzichtet. Er hätte ihn höchstens aufgeschoben.
Sein Fatum war der Osten; nur dort konnte er noch geschlagen werden.

9. KAPITEL

Der Major aus Sibirien

Am 12. August fuhr Leutnant Koch nach Roslawl. Die Stadt war erobert, ihm gefiel dieses Warten bei Smolensk nicht, er ließ sich einen Marschbefehl von seinem Kompanieführer ausstellen. Er stellte sich vor, in Roslawl gäbe es etwas zu kaufen. Was er dort kaufen wollte, war ihm nicht klar, er hatte nur das Gefühl, er müsse etwas tun, es könne nicht so weitergehen. Weshalb war er an die Front gefahren!?

Ihm stand ein Volkswagen zur Verfügung, klein, grau, unansehnlich, doch ganz brauchbar für die Wege, die nur aus Spuren durch den Sand bestanden, der hinter den Rädern aufstob. Er fuhr den Volkswagen selbst, der Fahrer beobachtete ihn, man wollte wissen, woran man miteinander war.

Koch erzählte dem Fahrer von Warschau, dem merkwürdigen Leben in der Hauptstadt Polens, ein geschlagenes Volk, das sich dort zurechtfinden mußte, unglücklich. Durch das Getto war Koch mit der Straßenbahn gefahren, es erschien ihm wie etwas Ungeheuerliches, diese vielen Menschen auf den Straßen, und mitten durch sie fuhr die planmäßige Straßenbahn mit ihm, dem Leutnant, der seine Fahrkarte gelöst hatte wie andere auch. Der Fahrer fragte nach Lokalen, er wollte vom Getto nichts wissen. Mit Leutnant Bellmann war Koch an diesem einzigen Warschauer Abend in einem Nachtlokal gewesen, sie saßen in tiefen Sesseln, tranken Wein, der Raum war exotisch, Zierfische an den Wänden in großen Glasbehältern, schöne Frauen, die von deutschen Offizieren begleitet wurden.

Koch hatte getanzt, Bellmann sah zu. Einmal trat eine Tänzerin auf, sie trug einen Schleier, sonst nichts, und den Schleier wikkelte sie während des Tanzes ab, bis sie nackt war. Salomes Tanz. Es fehlte nur noch das abgeschlagene Haupt. Koch hatte so etwas noch nie gesehen, in Deutschland gab es damals keine Nachtlokale mit Schleiertänzerinnen. Der Fahrer sagte: »Das muß gewesen sein, als wir über die Beresina gingen.«

Koch war »im Felde«, wie man damals sagte, aber er war noch nicht vom Krieg akzeptiert, angenommen von den Soldaten. Vom Nachtlokal sind sie weitergefahren, es gab Taxis, die aus Dreirädern bestanden. Vorn war eine Bank, auf der man zu zweit sitzen konnte, im Nacken hatte man den Atem des polnischen Fahrers, der das Dreirad bewegte.

»Ein anderes Lokal«, sagte Koch, »ein Wehrmachtheim, nur für Soldaten, dort fanden wir dann die Blitzmädchen, die Wehrmachthelferinnen, es war alles aufgezogen wie für ein Winzerfest.«

Daß er dann, mit Bellmann, auf Dreirädern lange nach Mitternacht durch die Stadt gefahren war – jeder hatte neben sich auf der rollenden Bank ein Blitzmädchen im Arm, hinter sich den keuchenden Atem des polnischen Fahrers –, verschwieg er, aber er dachte daran zurück wie an ein Abenteuer, das er bestanden hatte. Nach Mokatow waren sie gefahren, dort wohnten die Mädchen, und allein wieder zurück ins Offiziershotel, nachttrunken, versonnen auch, und immer der keuchende Atem des polnischen Fahrers im Nacken.

Jetzt fuhren sie nach Roslawl hinein, die Stadt war zerstört, ausgebrannt die Häuser, die Luftwaffe hatte sie bombardiert. Sie sahen Infanteriekolonnen, die biwakierten, keine Zivilisten. Die Stadt war nicht anders als viele andere verbrannte Städte. Zu kaufen gab es nichts, ein Weinglas fanden sie in einem Fenster, das in eine ausgebrannte Wohnung sehen ließ; das nahmen sie mit.

Alles war anders hier in Rußland, kein Frankreich für den Fahrer, kein Warschau für den Leutnant. Als sie zurückfuhren, vorbei an den hölzernen Wegeschildern der Truppen, die ihre eigene Choreographie diesem riesigen Land aufzuzwingen suchten, meinte Koch zu dem Fahrer, dies sei wie ein Meer, ein Ozean, in dem man irgendwie schwimme, mit wenigen Leuchtbojen, den Wegeschildern der Truppe, mit diesen zerfurchten Wasserstraßen, wohin würde es sie noch treiben?

»Nach Moskau«, sagte der Fahrer, »das ist nicht mehr weit.«

Der Leutnant erwiderte: »Es ist näher nach Moskau als nach Warschau.«

Dann schwiegen sie nur noch, der Volkswagen summte, sie hatten ihr kleines Boot, mit dem sie im Ozean gut vorankamen. An diesem 12. August 1941 ließ sich Iwan Sergejewitsch Schabalin von seiner Frau Nadeschda, seinem Sohn Iljin und zwei Freunden auf den Bahnhof von Ulan-Ude bringen. Er wußte, als er mit dem Personenzug Nr. 3 nach Moskau abfuhr, daß er sich für lange, vielleicht für immer, von Nadeschda und Iljin und seinen Freunden trennen würde, aber er lachte, als er aus dem Zugfenster noch einmal herabblickte auf Nadeschda und den Sohn und die beiden Freunde Petrow und Kosyrew, er hatte Tränen in den Augen, aber er lachte, und als der Personenzug den Bahnhof verließ, dem Baikalsee entgegen, dachte er immer noch mehr an Ulan-Ude, die Hauptstadt der Burjätischen Republik hier nahe der Grenze zur Mongolei und zu China, als an Moskau, das ihn, den verdienten Genossen, jetzt rief.
Bis Krasnojarsk fuhr Schabalin fünf Tage und Nächte; als er den Baikalsee sah, den die Eisenbahn am Südufer begleitete, silbergrau das Wasser, das eiskalt blieb auch im Sommer, dazu das hohe, schneebedeckte Gebirge, aus dem Schabalin kam, das er hinter sich zurückließ und doch staunend nochmals betrachtete, als der Zug die Angara erreichte, den einzigen Abfluß des Sees, hatte er das Gefühl, der Mensch sei ein Zwerg, ein Nichts vor der Natur. Doch in Irkutsk, als er sich die Füße auf dem Bahnsteig vertrat, wurde ihm wärmer. Irkutsk war schön, wenn man aus Ulan-Ude kam. Aber schöner würde Moskau sein, und da die Weiterfahrt bis Krasnojarsk langweilig wurde, stellte er sich vor, wie er dort ankäme, herbeigerufen von der mongolischen Grenze, um dem Vaterland und der Partei zu dienen gegen diese Deutschen, die den Krieg begonnen hatten. In Krasnojarsk sollte ihn Bakulin auf dem Bahnsteig treffen, aber er fand ihn nicht. Auch in Swerdlowsk, am 18. August, war Leonid nicht auf dem Bahnsteig, seine Freunde hatten wohl anderes zu tun, als ihn zu erwarten auf seiner langen Reise nach Moskau. Er las viel während der Fahrt, Puschkin vor allem, auf jeder Station, nun schon westlich des Ural, hielt der Zug lange, es kamen Züge entgegen, die Maschinen transportierten, ganze

Fabriken schienen zu wandern, an ihm vorüber nach Sibirien. Auf den Ural hatte er sich gefreut, dort gab es Beeren auf den Stationen zu kaufen.
Je näher der Zug Moskau kam, desto langsamer wurde die Reise. Am 21. August 1941, neun Tage nach seiner Abreise, war er in Moskau.
Er war nun den Deutschen, auf die er bald treffen sollte, nahe. Die roten Sterne auf den Türmen des Kreml waren mit grauer Tarnfarbe übermalt, überall stand Flak. Tarnnetze überzogen wichtige Gebäude. Doch der Himmel blieb ruhig. Er meldete sich sofort bei seiner Dienststelle und erhielt seine Ernennung als Chef der besonderen Abteilung im Kriegsrat der 50. Armee, die bei Brjansk lag. Er war sich nicht darüber klar, ob die Armee tatsächlich schon dort lag. Auf jeden Fall wurde sie gerade aufgestellt oder zusammengeholt, und er sollte im Kriegsrat die politische Rolle übernehmen und wurde zum Major der Staatlichen Sicherheit ernannt.
Am 14. August 1941 gab das sowjetische Hauptquartier des Oberkommandos, die Stavka, die Weisung, die Brjansker Front zu bilden, die den »strategischen Raum Moskau« im Südwesten zu decken habe, den im Nordwesten Teile der »Reservefront«, im Jelnjabogen gegen die Deutschen schon eingesetzt, und daran anschließend die »Westfront« sicherten.
General Jeremenko, der vergeblich versucht hatte, die Beresina, dann den Dnjepr gegen Guderians Panzergruppe zu halten, traf am 16. August in Brjansk ein, um die »Front zu übernehmen.«
Das deutsche Oberkommando war sich zu dieser Zeit immer noch nicht schlüssig, wie alles weitergehen sollte. Halder sah auf seinen Karten, daß es nur eine Richtung für ihn geben konnte, nach Moskau. Die sowjetische Stavka rechnete ebenfalls damit, daß die Deutschen gegen ihre Hauptstadt vorgehen würden, und Jeremenkos Auftrag lautete, durch die Errichtung der »Brjansker Front« sich in die Flanke der Deutschen zu legen.
Um den Transport der sowjetischen Truppen im Moskauer Raum zu verbessern, sie schneller zu verschieben, wurde von der sowjetischen Regierung im August angeordnet, daß die

Ringbahn, die alle Moskauer Fernbahnhöfe endlich verbinden sollte, beschleunigt fertigzustellen wäre.
Die Moskauer Bahnhöfe waren Sackbahnhöfe bisher gewesen. Wie eine Spinne saß die sowjetische Hauptstadt in der Mitte eines Eisenbahnnetzes, die Fäden endeten auf den neun Moskauer Sackbahnhöfen. Außerhalb des bebauten Stadtgebietes wurden diese Linien nun miteinander durch die Ringbahn verbunden. Nachdem Major Schabalin in Moskau seine Abteilung zusammengestellt hatte, gab er am 24. August seine Zivilkleidung im Volkskommissariat für Staatliche Sicherheit ab, telegrafierte an Nadeschda in Ulan-Ude, daß er nach Brjansk reise, aber erst am nächsten Tag fährt er mit fünf Kraftwagen ab, nachdem es ihm gelungen ist, endlich Benzin zu erhalten und Reifen für die Autos.
Um 17 Uhr fährt er am 25. August aus Moskau nach Tula ab. Dort übernachtet er im Auto, am 27. August ist er in einem Dorf bei Brjansk, er quartiert seine Abteilung im landwirtschaftlichen Technikum ein.
Als er am Morgen des 28. August zu einer Division an die Front fährt, beschießt Flak deutsche Flieger. Er sieht es staunend und fühlt sich wohl.
Major Schabalin ist, nach seiner langen Reise von der Grenze zur Mongolei bis an die Desna, jetzt dem Leutnant Koch sehr nahe, sie werden sich im Oktober noch näher kommen. Auch Koch fühlt sich wohl, denn neue Operationen haben endlich begonnen, er ist auf der Fahrt nach Süden, zur Desna. Aber es ist nicht die Operation, auf die sie alle gewartet haben.
Das 47. Panzerkorps, das Jeremenko Smolensk wegnahm, hat nun die Flanke der tief in die Ukraine vorstoßenden Panzergruppe Guderian zu decken – gegen Jeremenkos Brjansker Front.

10. KAPITEL

Ostpreussisches Intermezzo

Die Unentschlossenheit, die in den ersten drei Wochen des Monats August im ostpreußischen Hauptquartier herrschte, konnte den Krieg entscheiden. Sie wurde peinlich durch die Form, in der man miteinander verkehrte. Es gab keine Aussprachen, die Führung der Wehrmacht verkehrte untereinander fast nur schriftlich. Gedankenaustausch fand selten zwischen den Generalen statt; irgendeine geheimnisvolle Mechanik, die alles stets zum Besten wenden würde, hatte Schaden genommen. Der Geheimdienst meldete Anfang August aus der Heimat, dort werde man unruhig, der neue Feldzug dauere schon zu lange, die Leute fürchteten, er werde nicht so bald enden, und was dann?

Die Japaner hatten den Stillstand bei Smolensk zum Anlaß genommen, sich gegen ein militärisches Eingreifen in Ostasien zu entscheiden; sie wollten eine politische Lösung ihrer Wünsche anstreben; den Deutschen trauten sie viel zu, aber nicht zuviel. Sie meinten, der neue Feldzug werde länger als ein Jahr dauern. Auch die verbündeten Italiener begannen sich vor der Dauer des Krieges im Osten zu fürchten. Graf Ciano teilte Mussolini seine Lagebeurteilung mit.

Konnte überhaupt eine einzige Schlacht den Krieg entscheiden? Man war nicht mehr in Frankreich.

»Die Richtung ist Paris und das Operationsziel ist die Vernichtung der feindlichen Armeen«, lautete der Tagesbefehl Moltkes im Jahre 1870. Darin war nichts Formales, bei den Deutschen herrschte die Idee vor, die »schöpferische Kriegführung«, von der es in der Präambel der deutschen Führungsvorschrift »Truppenführung« von 1933 hieß, dem kleinen Taschenbuch, das jeder Offizier bei sich tragen sollte: »Die Kriegführung ist eine Kunst, eine auf wissenschaftlicher Grundlage beruhende freie schöpferische Tätigkeit.«

Ehe Aufträge erteilt werden konnten, mußten Entschlüsse gefaßt werden.

Zwischen dem OKH, dem Generalstab des Heeres, und dem

OKW, dem Wehrmachtsführungsstab, hatte es von Anfang an niemals abreißende Spannungen gegeben.
Halder schrieb später darüber: »Die geistige und seelische Atmosphäre, die durch den Wesensgegensatz zwischen den alten Soldaten und Hitler und damit zwischen OKH und OKW gegeben war, kann wohl niemand in vollem Umfang verstehen und würdigen, der diese furchtbare Belastung der führenden Soldaten und diese Quelle verhängnisvoller deutscher Führungsfehler nicht selbst miterlebt hat. Diese Frage hat uns am meisten beschäftigt.« Das Heer sah das OKW nur als ein militärisches Büro Hitlers, das ihm, dem OKH, beigeordnet werden sollte, damit das Heer seine Aufgaben mit Luftwaffe und Kriegsmarine koordinieren konnte.
Halders Vorgänger, Generaloberst Beck, hatte noch 1938 seinen Generalstabsoffizieren jedes Gespräch mit den Offizieren des OKW verboten, obwohl diese doch wie sie hauptsächlich aus dem Heer, der alten Reichswehr, kamen.
Die Aufhebung des Verbotes durch Halder hatte jedoch nicht zu einer Homogenität beider Institutionen geführt. Die konservative Heeresführung wollte sich nicht einem revolutionären Reichsgeneralstab unterwerfen, der General Jodl vorschwebte. Daß kurz vor Kriegsende das OKH im OKW aufgehen sollte, hatte nichts mehr zu bedeuten; zu jener Zeit im Jahre 1945 fielen Ostfront und Westfront zusammen, die Entfernungen zwischen beiden Fronten, die im Osten vom OKH, im Westen vom OKW geleitet wurden, waren bedeutungslos geworden.
Aber die letzte große Angriffsschlacht der Deutschen sollte doch das OKW führen, die Ardennenschlacht im Dezember 1944, während das OKH nur noch eine nutzlose Bataille in Ungarn 1945 schlagen durfte. Alles andere waren Rückzüge und Niederlagen.
Im Jahre 1941 aber schien das OKH noch auf der Höhe seines Einflusses zu sein. Es hatte vier Feldzüge siegreich hinter sich gebracht (Polen, Frankreich, Jugoslawien, Griechenland). Das Heer hatte noch einen Oberbefehlshaber, den Feldmarschall von Brauchitsch, der seinen Generalstabschef Halder gegen Hitler abschirmte.

Halder wußte, daß nur ein schneller, kurzer Feldzug den Sieg bringen könnte. Für 1941 war die Ernährungslage im Reich und den besetzten Gebieten leidlich gesichert, darüber hinaus nicht. Die Gummilage war schwierig, neue Bunafabriken kosteten Stahl, der dann wieder den Panzern fehlte. Rüstungswirtschaftlich konnte sich das Deutsche Reich bis Ende 1941 »durchmogeln«. Im Herbst 1941 stand der normale Jahrgang nicht mehr zur Verfügung; er war zum Frühjahr 1941 schon einberufen worden.

Die Heeresgruppe Mitte hatte ihr erstes Ziel in der ersten Augustwoche erreicht, sie stand bei Smolensk. Die Heeresgruppe Süd war weit rückwärts hängengeblieben, die Heeresgruppe Nord kam über die Luga nicht hinaus. Am 6. August wird Halder gemeldet, daß beim Feind ein »Frontstab der Reservearmeen« festgestellt worden sei. Er sieht darin eine weitere Festigung der gegnerischen Befehlsführung. Wie stark diese Reservefront ist, weiß er nicht.

Am 7. August ruft ihn Feldmarschall von Bock an: »Guderian meldet vor einer Stunde, daß von Roslawl 40 km in Richtung Brjansk und nach Süden kein Feind mehr sei«. Halder meint dazu, Guderian wolle seine Lösung, Vorstoß über Brjansk nach Gomel, präjudizieren. Die Rivalität Halder — Guderian tritt hier wieder hervor, die schon aus dem Frankreichfeldzug herrührt. Halder mißversteht jedoch Guderian, der am 9. 8. den Vormarsch auf der Straße Roslawl-Moskau der Heeresgruppe vorschlägt. Gomel liegt tief in seiner südlichen Flanke. Bock hat Guderian befohlen, er solle kampfkräftige Aufklärung vorschicken, um festzustellen, wo der Feind steht. Angenommen wird, nach Aussagen von Gefangenen, daß 40 km südlich Roslawl ein Wachtbataillon liegt, bei Brjansk eine schwache Division. Guderian versteht unter »kampfkräftiger Aufklärung« ein ganzes Panzerkorps, das 24. General Geyr von Schweppenburgs. Halder spürt, daß er jetzt endlich von Hitler den Entschluß braucht, vor dem dieser sich fürchtet.

Um 17 Uhr hat er eine Aussprache mit General Jodl. Er hofft, daß er Jodl dazu bringen kann, Hitler zu überzeugen, daß alles von dem großen Entschluß abhängt, jetzt die Schlacht um Mos-

kau zu wagen. Sie könnte spätestens am 20. August beginnen, aber sofort müßte sie vorbereitet werden.
Die Verluste des Ostheeres betragen jetzt knapp zehn Prozent. Besonders hoch ist der Anteil der Offiziersverluste; fast 10 000 Offiziere sind verwundet, gefallen oder vermißt. Insgesamt fehlen dem Ostheer 242 000 Mann. Steigen die Offiziersverluste weiter so schnell an, dann wird man nicht wissen, wie man die Ausfälle ersetzen soll. Es ist ein heißer Nachmittag in Ostpreußen. Beide Generale begrüßen sich freundschaftlich, Jodl ahnt, was Halder von ihm will. Sie kennen sich gut. Sie sind mit Hitlers Schicksal verbunden, sie werden nie davon loskommen, auch nicht im Widerstand, den Halder seit Jahren halbherzig unterstützt. Als Hitler 1923 seinen Münchner Putsch unternahm, den er auf der Festung Landsberg zu büßen hatte, übernahm Halder von Jodl die Gebirgsbatterie, die in Landsberg stand. Beide sind Bayern, Jodl haßte damals Hitler »wie die Pest«, er sollte seine Meinung rasch ändern. Offiziere, die sich kennen, sind nun in einem Gegensatz, den Halder durch eine Aussprache überbrücken will, denn er braucht Jodl, der Hitler beeinflussen kann.
Halder kennt den Ehrgeiz Jodls. Der Chef des Wehrmachtführungsstabes weiß, daß Halder niemals den hohen Rang freiwillig aufgeben wird, den er sich als Chef des Generalstabes des Heeres durch die drei siegreichen Feldzüge erworben hat.
Halder fragt Jodl: »Es geht jetzt um die großen Ziele. Wollen wir den Feind schlagen oder wirtschaftliche Ziele in der Ukraine und im Kaukasus verfolgen?«
Jodl erwidert: »Der Führer hält wohl beides gleichzeitig für möglich.«
Halder entgegnet: »Das Ziel Leningrad ist mit den dafür angesetzten Kräften erreichbar. Wir brauchen, wir dürfen für dieses Ziel nichts ausgeben, was wir für Moskau brauchen. Für die rechte Flanke der Heeresgruppe Nord besteht keine Gefahr von den Waldai-Höhen her.«
Jodl verteidigt jetzt Hitler, dessen große Konzeption ja beides einschließt, die Ukraine und Moskau. Halder versucht, ihm ein helfendes Stichwort zu geben. Er sagt: »Die Frage Moskau *oder*

Ukraine oder Moskau *und* Ukraine muß nach der Seite des *und* beantwortet werden. Wir *müssen* es, weil wir sonst die Kraftquelle des Feindes nicht vor dem Herbst zum Versiegen bringen. Wir können es nach dem überlegenen Sieg von Rundstedts Heeresgruppe Süd und nach dem absinkenden Wert des Feindes. Die Gruppe Korosten in der Nordukraine ist kein Operationsziel. Sie muß zum Abfaulen gebracht werden.«
Die Sprache ist eindringlich, fast schon nervös. Das »Abfaulen« gehört zum Jargon.
Jodl schweigt.
Halder fährt fort (und er ist jetzt gewillt, alle Register zu ziehen, um sein Ziel, die Schlacht vor Moskau, zu erreichen): »Wir kommen beide aus derselben Schule des Generalstabes. Wir dürfen uns mit unseren operativen Gedanken nicht in das Schlepptau der Taktik des Feindes begeben. Die Taktik ist dem Operativen unterlegen, sie ist dessen Untergebener. Wenn wir den feindlichen Nadelstichen in der Flanke nachlaufen, tun wir dem Feind den größten Dienst.«

Da Jodl immer noch schweigt, nimmt Halder an, er habe beinahe gesiegt, nun muß er ihn ganz auf seine Seite herüberziehen: »Wir müssen den Erfolg im Zusammenhalten der Kräfte für die weiträumigen Operationen suchen. Wir dürfen uns nicht mit nebensächlichen Zielen verplempern. Ich erinnere Sie an unsere gemeinsame Erziehung im Generalstab. Können Sie entkräften, was ich gesagt habe?«
Jodl erwidert, bezwungen, schnell: »Nein, ich muß die Stichhaltigkeit Ihrer Ausführungen bedingungslos anerkennen.«
Halder ist zufrieden: »Dann ziehen Sie mit uns in einer Richtung mit. Wir müssen uns auf zwei Gedanken beschränken, darauf verständigen wir uns jetzt. Fragen Sie den Führer, ob er darauf verzichten kann, vor dem Herbst Moskau zu nehmen. Bock muß alle Kräfte für Moskau erhalten. Bagatellisieren Sie die Bedeutung der Feindgruppe Korosten, dann wird alles gut.«
Aber nun kommt der Tritt auf die Bremse. Jodl ist schon zu sehr Hitler verfallen, er sagt, zögernd noch, aber er sagt, was er später wieder sagen wird (dieser Blick der Schlange hat ihn

längst getroffen, er kommt davon nicht mehr los): »Dennoch hat der Führer recht. Der Führer hat den sechsten Sinn.«
Schlangenblick: Nach einer anderen Besprechung mit Halder, am 15. 10. 1939, als es darum ging, Hitler davon abzuhalten, in Kürze, im Herbst 1939 noch, gegen Frankreich offensiv zu werden, hatte Jodl in sein Tagebuch notiert: »Wir gewinnen diesen Krieg und wenn er hundertmal einer Generalstabsdoktrin widerspricht, weil wir die bessere Truppe, die bessere Ausrüstung, die besseren Nerven und eine entschlossene, zielbewußte Führung haben.«
Das sagte Hitler auch. Der General Jodl war in Hitlers Gedankengängen so befangen, daß er an dessen Genius glaubte. Aber man war jetzt bei Smolensk angekommen. Um es ganz kühl zu sagen: Wenn der »Genius« Hitlers unentschlossen blieb, zögerte, wo nicht mehr gezögert werden durfte, wenn man die schöpferische Tätigkeit des Kriegführens ausübte, dann hatten die Generale sich zu verbünden, um die militärische Karte auszuspielen, alles andere war zu diesem Zeitpunkt zweitrangig.
Nichts anderes rechtfertigte die Opfer der Soldaten als das Eingehen auf die Entscheidungsschlacht.
Nachdem ihn Jodl verlassen hat, bespricht Halder die Versorgung der bevorstehenden Operation, als würde sie nun endlich von Hitler doch befohlen. Mit dem Generalquartiermeister Wagner spricht er über die Verbesserung des Bahnverkehrs, die Bereitstellung von Großtransportraum auf Lastkraftwagen, mit dem von den Eisenbahnendpunkten 400 Kilometer überbrückt werden können, bei Heeresgruppe Süd bis Poltawa, bei Mitte bis Moskau, bei Nord bis Leningrad. Umgenagelt werden soll die russische Breitspur der Eisenbahn zwischen Bobruisk und Gomel, zwischen Smolensk und Moskau, Rshew und Kalinin.
Als sie den Betriebsstoff berechnen, der ab 1. Oktober zur Verfügung stehen wird, kommen sie auf ein Defizit von 120 000 Tonnen im Monat. Deshalb soll die Zuteilung an die Zivilbevölkerung gekürzt, durch Einsparung von Lieferungen an Italien und die abhängigen Länder etwas gewonnen, es soll in Deutschland mehr erzeugt werden. Kautschuk hat man 7000 Tonnen im

Land, das reicht knapp für Fahrzeuge und Unterseeboote, die Lage ist hier sehr gespannt.
Auch diese Berechnungen zwingen dazu, den Krieg in Rußland schnell zu beenden. Keine Zeit darf mehr durch Unentschlossenheit verloren werden. Hat man Moskau, dann fällt die Ukraine alleine den Truppen zu.
Drei sowjetische Reserve-Armeen vermutet Halder ostwärts von Moskau, das sind stärkemäßig drei deutsche Armeekorps. Gegen sie hat er zwei Panzergruppen und zwei Infanteriearmeen. Er ist stärker. Dann soll es noch drei Armeen südostwärts von Moskau geben. Auch sie spielen in seinem Kalkül eine geringe Rolle. Guderian wird sie schlagen, wenn sie uns entgegenmarschieren. Mehr hat Rußland, meint Halder, nicht mehr aufzubieten. Nun kommt alles darauf an, daß Hitler den Befehl gibt. Der Angriff der Heeresgruppe Mitte wird am 20. August beginnen. In den nächsten Tagen legt Halder, dem Bock folgt, alles darauf an, daß nichts Überflüssiges mehr gemacht wird.
Man soll auch nicht zuviele große Straßen ausbauen. Es genügt, wenn hinter jeder Heeresgruppe, außer Süd, eine große Straße entsteht. Nicht jede Armee muß eine bekommen.
Eine Woche verstreicht. Von Hitler hört Halder nichts, auch nichts von Jodl. Die Unentschlossenheit bleibt. Am 16. August kommt der Chef der Operationsabteilung des OKH, Oberst Heusinger, zu Halder.
Er fragt: »Soll an die Heeresgruppe Mitte durch den Führer eine Weisung ergehen und welche?«
Heusinger, der die Unentschlossenheit nicht mehr ertragen kann, glaubt Jodl auf der Seite Halders, er will nun Halder drängen, Anträge an Hitler zu stellen.
Halder, für den der Zeitpunkt des Angriffs auf Moskau, der 20. August, nun nicht mehr gelten kann, weil zuviel durch Abwarten versäumt worden ist, erwidert kühl: »Natürlich müßte bei einer zielbewußten Führung jetzt eine Weisung ergehen. Aber meine immer wiederholten Vorträge beim Oberbefehlshaber des Heeres führten zu keinem anderen Ergebnis als der Besorgnis, daß wir höheren Entscheidungen nicht vorgreifen. Feldmar-

schall von Brauchitsch hat angeordnet, man soll die Sache mit Jodl besprechen.«
Beide kommen überein, daß die Operationsabteilung des Heeresgeneralstabs eine Denkschrift ausarbeitet, die Feldmarschall von Brauchitsch dann Hitler zuleitet. Sie soll sich mit der Heeresgruppe Mitte und ihrem Marsch auf Moskau befassen. Halder ist überzeugt, daß Jodl ihm helfen will.
Diese Denkschrift ist am 18. August fertig, sie wird von Halder dem Oberbefehlshaber des Heeres übergeben.
Am 21. August erfährt Halder von Feldmarschall Keitel, daß über die Weiterführung der Operation der Führer immer noch keinen Entschluß gefaßt habe. Feldmarschall von Brauchitsch war inzwischen bei der Heeresgruppe Süd, er sagte Halder, die Truppen dort seien teilweise sehr stark belastet, aber guter Stimmung. Die Führung sei übermüdet von der Unendlichkeit der Aufgabe.
Diese »Unendlichkeit der Aufgabe« fürchtet auch Halder, er möchte sie endlich machen, in Moskau beenden, aber man läßt ihn nicht, Hitler schweigt.
Nicht einmal Keitel, der Chef des Oberkommandos der Wehrmacht, ein enger Mitarbeiter Hitlers, weiß an diesem Tag, daß Hitler ihn dazu benutzt, selbst eine neue Weisung für die Fortführung des Feldzuges auszuarbeiten.
Sie trifft am 22. August bei Halder ein, der sie sofort entscheidend für das *Ergebnis,* nicht nur für den *Fortgang* dieses Feldzuges nennt.
»Der Vorschlag des Heeres für die Fortführung der Operationen im Osten vom 18. 8. stimmt mit meinen Absichten nicht überein. Ich befehle folgendes:
1. Das wichtigste, noch vor Einbruch des Winters zu erreichende Ziel ist nicht die Einnahme von Moskau, sondern die Wegnahme der Krim, des Industrie- und Kohlengebietes am Donez und die Abschnürung der russischen Ölzufuhr aus dem Kaukasusraum, im Norden die Abschnürung Leningrads und die Vereinigung mit den Finnen.
2. Die operativ selten günstige Lage, die durch das Erreichen der Linie Gomel-Potschep entstanden ist, muß zu einer konzen-

trischen Operation mit den inneren Flügeln der Heeresgruppen Süd und Mitte unverzüglich ausgenützt werden.
3. Von der Heeresgruppe Mitte sind hierfür ohne Rücksicht auf spätere Operationen so viele Kräfte anzusetzen, daß das Ziel, die Vernichtung der 5. russischen Armee, erreicht wird, und die Heeresgruppe dabei in der Lage bleibt, feindliche Angriffe gegen die Mitte ihrer Front in kräftesparender Stellung abzuwehren.«
Außerdem schickt Hitler dem Oberbefehlshaber des Heeres eine Denkschrift, in der er dem OKH den Vorwurf macht, die Operation nicht in seinem Sinne zu führen. Er versucht zu beweisen, daß die Frage Moskau sachlich und zeitlich zurückzutreten habe.
Halder notiert in sein Tagebuch: »Die Denkschrift ist voll von Widersprüchen und hebt den Reichsmarschall gegenüber dem Oberbefehlshaber des Heeres in schärfster Form hervor. Ihm wird vorgeworfen, daß er nicht führe, sondern sich von den Sonderinteressen der Heeresgruppen beeinflussen lasse. Ich halte die durch den Eingriff des Führers entstandene Lage für das OKH untragbar. Es kann weder für den Zickzack in den Einzelanordnungen des Führers ein anderer die Verantwortung übernehmen als er persönlich, noch kann das bisherige OKH, das im 4. siegreichen Feldzug steht, seinen guten Namen mit den nunmehr getroffenen Anordnungen beflecken. Dazu ist die Art der Behandlung des Oberbefehlshabers des Heeres unerhört. Ich habe Feldmarschall v. Brauchitsch vorgeschlagen, um seine Enthebung vom Amt zu bitten und meine Enthebung gleichzeitig zu beantragen. Brauchitsch lehnt ab, weil es praktisch doch nicht zur Niederlegung des Amtes käme, also nichts geändert würde. Die nachmittäglichen Auseinandersetzungen werden unterbrochen durch Gespräche mit Feldmarschall v. Bock, der erneut betont, daß er mit seiner gegen Moskau gerichteten Front auf die Dauer nur im Angriff bestehen könne.«
Am nächsten Tag — der Iran wurde von diesem Tage an durch sowjetische und britische Truppen okkupiert, wodurch eine Landverbindung zwischen beiden Gegnern Deutschlands geschaffen werden konnte, durch die nun die Hilfslieferungen an

Rußland aus England und den USA flossen – am nächsten Tag frühmorgens fliegt Halder zur Heeresgruppe Mitte. Er muß mit Bock und dessen Armeeführern die neue Lage besprechen.
Nur die Frontgenerale können ihm jetzt noch helfen.
Bock wird vorschlagen, den Panzerführer Guderian zu Hitler zu schicken. Hitler hört vielleicht auf Guderian, auf Halder und Brauchitsch hört er nicht mehr.
Aber wird Guderian, dessen Truppen diese gute Lage am rechten Flügel der Heeresgruppe Mitte gerade haben entstehen lassen, die zu der Idee Hitlers führte, mit der Heeresgruppe Süd eine riesige Einkreisung des Gegners bei Kiew zu unternehmen, gegenüber Hitler hart bleiben?
Und wird Hitler sich von Guderian beeinflussen lassen?
Kann Guderian ermöglichen, was dem OKH nicht gelang?
Marschall Schukow antwortete nach dem Kriege in einem Gespräch mit dem sowjetischen Autor Lew Besymenski auf dessen Frage: »Was wäre geschehen, wenn die deutschen Truppen im August 1941 den Vorstoß auf Moskau fortgesetzt hätten?«
»Es ist gar nicht leicht, diese Frage zu beantworten, da gab es viele unvorhergesehene Umstände, sowohl für uns als auch für den Gegner. Damals herrschte die Meinung bei uns vor, daß die Deutschen die Offensive auf Moskau fortsetzen würden ... Die deutschen Truppen waren außerstande, im August Moskau im Vormarsch zu nehmen, wie einige deutsche Generale geplant haben. Im Falle einer Offensive wären sie in eine schwierigere Lage geraten als im November und Dezember 1941 bei Moskau. Denn außer dem erbitterten Widerstand unserer Truppen unmittelbar im Vorgelände der Hauptstadt hätte sich die Heeresgruppe Mitte noch einem starken Gegenschlag unserer Truppen der Südwestfront aussetzen können.«
Der Sieger sieht alles einfacher. Die Südwestfront wurde gerade erst aufgebaut, als das OKH am 18. 8. Hitler seine Denkschrift vorlegte.

11. KAPITEL

Die Entscheidung des Feldzuges

Zutiefst getroffen in seinem Selbstbewußtsein, in seiner Vorstellung Feldherr zu sein, obwohl er doch nur Generalstabschef war wie Moltke (nicht der jüngere, der während der Marneschlacht 1914 versagte, sondern der ältere, dessen Geist auch diesen Generalstab prägte), flog Generaloberst Franz Halder am 23. August nach Neu-Borissow zur Heeresgruppe Mitte.

Hitler und sein OKW hatten das OKH durch die neue Weisung entmachtet, so schien es ihm, und besonders verletzte ihn die Kraftlosigkeit seines Oberbefehlshabers, der blinde Gehorsam, mit dem dieser Hitlers Kritik und Befehle hinnahm. Halder war nicht der gefügige Chef des Generalstabes. Am 1. Oktober 1939, nachdem Hitler die Leistungen des Generalstabs im Polen-Feldzug nicht einmal während eines »Anerkennungsessens« mit der höheren Generalität erwähnt hatte, war jener Brief an Brauchitsch geschrieben worden, in dem er forderte, nur einer könne die Führung der Operationen maßgebend bestimmen, Brauchitsch oder er. Es war dann zu der klärenden Aussprache gekommen, in der Brauchitsch ihm versicherte, er fühle sich ohne seine Mitarbeit seiner Aufgabe nicht gewachsen und brauche ihn unbedingt für den gemeinsamen Kampf gegen Hitler (es ging damals um die Offensive gegen Frankreich, die Hitler sofort befehlen wollte). Halder dürfe ihn unter keinen Umständen verlassen.

Gleichzeitig legte Brauchitsch die gesamte operative Führung in die Hand seines Generalstabschefs; nur nach außen hin behielt er die Verantwortung.

Halder war stärker als der schwer herzkranke Brauchitsch; nun hatte er in Hitler einen Stärkeren gefunden, der seine operative Führung kurzerhand aufhob, in die er schon 1940 vor Dünkirchen hart eingegriffen hatte.

Der gekränkte Feldherr sucht nun Hilfe, Genugtuung bei der

Heeresgruppe Mitte. Hier trifft er auf den Feldmarschall Fedor von Bock, der ihn despektierlich »den Bayern« nennt; an der Spitze des Generalstabes steht kein Preuße. Bock ist Preuße, er besitzt eine grandseigneurale Sicherheit, er ist eitel, er faßt den Krieg als eine Arabeske im Lebensbild Fedor von Bocks auf, wie sich Halder einmal ausdrückt, den Bock möglichst zu umgehen sucht; er hält sich lieber an Brauchitsch, der innerlich weitaus bescheidener ist.

Die Eitelkeit der Generale ist in diesem Kriege nicht auf die deutsche Seite beschränkt. Auf russischer Seite war fast wie Bock der Marschall Konstantin Rokossowskij, der Schukow Schwierigkeiten machte. Rokossowskij war Pole wie Bock Preuße war. Stalin, der Georgier, imponierte ihm nicht. Auf deutscher Seite spielte noch eine Rolle die schwierige Lage des OKH gegenüber Hitler; da war jeder Heerführer daran interessiert, eigene Wege zu gehen, so gut er es alleine konnte.

Irgendein großes Gefühl, so hatte Clausewitz geschrieben, müsse die Kräfte eines Feldherrn beleben, sei es der Ehrgeiz wie in Cäsar, der Haß des Feindes wie in Hannibal, der Stolz eines glorreichen Unterganges wie in Friedrich dem Großen. Welches große Gefühl aber bewegte Franz Halder?

Er, der vor dem Kriege und im Kriege bereit war, Hitler abzusetzen, dem es an verbalem Widerstand nicht mangelte, den er gegen diesen Mann an der Spitze des Reiches leistete, konnte ein »großes Gefühl« nur noch bedingt haben. Nachdem er seinen Widerstand nicht in einer Aktion, eben der Absetzung, durchzuführen gewillt war – er war nur dazu bereit, er allein wollte es nicht machen –, konnte er sich ein »großes Gefühl« nur erhalten, wenn er in seiner Leistung als Feldherr bestätigt wurde. Moskau war sein Ziel. Hitler, das wußte er nun, hatte andere Ziele. Um Hitler diese Ziele wegzunehmen, hatte er versucht, sein Ziel durchzusetzen. Ohne dieses Ziel, die Schlacht um Moskau, das Ende des Feldzuges nach der Niederlage Stalins in seiner Hauptstadt, war Halder jetzt schon gescheitert. Alles andere würde für ihn nur noch eine Qual werden.

In Neu-Borissow machte auf Guderian dieser neue Halder einen tief erschütterten Eindruck wegen des Fehlschlagens seiner

Hoffnungen auf eine Weiterführung der Operationen auf Moskau, die er allerdings seit Anbeginn bei Hitler nicht offen und klar vertreten hatte.
Guderian hatte drei Tage vorher von Bock den Befehl erhalten, nicht mehr in südlicher Richtung auf Potschep in die Ukraine hinein »weiterzubohren«, sondern seine Panzergruppe bei Roslawl in Ruhe zu legen, um für den von Bock erhofften Vormarsch auf Moskau bereit zu sein. Guderian hatte am 22. August den Befehl über drei Armeekorps der Infanterie abgegeben und den Gefechtsstand nach Schumjatschi, westlich Roslawl, verlegt, als er um 19 Uhr telefonisch von der Heeresgruppe gefragt wurde, ob es möglich sei, mit verwendungsbereiten Panzerverbänden zu einer Operation in südlicher Richtung aufzumarschieren, die in Zusammenarbeit mit der 6. Armee der Heeresgruppe Süd durchgeführt werden könne.
An diesem 22. August war nachmittags die neue Weisung Hitlers beim OKH eingetroffen. Die Telefone begannen zu spielen. Guderian erklärte der Heeresgruppe, daß er die Verwendung seiner Panzergruppe in südlicher Richtung für grundfalsch, ihre Teilung aber geradezu für ein Verbrechen halte.
Er war schon immer für »Klotzen statt kleckern«.
Halder erfuhr von Guderians Ansicht, er setzte seine letzte Hoffnung auf den Panzergeneral, der Hitler umstimmen sollte. In Neu-Borissow sagte Halder zu den Generalen, Hitlers unabänderlicher Entschluß müsse dennoch geändert werden. Was sollte man tun?
Guderian bezeichnete den Vormarsch seines 24. Panzerkorps über Starodub nach Süden für unmöglich. Dies einmal wegen der ganz miserablen Straßenverhältnisse, die es nicht möglich machten, Betriebsstoff nachzuführen, zum anderen wegen des Zustandes der Truppe, die zu einem Angriff ohne vorhergehende Ruhe und Auffrischung nicht fähig sei. Das 24. Panzerkorps hatte seit Beginn des neuen Feldzuges keine Tage der Ruhe und Instandsetzung des Geräts gehabt. Das Panzerregiment 35 der 4. Panzer-Division sollte sieben Tage Ruhe erhalten, um seine Panzer endlich wieder in Ordnung zu bringen. Aber seit dem 6. August ist es in unaufhörlicher Bewegung, zuerst mit nur noch

84 Panzern, von denen immer mehr zurückbleiben müssen, da die Staubentwicklung die Motoren lähmt.
Halder erklärte, weshalb Hitler auf diesen Abmarsch nach Süden gekommen sei. Nachdem dieser am 18. August seine Denkschrift erhalten habe, sei am 19. August die Meldung eingetroffen, die Panzergruppe 1 der Heeresgruppe Süd habe einen kleinen, aber lange erwarteten Brückenkopf über den Dnjepr bei Saporoshje erobert, die 2. Armee, Guderians rechter Nachbar, hatte Gomel genommen. Von der Lagekarte nahm Hitler seinen Einfall, einen riesigen Bogen um die im Raum Kiew stehenden russischen Verbände zu legen. Der Erfolg im Süden wurde die letzte Ursache für das Verhalten vor Moskau im August 1941.
Die Aussprache der Generale an der Beresina dauerte viele Stunden. Sie hielten Kriegsrat, sie waren unter sich, ihre Ansichten hörte Hitler im fernen Ostpreußen nicht.
Guderian wird zur Schlüsselfigur. Bock macht Halder den Vorschlag, Guderian als fronterfahrenen General ins Hauptquartier mitzunehmen und zu Hitler zu schicken.
Dort soll er seine Gründe, die er eben vortrug, dem Diktator sagen.
Halder fliegt gegen Abend mit Guderian, in der Dämmerung landen sie auf dem Flugplatz Lötzen. Was beide im Flugzeug miteinander besprochen haben, weiß niemand; weder Guderian noch Halder äußerten sich später darüber. Aber Halder muß wohl geglaubt haben, daß Guderian fest in seinem Sinne beharrte.
Ein Blick auf die Lagekarte zeigte, daß Guderians Panzerstreitmacht gerade noch in der Lage war, sich zu sammeln und die Straße von Roslawl nach Moskau zu nehmen. Aber es war der letzte Augenblick; gingen seine Panzer, die schon südlich Roslawl standen, nur wenig weiter vor, so mußte die Operation gegen Moskau entfallen oder in den Herbst verschoben werden. Man würde dann einen Winterkrieg führen müssen, den alle scheuten, an den sie überhaupt nicht gedacht hatten, als sie am 22. Juni aufbrachen.
Nach der Landung fährt Halder in sein Büro zu den Karten.

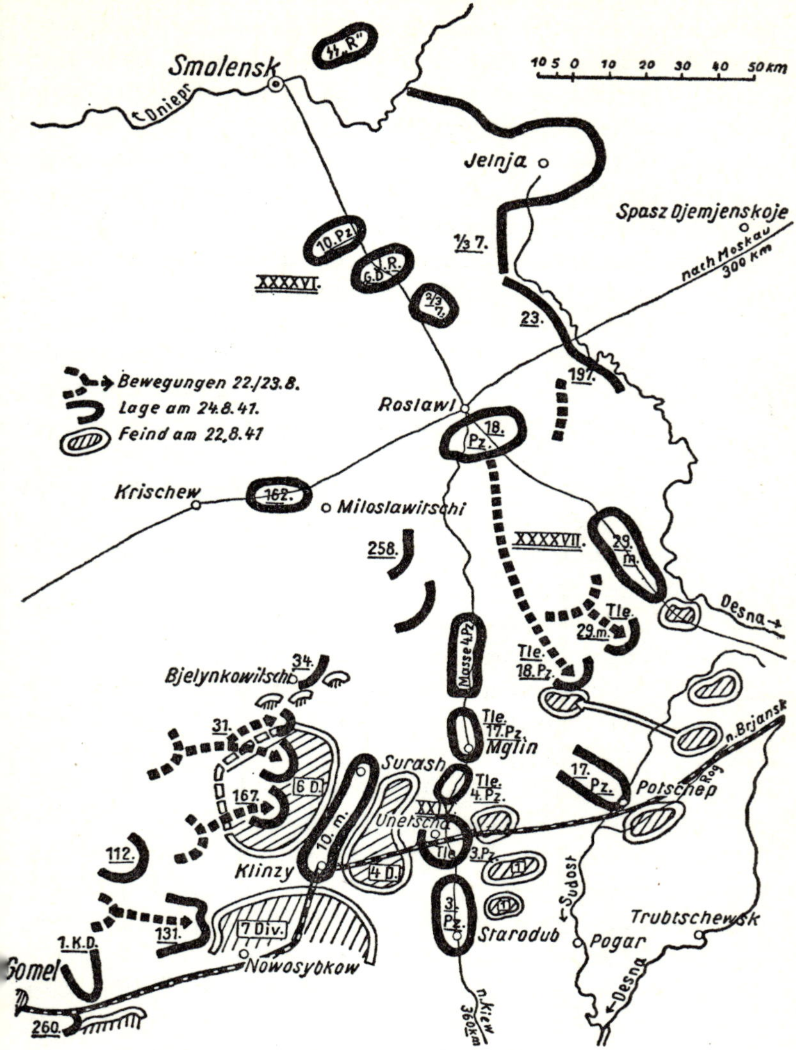

Abb. 4: Lage am 24. 8. 1941 (Führer-Vortrag)

Guderian wird sofort von Brauchitsch empfangen. Dieser sagt zur Begrüßung: »Ich verbiete Ihnen, mit dem Führer die Frage Moskau zu erörtern. Der Ansatz nach Süden ist befohlen, es handelt sich nur noch um das Wie. Jede Erörterung ist nutzlos.« Der Groll sitzt tief. Guderian bittet sofort um die Erlaubnis, zu seiner Panzergruppe zurückfliegen zu dürfen, da unter diesen Umständen eine Auseinandersetzung mit Hitler zwecklos sei.

Dagegen ist Brauchitsch, der Guderian befiehlt, zu Hitler zu gehen und über die Lage seiner Panzergruppe Vortrag zu halten. Aber er darf Moskau nicht erwähnen.

Als Guderian den Konferenzraum zur Lagebesprechung betritt, stellt er fest, daß viele Zuhörer gekommen sind, er sieht Keitel, Jodl, Hitlers Wehrmachtadjutanten Schmundt und andere, aber niemanden vom OKH. Hitler hat sein OKW versammelt, weder Brauchitsch noch Halder, die sich tief verletzt fühlen, der eine mehr, der andere weniger, könnten dem Panzergeneral jetzt beistehen. Aber der furchtlose Guderian sagt jetzt auch nichts anderes als das, was er in Neu-Borissow am Nachmittag gesagt hat. Er redet über die Lage seiner Panzergruppe, über ihren Zustand, über das Gelände, das vor ihr liegt, wenn sie nach Süden in die Ukraine angesetzt wird.

Man hört ihm schweigend zu. Als Guderian zu Ende ist, fragt Hitler: »Halten Sie Ihre Truppen nach den bisherigen Leistungen noch einer großen Anstrengung für fähig?« Guderian: »Wenn den Truppen ein großes, jedem Soldaten verständliches Ziel gesteckt wird: Ja!«

Er betont das Soldatische, das jedem Soldaten verständliche Ziel, es kann nur Moskau sein, die Soldaten ahnen nichts von Hitlers wirtschaftlichen und eroberungssüchtigen Vorstellungen. Darauf erwidert Hitler: »Sie meinen natürlich Moskau.« Guderian: »Ja. Erlauben Sie mir, meine Gründe zu nennen, nachdem Sie dieses Thema angeschnitten haben.«

»Hitler stimmte zu«, schreibt Guderian in seinen *Erinnerungen eines Soldaten*, »und ich setzte gründlich und eindringlich alle die Gründe auseinander, die für die Fortsetzung der Operationen in Richtung Moskau und gegen Kiew sprachen. Ich führte aus, daß es vom militärischen Standpunkt aus nun darauf ankäme, die feindlichen Streitkräfte, die in den letzten Kämpfen schwer gelitten hätten, vollends zu schlagen. Ich schilderte ihm die geographische Bedeutung der Hauptstadt Rußlands, die in ganz anderer Weise als zum Beispiel Paris die Verkehrs- und Nachrichtenzentrale, der politische Mittelpunkt, ein wichtiges Industriegebiet sei, und deren Fall außerdem einen ungeheuren moralischen Eindruck auf das russische Volk, aber auch auf die übrige Welt machen müsse. Ich wies auf die Stimmung der Truppe hin, die nichts anderes erwarte, als den Vormarsch auf Moskau, und die hierfür mit Begeisterung alle Vorbereitungen bereits getroffen habe.

Ich versuchte darzulegen, daß uns nach Erringen des militärischen Sieges in der entscheidenden Richtung und über die feindlichen Hauptkräfte die Wirtschaftsgebiete der Ukraine um so eher zufallen müßten, als die Eroberung der Verkehrsspinne Moskau den Russen die Möglichkeit von Kräfteverschiebungen von Norden nach Süden außerordentlich erschweren würde. Ich gab zu bedenken, daß die Truppen der Heeresgruppe Mitte für ein Vorgehen in Richtung Moskau bereitstünden, während sie für die Operation in Richtung Kiew zeitraubende Bewegungen in südwestlicher Richtung machen müßten, also in Richtung auf die Heimat, daß bei einem anschließenden Vorgehen auf Moskau die gleichen Entfernungen — Roslawl-Lochwiza = 450 Kilometer — abermals zurückgelegt werden müßten, mit abermaligem Verschleiß an Kraft und Gerät. Ich schilderte den Zustand der Wege, ich wies schließlich auf den schweren Nachteil hin, der entstehen müßte, wenn die Operationen nicht so schnell wie erwartet beendet werden könnten, sondern in die Schlechtwetterperiode hineinreichen würden. Dann würde es in diesem Jahre für den geplanten Schlag auf Moskau zu spät werden. Ich schloß mit der Bitte, alle anderen Erwägungen, mochten sie noch so berechtigt erscheinen, hinter der zwingenden Notwendigkeit zurückzustellen, zuerst eine *militärische* Entscheidung zu erzwingen. Alles andere würde uns dann zufallen.«

Hitler unterbrach Guderian mit keinem Wort. Aber dann ließ er den Panzergeneral, auf den er doch ebenso setzte wie Halder,

fühlen, wer hier der Herr im Hause, wer der Oberste Kriegsherr, wer der Feldherr sei.
»Meine Generale verstehen nichts von Kriegswirtschaft.«
Die Krim müßte als Flugzeugträger der Sowjetunion im Kampfe gegen die rumänischen Ölfelder ausgeschaltet werden. Das Chromerz aus der Türkei, für das man Waffen dorthin liefere, sei für die Luftwaffe lebensnotwendig, die Türkei bleibe neutral, wenn man die Krim habe. Die Rohstoffe und Nahrungsmittel der Ukraine seien lebenswichtig für die Fortsetzung des Krieges. Diesen Krieg wollten Halder, Bock und Guderian gerade durch den Marsch auf Moskau beenden. Es war, als habe Guderian überhaupt nicht gesprochen, Hitler glaubte ihm nicht, seine Umgebung war auf ihn eingestimmt, keiner unterstützte Guderian, er stand allein vor dem Manne, der ihm nun seine Macht zeigte.
Guderian empfand es als beschämend, daß Brauchitsch und Halder nicht mit ihm gekommen waren, er sah sich vor der Einheitsfront des OKW vereinsamt, allein gelassen vom OKH, bald in die Enge getrieben, von Hitler als ein General eingestuft, der nichts von Kriegswirtschaft verstand.
»Damals«, so schrieb er später, »glaubte ich noch, dem Oberhaupt des Reiches nicht in Gegenwart seiner ganzen Umgebung eine erregte Szene liefern zu können.«
Später lieferte er Hitler diese »erregten Szenen« als Generalstabschef des Heeres 1944/45, aber jetzt war Hitler, wie man im Heere sagte, der »große Erfolgsmann«; Guderian wäre von allen Zuhörern wegen seiner »Taktlosigkeit und Hemmungslosigkeit« verurteilt worden. Außerdem wäre für Hitler ein »Umfall« unter verbalem Zwang vor Zeugen untragbar gewesen. Wenn Halder der Meinung war, daß die Entscheidung des Krieges, und das ist ein großes Wort, von dieser Stunde abhinge, dann mußte er mit Guderian zu Hitler gehen und für seine Meinung einstehen. Man mußte hier stehen oder fallen, das wurde von der Geschichte verlangt, wenn sie Halder richtig verstanden hatte, aber er erwartete Wunder von Guderian, die dieser nicht erwirken konnte. Guderian hatte in Neu-Borissow Hitlers Befehl, statt nach Moskau nach Kiew zu gehen, als »Verbrechen«

bezeichnet. Wiederholen konnte er vor Hitler dieses Wort nicht. Es war Grundsatz und Verpflichtung im deutschen Generalstab, als Generalstabsoffizier offen seine Meinung zu sagen. Blieb dann der Kommandeur — und das war hier Hitler — bei seiner Meinung, dann war der Generalstabsoffizier gehalten, sich dieser Ansicht nach bestem Können anzuschließen, und das ohne Vorbehalt.

Guderians Auftreten gegenüber Hitler versteifte sich von dieser Stunde an, er war es dann, der, außer Speer, Hitler die Wahrheit ins Gesicht zu sagen wagte, aber auch dann war diese Wahrheit nicht gefragt.

»Nachdem die Entscheidung zugunsten des Angriffs auf die Ukraine erneut bestätigt war«, schreibt Guderian, »bemühte ich mich, sie nun wenigstens in der besten Weise zur Ausführung zu bringen. Daher bat ich Hitler, von der bis dahin geplanten Teilung meiner Panzergruppe abzusehen und zu befehlen, daß die ganze Panzergruppe an die neue Aufgabe zu setzen sei, um einen raschen Erfolg noch vor Eintritt der Herbstwitterung zu erzielen, weil der Herbstregen das straßenlose Land grundlos machen und die Bewegungen motorisierter Verbände lahmlegen würde. Die Erfüllung dieser Bitte wurde mir zugesagt.«

Guderian wußte nicht, daß das OKH, also Halder, an diesem 23. August der Heeresgruppe Mitte befohlen hatte, mit möglichst starken Kräften die russische 5. Armee zu vernichten und der Heeresgruppe Süd den Dnjepr-Übergang zu öffnen. Hierzu sollte, möglichst unter Generaloberst Guderian, eine Kräftegruppe gebildet werden, die mit dem rechten Flügel über Tschernigow vorzutreiben sei. Nur eine »Kräftegruppe« sollte Guderian bilden; mit seiner ganzen Panzergruppe 2 durfte er, nach dem Befehl des OKH, nicht nach Süden antreten. Hitler hatte Guderian trotzdem zugesagt, daß dieser mit der *ganzen* Panzergruppe vorgehen könne. Doch das OKH und die Heeresgruppe Mitte gaben Guderian nur 2 Korps, nicht seine ganze Panzergruppe. Keine dieser Divisionen fehlte bei der Operation auf Moskau. Sie begann nur später. Kiew wäre eher erledigt worden, hätte Guderian, wie Hitler zugesagt hatte, die ganze Panzergruppe mitbekommen. Dann hätte man doch früher auf

Moskau antreten können. Klotzen, nicht kleckern wollte Guderian.
Er schläft nur wenige Stunden nach dieser Unterredung im ostpreußischen Hauptquartier, am frühen Morgen meldet er sich bei Halder. Als Halder hört, daß Guderians Mission ein Fehlschlag war, bricht er zusammen. Guderian nennt das, was sich vor ihm ereignet, den Nervenzusammenbruch des deutschen Generalstabschefs. Halder wirft Guderian vor, er habe wohl in Neu-Borissow ihm etwas anderes gemeldet als soeben Hitler. Guderian entgegnet, daß er alles gesagt habe, was er auch in Neu-Borissow sagte.
Beide Männer trennen sich, ohne sich zu verstehen.
Wer hat noch Einfluß von den Generalen auf Hitler? Brauchitsch und Halder haben ihn verloren, nun verliert ihn auch Guderian. Halder wird eine Meldung vorgelegt, wonach die Kampfstärke der Infanteriedivisionen im Durchschnitt auf 40 Prozent, der Panzer-Divisionen auf 50 Prozent herabgesunken ist. Guderian fliegt über die Heeresgruppe zu seiner Panzergruppe zurück. In Neu-Borissow gibt ihm Bock den Befehl, die Bewegungen in Richtung auf die Ukraine am 25. August zu beginnen.
Sie werden zur größten Einkesselungsschlacht führen, die jemals von deutschen Truppen geschlagen wird. Aber Moskau ist in diesem Augenblick für die Heeresgruppe Mitte unerreichbar geworden, sie räumt den Jelnja-Bogen, in Moskau sieht man in dieser schwierigen Lage den ersten Hoffnungsschimmer. Die Deutschen sind nicht so stark, daß sie ihre vorgeschobenen Stellungen halten können.
In Smolensk wird die Kathedrale neu geweiht. Kriegspfarrer Wolf von der 18. Panzer-Division, der mit seinem Divisionskommandeur General Nehring dabei ist, schreibt in sein Tagebuch:
»Früher Gottlosenmuseum von Smolensk. Gewaltige Beteiligung der Bevölkerung. Der erste Gottesdienst in der Kathedrale nach 15 Jahren. Die Jüngeren wissen sich in der Kirche noch nicht so recht zu benehmen, sie werden aber von der Ergriffenheit der Älteren mitgerissen. Die Psyche des Russen ist sehr komplex.

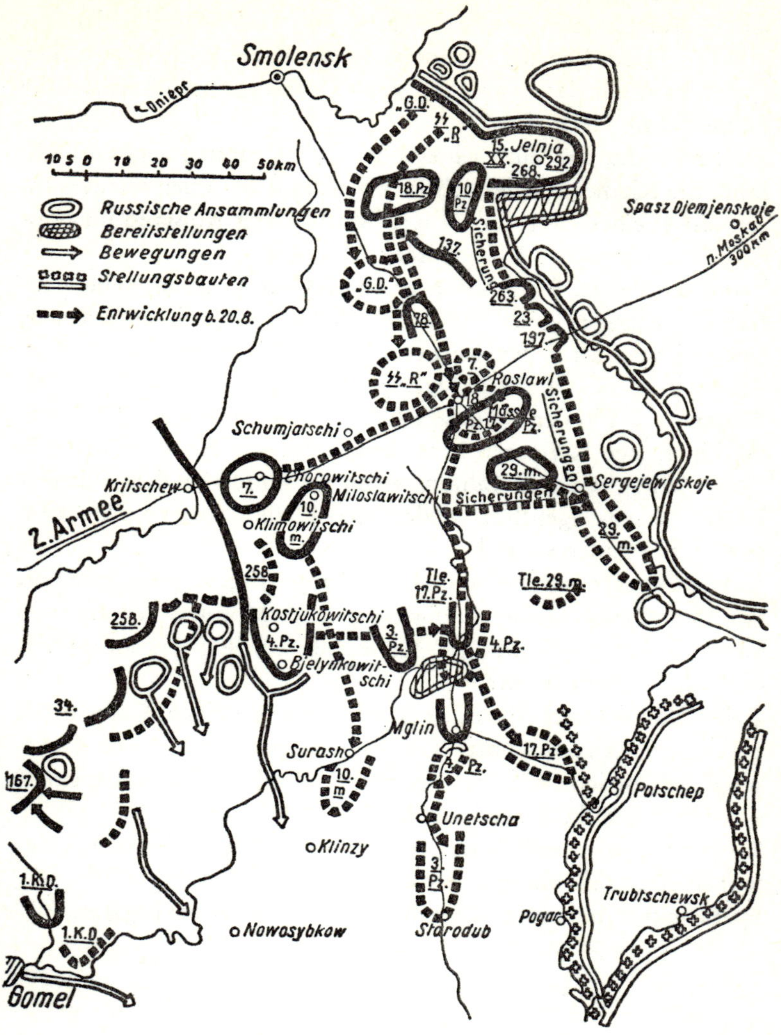

Abb. 5: Lage am 17. 8. 1941

Im Grunde seines Herzens ist der einfache russische Mensch religiös. Die Ikonen sind in den Häusern wieder zu sehen, daneben Zeitungsausschnitte mit Bildern von Lenin, Stalin, den Sowjetgenerälen. Meistens konnten sie das Kreuzzeichen noch. Die Popen sind um das Jahr 1930 verschwunden, wohin wissen die Leute nicht.«
Er weiß nicht, daß auch jenseits der Front, im unbesetzten Rußland, die Kirchen wieder geöffnet werden, die Popen wiederkehren, die für den Sieg des heiligen Mütterchens Rußland im Großen Vaterländischen Krieg beten.
Dann fahren sie, der Kriegspfarrer und sein General, neuen Gefechten entgegen, nach Süden, in ein Land, das ihnen wärmer, freundlicher, fast liebenswert erscheint, in die nördliche Ukraine. Zuerst ist es wie ein Ausflug, eine Spazierfahrt über Knüppeldämme, die Pioniere angelegt haben, mit großen Staubfahnen, die hinter den Kolonnen herziehen, es ist wie ein Vormarsch in alten Zeiten, aber sie fahren, wenn sie nachts in den Sternenhimmel sehen, eigentlich wieder nach Hause, weg von Moskau, in ein ganz anderes Land.
300 Kilometer hatte Guderian Anfang August noch gemeint, mit den übriggebliebenen Panzern und Motoren schaffen zu können. Nun würden es 900 Kilometer werden; wie sollten das die Panzer durchhalten?
Jeder Plan zu einem Feldzug ist die Auswahl eines Weges unter tausend denkbaren, hatte Clausewitz geschrieben. Die Deutschen sollten jetzt tausend denkbare Wege fahren, um niemals mehr dort anzukommen, wohin sie wollten.
Sie fuhren an den Wegweisern vorbei, die nach Moskau zeigten; sie ließen sie hinter sich zurück.
Spätsommer in der Ukraine; die Schlacht von Kiew begann.

12. KAPITEL

Der endlose September

Während Major Schabalin die politische Arbeit bei den Divisionen der 50. Armee an der Desna, im Raume Brjansk, durch praktische Anweisungen bereichert – die Divisionen entstehen eigentlich erst, während sie schon Stellung an diesem Fluß von Brjansk nach Süden bezogen haben –, ist es September geworden; vorbei an der Desnastellung der Brjansker Front General Jeremenkos rollt die Panzergruppe Guderian nach Süden; sie läßt die Russen, nur beobachtet von Aufklärungsabteilungen ihres linken Flügels, in ihrem Rücken stehen. Mit ihrer Panzerspitze, dem 24. Panzerkorps, müht sie sich auf Sandwegen in die Ukraine hinein, in der die Ernte heranreift.

In Moskau mehrten sich die Luftangriffe der Deutschen. Bomben waren in der Nähe des Generalstabes gefallen, dessen klassizistisches Gebäude aus der Zarenzeit stammte.

Um nachts ungestört arbeiten zu können, fuhren die sowjetischen Generalstabsoffiziere abends die Rolltreppe zur glanzvollen Untergrundbahnstation Weißrussischer Bahnhof hinab. Unten standen Züge bereit, in denen sie die Nacht arbeitend oder schlafend verbrachten. Über die Stärke des deutschen Gegners war man sich zu dieser Zeit nicht im Klaren. Man hielt sie für höher, als sie in Wirklichkeit war. Am Kartentisch wurden zwar Mitarbeiter verdächtigt, die Stärke des Gegners zu übertreiben, aber es gehörte doch viel Vertrauen dazu, schon jetzt an die eigene Überlegenheit zu glauben. Die Gefangenenzahlen erschreckten Stalin, der seit dem 8. August das Amt des Höchsten Oberkommandierenden innehatte.

Stalin zeigte sich nicht in der Metrostation, auch nicht im Generalstabsgebäude; er mußte im Kreml oder hinter den grünen Planken seiner Landhäuser aufgesucht werden. Dort hatte er, Anfang Juli 1941, wieder die Zügel ergriffen, die er bei Hitlers Angriff fallen ließ; niemand im Generalstab konnte genau sagen, wenn er es überhaupt sagen wollte, weil damit das Risiko des eigenen Lebens verbunden war, ob Stalin in den ersten beiden Kriegswochen sich bis zur Bewußtlosigkeit betrunken hatte, vor sich die Bilder der zum Tode verurteilten Generale der Roten Armee am Ende der dreißiger Jahre.

Von diesen hervorragenden Offizieren, die ihm jetzt fehlten, ging ein geisterhafter Protest aus, der Georgier blickte in den Abgrund der Geschichte, sah sich dort nun von seinen eigenen Fehlern verdammt, mit ihm der Kommunismus, dem sein ganzes Leben doch gegolten hatte, Rußland.

Und Hitlers Armeen wollten ihn begraben.

Aber dann, als die Deutschen bei Smolensk Anfang August stehen blieben, schöpfte er wieder Hoffnung. Harry Hopkins, der persönliche Botschafter des amerikanischen Präsidenten Roosevelt, hatte ihn im Kreml besucht und Hilfe materieller Art zugesagt. Vom Kreuzer »Augusta« auf dem Atlantik schickten ihm Roosevelt und Churchill am 15. August eine Botschaft, die ihm Mut machen sollte: »Wir müssen jetzt unsere Politik auf lange Sicht ausrichten, denn wir haben noch einen langen und schweren Weg vor uns, bevor jener vollständige Sieg erkämpft sein wird, ohne den unsere Anstrengungen und Opfer nutzlos wären. Der Krieg wird an vielen Fronten geführt, und bis er beendet ist, können noch weitere Kampffronten entstehen.«

Das waren für Stalin wolkige Versprechungen, die USA befanden sich ja noch nicht einmal im Krieg gegen Hitler. Churchill will nicht nur 200, sondern 400 Jagdflugzeuge schicken. Stalins Antwort vom 3. September ist barsch: »Ich muß allerdings sagen, daß diese Flugzeuge, die offensichtlich nicht so bald und nicht gleichzeitig, sondern zu verschiedenen Zeiten und in einzelnen Gruppen einsatzbereit sein werden, die Lage an der Ostfront nicht ernsthaft werden verändern können. Sie können eine solche wesentliche Veränderung auch gar nicht herbeiführen, da sich, abgesehen von dem gewaltigen Ausmaß des Krieges, das den ständigen Nachschub einer großen Anzahl von Flugzeugen erfordert, in den letzten drei Wochen die Lage der sowjetischen Truppen in so wichtigen Gebieten wie der Ukraine und Leningrad wesentlich verschlechtert hat.

Die relative Stabilisierung der Front, die wir vor vier Wochen erreicht hatten, ist nämlich in den letzten Wochen zusammengebrochen, da 30 bis 34 frische deutsche Infanterie-Divisionen und gewaltige Mengen von Panzern und Flugzeugen an die Ostfront geworfen worden sind und die 20 finnischen sowie 26 rumänischen Divisionen eine große Aktivität entfaltet haben. Die Deutschen betrachten die Gefahr im Westen als Bluff und verlegen ungestraft alle ihre Kräfte aus dem Westen nach dem Osten, da sie überzeugt sind, daß es eine zweite Front im Westen weder gibt noch geben wird. Sie halten es durchaus für möglich, ihre Gegner einzeln zu schlagen, zuerst die Russen und dann die Engländer. Das Ergebnis ist, daß wir mehr als die Hälfte der Ukraine verloren haben und der Feind außerdem vor den Toren Leningrads steht.
Dadurch verloren wir das Eisenerzbecken von Kriwoi Rog sowie eine Reihe von Stahlwerken in der Ukraine und mußten ein Aluminiumwerk am Dnjepr und ein anderes in Tichwin, ein Motoren- und zwei Flugzeugwerke in der Ukraine, zwei Motoren- und zwei Flugzeugwerke in Leningrad evakuieren. Diese Werke können ihre Produktion an den neuen Standorten jedoch erst in sieben bis acht Monaten wieder aufnehmen.
Dies alles führte zur Schwächung unserer Verteidigungskraft und brachte die Sowjetunion in tödliche Gefahr.«
Übertreibt Stalin hier, um die zweite Front von den Engländern »noch in diesem Jahr« in Frankreich zu bekommen? Monatlich mindestens 400 Flugzeuge und 500 Panzer? 30 000 Tonnen Aluminium Anfang Oktober?
Und er malt eine »drohende Niederlage der Sowjetunion« an die Wand, wenn diese Hilfe ausbleiben sollte, obwohl er weiß, daß die Briten dazu gar nicht in der Lage sein können, es sei denn, sie setzen alles auf eine Karte. Aber wird dann, wenn die Sowjetunion in tödlicher Gefahr ist wie jetzt im August, nicht Churchill abwarten, wie es weitergeht, ehe er sein Material nach Rußland schickt? »Die Erfahrung hat mich gelehrt, der Wirklichkeit ins Auge zu sehen, und sei sie noch so unangenehm, und mich nicht zu fürchten, die Wahrheit auszusprechen, so unerwünscht sie auch sein mag.«

Die Wahrheit, von der Stalin hier spricht, heißt, sein Land ist in einer tödlichen Gefahr. Und er hat sich von seinen Illusionen frei gemacht, die er bis zum 22. Juni 1941 über Hitlers Pläne hatte. Keine Wunschträume mehr, Stalin rechnet mit dem Schlimmsten.

Merkwürdig, daß er zur selben Zeit an das Eisenerz von Kriwoi Rog denkt wie Hitler, der in diesen Tagen seinen Generalen sagen muß, daß sie von Wehrwirtschaft nichts verstehen; die Ukraine wird gebraucht.

Aber Hitler findet dort die Fabriken ausgeräumt vor, sie sind verladen auf die Eisenbahn, erst 1942 werden sie wieder arbeiten können. Hitler sieht sich nun, nachdem er das Aluminiumwerk am Dnjepr in Besitz genommen hat, vor der Tatsache, daß er eine neue Fabrikausrüstung erst dorthin bringen müßte. Er hatte aber damit gerechnet, daß er intakte Fabriken vorfindet, als er diesen Krieg begann.

Im ostpreußischen Hauptquartier wird die neue Operation, die am 25. August begonnen hat, mit Erstaunen verfolgt. Sie ist so angelegt, daß der Gegner, wenn er nicht rechtzeitig erkennt, in welche Gefahr er gerät, eine beispiellose Niederlage erleiden wird. Aber nur dann, wenn der Gegner getäuscht wird, kann es die, wie man hier sagt, »größte Schlacht der Weltgeschichte« geben. Da Hitler sich für sie entschieden hat, trägt er allein die Verantwortung. Schlägt die Operation fehl, zieht sich der Gegner aus der Schlinge, die um ihn gelegt werden soll, noch rechtzeitig, dann ist das Genie des Führers angeschlagen. Stalin hat es jetzt in der Hand, Hitler diesen Schlag zu versetzen. Aber Stalin und seine Stavka sehen nichts. Sie blicken auf die Front bei Smolensk, von dort erwarten sie den entscheidenden Angriff. Bis Ende August sind der Heeresgruppe Mitte 91 000 Mann Ersatz zugeführt worden. Doch diese Front bleibt ruhig. Nur die deutsche Luftwaffe ist tätig. Ihre Angriffe gehören auch zu der Täuschung Stalins.

Am 29. August schreibt Major Schabalin in sein Tagebuch: »Der Gegner unternimmt Flüge gegen die Stadt Brjansk. Es hämmern die MG und die Flak. Die Flugzeuge der Deutschen fliegen ungestraft zurück, unsere kleinen Habichte sind vorläufig nicht zu sehen.« Am 5. September: »Bei einem Besuch der Frontlinie badete ich im Desna-Fluß und beobachtete ein Bombardement unserer vordersten Linien durch die deutsche Flugwaffe. Das Bombardement dauerte etwa 2 Stunden und war stark. Die Flugzeuge stießen auf jedem Anflug viermal herab und entfernten sich alle ungestraft.« Am 6. September: »Die Armee ist nicht das, was wir im Hinterland zu denken und anzunehmen gewöhnt sind. Kolossale Mängel. Der Angriff unserer Armeen erleidet einen ›Krach‹.«

Damit sind die Operationen des linken Flügels Guderians gemeint, die über die Desna griffen; in den Wäldern von Trubschewsk bekämpften die 17. und 18. Panzer-Division Panzer- und Infanterieverbände der Brjansker Front. Das OKH fürchtete, Guderian verausgabe seine Kräfte durch den Übergang über den Fluß, der doch nur seine linke Flanke bleiben sollte, die man mit wenig Kräften halten wollte. Halder brauchte Guderians Panzer-Divisionen für die Schlacht um Moskau, er konnte nicht mit ansehen, wie sie beim offensiven Flankenschutz verbraucht wurden.

Aber gerade diese Kämpfe bei Trubschewsk dienten dazu, Stalin von der Hauptmacht der Panzergruppe Guderian abzulenken, die zielstrebig, unter großen Geländeschwierigkeiten nach Süden vorging, in den Rücken der Russen, die noch Kiew hielten, weit westlich von den Panzern mit dem weißen »G«.

Hitler, der wie Halder gegen diesen Übergang über die Desna war, griff nun ein. Er befahl Guderian, die 17. und 18. Panzer-Division über die Desna zurückzunehmen.

Stalin stellte fest, daß sich zwei deutsche Panzer-Divisionen ungeschlagen zurückzogen. Er wußte nicht, woran er war. Die Unsicherheiten in der russischen Führung hielten den ganzen September an. Dies ist ein Zeichen, daß der September die größten Schwächemomente der Roten Armee enthielt. Der Verlust des Monats September mit seinem klaren Wetter, in der Ukraine von Regengüssen unterbrochen, durch die alle Wege grundlos wurden (die erste Schlammperiode setzte frühzeitig ein, Guderians Panzer blieben im Schlamm stecken) –, dieser Verlust eines ganzen Monats durch die Deutschen mußte aufgeholt

werden. Aber was im Kriege verloren geht, kommt nie wieder zurück. Zeit ist ein Faktor, der zur Waffe werden kann.
Am 5. September werden Generaloberst Halder die täglichen Offiziersverluste gemeldet, es sind 200. Bis November sind demnach noch 11 000 Offiziere nötig, und in diesem Monat will man in Moskau sein. Aber nur 8000 stehen aus dem Westen und aus Offiziersanwärterlehrgängen bis dahin zur Verfügung.
Am Nachmittag ist Halder zur Besprechung bei Hitler. Dieser meint, Leningrad werde nunmehr Nebenkriegsschauplatz, es werde eingeschlossen, nicht genommen. Panzer und Luftwaffe könnten nun an die Heeresgruppe Mitte abgegeben werden. Hitler nennt die neue Operation, die auf die Schlacht von Kiew folgen soll, den »Angriff Timoschenko«, weil er wie der deutsche Generalstab annimmt, Marschall Timoschenko kommandiere die Truppen vor Moskau. Doch Timoschenko kommandiert nur die Westfront, es gibt dann noch die Reservefront vor Moskau.
Hitler verlangt, in 8 bis 10 Tagen zu einem eng gefaßten Angriff hier anzutreten, was Halder für unmöglich hält. Timoschenkos Truppen sollen »umfassend geschlagen und vernichtet« werden. Für Halder ist dies alles eine recht unklare Angelegenheit. Wenn die Schlacht im Süden geschlagen ist, sollen die freiwerdenden Kräfte dann zur »Timoschenko-Schlacht« nach Norden geführt werden. Dazu will Hitler aus der Heeresreserve die 2. und 5. Panzer-Division freigeben, wenn dafür im Westen neue Panzerverbände gebildet werden. Die Panzergruppe 1 (Kleist) soll aber jetzt vom Dnjepr nach Nordwesten vorstoßen, die Panzergruppe 2 (Guderian) weiter nach Süden; dann sollen beide den Feind im Dnjepr-Desna-Bogen im Rücken angreifen. Abends bespricht Halder mit Oberst Heusinger und General Paulus die Durchführbarkeit dieser Gedanken Hitlers. Sie kommen zu der Meinung, daß vor Ende September der »Angriff Timoschenko« nicht durchgeführt werden kann.
Am 7. September fliegt Halder nach Uman zur Heeresgruppe Süd, um dort den Ansatz der Umfassungsoperation im Dnjepr-Desna-Bogen zu besprechen.
Hierzu soll das erste schnelle Korps am 11. September, das

zweite schnelle Korps ab 14. September aus dem Brückenkopf von Krementschug antreten. Inzwischen hat die 17. Armee ihren Brückenkopf nach Westen und Norden zu erweitern. Im Norden hat das Panzerkorps Schmidt Schlüsselburg genommen. Leningrad ist zu Lande eingeschlossen.
Wichtig bleibt, daß der Gegner die Gefahr nicht merkt, die aus dem Brückenkopf von Krementschug auf ihn zukommen wird. Deshalb sollen die schnellen Truppen von dort so spät wie möglich antreten. Inzwischen müht sich Guderian tiefer nach Süden. In den folgenden Tagen fürchtet man im OKH den Gegner bei Brjansk. Aber dieser ist von der 17. und 18. Panzer-Division südlich der Stadt, bei Trubschewsk, so geschlagen worden, daß dieser Eindruck bei ihm anhält, obwohl sich die Deutschen wieder zurückzogen.
Am 13. September sind sich Panzergruppe 2 und 1 im Rücken der Russen ganz nahe gekommen. Halder notiert: »Der Ring um den Feind im Desna-Dnjepr-Bogen ist praktisch geschlossen. Das Ausringen der Kräfte steht erst bevor. An der übrigen Front auffallende Ruhe, vor allem auch auffallende Zurückhaltung der Luftwaffe. Bei Leningrad gute Fortschritte, das Erreichen des inneren Rings kann als sicher angenommen werden.«
Im Süden verläuft die Einkreisungsschlacht klassisch. Ein Cannae wird geschlagen, wie es die Welt noch nicht gesehen hat. Wieder einmal hat Hitler recht behalten.
Moskau schweigt. Dort ist man gelähmt, zermürbt, ergriffen. Kiew fällt in deutsche Hand; nach Smolensk ist das eine neue große Niederlage.
Stalin gibt den eingeschlossenen Armeen keinen Rückzugsbefehl; er hat ihnen sogar noch, ehe der Ring bei Lochwitza von Guderian und Kleist geschlossen wurde (mit wenigen Panzern, wenigen Männern, mit letzter Kraft) Ersatz zugeführt, der nun mit den Armeen dort untergeht. Am 13. September hat er noch einen Brief an Churchill geschrieben, dann schweigt er bis zum 1. Oktober, während ihm Churchill noch drei Briefe schreibt, die er nicht beantwortet.
Im Brief vom 13. September, als die Falle gerade zuschnappte, in der seine ukrainischen Armeen gefangen wurden, verlangt er,

daß England »ohne Risiko« 25 bis 30 Divisionen in Archangelsk landen oder durch den Iran in die südlichen Bezirke der Sowjetunion schicken sollte, »damit sie mit den sowjetischen Truppen auf dem Territorium der UdSSR so zusammenwirken, wie das im vorigen Krieg in Frankreich geschehen ist.«

In seinen drei Briefen verweist Churchill jedoch auf die Türkei, die auf britischer Seite gegen Deutschland in den Krieg eintreten könnte. Und er spricht davon, daß die Vereinigten Staaten bald aktiv in den Krieg eingreifen werden. »Wenn das geschieht, dann kann ich nicht daran zweifeln, daß wir nur durchhalten müssen, um zu siegen.« (21. 9. 41)

Stalin muß beeindruckt von Churchills Ansicht sein, daß sie beide, die Sowjetunion und Großbritannien, allein nicht mehr Hitler besiegen können. Es ist wie 1916 in Frankreich. Nur die Amerikaner können noch Franzosen und Engländer retten. Die Amerikaner kamen 1917.

Churchill ist, trotz des Hilfeversprechens Roosevelts, jetzt sehr einsam; Stalin ist der Einsamste.

Er hat nicht rechtzeitig einen Rückzugsbefehl an die ukrainischen Armeen gegeben, nun sind sie verloren. Die Deutschen marschieren auf die Krim; Leningrad ist eingeschlossen. Churchill hat Stalin versprochen, daß England die russischen Kriegsschiffe, die im Hafen von Leningrad gesprengt werden könnten, wenn die Deutschen die Stadt nehmen, ersetzen wird. Stalin winkt am 1. Oktober ab. Die Deutschen sollen ihm, schreibt er sarkastisch, seine Schiffe ersetzen, falls sie gesprengt werden müssen.

Um den Druck auf die Russen abzuschwächen (Stalin antwortet Churchill nicht mehr), will Churchill einen Scheinangriff auf die Halbinsel Cherbourg unternehmen, die Planungen hierzu werden begonnen, dann aber abgebrochen. Die Deutschen erfahren, daß die Engländer in der Bretagne landen wollen. Die Truppen dort werden in Bereitschaft versetzt.

Der Krieg hat für Rußland und England einen Tiefpunkt erreicht, der für beide nach dem 22. Juni 1941 undenkbar war.

In den Vereinigten Staaten von Amerika wird das Drama in Europa staunend verfolgt. In der Umgebung Roosevelts rechnet

man mit einem Sieg der Deutschen über die Sowjetunion. Das Studium der Lagekarten zeigt ihn bereits. Jetzt, nachdem sie den russischen Südflügel ausgeschaltet haben, sollte es den Deutschen doch ein Leichtes sein, ihre Truppen vor Moskau zu versammeln und den Feldzug zu beenden.
Für diese letzte Schlacht werden aus dem Westen, aus der Heimat sowie aus dem Operationsgebiet den deutschen Panzer-Divisionen 150 Panzer III und 96 Panzer IV zugeführt, außerdem 3500 neue Kraftfahrzeuge.
Französische Beutepanzer gehen nach Serbien, in dem die Partisanen sich erhoben haben; im nächsten Frühjahr sollen 800 Beutepanzer im Osten und Südosten für Sicherungsaufgaben zur Verfügung stehen. So schwach ist die deutsche Panzerreserve.
Vor der Schlacht von Poltawa im Dezember 1708, die Karl XII. von Schweden verlor, war Romny das Hauptquartier des Königs gewesen. Dorthin verlegt Generaloberst Guderian am 16. September seinen vorgeschobenen Gefechtsstand. Er macht sich Gedanken über die neue Operation, von der ihm sein Chef des Stabes, Freiherr v. Liebenstein, berichtet hat, der bei der Heeresgruppe Mitte war, um in die bevorstehenden neuen Aufgaben in Richtung Moskau eingewiesen zu werden. Liebenstein meldet ihm, daß die neue Operation dem Ziele diene, die »letzten kampfkräftigen Teile der Heeresgruppe Timoschenko zu vernichten.«
Marschall Budjonny ist in der Ukraine geschlagen, seine Armeen sind vernichtet. Im Norden hat man Leningrad eingeschlossen. Jetzt steht, nach Meinung des OKH, nur noch Timoschenko mit seiner Heeresgruppe im Felde, die zu schlagen sein wird, da dabei drei Viertel des deutschen Ostheeres eingesetzt werden.
Guderian, der im Winter 1940 und Frühjahr 1941 die Feldzüge Karls des Zwölften und Napoleons in Rußland studiert hatte, die ihm alle Schwierigkeiten des Kriegsschauplatzes aufzeigten, fühlt sich in Romny an einem historischen Ort, der ihm unangenehm ist. Er denkt an den Herbst, an den Winter in diesem Land, jetzt erlebte er, was der Herbst bringen wird, er kommt früh in diesem Jahr. Die Nächte sind schon kühl. Am 18. Sep-

tember gehen drei feindliche Kolonnen von Osten gegen Romny vor, sie sind bis auf 800 Meter an den Stadtrand vorgedrungen. Der Generaloberst besteigt einen der hoch aufragenden Wachtürme des Gefängnisses und beobachtet den Angriff. Nur zwei Bataillone und einige Flakbatterien stehen ihm zur Abwehr des Angriffs zur Verfügung. Ein russischer Luftangriff setzt die Stadt in Flammen. Guderian verlegt am nächsten Tag, nachdem die Angriffe abgeschlagen sind, seinen Gefechtsstand zurück nach Konotop.

»Es wird der Panzergruppe von der Truppe nicht als Feigheit ausgelegt, wenn sie ihren Gefechtsstand aus Romny verlegt«, funkte General Freiherr von Geyr, der Kommandierende General des 24. Panzerkorps.

Romny, das letzte Hauptquartier des Schwedenkönigs vor Poltawa, vor der Niederlage, vor dem Ende aller Träume, wird Guderian nie vergessen, der jetzt alle seine Anstrengungen darauf richtet, mit seinen Panzern aus der verschlammten Ukraine möglichst rasch wieder nach Norden zu gelangen. Den Weg zurück mußte er sich erkämpfen, um noch rechtzeitig in die Schlacht einzugreifen, die vor Moskau geführt werden soll.

Die Operation für diese »letzte Schlacht des Jahres« hat den Decknamen »Taifun« erhalten.

»Barbarossa« soll mit einem »Taifun« noch vor Einbruch des Winters enden.

13. KAPITEL

Stille Tage an einem Fluss

Den größten Teil des Monats September hat die 18. Panzer-Division in einem 90 Kilometer breiten Sicherungsabschnitt am Ssudost, einem Nebenfluß der Desna, verbracht. Guderian beantragte mehrere Male, sie in die Ukraine nachziehen zu dürfen, aber Bock, der sich auf Halder berief, lehnte ab. Sie würde zu spät für die Entscheidung eintreffen; Halder wollte keinen einzigen Mann mehr als nötig für die Schlacht bei Kiew zur Verfügung stellen, die Hitler verlangte und nun auch bekam.

Der Ssudost ist ein schmaler, seichter Fluß, der in einer breiten Niederung sich dahinschlängelt. Das westliche Flußufer liegt etwas erhöht, dort halten eine Panzerabteilung, zwei Schützenbataillone und das zum erstenmal in der Front eingesetzte Feldersatzbataillon, bewacht und geschützt von drei Artillerieabteilungen, die Stellung.

Sie wirkt anziehend für Überläufer; die weit verstreut eingesetzten Züge und Kompanien melden täglich zahlreiche russische Soldaten, die mit ihren Waffen über den Fluß schwimmen, um sich zu ergeben. Sie teilen nicht nur die Schwäche der russischen 13. Armee mit, die der 18. Panzer-Division hier in der tiefen Flanke der Panzergruppe Guderian gegenüberliegt. Sie fragen vor allem, wie schnell sie nach Hause kommen könnten; denn die meisten Überläufer stammen aus Gegenden, die von den Deutschen besetzt sind.

In den Alltag der Division kommt wieder Ordnung. In den Stäben wird der Papierkrieg bearbeitet, der liegen geblieben ist. Beim Divisionsstab und der Panzer-Nachrichtenabteilung in der Stadt Pogar findet zum ersten Male in Rußland eine Kinovorstellung am 17. September statt. Der Feind schießt zwar mit Artillerie ziemlich wahllos in die Stadt, aber gegen Heinz Rühmann im Spielfilm »Wenn wir alle Engel wären« kommt er damit nicht an. Drei Wochenschauen, die sich angesammelt haben, werden außerdem vorgeführt.

Mit der Bevölkerung in den besetzten Dörfern versteht sich die Truppe gut. Ein Bataillonskommandeur überlegt, wie er schnell ein Bordell einrichten könnte, aber dann verwirft er wieder diesen Plan. Rings um Pogar wird Tabak angebaut, der nun vom Quartiermeister als »für die deutsche Tabakversorgung von größter Bedeutung« angesehen wird. Die Bergung der Tabakernte habe die Truppe zu »gewährleisten«. Am 14. September trifft ein Befehl vom OKH ein, nach dem die »Truppe weitgehend aus dem Lande leben« solle.

»Sinn und Zweck dieser Anordnung ist aber nicht, daß einzelne Formationen und einzelne Wehrmachtangehörige auf eigene Faust versuchen, in den Besitz von Verpflegung zu kommen und auf diese Weise außer der vollen Magazinverpflegung zusätzlich Lebensmittel zu verzehren. Es ist erforderlich, die Heimat im Verpflegungsnachschub zu entlasten und darüber hinaus aus den eroberten Gebieten an die Heimat noch abzugeben. Der Tauschhandel mit Artikeln wie Seife und Tabak, an denen es in der Heimat mangelt, ist unzulässig.«

Frontfremd war dieser Befehl aus der Ferne, aber er zeigte auch ein Kriegsziel, das den Soldaten unverständlich war: »Die Einheitsführer haben belehrend hinzuweisen, daß der Krieg im Osten nicht zuletzt zur Sicherung der Ernährung für die Heimat und die übrigen besetzten Gebiete geführt wird.«

Der Normalsatz des Verpflegungsgeldes, den das Deutsche Reich für seine Soldaten ausgab, betrug 2,10 Reichsmark. Dazu kamen hier im Osten, wenn die Truppe eingesetzt war, noch Teuerungszuschläge zwischen 2,90 RM bis 7,90 RM.

Zum ersten Male trafen auch Marketenderwaren und Bekleidungsstücke ein. Es gibt Sekt, Schnaps und Zigaretten zu kaufen; Leutnant Koch, der mit seinem Zug in einem Dorf liegt, das manchmal unter Granatwerferfeuer genommen wird, raucht seine erste Zigarre. Sonderzulagen für die Panzerbesatzungen hat das OKH Ende August bewilligt. Für jeden Kampftag erhält der Mann im Panzer 50 g Schokolade, 25 g Dextro-Energen oder 30 g Drops, 80 g Fruchtschnitten oder 50 g Weinsteinsäurezucker. 200 g Schmalzfleisch pro Mann gehören nun zur Sonderausstattung für Panzerverbände.

Zu den 162 Fahrzeugtypen unterschiedlichster Fabrikate aus Deutschland, Frankreich, England und der Sowjetunion, die sich bei der Division befinden (es gibt Einheiten, in denen jedes zweite Fahrzeug ein ganz anderes Fabrikat war, das Panzer-Artillerieregiment 88 hatte 445 Kraftfahrzeuge, die nicht weniger als 69 Typen aufwiesen), kam Mitte September ein neues Fahrzeug, der Panjewagen. Er wurde dem Lande entnommen und diente in den Panjekolonnen der Versorgung mit Munition, Betriebsstoff und Verpflegung. Das 47. Panzerkorps befahl umgehend, die Panjewagen mit dem weißen »G« der Panzergruppe Guderian zu kennzeichnen, womit nicht nur deutsche Gründlichkeit bewiesen wurde, sondern auch beginnender Sarkasmus im Ostkrieg.

Einzelne Einheiten machen sich beritten. Die ersten Hilfswilligen, die Hiwis, werden eingestellt. Beim Feldersatzbataillon arbeitet eine russische Apothekerin als Hilfskraft. Die Truppe verschafft sich aus dem Lande Eier, Obst und vor allem Honig in Waben. Am 29. September werden hierfür neue Preise festgesetzt: 1 Ei kostet 20 Kopeken, 1 kg Honig 44 Rubel, 1 kg Obst 6 Rubel.

Leutnant Koch ist nicht ganz klar, woher er Rubel nehmen soll, um seinen Burschen, der Melder im Zugtrupp ist, Eier einkaufen zu lassen; der Wehrsold wird, mit Frontzulage, noch immer in Reichsmark ausgezahlt. Die Löhnung geht auf sein Konto in Dresden. Es sind 126 Reichsmark monatlich für den jungen Reserveoffizier. Zwei Kommandos werden vom Bahnhof Nowgorod-Sewersk nach Warschau geschickt, um rund 500 neue Kraftfahrzeuge abzuholen.

Im Gegensatz zur Masse des deutschen Ostheeres erhält die 18. Panzer-Division durch eigene Initiative – sie hatte Abholkommandos nach Deutschland entsandt – ihre Winterbekleidung rechtzeitig. Merkblätter für die »Dauerunterkunft im Winter« waren der Division schon zugegangen. Vom 20.–22. September 1941 werden Übermäntel, warme Unterbekleidung und andere Sachen vom Verpflegungsamt der Division auf dem Bahnhof Starodub ausgeteilt.

Die Tage wurden kühl, die Nächte kalt. Der heiße Sommer lag weit zurück. Es blieb nur eine kurze Spanne bis zum frühen Winter, aber das wußten die Männer noch nicht. Es war ein meteorologisch merkwürdiges Jahr in diesem Teil Rußlands. Das Ende der Frühjahrsschlammperiode hatte lange auf sich warten lassen (deshalb wären die Deutschen, die im April und Mai noch in Jugoslawien und Griechenland Krieg führten, Besatzungsaufgaben erfüllten, noch in die Schlammperiode hineingeraten, wenn sie einen Monat eher nach Rußland eingefallen wären; sie kamen Ende Juni gerade zurecht, um die abgetrockneten Wege mit ihren vielen Fahrzeugen benutzen zu können). Zwei kurze heiße Sommermonate, nun ein kühler September. Der nächtliche Herbsthimmel war sternbedeckt. Die Posten froren. Leutnant Koch führte eines Nachts ein Stoßtruppunternehmen über den Ssudost; vom Gegner war nicht viel zu bemerken. Sie brachten einige Gefangene mit. An anderen Stellen des Divisionsabschnitts gingen die Männer tagsüber über den Fluß, sie stakten in langen Booten hinüber, um auf der Feindseite Dörfer zu besuchen. Sie nahmen ihre Waffen mit, aber sie fanden freundliche Aufnahme. Auf Fotografien sieht man eine Schützengruppe mit ihrem Maschinengewehr zusammen mit Dorfbewohnern. Alle lächeln in die Kamera; ein friedliches Bild – als wäre schon Frieden.

Major Schabalin, jenseits des Flusses auf der russischen Seite, bestätigt in seiner Tagebucheintragung vom 30. September diese Stimmung: »Die Lage mit dem Personalstand ist ausnehmend schwer. Der ganze, fast der ganze Bestand der Armee setzt sich aus Menschen zusammen, deren Territorien von den Deutschen besetzt sind. Diese drängen nach Hause. Die Untätigkeit an der Front, das Herumsitzen in den Gräben demoralisiert die Rotarmisten. Es kommen Fälle von Trunkenheit auf Seiten des Kommando- und Polit.-Bestandes vor. Die Leute kommen manchmal von der Aufklärung nicht zurück. Der Gegner schießt ein schwaches Minenwerferfeuer. Er befestigt in kapitaler Form die vorderen Stellungen. Wir wohnen in einer Erdhütte, auch ist es gelegentlich, besonders am Morgen, etwas kalt. Gestern, am 29. 9., rief mich der Armeeführer zum Gefechtsstand. Es war ein außerordentlich interessantes Gespräch über den politisch-moralischen Zustand der Truppenteile und unsere Maßnahmen. Nachts fuhr ich in meine Erdhütte zurück, ohne Licht, in schrecklicher Finsternis. Ich kam sehr verstört an, die Dinge gehen schlecht. Ob Moskau wohl die Lage an der Front kennt? Auf der Fahrt durch die Kolchos-Felder sieht man ungeheure Mengen Getreide, welches in Garben oder Schobern aufgeräumt oder gar nicht aufgeräumt ist. Wieviel Gut da verkommt. Es wird einem bange. Manche Rotarmisten sammeln Getreide für ihre Pferde, graben Kartoffeln für ihre Küche aus und bereiten Brennholz zu.«

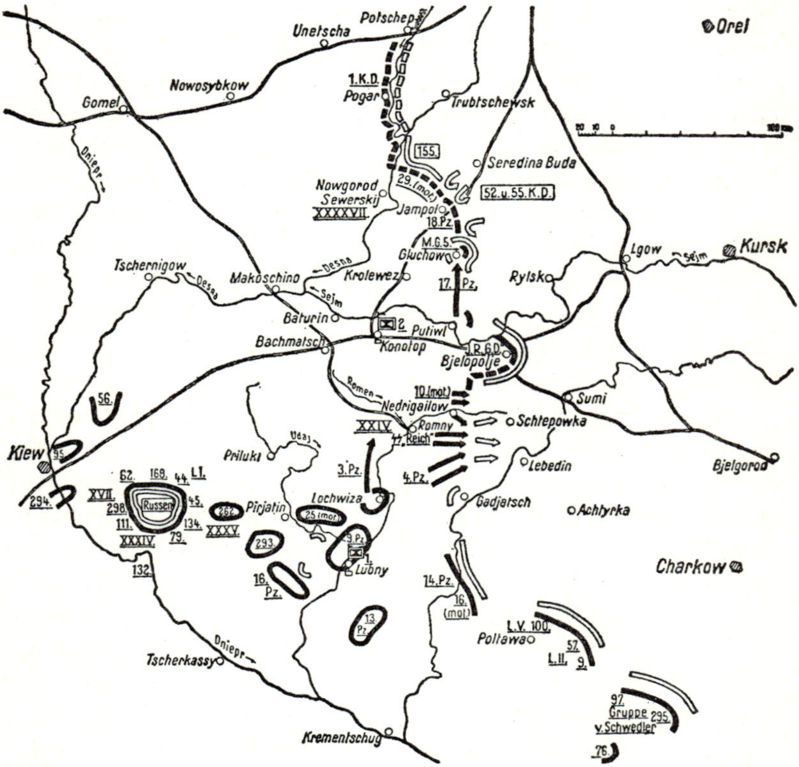

Abb. 6: Lage am 23. 9. 1941

Ein erbeuteter Befehl an die Truppen der russischen Westfront erläutert die deutsche Taktik. Leutnant Koch liest: »Stärken: Einsatz von Infanteriegeschützen und Pak, Kradschützen und tiefgegliederten Gruppen von Panzern in enger Zusammenarbeit mit der Luftwaffe. Hierdurch Vortäuschung einer Einkreisung unserer Verbände. Gute Feuerleitung auch in der Bewegung. Schwächen: Vorsichtiges Vorgehen der Infanterie. Schlechte Abwehr nächtlicher, unerwarteter Angriffe gegen mot. und Panzerteile vor allem bei der Rast an Wegen und in Dörfern. Nur schwache Sicherungen, die verhältnismäßig leicht durch Angriff vernichtet werden können. Deshalb Befehl: Sofortige Aufstellung nächtlicher Stoßtrupps in großem Umfange und Einsatz nach besonderem Befehl. Ziel: Ständige Beunruhigung der Deutschen, Vernichtung von Menschen und Material.«
Über die Rote Armee konnte man sich bisher nur selbst informieren: Wenn man gegen sie kämpfte, Gefangene machte, Überläufer vernahm. Man hatte die russische Zähigkeit und Tapferkeit kennengelernt, nun hielt man den Gegner für erledigt. Doch wußte man, wie die Rote Armee funktionierte, welche Triebkräfte sie besaß, kannte man ihre Stärke? 650 000 Mann waren im Kessel von Kiew gefangen genommen worden. Jetzt waren es schon zwei oder drei Millionen Mann, die in deutsche Hand fielen. Viereinhalb Millionen Mann sollte der Gegner zu Beginn des Ostkrieges besessen haben.
Die neue Operation »Taifun« kündigte sich durch eine Weisung der Heeresgruppe Mitte vom 14. 9. 1941 an, in der die Kampfführung bestimmt wurde: »Eingehende Erkundung der feindlichen Stellungen ist notwendig. Die Steigerung der Aufklärungstätigkeit auf der Erde und in der Luft darf für den Feind nicht sichtbar werden. Alle Vorbereitungen sind, bis weit ins Hintergelände hinein, sorgfältig zu tarnen. Dem Russen gegenüber kommt es auf Schnelligkeit an, Schnelligkeit des Entschlusses und der Bewegung. Der gruppenweise zähe Widerstand des Feindes wird schnell nur da gebrochen, wo Artillerie und schwere Waffen nicht nur mit den Beobachtern, sondern den Waffen selbst der Infanterie dichtauf folgen. Ein gefangener russischer Generalstabsoffizier sagte aus, daß die Erfolge der

Deutschen weit größer wären, wenn sie, nach gelungenem Angriff die Kopflosigkeit der Russen ausnutzend, sofort und energisch zur Verfolgung anträten. Dies sei, in seinem Abschnitt, nie erfolgt.«

Für eine Panzer-Division war das, was die Heeresgruppe wollte, selbstverständlich. General Nehring lächelte, als er es las. Er erwartete ungeduldig die Ablösung seiner Division durch Infanterie.

»Schade ist nur«, schreibt Halder am 15. September an seine Frau, »daß Zeit vertan wird, und Zeit ist ein Mittel des Sieges. Glücklicherweise kann ich mein Spiel meist so spielen, daß ich, bis die Kulissenkämpfe ausgetragen sind, die Karte nach meinem Kopf geordnet habe und den Zeitverlust so auf ein Mindestmaß beschränke. Das merkt ›man‹ natürlich dann und wann. Und wenn man auch angesichts des Erfolgs nichts sagen kann, so bleibt das Mißtrauen doch immer wach. Wir werden uns nie nahekommen.« Halder schreibt viele solche Briefe, sie sollen einmal, wenn alles vorbei ist, das ergänzen, was er stenographisch in seinem Tagebuch festhält.

»Manchmal fühle ich mich müde. Den ganzen Tag predigen und um geistige Gefolgschaft ringen ist schwer und mühsam. Es geht an die Grenze menschlicher Kraft, mit gebundenen Händen zusehen zu müssen, wenn Hände, die vielleicht vieles steuern können, nur das Schiff militärischer Operationen nicht, ausgerechnet in dieses Steuer greifen und das Schiff am entscheidenden Erfolg vorbeiführen. Meine Heerführer zusammenrufen? Die glauben mir; täglich tausche ich mit ihnen Gedanken. Aber den Mut zum Ungehorsam habe ich allein. Und allein dringe ich nicht durch, wenn nicht der Träger der Kommandogewalt mich stützt. So wird die Geschichte einen Beweis mehr dafür haben, daß der beste Gedanke nichts nützt, wo der Mut fehlt, ihn durchzusetzen.«

Er hadert mit Brauchitsch, der die Kommandogewalt besitzt, mit Hitler, der ihm ins Steuer der operativen Kriegführung gegriffen hat.

»So bleibt das quälende Ergebnis ein aufreibender Kleinkrieg, um wenigstens in der Durchführung der Dinge noch eine leidlich vernünftige Linie zu halten. Das Ziel aber, das ich mir gesteckt hatte und das zu erreichen wäre, nämlich den Russen in diesem Jahr endgültig zu erledigen, wird nicht erreicht werden, und wir werden über den Winter eine kräftezehrende Ostfront haben und im Frühling einen aus der Unermeßlichkeit seines Landes neue Divisionen schaffenden Feind, gegen den mit viel Blut erzwungen werden kann, was jetzt mit einiger Kühnheit spielend zu erreichen wäre.«

Wie der jüngere Moltke 1914, während der Marneschlacht, täglich in seinen Briefen an seine Frau das Unheil beschwört, das er heraufziehen sieht, so geschieht es auch im Briefwechsel Halders mit seiner Frau, der er am 15. September zum 34. Hochzeitstag schreibt: »Kein Tagebuch und keine spätere Geschichtsschreibung wird von den Stunden berichten, in denen ich in diesem Krieg vor Erbitterung und Erregung nur noch den Ausweg wußte, in Gedanken zu Dir zu fliehen.«

Auch der jüngere Moltke »floh« in Gedanken zu seiner Frau, als er das Unheil ahnte.

Doch in das Unheil war er hineingegangen, und nun, Ende September, sah er hinter den dunklen Wolken, die für ihn Zukunft hießen, wieder Licht.

Vor der Geschichte würde er nun doch bestehen können. Denn noch einmal versammelte er den größten Teil seines Heeres, um die militärische Macht des Gegners vor Moskau zu brechen. Doch sein Widersacher Hitler, der nach der Schlacht von Kiew, ohne Brauchitsch und Halder zu verständigen, anordnet, daß etwa vierzig Divisionen des Heeres aufgelöst werden sollten, um die Männer der heimischen Kriegswirtschaft zuzuführen, dazu noch eine beträchtliche Herabsetzung der Munitionserzeugung für das Heer — Hitler hat im Monat September durch seine Einsprüche und Einmischungen in das militärische Geschehen alles getan, um Halders Sieg vor Moskau in Frage zu stellen.

Die Panzergruppe Guderian hatte, mit Ausnahme der 18. Panzer-Division, während des Vorstoßes in die Ukraine einen erneuten Verschleiß ihrer Panzer und Kraftfahrzeuge hinzunehmen. Die Panzer, die noch rollten, waren nun 1500 Kilometer unterwegs. Jetzt sollten sie nochmals 600 Kilometer überwinden, um wieder Anschluß an die Heeresgruppe Mitte zu gewinnen. Aber die Truppe besaß ein Überlegenheitsgefühl über den so oft geschlagenen und gefangen genommenen Gegner, das ihr niemand nehmen konnte, es sei denn, es träten Umstände ein, die dem Soldaten unbekannt waren. Aber hatte er sich nicht an so viel Unbekanntes in den Jahren 1939, 1940 und nun besonders 1941 gewöhnt?

Fand er nicht immer wieder Aushilfen, wenn ihm etwas Ungewöhnliches begegnete?

Ende September hatte das Ostheer 15 Prozent seines Personalbestandes eingebüßt.

Das war, gemessen an der Größe der Aufgabe, nicht viel; die 85 Prozent mußten reichen.

General Nehring erhielt eine russische Generalstabskarte für die Gegend ostwärts von Moskau und Orel.

Seine Kartenstelle, die in einem geräumigen Autobus fuhr, hatte ihm die wichtigsten Ortsnamen aus der kyrillischen Schrift in die deutsche Schrift übertragen.

Jetzt, ehe die Division von der 1. Kavalleriedivision am Ssudost abgelöst wurde, sah sich der General oft diese Karte an. Er hatte noch keine neuen Befehle, aber er stellte sich vor, wohin die Reise gehen sollte. Ganz unten links las er *Orel,* ganz oben links *Moskau.* Wenn er sich die Straßen und Eisenbahnlinien ansah, die im Kartenbild erschienen, dann führten sie bis hinter den Oberlauf des Don. Er las die Namen *Jefremow, Rjasan, Skopin, Tula, Wenew, Kashira.*

Der Unteroffizier von der Kartenstelle hatte auf diese Karte mit Bleistift »Kdr.« geschrieben, »Kommandeur«. Die Karte würde General Nehring nie vergessen, denn auf ihr sollte sich alles abspielen, was ihm jetzt bevorstand. Vorsorglich ordnete er an, daß seine Division in den neuen Einsatz mit einer Versorgung für 15 Tage gehen sollte. Das müßte ausreichen, dachte er, um bis Moskau oder in die Gegend ostwärts davon zu kommen.

Dann würde man, Mitte Oktober, weitersehen.

14. KAPITEL

Stärker als 1914 in Frankreich

Für die Schlacht um Moskau, die auf deutscher Seite am 30. September beginnen sollte, wovon man jedoch im sowjetischen Hauptquartier, der Stavka in Moskau, nichts ahnte, standen der Heeresgruppe Mitte fast 2 Millionen Mann zur Verfügung. Auf sowjetischer Seite, in der Brjansker Front des Generals Jeremenko, in der Reservefront Marschall Budjonnys und der Westfront des Generaloberst Konjew, waren es fast eineinviertel Million Mann: 1 929 406 Angreifer standen 1 252 591 Verteidigern gegenüber.

Diese genauen Zahlen mögen merkwürdig aussehen, denn in einer Schlacht verändern sich Stärkezahlen rasch. Fast stündlich ergeben sich neue Ziffern; nur das Potential, die Menschenmasse kann durch solche absoluten Zahlen einmal, für den nachträglichen Überblick, gekennzeichnet werden. Im Augenblick, da das Geschehen sich vollzieht, weiß keiner vom anderen, wieviel Mann er noch hat. Ein Verhältnis 8:5 mußte jedoch, auch wenn man davon nichts wußte, erfolgversprechend für den Angreifer sein. Auf acht deutsche Soldaten kamen fünf Russen vor Moskau.

Damit war jedoch nicht gesagt, wieviele Soldaten nun wirklich an der Front kämpften. Die Zahl 1 929 406 Mann von Anfang Oktober 1941 für die Heeresgruppe Mitte, die damit über zwei Drittel des deutschen Ostheeres verfügte, war die Verpflegungsstärke. Eingeschlossen war alles, was sich weit zurückhängend im Operationsgebiet der Heeresgruppe in Feldgrau aufhielt. Und das Operationsgebiet erstreckte sich weit nach rückwärts. Erst die Kampfstärken konnten Auskunft über die wirklichen Stärkeverhältnisse geben. Marschall Sokolowskij gibt sie für die sowjetische Seite mit 800 000 Kämpfern an, Männern also, die dafür ausersehen waren, wenn es sie traf, in die blutigen Verluste eingereiht zu werden, die bei keiner Statistik fehlen dürfen.

Ein Drittel der russischen Streitmacht war demnach nicht im direkten Einsatz an der Front. Überträgt man diese Annahme auf die Männer der Heeresgruppe Mitte, so müßte man ein Drittel von knapp zwei Millionen, also rund 700 000, erhalten, die nicht für den Kampf in der vordersten Linie zur Verfügung stehen konnten. Damit ergäbe sich aber immer noch ein Übergewicht von rund 400 000 Kämpfern, also 1 200 000 gegenüber 800 000 auf russischer Seite.

Doch auch diese Zahlen geben kein wahrhaftiges Bild. Bei einer Panzer-Division wie der 18., die sich jetzt zur Herbstoffensive in der Nordukraine bereitstellt, bestand damals die Verpflegsstärke aus 11 000 Mann – es waren nicht mehr 17 000 wie bei Beginn des Feldzuges –, die Kampfstärke wurde mit rund 5000 Mann, also weniger als der Hälfte, angesetzt, und im Gefecht befanden sich jeweils nur etwa 3000 bis 4000 Mann in jener Zeit. Nimmt man diese Stärken ungefähr auch für die anderen Divisionen an, so war die Überlegenheit der Heeresgruppe Mitte in der *Front* gegenüber den sowjetischen Fronten nicht groß. Aber sie mußte eigentlich auch in dieser auf den Kern der Frontsoldaten reduzierten Stärke genügen, um diese Schlacht siegreich zu bestehen.

Bei Kriegsausbruch 1914 betrug die Stärke der russischen Wehrmacht 4 bis 5 Millionen. Damals zogen gegen Rußland, aber vor allem Frankreich, England und Serbien etwas über 6 Millionen Deutsche, Österreicher und Ungarn ins Feld. Das deutsche Westheer, das nach Belgien und Frankreich einrückte, hatte 1 600 000 Mann, es war fast so stark wie jetzt die Heeresgruppe Mitte.

Obwohl Hitler Frankreich besiegt hatte, konnte er für die Entscheidungsschlacht vor Moskau nur etwa soviel Männer in der Heeresgruppe Mitte versammeln wie der jüngere Moltke für die Entscheidung in Frankreich 1914.

Wie 1914 hatten die deutschen Heere die Grenzschlachten gewonnen, wie einst über die Marne rückten sie nun zur Oka und zur Moskwa, zum oberen Don und zur oberen Wolga vor, um in einer riesigen Schlacht den Krieg rasch zu beenden. Gegenüber 1914 hatten sich freilich die Entfernungen im Herbst 1941 erweitert. Gleichzeitig ließ das Straßennetz, das eher abweisend als einladend angelegt war, den Vormarsch nur schwerpunktmäßig zu, falls der erste Regen fiel und die Wege durch Schlamm grundlos wurden.

Für den deutschen Sieg sprachen, wie 1914 im September vor Paris, die bisherigen Erfolge über einen Feind, der durch eigene Mißerfolge demoralisiert sein mußte.

Aber auch 1914 bestand eine Überlegenheit der deutschen Soldaten gegenüber den Franzosen und Engländern, ein Gefühl der Stärke, das man durch gewonnene Grenzschlachten erhält. Hinzu kam 1941 die seit 1939 gewonnene und immer wieder bestätigte Überlegenheit des Siegers in vielen Feldzügen. Eine Schlacht hatten die Deutschen in drei Kriegsjahren noch nie verloren.

Wer im Nachher, nach allem, was geschehen mußte, die Bilanzen zieht, der wird von der Endsumme unter dem Strich verführt, die Situation des Augenblicks zu verkennen. Um so größer ist dann das Übergewicht des endgültigen Sieges und des Siegers selbst, denn die Geschichte läßt nur das Entschiedene gelten; den Weg bis in die Entscheidung zeichnet sie nur noch nach.

Es lag also kein Grund für Hitler, Halder, von Bock, Guderian, Nehring, den Kriegspfarrer Wolf und den Leutnant Koch vor, an der letzten Aufgabe des Jahres zu zweifeln, nicht an den Marsch auf Moskau, den Einmarsch in Moskau und das Ende des Feldzuges zu glauben.

Für Stalin, Budjonny, Konjew, Jeremenko, Schukow, für Alexander Twardowskij und Major Schabalin mußte jedoch der Zustand, in dem sich ihre Seite zu jener Zeit befand, ernste Sorgen bereiten, obwohl sie hinter sich ein riesiges Hinterland wußten und überzeugt von ihrer Unbesiegbarkeit waren.

Diese Überzeugung wurde bestärkt durch die Reserven, die sie in ihrem Lande hatten. So war das Erstaunen Major Schabalins, der aus der Burjätischen Räterepublik jenseits des Baikalsees nach Brjansk an die Desna beordert worden war, über den Zustand der 50. Armee verständlich: Er kannte ja bis hin zum Baikalsee und darüber noch hinaus ein gewaltiges intaktes Menschenpotential, das auch über materielle Reserven verfügte.

Nur hier, an der Front, sah es schlimm aus.

Auf deutscher Seite spielte die Ideologie bei der Fronttruppe keine wesentliche Rolle. Der Nationalsozialismus war für die Soldaten etwas, das in der Heimat zurückgeblieben war. Sie glaubten, sie hätten sich verhört, als ihnen die sowjetische Propaganda vorwarf, sie seien »Nazi-Horden« oder faschistische Armeen. Das Wort Faschismus verbanden sie allgemein mit den Italienern, die doch in einem faschistischen Land lebten. Mit ihnen wollten sie nicht verglichen werden. Sie genierten sich deshalb.

Daß unter ihnen nationalsozialistisch erzogene Truppenteile waren, wußten sie, aber sie blieben gering. Denn auch die SS-Divisionen, wie »Das Reich«, die mit ihnen kämpften, zeichneten sich nur durch bessere Ausrüstung aus, die man ihnen neidete, kaum durch größere Standhaftigkeit.

Erst später erhielten sie in Ausrüstung, Ersatz und Ideologie das Gardemaß, mit dem auch Stalin arbeitete, der den Truppenteilen, die hervorragend kämpfen, den Gardestatus schenkte, zumal dieser ihn nichts weiter kostete.

Oder verglich man die einfache 18. Panzer-Division mit dem motorisierten Infanterieregiment »Großdeutschland«, das einmal bei Roslawl, Ende Juli, dem Obersten Jollasse vom Schützenregiment 52 unterstellt worden war: Garde war »Großdeutschland« als Heerestruppe wohl kaum, auch wenn das Regiment aus Freiwilligen bestand und besser ausgerüstet war. So lag Grund vor, die Heeresgruppe Mitte »ohne weiteres bis Moskau zu bringen«, wie Generalquartiermeister General Wagner an seine Frau schrieb, der für die Versorgung, die Logistik, wie man später sagen würde, verantwortlich war. Täglich brauchte die Heeresgruppe Mitte 26 Versorgungszüge, die auf den umgenagelten Bahnlinien aus Polen heranfuhren. Alle 26 Züge brachten 11 000 Tonnen Munition, Betriebsstoff und Verpflegung. Außerdem waren große Vorräte im September in Witebsk, Orscha, Smolensk und Gomel eingelagert worden.

Man war sich jedoch in der höheren deutschen Heeresführung im klaren, daß diese Schlacht vor Moskau ohne nennenswerte Heeresreserven durchgestanden werden mußte. Mit dem Beginn der Operation »Taifun« wurden die letzten drei verbliebenen Reservedivisionen der Front zugeführt; mit den letzten 18 Marschbataillonen, die das Ersatzheer noch zur Verfügung stellen konnte, war bis zum 9. Oktober zu rechnen, das heißt: Diese Marschbataillone waren dazu bestimmt, die Lücken zu schließen, die in den ersten zehn Tagen der Herbstoffensive entstehen mußten.

Dann gab es nichts mehr.

Bei der 18. Panzer-Division, die Ersatz erst erwarten konnte, wenn sie die Straße Brjansk-Orel erreicht hatte, war man erstaunt, daß für die Moskau-Operation keine Luftlandeverbände zur Verfügung standen. Görings Fallschirmjäger wollte man hier sehen, die in Frankreich und auf Kreta geblieben waren. Deshalb entschloß man sich, eine eigene Luftlandestreitmacht im Rahmen des 47. Panzerkorps aufzustellen.

Die 1. Luftlandekompanie der 18. Panzer-Division bestand aus 99 Freiwilligen (Kradschützen, Flammenwerfern, Pionieren, MG-Schützen, Funkern, Granatwerferleuten und Schützen, die Leutnant Richard Pohl von der Stabskompanie des Panzerregiments 18 führte). Ihr Auftrag, den sie auf dem Flugplatz Rykow übte, hieß: Wegnahme eines strategisch wichtigen Eisenbahn- und Straßenkreuzes hart nördlich von Tula aus der Luft mit 11 Segelflugzeugen und Halten, bis die Panzerspitze heran ist. Das Straßen- und Eisenbahnkreuz war der Schnittpunkt der Linien Moskau-Orel und Kaluga-Tambow. Angriffsbeginn sollte der 1. Oktober sein.

Die Unterschätzung des Gegners fällt hier ebenso auf wie improvisierte Kühnheit. Es sollte sich herausstellen, daß diese Planung, die nie ausgeführt wurde, durchaus einen Sinn gehabt hätte. Erst Ende November erreichten deutsche Panzer diesen wichtigen Punkt nördlich Tula, über den bis dahin jedoch die Stavka ihre Reserven gegen die durchgebrochenen Deutschen der 2. Panzerarmee geworfen hatte.

Für die Operation »Taifun« fehlte eine Luftlandearmee, die sich gegen die Verschiebung von Reserven nach erfolgtem Durchbruch querlegen konnte.

Der hohe Ernst, mit dem die Deutschen diesen schwierigen Feldzug begonnen hatten, hatte keinen Rückhalt in der rücksichtslosen Konzentration der eigenen Machtmittel an den entscheidenden Stellen.

Die Unterschätzung von Raum und Zeit in Rußland durch die deutschen Kommandostellen, und nicht nur durch Hitler, war auf die Leichtigkeit zurückzuführen, mit der es gelungen war, im Westen 1940 zu siegen.

Der Westgegner war von den Offizieren, die im Ersten Weltkrieg gekämpft hatten, immer für überlegener gehalten worden als der Ostgegner. Moltke hatte 1914 die Franzosen und Briten an der Marne nicht schlagen können, aber Hindenburg und Ludendorff schlugen fast immer mit geringeren Kräften die Soldaten des Zaren.

Viel mehr, als die Geschichtsschreibung nach dem Zweiten Weltkrieg es wissen will, beherrschten Verlauf und Ausgang des Ersten Weltkrieges die Vorstellungen, Planungen und Einsätze der deutschen Generale.

Wer aus der Geschichte lernen will, setzt oft nicht in Rechnung, daß die Geschichte inzwischen weitergegangen ist, mit anderen Vorzeichen, neuen Bildern, schwächeren Kräften hier, stärkeren dort.

Daß Rußland, von Deutschland im Ersten Weltkrieg geschlagen, dieses Deutschland einmal besiegen könnte, war unvorstellbar und wirkt bis heute nach, obwohl alles doch so gekommen ist.

In der Weisung vom 6. September 1941, die das Unternehmen »Taifun« umriß, war von einer Heeresgruppe Timoschenko die Rede, die nun, Ende September, die einzige der Sowjetunion noch verbliebene intakte Streitmacht genannt wurde, nachdem von den Deutschen die Schlacht von Kiew siegreich abgeschlossen war.

Gegen Timoschenko, dessen Name für Hitler und die Soldaten etwas Asiatisches bedeutete, sollte nun angetreten werden. Weder im ostpreußischen Hauptquartier noch in Bocks Hauptquartier kannte man die sowjetische Spitze, die für die Kampfführung die Verantwortung trug.

Seit dem 30. Juni 1941 gab es, von Stalin gegründet, das Staatliche Verteidigungskomitee GKO (Gosudarstvenyj komitet oborony) als absolutes Machtzentrum des Landes. Die Beschlüsse des Verteidigungskomitees waren für alle zivilen, militärischen, Partei- und Verwaltungsorgane verbindlich. Das höchste strategische Führungsorgan des sowjetischen Oberkommandos war die »Stavka«, auf deutsch »Stab« oder »Hauptquartier«. Damals bestand es aus Stalin, Woroschilow, Timoschenko, Budjonny, Molotow, Schukow und Schaposchnikow. Stalin war seit dem 8. August 1941 Oberbefehlshaber der Streitkräfte, die Stavka war der Stab des Obersten Kommandos.

Aus der Stavka wurden Mitglieder an die Front entsandt, die entweder dort sich Übersicht verschafften oder, während sie Mitglieder der Stavka blieben, Fronten, das heißt Heeres- oder Armeegruppen führten. Sie hatten Mitspracherecht in der Stavka, auch wenn sie ein Frontkommando übernahmen. Durch diese Flexibilität gelang es Stalin, seinen Einfluß auf die Front zu stärken, gleichzeitig mußte er in Kauf nehmen, daß öfter ein Wechsel in der oberen Kommandoführung eintrat, der nicht immer günstig ausging. So hatte Schukow Stalin vor den Folgen des Festhaltens an Kiew gewarnt, die dann auch eintraten. Stalin schickte Schukow ins belagerte Leningrad, gleichwohl fragte von dort Schukow immer wieder an, wie es an den anderen Fronten stünde.

Zu Beginn der Herbstoffensive befand sich Schukow, der beste Stratege der Stavka, in Leningrad. Er hatte im Sommer die Westfront übernommen, nachdem Pawlow abgelöst und vor Gericht gestellt worden war. Schukow, der die Schlacht in der Mongolei 1939 gegen die japanische Invasionsarmee gewonnen hatte, war bis dahin der einzige Sieger unter den sowjetischen Generalen, einer, der eine Schlacht gewonnen und damit genügend Selbstbewußtsein erworben hatte.

Unter der Stavka arbeitete der Generalstab, dessen Chef nach Schukows Abgang nach Leningrad Schaposchnikow wurde, ein kränkelnder Mann von adeliger Abstammung, der seinen Aufgaben gewachsen war. Im Verlauf der Schlacht wird sich herausstellen, daß dieser Generalstab eine besondere Fähigkeit entwickelte: Ihm gelang es, Reserven schnell zu verschieben, Schwerpunkte bei der Reservenbildung zu schaffen, die sich auf die deutsche Kampfführung auswirkten. Sie nutzten den Vorteil der »Inneren Linie«, der kürzeren Wege. Dies wurde nicht nur durch das sehr gute Eisenbahnnetz begünstigt, das Halder ja erreichen und zerschlagen wollte, als er im Sommer Hitler drängte, nach Moskau zu gehen. Auch die geringere Schwerfälligkeit der russischen Verbände, das Fehlen von rückwärtigen Diensten in größerer Zahl, die zu jeder deutschen Division, jedem Korps und jeder Armee gehörten, machte die Verschiebung rationell. Man mußte nicht immer ganze Infrastrukturen mitschleppen.

Die russischen Verbände waren zahlenmäßig geringer, auch wenn sie die gleichen Bezeichnungen wie die deutschen Verbände trugen. Eine Division entsprach etwa einer Brigade, eine Armee einer verstärkten Division oder einem Armeekorps. Eine »Front«, die aus mehreren Armeen bestand, war eigentlich eine verstärkte Armee, obwohl sie von deutscher Seite als Armeegruppe oder gar Heeresgruppe angesprochen und eingeschätzt wurde.

An der Westfront betrug am 1. 10. 1941 die Stärke einer russischen Schützendivision 8000 Mann, das war weniger als bei der deutschen Infanteriedivision. Panzer-Divisionen nach deutschem Muster gab es damals noch nicht. Panzer wurden in Panzer-Brigaden zusammengefaßt, die etwa einem deutschen Panzerregiment entsprachen, das freilich in die Herbstschlacht auch schon mit herabgesetzten Panzerstärken ging.

Nach Frankreich war 1940 eine deutsche Panzer-Division noch mit 400 Panzern gerollt, nach Rußland fuhr sie mit 200 Panzern, in die Schlacht vor Moskau ging sie mit 60 — 150 Panzern.

Die Hoffnung Stalins und seiner Berater beruhte jedoch auf dem Wetter, und das nicht erst jetzt Ende September, sondern schon früher, Ende Juli, als der Sonderbotschafter des amerikanischen Präsidenten, Harry Hopkins, in Moskau war. Am 30. 7. 1941 äußerte Stalin gegenüber Hopkins, daß er auf die Schlammperiode hoffe und glaube, sich in den Winter retten zu können.

Sein Generalstab berechnete die Vormarschleistungen des deutschen Ostheeres und kam Ende September zu dem Schluß, daß sich die Deutschen nur noch wenige Kilometer täglich vorwärts bewegten, im Juli waren es noch 30 bis 50 Kilometer am Tage. So gelähmt, verlangsamt, mußten die Deutschen in die herbstliche Schlammperiode hineingeraten, die für Mitte Oktober erwartet wurde, um in ihr stecken zu bleiben. Auf den Winter, der dann auf russischer Seite mitkämpfen würde, bereitete sich die Stavka schon vor. Sie ließ Winterausrüstung aus Sibirien heranschaffen.

Auf deutscher Seite war man gleichfalls auf die Schlammperiode aufmerksam gemacht worden, aber man konnte sie sich nicht vorstellen. Die »Rasputiza« kannte kein deutscher General. Die wenigen Panzeroffiziere, die vor 1933 auf der sowjetischen Panzerschule »Kama« an der Wolga Dienst getan hatten, wußten zwar davon, aber sie fanden, wie Major Teege, der Panzerabteilungskommandeur in der 18. Panzer-Division, kein Gehör ganz oben.

Mit dem Wintereinbruch rechnete man bei den Deutschen in etwa sechs Wochen, Mitte November. Bis dahin wollte man schon auf dem Roten Platz in Moskau sein. Von dort kannte man die Fotos der paradierenden Rotarmisten im Schneetreiben, vorbei am Mausoleum Lenins.

Die sowjetische Führung glaubte Ende September nicht, daß die Deutschen nun, nach der Schlacht bei Kiew, noch zu einer größeren Operation antreten würden. Sie rechnete mit dem Beginn der Schlammperiode, die täglich eintreten und alle Bewegungen lähmen mußte.

Sie konnte sich nicht vorstellen, daß die Deutschen fähig seien, ihre Verbände so rasch zu verschieben, um noch einigermaßen die günstige Zeit vor dem Schlamm ausnutzen zu können.

Sie hielten sie freilich auch für klüger. Denn wie konnte Hitler seine Armeen in die Rasputiza hineinmarschieren lassen, während in Rußland jeder Verkehr auf dem Lande ruhte. Es gab nur ganz wenige feste Straßen, und diese Straßen sollte die Rote Armee sperren.

Erst bei Beginn des Winters rechnete man in Moskau mit einem

erneuten Vorstoß der Deutschen. Bis dahin galt es, Reserven aufzustellen, Soldaten auszubilden, Truppen aus dem riesigen Reich heranzuschaffen.
Am 26. September meldete die russische Westfront nach Moskau, daß sie durch ihre Aufklärung für den 1. Oktober einen neuen deutschen Angriff für wahrscheinlich halte.
Doch die Stavka nahm diese Meldung nicht ernst. Sie befahl nur, hartnäckig sich zu verteidigen, aktiv aufzuklären, die Stellungen noch besser auszubauen. Zwei Verteidigungslinien waren entstanden, die an der Front, die zweite bei Moschaisk, das als befestigtes Gebiet angesprochen wurde. Und dann gab es noch die Schanzarbeiten kurz vor Moskau, die man schon Ende Juli begonnen hatte, als Smolensk genommen worden war. Es wurde keine Gefechtsführung, falls die Deutschen angriffen, mit den Befehlshabern der 3 Fronten, Brjansker Front, Westfront, Reservefront, vereinbart.
Die Verantwortung für diese Nachlässigkeit (oder Ungläubigkeit, daß die Deutschen sich in den Schlamm hinein vorwagen würden) trugen Stalin und der Chef des Generalstabes Schaposchnikow. Schukow war noch in Leningrad.
Am 29. September befahl Stalin örtliche Angriffe bei der Reservefront. Gluchow sollte genommen werden. Dort aber stand die 2. Panzerarmee schon angriffsbereit.
Vieles, wenn auch nicht alles, schien darauf angelegt zu sein, den Deutschen endlich die große Chance zu geben, noch einmal überraschend mit zwei Dritteln ihres Heeres den Gegner vor Moskau zu schlagen.
Halders Traum konnte in Erfüllung gehen. Er hatte dafür vieles persönlich in Kauf genommen.
Die Stadt Moskau interessierte ihn nicht. Er wollte die letzte im Felde stehende militärische Kraft der Sowjetunion vor Moskau zerschlagen.
In zwei Abschnitten sollte die Operation »Taifun« ablaufen, die von der Heeresgruppe Mitte verantwortet wurde.
Im ersten Abschnitt waren die russischen Armeen vor Moskau zu durchbrechen und einzukreisen, dann zu zerschlagen wie die anderen Armeen in den Kesselschlachten zuvor.

Dann sollte Moskau eingeschlossen werden.
Und danach mußte es in die Hand des Siegers fallen.
Die Deutschen rechneten, daß der erste Abschnitt Mitte Oktober beendet sei. Bis Anfang November wäre Moskau eingeschlossen.
Weihnachten war man noch nicht wieder zu Hause, aber das Ziel des Feldzuges war »so gut wie erreicht«.
Die Panzergruppen würden an der Wolga stehen. Die Infanteriearmeen waren für die Parade in Moskau vorgesehen.
Die Schlacht vor Moskau, die nun begann, sollte länger dauern. Vom 30. September 1941 bis zum 30. März 1942, sechs Monate, nicht sechs Wochen, aber das wußte jetzt keiner, auf welcher Seite er auch stand.

15. KAPITEL

Wie vor Antritt einer Reise

Kein deutscher General wollte ein Karl XII. sein, ein Spieler, der seine Möglichkeiten überzog und bei Poltawa endete. Aber dieser schwedische König stand ihnen jetzt näher als Napoleon I. zu Beginn des Feldzuges in Rußland. General Nehring, der mit seiner Panzer-Division in den Rücken der Brjansker Front stoßen sollte, kannte den Bericht des Arztes von Smolensk, jenes Franzosen, der 1812 die Temperaturen aufschrieb, die er ablas. Sie ließen Nehring das Schlimmste erwarten. Aber er konnte sich nicht vorstellen (und er besaß auch keine Einsicht in die Gedankengänge der oberen Führung), daß jemand nun Karl XII. spielen wollte; das Spiel wäre zu hoch gewesen. Es reizte ihn nicht, obwohl er einige Unternehmungen in Frankreich gewagt hatte, die sehr riskant waren, als er zum Stoß durch die verlängerte Maginotlinie bei Sedan in den Rücken der Franzosen und des Britischen Expeditionskorps antrat. Als Chef des Stabes bei Guderian kannte er die »seidenen Fäden«, an denen des Generalobersten Unternehmungen oft nur hingen, aber er hatte die »seidenen Fäden« selbst mit ausgespannt; warum sollte jetzt nicht glücken, was in Frankreich gelang? Sein Ic, der Hauptmann Alexander Freiherr von Seebach, sprach jetzt oft mit dem Divisionsdolmetscher, einem Oberleutnant Dr. Becker, der 1917 Kadett in der russischen Armee gewesen war.

Er hatte Weihnachten 1917 in Mzensk verbracht, dorthin sollte man sich nun, 24 Jahre später, aufmachen. Dr. Becker kannte das Land und die Menschen und fürchtete den Herbst und den Winter.

Seebach, Neffe des ehemals königlichen Hofopern-Intendanten v. Seebach, unter dessen Intendanz der »Rosenkavalier« von Richard Strauß und Hugo v. Hofmannsthal 1911 uraufgeführt worden war, besaß eine Sensibilität, die es ihm ermöglichte, dieses russische Gegenüber mit Hilfe seines Dolmetschers zu durchschauen. Er spürte, daß der Gegner alles darauf anlegte,

die Deutschen in eine Winterkatastrophe ersten Ranges zu ziehen, sie zu verleiten, ihre Kraft vor Moskau einzusetzen und herunterkommen zu lassen, um dann kraftlos in dem riesigen, tief verschneiten eiskalten Land zu stehen, aus dem nur Unheil auf sie zukam.
Trotzdem glaubte er an ein Gelingen der Operation »Taifun«.
Auf seiner Ic-Karte war der Gegner eingetragen, er sah noch stark aus, obwohl diese roten Kreise und Striche aus Menschen bestanden, aus Leuten, die genau so gut kämpfen wie sich ergeben oder gar überlaufen konnten.
Aber was wurde nun gegen sie ins Feld geführt:
Am rechten Flügel der Heeresgruppe Mitte die Panzergruppe 2, die nun 2. Panzerarmee heißen sollte: 5 Panzerdivisionen, 4 Infanterie-Divisionen (mot), 6 Infanterie-Divisionen, 1 Kavalleriedivision, die einzige, die es noch im Heer gab, sie stammte aus Ostpreußen.
Guderian sollte aus dem Gebiet von Gluchow gegen die Linie Orel-Brjansk vorstoßen, um mit der 2. Armee, die aus 8 Infanterie-Divisionen bestand, den Gegner um Brjansk einzuschließen.
Ein zweiter riesiger Kessel war im Gebiet von Wjasma geplant.
Die 4. Armee mit der ihr unterstellten Panzergruppe 4 setzte sich aus 15 Infanterie-Divisionen, 5 Panzer-Divisionen und 2 Infanterie-Divisionen (mot) zusammen. Sie sollte im Zuge der Straße Roslawl–Moskau vorgehen, auf jener Straße, die Guderian im August nehmen wollte, um rasch zur Einschließung der Russen im Jelnjabogen zu gelangen und dann nach Moskau freie Bahn zu haben. Das hatte man versäumt, aber dafür kam man jetzt als Sieger aus der Ukraine. Am 26. September war die Schlacht bei Kiew zu Ende gegangen.
Die 4. Armee führte Feldmarschall von Kluge.
Nach Norden zu schloß die 9. Armee mit der ihr unterstellten Panzergruppe 3 an, die aus 18 Infanterie-Divisionen, 3 Panzer-Divisionen und 2 Infanterie-Divisionen (mot) bestand. Sie sollte aus dem Raum nordostwärts Smolensk nördlich der Autobahn nach Moskau vordringen und dabei die nördliche Flanke der Heeresgruppe gegen die obere Wolga abdecken.
Von der Heeresgruppe Nord waren 7 schnelle Divisionen zur

Verfügung gestellt worden, von der Heeresgruppe Süd eine Panzer-Division, 2 Infanterie-Divisionen (mot) und 5 Infanterie-Divisionen.

Vor Moskau sollten die Russen geschlagen werden. Deshalb hatten die beiden Panzergruppen 3 und 4 wie stählerne Fangarme die russische Westfront zu durchstoßen, dann auszuholen und einzukreisen und einen dichten Abschluß dieses Kessels nach Osten zu gewährleisten, damit kein Verband ausbrechen konnte. Die folgenden Infanterie-Verbände sollten die Seitenwände des Kessels bilden und bald die Schnellen Verbände wieder freimachen, damit diese nach Moskau hineinrollen konnten. Es sollte nicht mehr so lange dauern wie bei Minsk. Man wollte die Einkesselungsschlacht hier und bei Brjansk in wenigen Tagen schlagen. Verbände, die zur Einkreisung nicht benötigt wurden, sollten beiderseits der Autobahn Smolensk—Moskau vorgehen, den Durchbruch ausweiten und jede Gegenwehr vor Moskau unmöglich machen.

Aber auch im Süden wollte man Entscheidendes, obwohl dort die Heeresgruppe durch die Abgaben an Heeresgruppe Mitte geschwächt war. Die Heeresgruppe Süd hatte die Krim und das Donezbecken zu erobern, das ihr nach der Schlacht von Kiew als Ziel zugefallen war, und an den Unterlauf des Don vorzustoßen, um Rostow zu nehmen, damit sie dann in den Kaukasus vorbrechen konnte. Das Industriegebiet von Charkow war dem Gegner wegzunehmen.

Generaloberst Halder, der nun endlich seine Schlacht vor Moskau bekam, konnte Hitler nicht davon abhalten, der Heeresgruppe Süd diese wehrwirtschaftlichen Ziele noch vor dem Winter zu geben, wobei die Ausschaltung der Krim als Flottenbasis und »Flugzeugträger« für Luftangriffe gegen das rumänische Ölgebiet bei Ploesti eine Sonderrolle in den Überlegungen spielte. Auch hier war Hitlers nicht unbegründete Furcht maßgebend, die Türkei könne von den Engländern und Russen gezwungen werden, sich — ebenso wie Persien — für den Durchmarsch und die Versorgung der Sowjetunion mit angloamerikanischem Kriegsmaterial zu öffnen. Dann hätte Deutschland kein Chromerz mehr aus der Türkei zu erwarten.

Im Briefwechsel zwischen Stalin und Churchill, der nach der Schlacht bei Kiew, nach dem Beginn der Schlacht vor Moskau, am 3. Oktober wieder aufgenommen wurde, gibt es hierfür genug Hinweise, die Hitler nur ahnen, aber nicht kennen konnte. Eines war jedoch nicht gelungen. Durch die Verwendung der Panzergruppe Guderian bei der Kiewer Einkreisungsschlacht war es nicht mehr möglich, alle Panzer-Divisionen der Heeresgruppe Mitte zu einer Panzerarmee zusammenzufassen, die nach der Umfassung der russischen West- und Reservefront gegen Moskau vorging. Aber nachdem man einmal mit Panzerkräften in der nördlichen Ukraine stand, wäre ein stärkerer Angriff von dort über Orel, Tula auf Moskau erfolgversprechender gewesen als die Massierung in der Mitte.
Guderians Divisionen hatte man, entsprechend ihren Möglichkeiten, die Aufgabe gestellt, sich kämpfend für die Schlacht zu versammeln. Sie mußten sich zum Teil aus ihren Sicherungsabschnitten in der Ukraine lösen, ohne abgelöst zu werden, um den Raum von Gluchow zu erreichen, aus dem sie vorbrechen sollten. Hier mußte die Überraschung beim Gegner noch größer sein als an den Straßen, die von Smolensk und Roslawl nach Moskau führten. Denn einen Angriff an der zur Zeit schwächsten Front der Sowjets, südlich von Brjansk, auf der Naht zwischen der Brjansker Front und der Südwestfront, erwarteten die Russen am wenigsten. Gelang hier der Durchbruch, so war es wohl möglich, in den Raum südostwärts oder gar ostwärts von Moskau zu fahren, ohne daß sich nennenswerter Widerstand entgegenstellen würde.
Hierbei bediente man sich auch einer List. Der Angriff Guderians wurde auf den 30. September vorverlegt, während die Operation »Taifun« bei den übrigen Armeen erst am 2. Oktober beginnen sollte. Die Stavka in Moskau würde, so hoffte man, Guderians Angriff keine größere Bedeutung zumessen.
Guderian jedoch war zufrieden, daß ihm dieser eigene Angriffstermin zur Herbstoffensive bewilligt wurde. Er konnte dabei mit der Luftwaffe rechnen, die er zumindestens 2 Tage für sich haben durfte, ehe die anderen Armeen sie brauchten.
Der Luftflotte 2 bei der Heeresgruppe Mitte unterstanden das

II. und VIII. Fliegerkorps sowie das I. und II. Flak-Korps. Die beiden Fliegerkorps hatten noch $9^{1}/_{3}$ Jagd-, $14^{2}/_{3}$ Kampf-, $8^{1}/_{3}$ Stukagruppen und 1 Zerstörergruppe, 4 Fern- und 2 Nahaufklärer-Staffeln. Jedes Flak-Korps hatte 2 Flakregimenter mit dem ausgezeichneten 8,8-Geschütz, das sich im Erd- und Panzerbeschuß sehr bewährt hatte.
Als Reserve verfügte die Heeresgruppe Mitte noch über eine Panzer-Division und eine motorisierte Brigade, sah man von den Sicherungsverbänden ab, die im Hinterland standen und zunehmend gegen Partisanen eingesetzt wurden. Aber die Partisanengefahr war zu dieser Zeit noch äußerst gering.
Dem deutschen Oberkommando entging nicht, daß der Gegner vor der Heeresgruppe Mitte jetzt seine Divisionen ablöste und mit Winterbekleidung ausstattete. Halder verzeichnete es in seinem Tagebuch am 1. Oktober. Dieser Termin scheint bei der Roten Armee als Beginn des Winters im Felde zu gelten. An Winterbekleidung, nicht an technische Ausrüstung für die Truppe, an Mäntel, Übermäntel, Kopfschützer, Wollsachen, warme Unterwäsche hatte das OKH vor Beginn des Feldzuges gedacht. Es hatte auch im Juli vom OKW die Bereitstellung dieser »besonderen Winterbekleidung« gefordert. Halder hatte dazu vorgeschlagen, eine Wollsachensammlung durch die Bevölkerung machen zu lassen. Dieser Vorschlag wurde aber von Hitler schroff zurückgewiesen.
Er begründete diese Ablehnung mit seinem Versprechen, die Soldaten würden Weihnachten zu Hause feiern. Da aber Hitler etwas ganz anderes mit dem Ostheer vorhatte – es sollte Rußland bis zur Wolga besetzt halten –, kann diese arrogante Ablehnung nur als Starrsinn gewertet werden. Dem OKH sollten dann viele Vorwürfe wegen der fehlenden Winterbekleidung gemacht werden. Halder verteidigte sich damit: »Wenn die Winterausrüstung, die an unseren Eisenbahnendpunkten lag, nicht mehr rechtzeitig an die Front kam, so lag das daran, daß das Eisenbahnnetz bei Temperaturen von minus 40 Grad nicht mehr benützbar war.«
Die Winterausrüstung, die »an den Eisenbahnendpunkten bereit lag«, war freilich nur für die Hälfte des Ostheeres vorgesehen,

für die Besatzungsdivisionen, die nach Schluß der Operationen in der Sowjetunion über Winter bleiben sollten.
General Nehrings 18. Panzer-Division konnte nicht damit rechnen, nach der Schlacht um Moskau in die Heimat abtransportiert zu werden. Sie hatte aus eigenem Entschluß ihre Wintersachen sich aus Polen geholt und rechtzeitig Ende September ausgeteilt. Sie tat es zur gleichen Zeit, da auch die Rote Armee es für erforderlich hielt, ihre Soldaten auf den bevorstehenden Winter vorzubereiten. Was die 18. Panzer-Division unternahm, das hätte auch das OKH unternehmen können. Daß es nicht geschah, ist aus jener merkwürdigen Mischung von Optimismus und Fatalismus zu erklären, die nun in der oberen deutschen Führung zur Lebensweise wurde angesichts der Probleme, die sich, ganz anders als in den bisherigen Feldzügen, vor ihr auftürmten.
Am 29. 9. 1941 meldete der Generalquartiermeister General Wagner dem Generalstabschef, daß die Versorgung für »Taifun« zufriedenstellend sei. »Zum Absprung ist alles bereit. Panzerersatz ist noch nicht überall zur Stelle. Wird nachgeführt.« Zur Versorgung für diejenigen, die an der Schlacht vor Moskau teilnehmen sollten, gehörte jedoch die Winterbekleidung. Von ihr ist in Halders Tagebuch auch jetzt noch nicht die Rede. Da sich aber die Heeresführung Gedanken über den Kampf bei kaltem Wetter machen mußte, ist diese Abwesenheit jeder Fürsorge für die Truppe, die doch für das deutsche Heer bisher selbstverständlich gewesen war, nur so zu erklären, daß man hoffte, die Truppe aus dem Lande mit Winterbekleidung zu versorgen.
Sollte der Deutsche dem Russen den Mantel wegnehmen, die Pelzmütze, die wollenen Untersachen, die Filzstiefel? War auch dies vorgesehen, oder überließ man die Männer leichtsinnigerweise dem Zufall, der ihnen, bei Einbruch der kalten Jahreszeit, riesige Pelzvorräte, für die Rußland gut war, in die Hände fallen ließ?
Es ist noch etwas anderes zu berücksichtigen. Bisher war noch nicht ausprobiert worden, ob der deutsche Infanterist in Winterbekleidung gut kämpfen könnte. Der Übermantel, den Leutnant Koch Ende September erhielt, wärmte, aber er war nicht prak-

tisch, wenn man angriff. Er hemmte jede Bewegung, er war nur gut, wenn man auf den Fahrzeugen saß. Ging man ins Gefecht, so mußte man ihn auf dem Fahrzeug zurücklassen. Der einfache Mantel mußte ausreichen.
Übermäntel waren nur für die motorisierte Truppe sinnvoll, wenn sie auf den Fahrzeugen blieb. Doch dieser Krieg war keine Fahrt durch die Landschaft, es mußte abgesessen und infanteristisch gekämpft werden.
Leutnant Koch würde nie vergessen, wie sein Bataillonsführer Mitte November, vor dem Aufbruch zur zweiten Phase der Operation »Taifun« befahl, die Übermäntel in Orel beim Troß zurückzulassen, weil sie die Bewegung im Gefecht behinderten. Obwohl sie Übermäntel bekommen hatten, durften sie diese nicht mitführen.
Jetzt aber, am Tage vor dem 30. September, in der Bereitstellung vor dem Einsatz, herrschte kühles Herbstwetter.
Als die Sonne unterging, erfuhr Koch, daß er für das neue Unternehmen die 2. Kompanie, in der er bisher den 2. Zug geführt hatte, übernehmen sollte. Sein Kompanieführer hatte sich wegen Gelbsucht krank gemeldet, aber er wollte dennoch beim Kompanietroß bleiben.
Koch, der 22 Jahre alt war, unterstanden damit zweihundert Mann auf vierzig Kraftfahrzeugen.
Zur motorisierten Truppe war er 1937 durch seinen Vater gekommen, als er sich freiwillig zur Ableistung der zweijährigen Dienstpflicht meldete.
Er gehörte zu dem Jahrgang 1918, der in der Unterprima das Abitur machen mußte, um den Jahrgang 1917 zu verstärken, der ebenfalls schwach war. Der Erste Weltkrieg war schuld an der zahlenmäßigen Schwäche der wehrpflichtig gewordenen Jahrgänge.
Wer sich freiwillig meldete, der durfte die Truppe wählen. Es lag nahe (und gehörte ins Panorama der Zeit), daß der ehemalige Husarenwachtmeister Franz William Koch seinem Sohn die Truppe vorschlug, die seiner früheren Truppe am ähnlichsten war. Da außerdem der Adjutant des in Dresden liegenden motorisierten Maschinengewehr-Bataillons 7 der Sohn eines Regi-

mentskameraden bei den ehemaligen Grossenhainer Husaren war, hatte es der junge Koch leicht, dort als Freiwilliger angenommen zu werden.

MG-Bataillone waren Heerestruppe, sie hatten etwas Besonderes darzustellen, sie waren dafür vorgesehen, schnell mit ihrer hohen Feuerkraft an Brennpunkten eingesetzt zu werden.

Der frühere Generalstabschef Beck, der den »Hinhaltenden Widerstand« zur Deckung von Rückzügen als wichtige Defensivtaktik des Heeres ansah, hatte die Aufstellung schnell beweglicher MG-Bataillone bevorzugt durchführen lassen, gleichsam als Verteidigungswaffe, die als letztes Mittel zur Hand wäre, wenn man in Schwierigkeiten geriete. Daß die MG-Bataillone dann bei der Verdoppelung der Panzer-Divisionen im Jahre 1940 in diesen größten Teils aufgingen, lag an dem Mangel an Truppenteilen, die als Schnelle Truppe ausgebildet worden waren. Kochs zweijährige Dienstzeit war beendet, als der Krieg gegen Polen begann. Als MG-Schütze 1, der das leichte und schwere Maschinengewehr bediente, fuhr er nach Polen, machte dort erste Erfahrungen als Soldat an jenen Stellen, die im Kriege die vorderste Front genannt werden — vor ihm war nur noch der Feind. Als Unteroffizier kehrte er zurück, während des Frankreichfeldzuges war er auf der Infanterieschule Döberitz, um Offizier zu werden.

Die Wehrmacht war, in Frieden und Krieg, eine andere Welt als die des Dritten Reiches, in der er von 1933 bis 1936 gelebt hatte. Von den zwölf Jahren, die das Dritte Reich dauern sollte, hatte er am Ende acht Jahre als Soldat erlebt (und überlebt).

Für ihn war dieses Reich also feldgrau gewesen.

Als Koch am 29. September 1941 die Schützenkompanie übernahm, meldete er sich bei seinem Bataillonskommandeur Major Leischulte, der doppelt so alt war wie er (und wie ein Vater). Leischulte sagte: »Hauptmann Hasspacher macht morgen früh den Angriff bei Ihrer Kompanie mit. Sie führen, aber er steht Ihnen zur Seite. Jeder muß einmal anfangen.«

Das machte Koch nichts aus. Hasspacher sollte das Bataillon übernehmen, wenn Leischulte ausfiel.

Schlafen konnte Koch in der Nacht vor dem Angriff nicht. Seinem Vater schrieb er einen Feldpostbrief: »Mir geht es gut. Seit heute führe ich eine Kompanie. Das Wetter ist brauchbar. Du wirst bald von uns hören. Gott gebe ein gutes, tapferes Gelingen.«

Den letzten Satz hatte der Husarenwachtmeister Franz William Koch im Jahre 1914 vor der Marne auch in die Heimat geschrieben, als Versicherung, daß er an ein gutes Ende glaube, Gott mußte einem dabei helfen.

September 1914, September 1941, Jahre lagen zwischen der Marne und der Moskwa, die der junge Koch erreichen sollte.

Und wenn er auch nicht selbst dort ankäme – die anderen würden es schon schaffen.

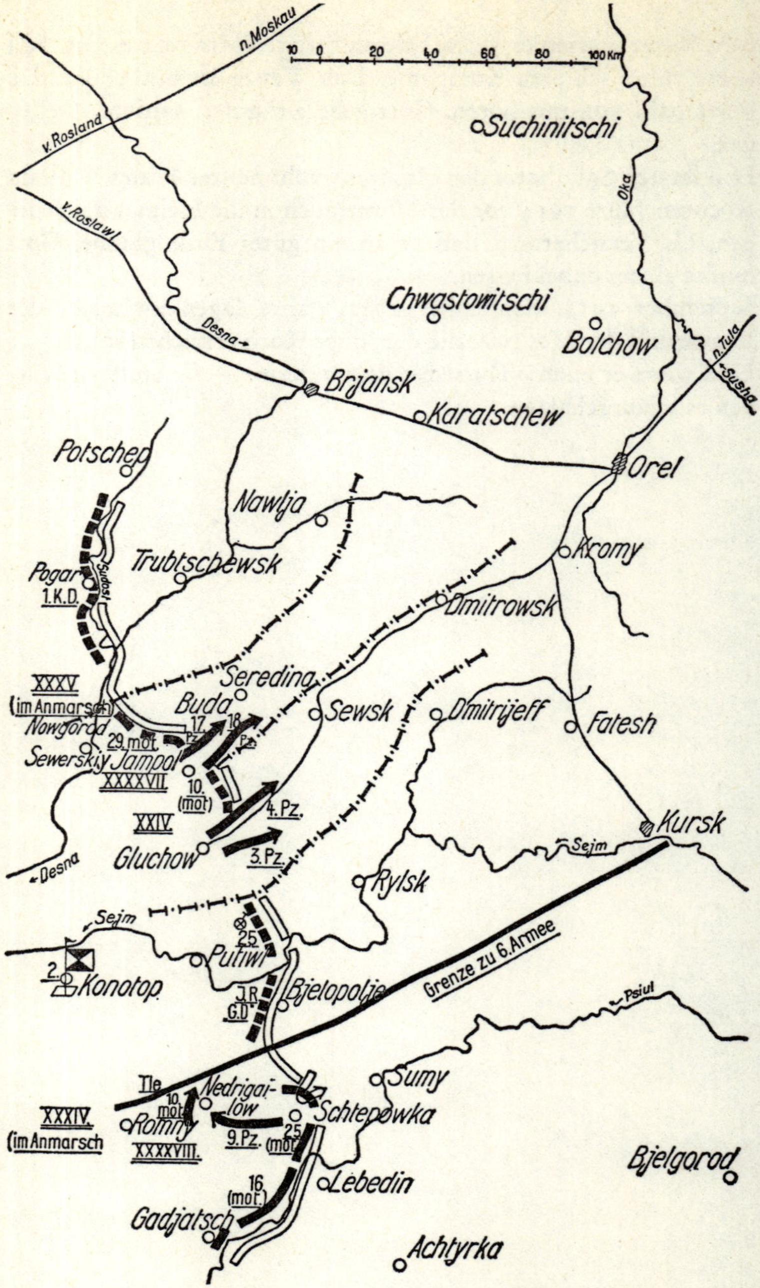

Abb. 7: Lage am 30. 9. 1941

16. KAPITEL

DIE STIMME IM FEUER

Welcher Weg führt am schnellsten nach Moskau?, hatte Napoleon vor Smolensk einen gefangenen russischen General gefragt. Alle Wege führen nach Rom, antwortete der General, man kann nach Belieben nach Moskau gelangen. Karl XII. marschierte über Poltawa.

Generaloberst Guderian, der am Morgen des 30. September in Gluchow eintraf, um seinen Angriffsdivisionen nahe zu sein, brachte seit Romny diesen Schwedenkönig nicht mehr aus dem Kopf. Der Himmel war an diesem Tag bedeckt, unheimlich grau, trostlos. Das strahlende Herbstwetter, das später von den Historikern genannt wurde für den Beginn der Offensive auf Moskau, setzte erst am 2. Oktober ein.

Der rechte Flügel seiner Panzerarmee, das von der Heeresgruppe Süd abgegebene 48. Panzerkorps, hing noch weit zurück in der Ukraine, dort regnete es, wieder verschlammten die Straßen. Guderian hatte dem Panzerkorps den Befehl gegeben, ohne Rücksicht auf Flankenbedrohung direkt vorzugehen, doch das war nicht gelungen. Nun mußte er es nachziehen. Aber die beiden Panzerkorps, die am Morgen angetreten waren, kamen voran, das 24. Panzerkorps auf der Straße nach Orel weiter dann auf Tula und Serpuchow, das 47. Panzerkorps links davon auf Wegen, nicht Straßen. Die Stukas hatten wegen des schlechten Wetters nicht starten können, aber man brauchte sie nicht, die Russen wurden überrascht.

Es gab vorn Verluste durch Minen. Panzer erschienen, die abgeschossen wurden.

Hundert neue Panzer hatte das OKH Guderian für den Marsch nach Moskau zugesagt, nur 50 trafen rechtzeitig ein, der Rest war nach Orscha fehlgeleitet worden.

Am ersten Tag sieht alles mühsam aus, wie immer, wenn eine Offensive beginnt. Die 18. Panzer-Division kommt gut mit ihrem Panzerregiment voran, aber die Schützen hängen nach. Der Angriff auf ein Dorf, über eine freie Fläche, bleibt liegen.

Hauptmann Hasspacher wird verwundet. Seine Soldaten liegen im Rübenfeld, vor Hunger beginnt Koch zu rauchen. Er ist wütend, weil keine Panzer da sind, die ihnen vorwärts helfen können, aber die hat der General in der linken Flanke mit den Kradschützen angesetzt. Leutnant Bellmann wird in der Nachbarkompanie verwundet, Koch hörte es, er denkt an Leisnig, an den Morgen, als alles begann mit der Radioansprache. Aber hier ist es jetzt möglich, etwas zu tun, auch gegen die Angst zu tun, die seit diesem 22. Juni in einem steckt. So steht er auf, geht vor, die Kompanie folgt ihm. Als er das Dorf auf der Höhe erreicht – sein Kompanietruppführer hat alles fotografiert, auch das Liegen auf der Nase im Rübenfeld –, wird es schon Abend. Das Dorf brennt. Die Artillerie hat geholfen. Die Panzer sah man nicht.

Kochs Kompanie hat fünf Gefallene, aber sie hat auch das Dorf. Munition trifft ein, Verpflegung. Nachts schießt es. Der Feind bleibt nahe, aber Koch schläft traumlos. Ein Melder weckt ihn: »Anerkennung des Generals«, sagt er.

Am anderen Morgen geht es 6.00 Uhr weiter. Die Stadt, die vor ihnen liegt, heißt Shurawka. Davor ist ein Bahndamm, den der Russe besetzt hält. Der Division ist eine Nebelwerferabteilung unterstellt worden. Die schießt jetzt Raketengeschosse. Vom Bataillonskommandeur, Major Leischulte, hört Koch nur noch, daß er verwundet wurde, ein Schuß ins Gesäß. Er wird ihn in Leisnig wiedertreffen. Bei ihnen sind jetzt Panzer, die General Nehring abgezweigt hat von dem weit vorauseilenden Panzerregiment. Am Bahndamm werfen die Schützen sich ins Gras. Koch geht auf Feldwebel Lachmeier zu, der ihm zuwinkt, da verzieht der Feldwebel sein Gesicht, oder sein Gesicht wird ihm verzogen. Die Augen starren ins Leere. Koch steht vor seinem Zugführer, für den alles vorüber ist. Er versucht, die winkende Hand, die ihm eben noch galt, und das weggezogene Gesicht, jetzt die erstarrten Augen, zu verstehen. Es gelingt ihm nicht, er legt sich neben den Toten an den Bahndamm und sucht mit dem Fernglas den Feind.

Der Himmel ist bedeckt, trübe. Es ist kühl. Nun will Koch schnell nach Shurawka hinein, das der Gegner geräumt hat.

Wir siegen, denkt Koch, da kommen auch schon die Fahrzeuge, der Apparat läuft, er setzt sich in den Kübelwagen, sieht auf die Uhr: 6.00 Uhr traten wir an. 8.00 Uhr drangen wir in Shurawka ein. Jetzt ist es 10.00 Uhr. »Panzer sind weit voraus«, ruft ihm Oberst Jollasse zu, »antreten«.
Hauptmann Kröger führt jetzt das Bataillon, das den Panzern nachfährt. Einmal hält Koch an. Neben der Straße, im Sumpf, sieht er zwei russische Panzer. Er zieht die Pistole, seine Leute sitzen auch ab. Er rennt ihnen voraus auf einem Dammweg zu den Panzern im Sumpf. Die Besatzungen der beiden 25-t-Panzer fliehen. Koch steht vor den Panzern. Einer wollte den anderen aus dem Sumpf ziehen. Nun gehören sie ihm. Seine Leute werfen Handgranaten ins Innere, dann fahren sie weiter. Alles geht jetzt ganz leicht, es ist, als werde nichts mehr schwieriger als diese Angriffe gestern im Rübenfeld, heute morgen am Bahndamm. Sie ahnen, daß sie durchgebrochen sind, aber niemand sagt es ihnen, so fahren sie schnell, aber wachsam. Es könnten wieder Panzer im Sumpf stecken, auf der Straße stehen. Doch sie sind nun auf der Reise. Koch fragt Hauptmann Kröger, als sie nachts in einem Dorf rasten, wohin es denn gehe. Kröger, Universitätsprofessor in Leipzig, sagt zum Abiturienten aus Dresden, das sei ihm auch nicht bekannt, aber zuerst müsse man wohl wieder eine richtige Straße unter die Räder bekommen, ehe man darüber weiter nachdenken könne. Er habe nur das Gefühl, daß sie wieder irgendeine Einkesselung machten, wie im Juni. Die allgemeine Richtung, in der sich die Division bewege, deute allerdings auf Moskau, vielleicht etwas rechts davon, also ostwärts.
17.05 Uhr funkte General Nehring an die Schützen-Brigade 18: »Mindestens Grudskaja erreichen. Wenn möglich, weiter. Nirgends Feind.«
Nachts werden Posten aufgestellt. Die Kompanie schläft. Nirgends Feind mehr.
Am Abend des 1. Oktober notiert Halder in sein Tagebuch: »Guderian hat mit seiner Mitte den Feind völlig durchstoßen und ist in zügigem Vorgehen über 60 km in den Feind hinein vorgedrungen.«

Major Schabalin, dem bei Brjansk dieser Durchbruch der 2. Kompanie bei Shurawka und das Aufsitzen, das Vernichten der beiden Panzer, dann die sorglose Weiterfahrt (»Nirgends Feind«) nach Norden gilt, schreibt in sein Tagebuch an diesem 1. Oktober: »In den Divisionen steht die Sache ungünstig, sowohl mit unserem Apparat als auch mit dem kommandierenden Politbestand. Sie arbeiten schlecht. Die Lage in der 50. Armee ist nicht berühmt. Fast ganz ist sie aus Leuten zusammengesetzt, die in dem vom Gegner besetzten Territorium lebten. Es sind reale Maßnahmen auf unserer Linie und auf der Linie des kommandierenden Politbestands erforderlich. Bei vielen setzt sich immer noch eine Friedensstimmung fort. Dieses fördert noch der Umstand, daß die Armee beinahe 2 Monate in der Verteidigung steht und nur Artillerie-, Minenwerfer- und Maschinengewehrfeuer – und dieses nur periodisch und sehr schwach – zu sehen bekommt. Nachts schlafen die Leute in der vordersten Verteidigungslinie, der Deutsche aber stellt Posten aus und geht ins Dorf übernachten. Das ist kein Krieg, sondern eine Parodie. Es gibt keine aktiven Handlungen, keine Angriffe. Die Seele schmerzt, die Stimmung ist verzweifelt. Immerhin muß man die Lage sofort wiederherstellen, um jeden Preis.«
Der Gegner, den Guderians Panzergruppe vor sich hatte und so rasch durchbrach, in alle Winde zerstreute, war die operative Gruppe des Generals A. N. Ermakow, die am 29. September von Stalin den Befehl erhalten hatte, Gluchow anzugreifen und zurückzugewinnen. Ermakows Gruppe wollte sich gerade dazu bereitstellen, als am 30. September die beiden Panzerkorps Guderians angriffen.
Stalin, der davon am 1. Oktober erfuhr, nahm das nicht tragisch. Er hatte Schlimmeres im September hinnehmen müssen. Die Sache bei Gluchow (Guderian gab an diesem 1. Oktober den Einwohnern die Erlaubnis, wieder Gottesdienste abzuhalten) hielt er für einen örtlichen Mißerfolg.
Dort war jedoch eine Panzergruppe, die in Kürze eine Panzerarmee werden sollte, durchgebrochen.
Am Morgen des 2. Oktober – er war zuerst neblig, dann brach die Sonne durch – fuhr die 2. Kompanie pünktlich 6.00 Uhr an.

Heute sollte die 1. Kompanie an der Spitze des Bataillons fahren. Alle hatten gut geschlafen, der Kompanietrupp brachte Leutnant Koch ein Grammophon, das gefunden worden war, mit vielen Platten. Koch gab es dem ersten Mannschaftswagen, dort legten die Schützen Platten auf. Sie fuhren nun mit Musik (vor allem Tschaikowski, auch gewaltige, dröhnende Chöre) weiter nach Norden.
Es hätte auch die Regimentsmusik sein können, die ihnen aufspielte, als sie nun, wie sie ganz bestimmt glaubten, nach Moskau fuhren. Die Wege waren schlecht. Die Kolonnen stauten sich vor der Stadt Sewsk, die von der 4. Panzer-Division, dem rechten Nachbarn, eingenommen und rasch durchfahren worden war. So sah es aus, als wäre man in Frankreich 1940. Am Himmel die eigene Luftwaffe, in der Ferne Brände von den Bombenwürfen der Flugzeuge. Panzer rollten vor, um russische Panzer zu treffen, die sich Guderian entgegenwarfen, eine Panzerschlacht, beobachtet aus dem Kübelwagen von den Höhen über Sewsk. Was konnte noch passieren? Dann fuhren sie sehr schnell. Die Kompanie riß auseinander. Abends waren sie in Lepeschino. Zu erbeuten gab es bisher nichts außer dem Plattenspieler, dem alten Grammophon, das nun still geworden war. Die Platten schienen den Schützen nicht zu gefallen. Immer diese russischen Massenchöre. Nur die Nußknackersuite spielten sie ab und zu noch. Koch freute sich auf die Rast am Abend, auf das Wehrmachtradio, um bessere Musik zu hören, obwohl er Tschaikowski nicht schlecht fand.
An diesem 2. 10. 1941 schrieb Halder an seine Frau: »Heute sind meine Soldaten in Richtung Moskau zum Großangriff angetreten. Ein Angriff auf 500 Kilometer Breite! Um diese Operation habe ich gekämpft und gerungen. Ich hänge an ihr wie an einem Kinde, um das man schwer gelitten hat. Es geht mir nicht um Moskau. Auf Großstädte lege ich keinen Wert, sondern um den Kern der feindlichen Kraft, die zwischen uns und Moskau steht. Er muß zerschlagen werden. Kiew war nur ein Arm, den wir abgeschlagen haben, diese Operation soll das Rückgrat brechen.«
In den Rücken der Brjansker Front fuhr die 18. Panzer-Division

an diesem Tag, aber diese Front merkte davon kaum etwas. Bei Brjansk hielt Major Schabalin im Tagebuch fest: »2. Oktober. Ich stand um 8 Uhr morgens auf. Frühstückte: Brot, Käse und Tee mit Fruchtsaft. Es liegt eine Mitteilung vor, daß der Gegner auf der Flanke der 13. Armee unserer Front im Angriff ist. Bei uns ist ein ununterbrochenes Artilleriefeuer zu hören. Es fallen mir unsere Kanonen ein oder, wie sie die Deutschen nennen, die Teufelsartillerie. Hätten wir doch jetzt diese Kanonen, sofort würden sie den Geist unserer Armee heben. Flugzeuge des Gegners flogen mehrfach vorbei, man hörte das Schießen unserer Flak. Gestern wurde ein gefangener Deutscher eingebracht, ein abgerissener und verlauster Milchbart. Die Stimmung ist bei ihnen keineswegs kriegerisch, allerdings ist ihnen der Schädel mit Unrat vollgeschlagen, richtiger gesagt, bei ihnen im Kopf herrscht Leere, buchstäbliche Finsternis. Das habe ich nicht erwartet. Um 17.00 Uhr greift der Gegner auf der ganzen Front an, in mehreren Abschnitten hat er unsere Truppenteile zurückgedrängt und den Desna-Fluß überschritten.«

Um diese Zeit ist die 4. Panzer-Division Guderians schon in Kromy, 30 Kilometer vor Orel, das tief im Rücken der 50. Armee liegt. Sie überraschte dort ein russisches Bataillon beim Schanzen. Ein fahrplanmäßiger Zivilomnibus wird angehalten, die Insassen müssen aussteigen, den Bus wollen jetzt die Deutschen benutzen. Ein Dolmetscher des Panzer-Regiments 35 telefoniert mit dem Postmeister in Orel, um ihn zu beruhigen und mitzuteilen, daß von den Deutschen noch nichts zu sehen sei. Die Panzer hätten noch weiter fahren können, wenn sie Kraftstoff gehabt hätten. Doch am nächsten Morgen treffen wenige Tankwagen ein.

Die Panzergruppe stößt so schnell vorwärts, in den freien Raum, daß die Tankwagen nicht nachkommen.

Am Nachmittag dieses 2. Oktober 1941 ist Generaloberst Halder glücklich. Seine Operation »Taifun« ist im erfreulichen Fortschreiten. Guderian hat gemeldet, daß er den gegenüberstehenden Feind voll durchbrochen habe. Seine Mitte rollt auf Orel zu. Die 2. Armee kämpft hart, um über die Desna zu kommen, aber sie hat den Übergang erzwungen. Die Panzergruppe

4 ist durchgebrochen und hat den Feind, wie die Panzergruppe 2 am Tage vorher, zersprengt. Die 4. Armee ist überall erfolgreich im Vorgehen. Die Panzergruppe 3 und die 9. Armee kommen auch sehr gut vorwärts.
Während diese Meldungen einlaufen, erhält Halder Besuch von Graf von Lehndorff, der eine Bitte Dr. Goerdelers übermittelt, ihm eine Unterredung zu gestatten. Halder lehnt ab. Er hat jetzt anderes vor, als sich mit Dr. Goerdeler, der sich seiner Meinung nach als einer der führenden Köpfe der Opposition gegen Hitler nicht immer vorsichtig genug verhält, zu besprechen.
Am Abend trägt Halder in sein Tagebuch diese Wertung ein: »Das Urteil darüber, ob der Feind Befehl zum Halten erhalten hat oder nicht, ist, wie am 22. 6., bei der Truppe geteilt. Nur da, wo rückwärtige Stellungen vorhanden sind, also vor der 4. und 9. Armee, könnte damit gerechnet werden. An den übrigen Fronten muß angenommen werden, daß der Feind sich gestellt hat, bei dem erheblich abgesunkenen Kampfwert rasch überrannt wurde und wohl örtlich ausreißt, aber nicht planmäßig ausweicht. Die zwischen unseren einzelnen Angriffskeilen stehen gebliebenen Feindteile in den großen Waldzonen werden uns bald zeigen, daß der Feind nicht ausgewichen ist.«
Der Feind darf nicht weglaufen, wenn die Operation gelingen soll. An diesem Abend glaubt Halder, daß alles gut gehen wird. Was soll jetzt noch Dr. Goerdeler mit seiner Opposition. Halder und seine Armee sprechen das letzte Wort in diesem Rußland.
Am Vormittag des 3. Oktober gibt Oberst Eberbach, der Kommandeur der 5. Panzer-Brigade in der 4. Panzer-Division in Kromy selbständig den Befehl zum Angriff auf Orel, nachdem seine Panzer aufgetankt wurden. Um 11.00 Uhr rollen die Panzer. Die Vormarschstraße wird von russischen Kampfflugzeugen bombardiert, die vom Flugplatz Orel kommen. Um 15.00 Uhr nimmt die erste 10-cm-Batterie der Division, die eingetroffen ist, den Flugplatz unter Feuer. Flugzeuge werden am Boden zerstört, andere zum Start gezwungen oder an der Landung gehindert. Zwei Panzer unter Führung von Oberleutnant Wollschlaeger haben die Brücke über die Oka gerade in dem Augenblick genommen, als die Russen die begonnene Zerstörung voll-

enden wollen. Das Kradschützenbataillon kommt noch über die Brücke, die Panzer müssen furten. Dann bleibt der Angriff vor der Fliegerkaserne liegen.

Im Gefechtsbericht der 5. Panzer-Brigade heißt es dann: »Die Brigade baut nach Rücksprache mit dem vorn befindlichen Divisionskommandeur erst die Masse der eigenen Artillerie zum Feuerschutz auf und tritt dann 16.30 Uhr nach einem Feuerschlag der Artillerie an. Der Gegner, zwei Bataillone einer mit Flugzeugen herangebrachten Luftlandebrigade, verteidigt sich außergewöhnlich tapfer. Die vorausfahrenden Panzer werden mit Molotow-Cocktails beworfen, zwei Panzer brennen aus. Überall sind die Panzer dazwischen und helfen ihren Kameraden vom Kradschützenbataillon 34. Die Dämmerung kommt, aber bis in die Nacht hinein geht der Kampf weiter. 400 Russen werden gefangen, der Rest ist tot oder entflieht im Schutze der Dunkelheit. Unterdessen ist Oberleutnant Wollschlaeger durch die Feindstellungen gefahren und nach Orel vorgestoßen. In den Straßen der Stadt schießt er 20 zurückgehende Pak-Geschütze ab, teilweise gerade noch, bevor sie gegen ihn zum Schuß kommen. Er kämpft sich bis zum Bahnhof durch, unterbindet dort die Räumung wertvollen Materials, darunter sind 15 kleine Panzer und Flugzeugersatzteile. Dann stößt er 2 Kilometer über Orel hinaus, kehrt zurück und hält mit wenigen Panzern den Bahnhof und die wichtige Hauptbrücke über die Oka, bis gegen 19.00 Uhr weitere Kräfte zugeführt werden können.

Die Stadt Orel mit ihren 120 000 Einwohnern, der wichtige Straßen- und Eisenbahnknotenpunkt, der Sitz der Parteileitung und des NKWD-Abschnitts West, ist fest in der Hand der 4. Panzer-Division. Die 240 Kilometer lange Strecke von Gluchow bis Orel wurde in vier Tagen ohne Rücksicht auf die beiderseitige Flankenbedrohung und bei fast pausenlosen Luftangriffen kämpfend zurückgelegt. Die erbeuteten Vorräte an Betriebsstoff und Verpflegung reichen zwei Wochen lang für die gesamte Armee.«

Bei Brjansk hat Major Schabalin in seiner Erdhütte an diesem Morgen des 3. Oktober lange geschlafen, dann wird bei ihm angerufen. General Kolesnikow sei eingetroffen. »Wir tauschen unsere Meinungen über den Angriff des Gegners aus. Es ist beschämend, daß der Feind wieder einen Sieg errungen hat, die 13. Armee durchbrach, Kromy genommen hat, uns abschneidet. Es liegt ein Befehl vor, die verlorenen Stellungen wiederzugewinnen. Am Abend ist die Lage noch nicht geklärt. Die Nachrichtentruppe arbeitet schlecht, die Befehlsgewalt ebenfalls. Im rückwärtigen Gebiet sitzen Feiglinge, die sich schon zum Rückzug bereit gemacht haben. O, mein Gott! Wieviele Kriecher gibt es hier! Kolesnikow sagt, daß in Orel schon der NKWD evakuiert. Aber von uns bis Orel sind doch 150 Kilometer! Was für ein Durcheinander, was für eine Hilflosigkeit. Es wird eine feste Hand gebraucht.«

Auch am 3. Oktober ist nichts von größeren sowjetischen Gegenmaßnahmen zu bemerken. Die Stavka in Moskau schweigt. »Die Taifun-Front«, schreibt Halder ins Tagebuch, »macht erfreuliche Fortschritte. Guderian hat Orel erreicht. An der übrigen Front ist der Widerstand des Feindes fast überall überwunden (ausgenommen 2. Armee). Die Panzer-Divisionen sind bis zu 50, die Infanterie-Divisionen bis zu 40 Kilometer in den Feind hineingestoßen. Der Feind hält und verteidigt sich, so gut er kann. Es sind sogar Reserven des Feindes nach vorn geführt worden. Von einem bewußten Absetzen ist nirgends etwas zu bemerken.«

Auch Leutnant Koch ist an diesem Tage gut vorangekommen. Er fährt mit seiner Kompanie an der Spitze der Vorausabteilung hinter den Panzern. Abends sichern sie den Gutshof Lopandin. Der Horizont brennt. Eine Zuckerfabrik steht in Flammen. Aus dem Wehrmachtradio hört er, während er dieses gewaltige Rot über dem nächtlichen Land bewundert, eine Rede Hitlers, der in Berlin das Winterhilfswerk eröffnet. An den Winter denkt Koch nicht, er hört die Stimme des Mannes, der sie hierher geschickt hat. Sie klingt ihm ebenso abenteuerlich wie früher, in ihr ist etwas Irrationales, dem er jetzt auch ausgeliefert ist. Die niederbrennende Zuckerfabrik, Hitlers Stimme, beides gehört zusammen, und Koch weiß, daß er dieses Feuer-

werk ertragen muß, das Feuerwerk der Stimme, das andere, das sich nun vollzieht.
Heraus kann keiner mehr, nicht er, der jetzt redet, nicht wir, die handeln.
Wie diese Zuckerfabrik wird Moskau brennen. Er kann es sich nicht anders vorstellen.
Sie verbrennen alles, damit wir nichts in die Hände bekommen, nur Land, viel Land, ungeheures Land.
Nachts wird geschlafen. Noch findet der Krieg nur am Tage statt.

17. KAPITEL

STALIN MUSS SCHUKOW RUFEN

»Es ist jetzt beinahe schon wie in Frankreich im zweiten Teil der Offensive«, schreibt Oberst Jollasse, Kommandeur des Schützenregiments 52, am 4. Oktober 1941 nach Hause. »Es geht immer weiter. Die rote Infanterie ist keinen Schuß Pulver mehr wert und ergibt sich in Massen. Dies ist bestimmt der letzte Run. So habe ich mir den Krieg bei einer Panzer-Division vorgestellt.« Die Wege sind trocken, es ist ein klarer, sonniger Herbsttag. Jollasse führt die Vorausabteilung der 18. Panzer-Division. Leutnant Koch ist dabei. Für ihn ist alles eine »rasende Fahrt«, es ist die »Schnelle Truppe«, dorthin gehört er. Fast sieht es aus, als könne nun nichts mehr geschehen. Der Oberst ist freundlich zu ihm, als er gerade dazu kommt, wie Koch im Dorf Ssamowo absitzen läßt, um tankende Russen gefangen zu nehmen. Die Tankstelle wird benutzt, die Fahrer füllen die Kanister, dann rollt die Spitze weiter. Doch die Brücke ist gesprengt. Sie waten durch den Fluß Nerussa, steigen die Höhe am anderen Ufer hinan. Nun ist es schon Abend; mit der 3. Kompanie, die Schützenpanzerwagen hat, bilden sie einen Brükkenkopf. Die Nacht wird eiskalt. Koch friert. Ins Tagebuch schreibt er: »Es wird Winter.« Hinter ihm, im Tal, bauen Pioniere die Kriegsbrücke. Der Nachthimmel ist klar, das Mondlicht macht die Landschaft geisterhaft, aber den Pionieren genügt diese fahle Beleuchtung, um ihre Brücke bis zum Morgengrauen fertigzustellen. Vor der Brückenstelle stehen die Panzer, die Besatzungen schlafen.

Aus Orel ist an diesem Vormittag das Panzer-Regiment 35 der 4. Panzer-Division auf der Straße nach Tula weitergefahren, es nimmt eine Brücke. Doch dann trifft es auf schwere Feindpanzer, T 34, der Vormarsch stockt.

Man nimmt diesen Aufenthalt nicht ernst. In Orel sammelt die Division. Es werden große Mengen Thunfisch erbeutet,

endlich bekommen die Männer etwas anderes zu essen als die bisherige Truppenkost.
Seitdem Guderians Panzergruppe aus dem Raum Gluchow vorgeprescht war, General Ermakows Truppen durchstieß, gefangennahm oder nicht mehr beachtete, galt ihr die besondere Aufmerksamkeit des sowjetischen Generalstabs und der Stavka in Moskau. Von Guderian war alles zu erwarten. Die Stavka sah die Gefahr eines operativen Durchbruchs bei Orel über Tula nach Moskau. Die Lage bei Orel fesselte die Aufmerksamkeit der Stavka so stark, daß darüber der Angriff der anderen Panzergruppen nördlich der Autobahn Smolensk—Moskau und auf der Straße Roslawl—Moskau kaum beachtet wurde. Dort hatte man, wie man in Moskau glaubte, genügend Truppen zur Verfügung, die mit den Deutschen fertig werden könnten. Doch das »Loch im Süden« war gefährlich. Nach Orel hatte die Stavka schon Truppen im Lufttransport geworfen, doch die Deutschen waren schneller, sie faßten die Flugzeuge und die wenigen gelandeten Soldaten mit ihrer Artillerie. Flugzeuge, die gerade entladen wollten, mußten sofort wieder starten, sie flogen zurück und landeten in Mzensk. Dorthin transportierte die Stavka innerhalb von 3 Tagen mit Flugzeugen aus dem Raum von Jaroslaw und Tejkowo, im Norden Moskaus, zwischen Gorki an der Wolga und dem Rybinsker Stausee, 5500 Mann mit ihrer Ausrüstung.
Diese »Luftlandebrigade« war improvisiert wie vieles nun in der Schlacht vor Moskau. Sie wurde von der 4. Panzerbrigade des Obersten Katukow unterstützt, die mit den Panzern T 34 ausgerüstet war.
Die Luftlandungen fanden unbemerkt von der deutschen Luftwaffe statt, die in diesen Tagen der links neben Guderians Panzergruppe vorgehenden 2. Armee vorwärts half, aber auch bei den anderen Panzergruppen weiter nördlich rege tätig sein mußte. Abgedeckt wurden die Luftlandungen von Bombenangriffen auf die vorrückenden deutschen Panzer-Divisionen. Die russischen Luftangriffe wurden Guderian so unangenehm, daß er am 5. Oktober dringend die Luftflotte um Jäger bat. Diese wurden für den 6. Oktober zugesagt.

Stalin schickte gegen Guderian seine besten Reserveverbände. Sonst hatte er nichts mehr diesem deutschen Panzergeneral auf seinem Weg über Orel nach Tula und Moskau entgegenzustellen. Für die gesamte Brjansker Front des Generals Jeremenko, in deren Rücken am 4. Oktober die Deutschen vorrückten, begann nun die Katastrophe, während die Stavka in Moskau nur besorgt auf die Straße Orel—Tula sah, an der sich die Luftlandetruppen mit den starken Panzern Guderians Panzern entgegenwerfen sollten. Die Stavka hielt die Brjansker Front noch nicht für gefährdet.

Major Schabalin trägt am Abend des 4. Oktober bei Brjansk in sein Tagebuch ein: »Am frühen Morgen bin ich mit General Kolesnikow zu General Petrow gegangen, der die 50. Armee führt. Wir saßen etwa 2 Stunden und haben unsere Ansichten über den Gang des deutschen Angriffes ausgetauscht. Um 12.00 Uhr fuhren wir in den Rayon des Dorfes Djatkowo. Unterwegs trafen wir den Chef der Besonderen Abteilung 217. Er sagt: ›Ich suche einen Gefechtsstand für die 217.‹ Unterwegs trafen wir auch den Kommissar der 217. Schützendivision. Er erzählte uns über die Lage. Wir glaubten ihm wenig. Wir trafen eine Gruppe Rotarmisten und schickten sie zur Division. Die Lage der 217. zeichnet sich so ab: Am 2. 10. führte der Deutsche eine verstärkte Artillerievorbereitung durch, zerschlug unsere Schützen- und MG-Nester, vertrieb unsere Vorposten und aufrecht schreitend gingen seine Soldaten zum Angriff. Seine Luftwaffe wirkte aktiv und gab unseren Kräften nicht die Möglichkeit, den Kopf zu heben. Das Resultat: Die Division ist zerschlagen, das Regiment 766 in der rechten Flanke ist verloren, die Verbindung fehlt und niemand weiß zu sagen, wo es blieb. Vom 755. Regiment blieben nur 20 Mann übrig, die übrigen sind tot, verwundet, verschollen. Die Division verlor ihre Leitung, die Rotarmisten waren ihrem Schicksal überlassen. Von der Division sind nicht mehr als 300 Mann übrig, und auch diese sind alle zerstreut. Heute greift der Deutsche nicht an, er erkundet nur. Anscheinend sind seine Kräfte stark durcheinander. Hier müßte man einen Gegenangriff unternehmen, aber dafür ist nichts da. Es stehen zwei kraftlose Armeen und die eine fürchtet die andere. Abends: Man sagt, daß Orel brennt. Wir werden umgangen. In eine Umklammerung geriet die ganze Front — das sind 3 Armeen. Was tun unsere Generale? Sie »denken«. Es ist schon zur Gewohnheit geworden: ›Ich gehe aus der Umklammerung. Wir lassen die Front fallen.‹ Was ist das nun? Um 22.00 Uhr fuhr ich in den Wald und sprach mit dem Kommandierenden der Armee, Generalmojor Petrow, über die Lage der Dinge. Er sagte, eine Front könne ihm nicht mehr helfen und fragte mich: »Wieviel Volk haben Sie in dieser Zeit erschossen?« Was soll diese Mokiererei. Der Kommandant hat einen Liter Schnaps beschafft. Ach, jetzt trinken und schlafen, vielleicht wird es dann besser. Bei uns hat man den Kopf verloren und ist zu keinen aktiven Handlungen fähig.«

Dieser 4. Oktober steht, wie Halder vermerkt, »im Zeichen des 60. Geburtstages der Oberbefehlshabers des Heeres«. Dann: »Die Operation Taifun verläuft geradezu klassisch. Guderian hat über Orel hinaus Mzensk erreicht und stößt völlig ins Leere (hier irrt Halder, er weiß noch nicht, daß die 4. Panzer-Division vor Mzensk stehen bleiben mußte, da Katukows starke Panzer sich ihr entgegenstellen). Hoepner ist durch den Feind durch und hat Moschaisk erreicht. Hoth ist bis Cholm am oberen Dnjepr durchgestoßen und hat sich im Norden Luft gemacht. Der Feind hält überall an der nicht angegriffenen Front, so daß die Kesselbildung sich vielversprechend anbahnt.«

Am Nachmittag besucht Hitler zur Teestunde das OKH. Besprochen wird dabei der Ansatz Guderians über Tula auf Moskau. Vor Mitternacht telefoniert Halder mit Feldmarschall von Bock. Dieser wird Guderian den Befehl geben, sich in den Besitz der Straße Orel—Brjansk zu setzen, die er für die Versorgung braucht, Mzensk in die Hand zu nehmen und den Übergang bei Belew, im übrigen sich aber bereit zu machen, sowohl ostwärts als auch westlich der Oka weiter vorzugehen.

Halder und Bock sehen sich schon im Besitz des Raumes zwischen Wladimir und Rjasan, den Guderian erreichen wird. Dann wäre die Hauptstadt gegen Osten abgeriegelt. Wenn die 4. und die 9. Armee Moskau an der Ringbahn eingekreist hätten, könnte Guderian bis Gorki und Kasan vordringen, die Wolgalinie den Winter über besetzt halten. Inzwischen würde das eingekreiste Moskau kapitulieren. Sieht man auf die Karte, so erscheint alles möglich. Das Wetter ist gut, es gibt keine Wegeschwierigkeiten. Auf dem Flugplatz von Orel landen die ersten Transportmaschinen der Luftwaffe mit Betriebsstoff für die Panzer an der Chaussee nach Moskau. Von Orel bis Moskau sind es 337 Straßenkilometer. Tula liegt auf dem halben Wege zum Kreml. Nach Rjasan müßten 340 Kilometer überwunden werden.

Ob aber Moskau kapitulieren wird, das ist ungewiß. Halder interessiert Moskau nicht, er will die Rote Armee vor der Stadt zerschlagen, und er glaubt, daß ihm dieses gelingt. Bock muß sich jedoch Gedanken machen, was er mit Moskau anfängt. Er meint, die Stadt müsse erst einmal eingeschlossen werden. Hitler hat im Sommer (Halder notierte es am 8. Juli in sein Tagebuch) einmal gemeint, Moskau und Leningrad seien »dem Erdboden gleichzumachen«.

Es wird nun Zeit, beim OKW nachzufragen, was mit Moskau zu geschehen habe. Halder nahm Hitlers Ansicht im Sommer nicht ernst, er hielt sie für eine der maßlosen Übertreibungen, zu denen Hitler, gerade gesprächsweise, fähig war.

In der Nacht zum 5. Oktober erhält die 18. Panzer-Division eine andere Stadt zum Ziel: Karatschew. Sie liegt zwischen Orel und Brjansk an der festen Straße, über die der Nachschub, zugleich auf der Eisenbahn neben dieser Straße, herankommen soll. Karatschew soll genommen werden, dann könnte man nach Brjansk weiterfahren und die Desna-Linie, an der die 2. Armee etwas schwerfällig vorankommt, von rückwärts öffnen. Hierzu müßten dann Major Schabalin, General Petrow und General Jeremenko, der Befehlshaber der Brjansker Front, überrollt werden, die sich dort noch befinden. Die 4. Panzer-Division soll am 5. Oktober Mzensk nehmen.

Der 5. Oktober ist ein Sonntag. Wieder ist es sonnig nach kühler Nacht. Aber am Nachmittag bedeckt sich der Himmel, es sieht aus, als wolle das Wetter umschlagen.

Die Vorausabteilung der 18. Panzer-Division ist wieder angetre-

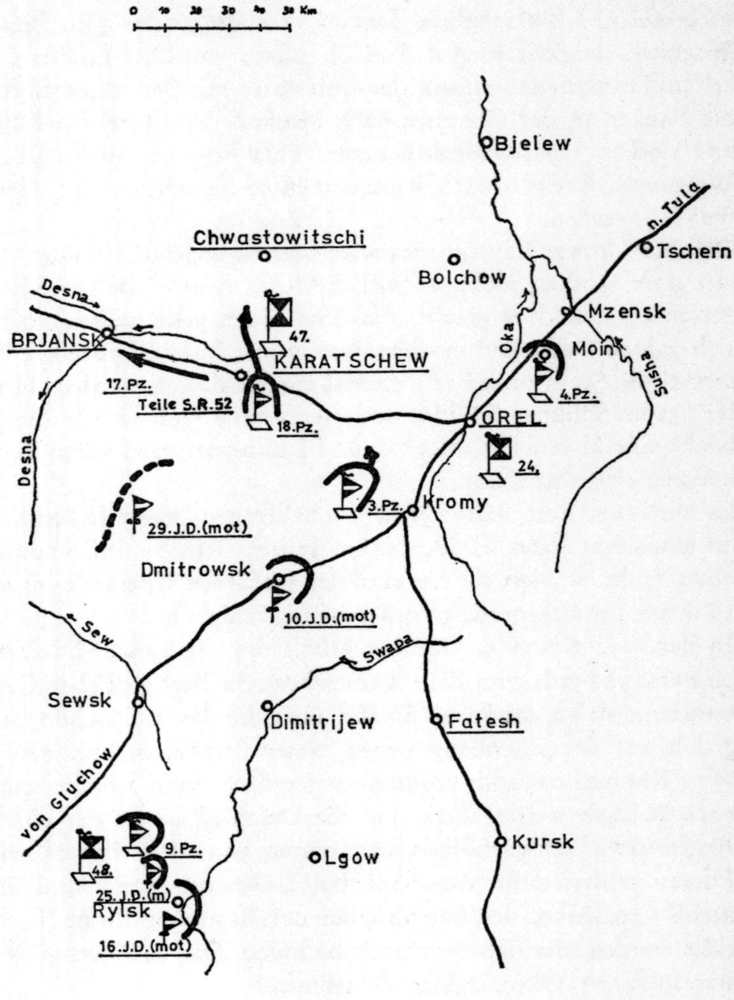

Abb. 8: Lage am 5. 10. 1941

ten. Den Schützen folgen die Panzer und die übrigen Kraftfahrzeuge über die fertiggestellte Kriegsbrücke. Die Schützen sitzen auf. Leutnant Koch fährt mit der 2. Kompanie an der Spitze. Es ist 8.00 Uhr. Der Himmel sieht heiter aus. In der Kolonne freut man sich auf die Stadt, die man heute nehmen will. Russische Städte hatten bisher immer enttäuscht. Karatschew soll nicht bombardiert werden, die Schützen möchten einmal wieder ein Dach über dem Kopf haben, siegen und dann schlafen.

Mit den Schützen vom I. Bataillon des Regiments 52, das Anfang Juli die Brücke über die Beresina erstürmte, fahren die Panzer der Abteilung des Majors Teege, die damals auch bei ihnen waren. Man kennt sich, man kann sich aufeinander verlassen. General Nehring sorgt dafür, daß ab 11.20 Uhr seine Artillerie Karatschew beschießen kann. Eine Stunde hat er dafür angesetzt. Inzwischen müssen die Panzer und Schützen vor der Stadt angekommen sein. Von seinem Divisionsaufklärungsflieger hat Nehring ein Luftbild von Karatschew erhalten, das Panzergräben erkennen läßt, sonst nichts, keine Truppen.

Doch das Vorgehen verzögert sich. Die Brücke auf der Vormarschstraße ist gesprengt. Nehring dreht die Vorausabteilung nach Osten ab. Die Artillerie muß neu angesetzt werden, bisher kann sie nicht nach Karatschew schießen. Der General möchte jetzt, um alles besser zu sehen, in den Storch seiner Fliegerstaffel steigen, um vorn dabei zu sein, doch ein russischer Jäger erscheint über der Marschkolonne. Jagdschutz hat die Division nicht, also fährt der General der Vorausabteilung nach.

Am frühen Nachmittag, unter einem hohen Himmel — die Sonne verschleiern Wolken —, stellt sich die Vorausabteilung zum Angriff bereit. Leutnant Koch hat mit seiner Kompanie die Fahrzeuge verlassen, sie geht im Straßengraben vor. Auf einer Anhöhe trifft er Oberst Jollasse. Das Gelände neigt sich leicht nach Karatschew hinab. Koch sieht links in großer Entfernung ein russisches Bataillon nach Westen marschieren. Beiderseits der Straße stehen Teeges Panzer. Rechts der Straße liegt die 3. Kompanie mit ihren Schützenpanzerwagen.

Nach Karatschew ist es nicht mehr weit. Vor der Stadt muß Pak stehen, es knallt von dort auf die Anhöhe.

Der Oberst befiehlt Leutnant Koch, mit der 2. Kompanie links der Straße auf dem Acker vorzugehen. Die Panzer werden vorausfahren.

Jollasse lacht: »Auf Wiedersehen im Hotel Moskau«, sagt er, als Koch sich nach Karatschew abmeldet. Koch nimmt das ernst. Er wird, nach der Einnahme der Stadt, noch lange das Hotel Moskau suchen, das er nicht findet.

Für Jollasse ist das, was nun geschieht, »ein ganz großer Tag mit glänzenden Erfolgen für Division und Regiment und dabei sehr geringen Verlusten. Diese wundervollen Gefechtsbilder werde ich nie vergessen«. So schreibt er am Abend an seine Frau in Hamburg.

Die Panzer haben sich in Bewegung gesetzt, es ist 16.00 Uhr. Koch geht mit dem Kompanietruppführer und dem Melder Zilm vor seiner Kompanie links der Straße, aufrecht, zügig, die vor ihm fahrenden Panzer machen ihn sicher. Dieser schulmäßige Angriff erinnert ihn an Manöverzeiten. Gegen die Panzer schießt russische Pak, die auf freiem Feld aufgefahren ist.

Die Panzer bekämpfen die Pak.

Plötzlich wird Koch vom Luftdruck eines einschlagenden Geschosses zu Boden geworfen. Als er aufsteht, sieht er den Melder neben sich, ausgestreckt. Zilm ist der Kopf von dem Pakgeschoß abgerissen worden.

Schneller als bisher läuft nun Koch, hinter ihm die Kompanie. Alle haben es jetzt eilig, in die Stadt zu kommen. Dort wird es keine Pak geben, die Köpfe abschießt. Sie kommen an den Pak-Bedienungen vorbei, die von den Panzern erledigt wurden. Mit dem vordersten Panzer erreicht Koch eine hölzerne Brücke, die eine tiefe Schlucht am Stadteingang überquert. Er sieht Drähte, Zündschnüre, die von den Pfeilern herabhängen. Aus dem Panzer steigt ein Oberfeldwebel, beide laufen unter die Brücke, reißen die Drähte und Zündschnüre ab. Dann gehen sie in die Stadt. Es geschieht im Augenblick nichts mehr. Die Stadt ist offen. Sie nehmen die Stadt, sie laufen durch die Straßen, um am westlichen Ausgang in Deckung zu gehen. Schwere russische Panzer unternehmen einen Gegenstoß, der abgewiesen wird.

Koch sammelt seine Kompanie. Er hat jetzt, wie alle, Heißhunger. Er betritt ein Haus, dort ist der Tisch gedeckt, die Speisen sind aufgetragen. Er setzt sich mit seinem Kompanietrupp. Nur Zilm fehlt nun. Der Kriegspfarrer Wolf hat ihn vor Karatschew schon gefunden und betet für seine Seele, um ihn dann zu begraben. Das »Hotel Moskau« findet Koch nicht, als er es später sucht, ihm genügte es, sich an einen gedeckten Tisch zu setzen, nach Eroberung der Stadt, und die noch warmen Speisen vor sich zu haben.

Teeges Panzer stehen am Westrand vor einer zerstörten Brücke. Der Abteilungskommandeur hat, während er in Karatschew eintraf, begleitet von den Schützen, um 17.31 Uhr einen Funkspruch General Nehrings erhalten: »Auftanken. Sofort Weitermarsch. Batterie mitnehmen. Kommandeur voraus.«

Er fragt beim Panzer-Regiment an, was das solle.

Die Antwort: »Nächtlicher Vorstoß zum Bilden des Brückenkopfes Brjansk.« Er bittet darum, bei Nehring anzufragen, ob das Ziel Brjansk richtig sei. Nehring funkt 19.18 Uhr: »Brjansk richtig. Befehl Guderian.«

Aber Teege muß stehen bleiben, er kann nicht furten, er braucht eine intakte Brücke, um aus Karatschew heraus zu kommen, westwärts, nach Brjansk.

Nehring entscheidet, daß Teege am Morgen antreten soll. Er ist inzwischen in Karatschew eingetroffen und hat Oberst Jollasse und dessen Regiment seine Anerkennung ausgesprochen. Vor Mitternacht versucht er nochmals, Teege nach Brjansk vorzubekommen, aber ohne Brücke geht das nicht.

Links von der 18. Panzer-Division ist die 17. Panzer-Division vorgegangen. Sie erhält nun den Befehl, Brjansk von Osten zu nehmen.

Bei Brjansk trägt Major Schabalin an diesem Abend ins Tagebuch ein: »Mit dem Chef der Besonderen Abteilung, General Kleymann, ging ich zum Mittagessen, es war lobenswert, die Bedienung ebenfalls. Im Angriff gehen die Deutschen aufrecht, die Unsrigen mähen sie ruhmvoll. Die 260. Division schlägt sich ausgezeichnet, die Rotarmisten sind tapfer. Am Morgen kam eine Abteilung der Garde-Artillerie. Salvengeschütze. Die Deutschen gehen nur in Blusen, nehmen den getöteten Rotarmisten die Mäntel ab und tragen sie. Zur Unterscheidung schürzen sie einen Ärmel bis zum Ellenbogen auf. Die Tanks sind in Richtung Brjansk abmarschiert. Anscheinend erwarten sie den Gegner von hinten.«

Es ist gut, wenn der Soldat in Ruhe essen kann, vor allem sonntags, Major Schabalin bei Brjansk, Leutnant Koch in Karatschew, beide an derselben Straße, Koch nur viel weiter östlich. Sie werden sich auch in den kommenden Tagen nicht sehen, aber sie nähern sich einander schnell.

Zwischen Schabalins unbeschwertem Mittagessen (die Bedienung war ausgezeichnet) und Kochs Abendessen an der für ihn nicht gedeckten Tafel, wird in Leningrad General Schukow ans Telefon gerufen.

»Stalin möchte direkt mit dem Befehlshaber der Front sprechen«, sagt der Generalstabsoffizier in Moskau.

Schukow war von Stalin im September nach Leningrad geschickt worden, um die Verteidigung der Stadt zu leiten, die aber von den Deutschen nicht mehr angegriffen wurde.

Seine Voraussage, die Truppen würden bei Kiew eingekesselt, hatte Stalin verstimmt. Er wollte Schukow aus seiner Umgebung loswerden.

»Schukow am Apparat.«

»Warten Sie.«

Nach zwei Minuten hört Schukow die Stimme Stalins: »Guten Tag.« Schukow: »Guten Tag.«

Stalin: »Ich habe nur eine Frage an Sie: Können Sie sofort im Flugzeug nach Moskau kommen? Die Lage am linken Flügel der Reservefront und im Raum Juchnow hat sich kompliziert, und das Hauptquartier möchte sich mit Ihnen über die notwendigen Maßnahmen beraten. Lassen Sie irgend jemand in Vertretung zurück, vielleicht Chosin.«

Schukow: »Genügt es, am 6. Oktober frühmorgens abzufliegen?« Stalin: »Ja, das geht. Wir erwarten Sie also morgen in Moskau.«

Schukow weiß, daß die West-Front von seinem Rivalen General Konjew befehligt wird. Es muß schlimm bei Juchnow aussehen, wenn Stalin ihn jetzt ins Hauptquartier ruft. Aber Stalin wollte ja, daß Konjew die West-Front erhielt, nachdem Schukow Timoschenko ablöste. Und vor Timoschenko hat Schukow die Westfront beiderseits der Autobahn stabilisiert. Das war im August.

Stalin war an diesem Sonntag nicht im Hauptquartier, sondern auf seiner Datscha bei Moskau. Er hatte Grippe.

Auch deshalb war das Telefongespräch kurz. Die beiden Männer hatten sich nichts weiter zu sagen.

Mit diesem lapidaren Telefongespräch zwischen der Datscha Stalins bei Moskau und der Fernsprechzentrale der Leningrader Front, einem Hilferuf des Obersten Befehlshabers an seinen General, auf den er im September nicht hören wollte, beginnt die geschichtliche Rolle des Marschalls Schukow. Von diesem Anruf Stalins bis zu jenem Anruf desselben Mannes am 7. Mai 1945, den Schukow in Berlin entgegennahm, liegt der Rest des Krieges: »Die Deutschen haben heute in Reims die bedingungslose Kapitulation unterzeichnet. Da aber die Hauptlast des Krieges das Sowjetvolk und nicht die Alliierten getragen haben, müssen die Deutschen vor dem Obersten Kommando aller Länder der antihitlerischen Koalition und nicht bloß vor dem Oberkommando der Verbündeten kapitulieren. Zum Vertreter des Obersten Kommandos der Sowjetarmee werden Sie ernannt.«

Die deutsche Luftaufklärung meldete an diesem Sonntag Eisenbahnbewegungen von Norden auf Moskau, auch von den Waldai-Höhen auf Moskau, von Rshew und Wjasma auf Kaluga.

Ehe aber Stalin mit Schukow in Leningrad telefonierte, wobei er Juchnow und die Südwestfront als »schwierig« bezeichnete, hatte sich dieses ereignet: Die Unkenntnis über das, was sich eigentlich an der Front ereignete, war in Moskau groß gewesen. Erst durch die Übersetzung der Hitlerrede vom 3. Oktober hatte die Politische Abteilung des Moskauer Verteidigungskreises erfahren, daß die »letzte entscheidende Offensive« begonnen habe. West- und Reservefront meldeten bis dahin nichts über eine »entscheidende Offensive«. In der Nacht vom 4. zum 5. Oktober waren, wie Konstantin F. Telegin, damals Politkommissar des Moskauer Verteidigungskreises, später berichtete, die Telefonverbindungen zur Westfront General Konjews unterbrochen.

Da Hitler in seiner Rede vom 3. Oktober auch noch gesagt hatte, die Rote Armee sei geschlagen und werde niemals wieder ihre Stärke zurückgewinnen, entstand große Unruhe. Guderians Durchbruch und der sich ihm anschließende Vormarsch von Orel über Tula auf Moskau konnte aufgehalten werden, dazu war Oberst Katukow mit seinen neuen Panzern und den Luftlandetruppen bei Mzensk eingesetzt.

Es mußte etwas anderes geschehen sein; doch die Westfront schwieg.

Am Morgen des 5. Oktober stellten Piloten des 120. Jagdfliegerregiments fest, daß auf der Straße von Spas—Demensk nach Juchnow, im Rücken der Westfront, eine lange Kolonne deutscher Panzer und Kraftfahrzeuge vorrückte. Das deutsche 40. Panzerkorps hatte, wie das 47. Panzerkorps weiter südlich, das um diese Zeit auf Karatschew vorstieß, freie Bewegung im Rücken des Gegners gewonnen.

Die Meldung der Piloten stieß in Moskau auf Ungläubigkeit. Telegin ließ sie überprüfen. Nochmals flogen die Aufklärer dorthin, von wo sich die Deutschen ungestört näherten. Dabei wurden sie von den Deutschen beschossen. Aber auch die Treffer an ihren Maschinen überzeugten Telegin nicht. Als zum dritten Mal russische Aufklärer nach Juchnow flogen, stellten sie fest, daß die Deutschen in der Stadt seien. Der an Grippe erkrankte Stalin wurde benachrichtigt. Er ließ den Moskauer Militärkreis sofort alarmieren.

Die Reserven des Militärkreises hatten die Verteidigungsstellungen bei Moschaisk zu beziehen, um den Feind dort ungefähr eine Woche lang aufzuhalten, bis Reserven herangebracht seien. Stalin hatte allerdings schon am 4. Oktober von General Konjew erfahren, daß sich die Einkesselung seiner Westfront abzeichne. Doch an diesem Tage bekam Konjew keine Befehle.

Erst Juchnow alarmierte Stalin, der Schukow zu sich rief. Aus dieser Stadt wurde am Spätnachmittag durch einen Anruf in Moskau die Einnahme der Stadt bestätigt.

Konjew erhielt an diesem Sonntagnachmittag von der Stavka endlich einen Befehl. Er sollte sich auf die ausgebaute Verteidigungslinie Wjasma—Rshew zurückziehen.

Auch General Jeremenko wurde bei der Stavka vorstellig. Er verwies auf Guderian in Orel und bat um einen Rückzugsbefehl, um nicht eingekesselt zu werden. Er schlug vor, mit verkehrter Front nach Osten auszubrechen.

Doch die Stavka sah, da sie noch nicht wußte, daß am Nachmittag die 18. Panzer-Division Karatschew an der Straße Brjansk—Orel genommen hatte, noch keinen zwingenden Grund, auch der Brjansker Front den Rückzug zu befehlen. Im Kreml fürchtete man, durch diese Meldungen werde in der Bevölkerung Panik verbreitet. Es wurde verboten, über die Bewegungen der Deutschen und der eigenen Kräfte etwas nach außen verlauten zu lassen. Die Moskauer sollten am Abend das Sinfoniekonzert, das ausverkauft war, nicht versäumen.

Schon einmal, am 22. Juni 1941, war Stalin überrascht und durch den Schlag, den ihm Hitler versetzte, wie gelähmt worden. Auch an diesem 5. Oktober wurde er überrascht, doch eine erneute Lähmung seines Willens, trotz seiner Krankheit, konnte er sich nicht mehr leisten.

Sein Land schwebte in höchster Gefahr.

Und wieder, wie im Juni 1941, hatte er nach Schukow rufen müssen, den er nicht leiden konnte.

Doch Schukow ließ sich in Leningrad Zeit. Er ließ sich sogar am 6. Oktober von Stalin gestatten, erst am 7. Oktober nach Moskau zu fliegen. Er wollte am 6. Oktober noch einige Kleinigkeiten an seiner Leningrader Front in Ordnung bringen.

In den Berliner Zeitungen war am 2. 10. (im »Lokalanzeiger« standen nur 2 Todesanzeigen, es sollten bald mehr werden) zu lesen, daß für Mädchen der Kriegshilfsdienst im Reichsarbeitsdienst angeordnet wurde. »Er will als weitere halbjährige Verpflichtung der eingezogenen reichsarbeitsdienstpflichtigen Mädchen vor allem helfen, männliche Kräfte zum unmittelbaren Kriegsdienst frei zu machen.«

Und in einer Anzeige hieß es:

»OSTEINSATZ
Wir suchen männliches und weibliches Büropersonal (keine Anfängerinnen), ferner Fachkräfte für den Handel mit landwirtschaftlichen Erzeugnissen, der Lagerung sowie Be- und Verarbeitung zum sofortigen Einsatz im Osten. Bewerbungen unter Angabe des frühesten Eintrittstermins an die Zentrale Handelsgesellschaft Ost für landw. Absatz und Bedarf m. b. H. Reichsmonopolgesellschaft für die besetzten Gebiete der UdSSR, Berlin W 9, Linkstraße 27.«
Uraufgeführt wurde im Capitol am Zoo mit Willy Birgel und Karin Hardt in den Hauptrollen der Film »Kameraden«. Im Rose-Theater konnte man Ida Orloff sehen, die als Sechzehnjährige am Lessingtheater in »Hanneles Himmelfahrt« einst aufgetreten war. Sie spielte nun die Mutter Wolff in Gerhart Hauptmanns »Roter Hahn«.
Kameraden. Roter Hahn. Himmelfahrt.
Die Stichworte waren auch auf der kulturellen Szene gefallen, aber für wen?

18. KAPITEL

FAHRT IN LEERES LAND

Zum letzten Male für vier Wochen hatte Stalin am 3. Oktober an Churchill und Roosevelt geschrieben. Dann schwieg er bis Anfang November. Es kamen noch Briefe des britischen Premierministers und des amerikanischen Präsidenten, aber Stalin beantwortete sie nicht mehr. Im Brief an Roosevelt meinte Stalin, »daß die Hitlerfaschisten sich sicherlich bemühen werden, die noch bis zum Winter verbleibenden Monate auszunutzen, um an der Front stärksten Druck auszuüben.«

Wie Hitler rechnete Stalin Anfang Oktober noch nicht damit, daß der Winter bald käme. Stalin sprach von Monaten bis zum Winter.

Jetzt kamen vier schwere Wochen für die Sowjetunion; Stalin fand nicht die Zeit, Forderungen an Churchill und Roosevelt zu stellen.

Am 6. Oktober nahmen Truppen Guderians, dessen Panzergruppe an diesem Tag in die 2. Panzerarmee umbenannt wurde, die große und wichtige Stadt Brjansk.

Es waren nur sieben Panzer und wenige Schützen der Vorausabteilung der links neben der 18. Panzer-Division vorgehenden 17. Panzer-Division, die in die Stadt eindrangen. Aber sie hielten die Stadt, bis die 17. Panzer-Division aufschloß.

Sie waren über Panzerabwehrgräben und ausgebaute Stellungen gefahren, eine Kasernenwache hatte vor ihnen sogar präsentiert, doch sie wußten nicht, daß in dieser Kaserne der Stab der Brjansker Front lag. Der Befehlshaber General Jeremenko entzog sich im letzten Augenblick der Gefangennahme durch Flucht und blieb vorerst verschollen. Die Stavka in Moskau nahm an, daß Jeremenko gefallen sei. Aber Jeremenko war nur verwundet, seine Leute versuchten, ihn nach Osten aus der Einkesselung zu bringen. Das Kommando über die Brjansker Front erhielt Generalmajor Petrow, der die 50. Armee kommandierte, zu deren Stab (= Kriegsrat) Major Schabalin gehörte.

Seinem Tagebuch ist unter dem Datum des 6. Oktober zu entnehmen, wie die russische Seite die Ereignisse sah.
Jeremenko hat am Morgen mit seinem Stab Stellungswechsel gemacht, er befindet sich nun an der Straße nach Karatschew. Am frühen Nachmittag erfährt Major Schabalin, daß der Frontstab General Jeremenkos von deutschen Panzern umzingelt sei. Eine Schießerei finde statt. Diese Meldung erhält der Stab der 50. Armee um 15.30 Uhr, dann bricht die Nachrichtenverbindung zum Frontstab ab. Schabalin erfährt, daß die russischen Panzer, die aus Brjansk in Richtung Karatschew gefahren seien, wieder nach Brjansk zurückkehrten. Am Abend stellt sich heraus, daß dies eine falsche Meldung war. Nicht russische Panzer, sondern sechs deutsche Panzer und vier bis sechs Kraftfahrzeuge mit Infanterie seien in der Stadt. Zwei eigene Regimenter sollen die wenigen Deutschen aus Brjansk wieder hinauswerfen. Die Brücke über die Desna wurde nicht gesprengt.
Und Brjansk brennt.
Nach den deutschen Akten hatte die 17. Panzer-Division mit unterstellter Panzerabteilung Teege von der 18. Panzer-Division Brjansk um 18.00 Uhr fest in der Hand.
Damit war die Brjansker Front, die ihren Stab verloren hatte, in zwei Kessel geraten, den Nordkessel und den Südkessel, in denen sich drei Armeen befanden.
Im Süden von Moskau schien die Entscheidung gefallen. Das Land war nach Osten leer, nur an der Straße nach Tula, bei Mzensk, stand noch Feind für Guderian, der die Einnahme von Brjansk selbständig befohlen hatte, denn diese Stadt sollte von der 2. Armee genommen werden, die aber nur langsam vorankam. Im Operationsplan »Taifun« war vorgesehen, daß Guderians Panzerarmee bei Karatschew die von Norden, über Schisdra und Suchinitschi, vorgehenden Verbände der 2. Armee erwarten sollte, um hier den Kessel zu schließen.
Der erfolgreiche Handstreich gegen Brjansk lenkte Guderian nicht ab. Er richtete seine Aufmerksamkeit ganz auf die Mitte seiner Front, auf das 24. Panzerkorps, das schon am 3. Oktober Orel nahm. Dort begann seine Straße nach Moskau. Aber um auf dieser Straße gut versorgt voranzukommen, brauchte er die

Straße Orel—Brjansk, die ihm den kürzesten Weg nach Roslawl und Smolensk öffnete.

Diese Straße hatte er nun, und da auch seine rechte Flanke, die vom 48. Panzerkorps des Generals Kempff gebildet wurde, nicht gefährdet war – dort herrschte Ruhe, das Panzerkorps, das von der Heeresgruppe Süd abgegeben worden war, kam freilich nur langsam voran, da die Wege schlecht waren –, sah es für ihn aus, als habe er an diesem 6. Oktober alles erreicht, was zu erreichen war: Der Weg nach Moskau und in den Osten der sowjetischen Hauptstadt war frei, es mußten nur noch die Panzer bei Mzensk geschlagen werden. Da die Straßen gut befahrbar waren, sollte dies kein Problem werden. Die 3. Panzer-Division des Generalleutnants Model stieß gerade gegen Belew vor, auch von dort konnte man schnell nach Tula gelangen.

Karatschew wurde von Leutnant Kochs 2. Kompanie gesichert. Die 18. Panzer-Division schloß auf. Karatschew war weder bombardiert noch beschossen worden, die meisten Einwohner waren in der Stadt geblieben. In der Nähe der verwahrlosten Kirche war die Großbäckerei von den abziehenden Russen noch in Brand gesteckt worden, die Deutschen sollten in ihr kein Brot backen.

Koch schreibt einen Brief an die Eltern seines Melders, der neben ihm fiel. Die Verluste der Vorausabteilung, die Karatschew nahm, betrugen 7 Gefallene und 30 Verwundete, darunter 7 von der 2. Kompanie.

Feldpost trifft ein, Zeitungen, darunter die »Deutsche Allgemeine Zeitung«, die für Koch bestimmt ist. Er hat sie abonniert. Sein Vater schreibt: »Wir bilden hier in Grimma wie immer aus. Ich denke viel an Dich. Als ich so alt war wie Du jetzt bist, ritt ich bis kurz vor Paris über die Marne. Ich wünsche Dir, daß Du mehr Erfolg hast als wir damals.«

Ein Mädchen schickt ihm aus Oslo, das dorthin in eine deutsche Dienststelle versetzt ist, einen Brief, darin liegt ein Medaillon, das soll er sich um den Hals hängen. Auf der Rückseite des Mädchenbildes im Medaillon liest Koch: »Komm wieder«.

Am Nachmittag geht er die Posten seiner Kompanie ab, der Himmel ist stark bewölkt, es ist kalt und stürmisch.

Dieser Witterungsumschwung gefällt ihm nicht, er denkt an die Mondnacht im Nerussa-Brückenkopf, an die Nacht vor dem Sturm auf Karatschew, durch das er jetzt spazieren geht, als die Pioniere soviel Mondlicht hatten, daß sie die Brücke nachts bauen konnten. In dieser hellen Mondnacht hatte er sich an etwas erinnert, das sein Geographielehrer in Dresden erzählte. Das ganze europäische und asiatische Rußland sei ein Gebiet, größer als der sichtbare Teil des Mondes. Nun, in Karatschew angelangt, hatte Koch das Gefühl, einen nicht unbeträchtlichen Teil dieses Mondes erobert zu haben, den Rest würde man auch noch in die Hand bekommen.
Aber was sollte man mit ihm machen?
Und wer wollte auf dem Monde leben?
Der Gedanke daran machte ihn wieder besorgt. Was nützte es, den Mond zu erobern, wenn man ihn garnicht haben wollte? Heute nacht war kein Mond mehr zu erwarten.
Dies war der letzte schöne Tag des Jahres, denn in der Nacht zum 7. Oktober fiel der erste Schnee. Die Wehrmachtmeteorologen gaben Frostwarnung.
In der Abenddämmerung des 6. Oktober setzte an der Straße Orel, Tula, Moskau Schneesturm ein. Dort versuchte seit 9.00 Uhr morgens die 5. Panzer-Brigade der 4. Panzer-Division, die Stadt Mzensk endlich zu nehmen, die sie am Tage vorher wegen des Aufmarschs der Panzer General Katukows nicht erstürmen konnte.
5 Panzer-Kompanien, das Kradschützenbataillon, eine 8,8-Flak, eine Nebelwerfer-Abteilung und zwei Artillerie-Abteilungen waren angetreten. Der Gegner hatte seine Stellungen verlassen. Die Brücke über die Rokowaja ist zur Sprengung vorbereitet, sie wird genommen. Die Panzer arbeiten sich an die Höhe jenseits des Flusses heran. Dort sind 4 kleine Panzer und 7 Pak eingegraben, die das Feuer eröffnen. Nach kurzem Schußwechsel sind die Panzer ausgeschaltet, die Pak werden überwalzt.
Im Gefechtsbericht der 5. Panzer-Brigade heißt es dann: »Als unsere Panzer den Höhenkamm erreichen, erhalten sie Feuer von schweren russischen Panzern. Ein ungleiches Panzerduell bahnt sich an. Die Granaten aus unseren Kanonen gleiten an

der schweren Panzerung der Russen ab, die russischen Geschosse durchschlagen mühelos unsere starken Frontplatten. Die 8,8-Flak wird in Stellung gebracht. Sie kann auch einen Feindpanzer abschießen, dann erhält sie einen Volltreffer. Der Batterie-Chef ist verwundet, die Bedienung gefallen oder schwer verwundet. Eine zweite Flak erhält nach dem dritten Schuß ebenfalls einen Volltreffer.

Nun setzen sich unsere Panzer soweit von der Höhe ab, daß nur noch die Kanone über den Kamm ragt. Der Russe kommt näher heran. Wir können gegen ihn nichts ausrichten. Er nimmt das gegenüberliegende Flußufer unter direkten Beschuß. 25 schwere Russenpanzer, denen wir absolut nichts entgegensetzen können, stehen uns gegenüber. Sie bleiben immer in der Entfernung, aus der sie uns bequem abschießen können, wir aber mit unseren Kanönchen nicht durchkommen. Wir setzen uns etwas von der Höhe ab, an ein weiteres Vortragen des Angriffs ist nicht mehr zu denken.

Einige unserer Panzer erhalten Treffer.

Die Artillerie kann einen Feindpanzer durch Volltreffer erledigen. Das Nachrücken der russischen Panzer macht die Lage allmählich kritisch. Wir müssen uns mit dem Gedanken vertraut machen, diesen verdammten Brückenkopf zu räumen.

Mit Ruhe und Sachlichkeit werden die Räderfahrzeuge und die Nebelwerferabteilung über die Brücke zurückgezogen. In kleinen Trupps springen die Kradschützen rückwärts. Am Vorderhang stehen jetzt nur noch die Panzer, ein 10-cm-Geschütz und die 6. Batterie vom Artillerie-Regiment 103.

Da greifen 8 schwere russische Panzer an. Beim Überschreiten der Höhe wird einer von dem 10-cm-Geschütz abgeschossen, die anderen werden zur Umkehr gezwungen. Unsere Kampfwagen schieben sich langsam wieder an die Höhe heran. Ein neuer Feindpanzerangriff mit 25 Wagen rollt heran. Unsere Kompanien weichen seitlich aus. 10 russischen Panzern gelingt es, bis zu unseren Artilleriestellungen durchzustoßen, die 15 anderen geben geschickt Feuerschutz.

In dieser äußerst kritischen Situation verliert keiner die Nerven. Artillerie und Panzer feuern aus allen Rohren. Die Russen fahren kreuz und quer in unseren Stellungen herum und doch verläßt keine Bedienung das Geschütz. Die Feindpanzer stehen teilweise nur 10 bis 20 Meter vor den Feuerstellungen. Im direkten Beschuß werden von unserer Artillerie drei Panzer abgeschossen. Oberleutnant Krause lauert hinter einem Gebüsch und schießt aus allernächster Nähe 2 russische Panzer ab. Oberleutnant Königsfeld gelingt es, in ähnlicher Weise einen Russen zu überlisten. Ein weiterer Feindpanzer würgt seinen Motor ab. Diese Gelegenheit nützen Leutnant Kremer und Feldwebel Allgaier aus. Sie springen auf den Stahlkoloß, reißen seine Motorklappen auf und zerschlagen mit einem Beil den Anlasser. Der Russe kurbelt seinen Turm herum, die beiden lassen sich mitdrehen und verschmieren die Sehschlitze mit Dreck. Ein Artillerist, der vom Panzer überrollt wurde, dessen Fuß im Leitrad eingeklemmt ist, wird befreit. Dann wird das blinde Ungetüm mit Benzin übergossen und angezündet. Die Masse der angreifenden Russen ist jetzt abgeschossen, der Rest ergreift die Flucht. Nun hat die Kampfgruppe Luft, die noch jenseits der Brücke stehenden Panzer zurückzuziehen, um sie diesseits der Brücke aufzubauen.«

Guderian schreibt über dieses Panzergefecht: »Die 4. Panzer-Division wurde südlich Mzensk von russischen Panzern angegriffen und erlebte böse Stunden. Zum ersten Male zeigte sich die Überlegenheit des russischen T 34 in krasser Form. Die Division hatte betrübliche Verluste. Der beabsichtigte rasche Vormarsch auf Tula mußte vorerst unterbleiben.«

Die Aufgabe eines Brückenkopfes durch eine deutsche Panzer-Brigade war neu. Das hatte es bisher nicht gegeben.

Am nächsten Tag würde wieder angegriffen werden. Aber in dieser ersten Schneesturmnacht in Rußland hatte sich die 5. Panzer-Brigade über die Brücke zurückziehen müssen. Unterkünfte gab es nicht. Die Männer schliefen im ersten Schnee.

Am Abend des 6. Oktobers wird Schukow in Leningrad wieder von Stalin angerufen. Er kann ihm melden, daß der deutsche Ansturm auf die Stadt nachgelassen hat:

»Von Kriegsgefangenen haben wir erfahren, daß ihre Truppen

in den Septemberkämpfen schwere Verluste hatten und nun vor Leningrad zur Verteidigung übergehen. Gegenwärtig beschießt und bombardiert der Gegner die Stadt. Unsere Luftaufklärung hat eine starke Bewegung von motorisierten und Panzerkolonnen des Gegners aus dem Raum Leningrad nach dem Süden festgestellt. Offenbar werden sie an den Moskauer Abschnitt verlegt.«
Dann fragt Schukow, ob sein Flug nach Moskau noch nötig sei. Es fällt Schukow schwer, sich jetzt von seinen Mitarbeitern zu trennen, mit denen er in den kritischen Tagen die Verteidigung Leningrads geleitet hat.
Aber Stalin verlangt, daß er selbst kommt. Es ist Stalin auch gleichgültig, wer sein Nachfolger wird, der Stabschef General Chosin oder General Fedjuninski.
Schukow übergibt den Befehl an Fedjuninski, dann fliegt er am 7. Oktober auf dem Umweg über den Ladogasee zuerst nach Osten, dann nach Südosten. Auf dem Flugplatz bei Moskau wird er vom Chef der Leibwache Stalins erwartet. Er erfährt, daß Stalin Grippe hat, sie fahren sofort auf die Datscha des Obersten Befehlshabers.
Stalin nickt nur, als Schukow sich meldet. Er gibt ihm nicht die Hand, er will ihn nicht anstecken. Er sagt auch kein herzliches Wort zur Begrüßung.
Er zeigt nur auf die Lagekarte.
»Schauen Sie sich das an. Hier ist eine äußerst kritische Lage entstanden. Von der West-Front erhalte ich keine genauen Meldungen über die wirklichen Verhältnisse. Wir können keinen Beschluß fassen, wenn wir nicht wissen, wo und in welcher Gruppierung der Gegner angreift und in welchem Zustand unsere Truppen sind.«
Schukow sieht auf die Karte. Sie zeigt nicht, was tatsächlich am Abend vorher eingetreten war: Ein bedeutender Teil der Truppen der West-Front und der Reserve-Front war westlich Wjasma eingekesselt.
Stalin sagt noch: »Fahren Sie unverzüglich zum Stab der West-Front, und orientieren Sie sich dort eingehend über die Lage. Sie können mich jederzeit anrufen, Tag und Nacht. Ich werde auf Ihren Anruf warten.«

Von Stalins Landhaus fährt Schukow zum Generalstab.
Der Chef des Generalstabes, Marschall Schaposchnikow, sah auch früher krank aus, jetzt sieht Schukow die Erschöpfung im Gesicht des Mannes, der bei einem Glas starken Tee sagt, er sei schrecklich müde.
»Eben erst hat mich der Oberste Befehlshaber angerufen«, sagt er dann. »Er hat befohlen, für Sie eine Karte des Westabschnittes vorzubereiten. Die Karte wird gleich fertig sein. Das Kommando der Westfront befindet sich dort, wo im August das Hauptquartier der Reserve-Front stand, als Sie den Feind aus dem Jelnja-Bogen vertrieben.«
Also Ghatsk, denkt Schukow. Er ist dankbar, daß ihn Schaposchnikow an den Jelnja-Bogen erinnert.
Die schlechte Gesundheit Schaposchnikows hatte Stalin schon am 29. Juli erwähnt, als Schukow, damals Chef des Generalstabes, seine erste größere Auseinandersetzung mit Stalin hatte. Schukow hatte erkannt, daß die Deutschen bei Smolensk stehen blieben. Er wollte Stalin und die gesamte Stavka auf Kiew aufmerksam machen, das er für gefährdet hielt.
Er hatte vorgeschlagen, Kiew aufzugeben, um Moskau halten zu können. Zuerst sollte aber der Jelnja-Bogen beseitigt werden. »Der Gegner könnte den Jelnja-Bogen für einen Angriff auf Moskau ausnützen.«
Stalin erwiderte empört: »Was für Gegenstöße, was ist das für ein Unsinn? Wie konnten Sie nur auf die Idee kommen, Kiew dem Feind auszuliefern?«
Darauf Schukow: »Wenn Sie meinen, daß der Generalstabschef nur Unsinn redet, dann hat er hier nichts zu suchen. Ich bitte mich von den Pflichten des Generalstabschefs zu befreien und an die Front zu schicken. Dort werde ich der Heimat wohl mehr nützen.«
»Nur nicht so hitzig«, erwiderte Stalin. »Wenn Sie das übrigens wollen, können wir auch ohne Sie auskommen ...«
Kiew war längst verloren, nun trank Schukow mit seinem Nachfolger Schaposchnikow Tee. Stalin mußte Schukow selbst rufen.
Doch was bedeutete ein persönlicher Triumph in dieser kata-

strophalen Lage. Hier gab es nichts mehr zu besiegen, es sei denn, sich selbst, seine eigene Vorstellung von der Einsicht in die Lage, die Stalin damals nicht verstanden hatte, heute wohl, aber auf welchem Trümmerhaufen stand man.
Ende September hatten West-Front und Reserve-Front über rund 800 000 Mann, 782 Panzer und 6808 Geschütze und Granatwerfer verfügen können. Was war davon jetzt übrig geblieben?
650 000 Gefangene würden die Deutschen aus den Kesselschlachten des Oktober melden, ebensoviel meldeten sie im September nach der Kesselschlacht bei Kiew. 1,3 Millionen Mann in wenigen Wochen verloren — was kam nun?
Von Schaposchnikow fährt Schukow am Abend zum Stab der West-Front nach Ghatsk. Im Wagen studiert er die Karte, er leuchtet mit der Taschenlampe die Punkte an, die dem Generalstab noch als frei von den Deutschen vor Moskau erscheinen. Die Eintragungen sind nicht viel wert, alles kann auch ganz anders aussehen. Viel schlimmer.
Schukow ist sehr müde, die Augen fallen ihm zu. Von Zeit zu Zeit läßt er den Wagen anhalten, steigt aus, um im Laufschritt sich wieder wach zu machen. Er merkt, daß er ganz allein unterwegs ist. Das verdunkelte Moskau liegt hinter ihm, er fährt nach Westen, er trifft keine Truppen, kaum einen einzelnen Soldaten. Hier fällt noch kein Schnee wie im Süden bei Guderian. Die Wege und Straßen sind trocken, der Himmel ist bedeckt, kein Mondschein.
Den Stab der West-Front trifft er in einem dämmerigen Zimmer bei Kerzenlicht. Um den Tisch sitzen Konjew, der Befehlshaber, sein Stabschef Sokolowskij, der Kriegsrat Bulganin und der Chef der Operationsabteilung Malandin.
Schukow ist aus Moskau telefonisch angemeldet worden.
Er sieht, daß alle übermüdet sind, aber nicht nur, weil er sie bis Mitternacht warten ließ.
Sie sind erschöpft, weil sie geschlagen sind.
Er sagt, er sei im Auftrag des Obersten Befehlshaber hier, um die Lage zu klären und Stalin telefonisch darüber zu berichten.

Er weiß, daß er Mißtrauen bei Konjew und den anderen weckt, auch Angst.
Als Schukow Anfang Juli von Stalin zur West-Front geschickt wurde, mußte deren Befehlshaber Pawlow daran glauben. Er kam vor das Kriegsgericht, weil seine Truppen von den Deutschen eingekesselt worden waren. Jetzt sind Konjews Truppen eingekesselt.
Generalleutnant Malandin hält Schukow nun Vortrag.
Als einzige aktive Handlung seines Befehlshabers kann er den Gegenschlag anführen, den Konjew gegen die nördliche Kräftegruppe des Feindes ansetzte, der ihn an seiner Flanke umgehen wollte. Aber er war erfolglos. Schukow hat den Eindruck, daß die Katastrophe von Wjasma vermieden werden konnte. Am 6. Oktober hatten deutsche Panzertruppen die Stadt genommen. Aber einen Gegenschlag hätte man nur unternehmen können, wenn man nicht überrascht worden wäre.
Die Endabrechnung sah jetzt, nach Mitternacht, so aus: Die Westfront und die Reservefront hielten dem konzentrierten Angriff der Deutschen nicht stand. Die nunmehr klaffenden Breschen ließen sich nicht mehr schließen, da das Kommando der Westfront über keinerlei Reserven mehr verfügte. Konjew war am Ende, auch Sokolowskij, Bulganin.
Moskau lag schutzlos vor den Deutschen.
Um 2.30 Uhr in der Nacht zum 8. Oktober ruft Schukow Stalin an. Er muß ihn nicht wecken, der Oberste Befehlshaber arbeitet noch in der Datscha. Schukow schildert ihm die Lage, sagt dann: »Die Hauptgefahr besteht jetzt darin, daß die Linie Moschaisk schlecht abgesichert ist. Die Panzertruppen des Gegners können deshalb überraschend vor Moskau auftauchen. Es gilt, so rasch wie möglich irgendwelche Truppenteile an die Moschaisker Verteidigungslinie zu werfen.«
Er ist selbst eben durch Moschaisk gefahren. Dort sah er keinen Soldaten.
Stalin fragt: »Wo stehen augenblicklich die 19. und 20. Armee und die Gruppe Boldin von der Westfront, wo die 24. und 32. Armee von der Reservefront?«
Will sich Stalin an diese Armeen klammern?

Schukows Antwort ist kühl: »Sie sind westlich und nordwestlich von Wjasma eingeschlossen.«
Stalin schweigt. Dann bleibt ihm nur noch die Frage, was Schukow vorhabe, er, Stalin, habe jetzt nichts mehr vor. »Ich fahre jetzt gleich zu Budjonny, bei ihm werde ich mich nach der Reservefront umsehen und Sie dann anrufen.«
Stalin fragt: »Wissen Sie überhaupt, wo Budjonnys Stab ist?« Er hat nichts mehr von ihm gehört, auch Konjew und Schukow wissen nicht, wo der Frontbefehlshaber sich aufhält. »Ich werde ihn irgendwo im Raum Malojaroslawez suchen«, meint Schukow. »Gut«, erwidert Stalin, »fahren Sie zu Budjonny und rufen Sie mich von dort aus an.«
Bei Malojaroslawez, im Südwesten der Hauptstadt, liegt Schukows Heimatdorf Strelkowka. Dort wohnt seine Mutter, dort seine Schwester mit vier Kindern, dorthin müßte er jetzt fahren. Er überlegt, aber dann verwirft er den Gedanken. Ein Armeegeneral Schukow kann in diesen kritischen Tagen nicht einfach nach Hause fahren.
Als er das Haus, das dämmerige Zimmer mit dem übermüdeten, geschlagenen Stab Konjews verläßt, regnet es. Es ist kein großer Regen, nur ein Nieselregen, der am Morgen in Nebel übergeht und das ganze Land verschleiert, als müsse es sich nun so vor den anrückenden Deutschen verbergen. Schlechte Sicht für den Fahrer. Sie sprechen kein Wort.
Die Protwa, ein Nebenfluß der Oka wie die Moskwa, war auf der deutschen Karte vom Europäischen Rußland, die nur für den Dienstgebrauch hergestellt wurde, nicht eingezeichnet. (Die deutsche Kartenausstattung war äußerst mangelhaft.) Dieser Fluß bildet den letzten Abschnitt vor der Moskauer Ringbahn, wenn man sich der Stadt von Südwesten nähert. Zur Protwa kam Schukow auf seiner Suche nach den verlorenen Frontstäben frühmorgens am 8. Oktober.
Vor der Brücke lag damals die kleine Siedlung Obninskoje, mit einer Bahnstation, die wie oft in Rußland, außerhalb der Ortschaft sich befindet. Zu dieser Bahnstation ist Schukow als Kind zu Fuß gegangen. Sein Heimatdorf Strelkowka liegt zehn Kilometer entfernt.

Schukow fragt sich, ob er nach Strelkowka abbiegen soll, um seine Mutter zu besuchen, er weiß nicht, wie es ihr geht, und er sorgt sich um sie. Er denkt auch darüber nach, was ihr zustoßen könnte, wenn die Deutschen nach Strelkowka kämen. Wie würden sie die Angehörigen des Armeegenerals Schukow behandeln? Er glaubt, die Deutschen würden sie erschießen. Deshalb nimmt er sich vor, sie bei der ersten Gelegenheit nach Moskau zu bringen.

Aber um sie nach Moskau bringen zu können, muß Moskau erst gesichert werden. Daran fehlt es. Er sah es auf seiner Fahrt hierher. Das Land schläft, der Feind ist nahe, aber noch nicht so nahe, daß man ihn hört. Dieses Schweigen im Morgengrauen des 8. Oktober wird Schukow nie vergessen, über alle Siege nicht, die er noch erringen soll.

Aus dem kleinen Ort Obninskoje mit seinen Holzhäusern auf der Anhöhe im Wald nördlich der Protwa wird nach dem Krieg die Stadt Obninsk. Man muß sie bauen. Das Dorf ist zerstört. Dort ist das erste Atomkraftwerk der Sowjetunion gebaut worden, das zu einem der größten Forschungszentren des Landes gehört.

Dieses Obninsk ruht noch im Schoße der Zukunft. Jetzt liegt hier der Stab der Reservefront, den Schukow sucht. Er erfährt es von den ersten Soldaten, die er an diesem Morgen sieht. Es sind Nachrichtenmänner, die von der Brücke aus eine Leitung über die Protwa legen.

Zuerst beachten sie ihn nicht; einer entschuldigt sich, nachdem Schukow seinen Namen und Auftrag genannt hat. »Sie sind schon am Frontstab vorbeigefahren. Er ist vor zwei Stunden hierher verlegt worden, in die kleinen Häuser im Wald dort drüben auf dem Berg. Die Wache wird Ihnen zeigen, wohin Sie fahren müssen.«

Dort betritt er ein Zimmer, in dem der Armeekommissar Mechlis und der Stabschef der Front Anissow sitzen.

Mechlis telefoniert gerade, er beschimpft seinen Gesprächspartner irgendwo an der Front. Schukow wendet sich an Anissow: »Wo ist der Frontbefehlshaber, Genosse?«

Anissow erwidert: »Das wissen wir nicht. Tagsüber war er

noch bei der 43. Armee. Ich fürchte, Semjon Michailowitsch ist irgend etwas Schlimmes zugestoßen.«

»Haben Sie etwas unternommen, um ihn zu finden?«

»Ja, ich habe Verbindungsoffiziere entsandt, aber die sind noch nicht zurück.«

Jetzt fragt Mechlis mißtrauisch Schukow: »Mit welchem Auftrag kommen Sie zu uns?«

»Ich bin als Mitglied des Hauptquartiers im Auftrag des Obersten Befehlshabers hier, um mich mit der Lage vertraut zu machen.«

Mechlis erwidert: »Sehen Sie sich diese Lage nur an. Ich bin gerade dabei, die ungeordnet Zurückflutenden zu sammeln, um sie neu zu bewaffnen und neue Truppenverbände zu formieren.« Es ist auch möglich, daß Mechlis etwas anders sich ausdrückte, drastischer – Schukow läßt in seinen Memoiren Milde walten. Auf jeden Fall sieht es hier bei der Reserve-Front noch schlimmer aus als bei der West-Front. Schukow sieht keine Waffen, die man den vor den Deutschen Fliehenden geben könnte, er sieht nur die Niederlage vorn an einer Front, die es garnicht mehr gibt, und er weiß, daß hinter ihm Moskau liegt. Wenn er seine Mutter noch rechtzeitig nach Moskau bringen will (woran er denkt, was er aber im Augenblick nicht machen kann, da Wichtigeres zu tun ist), dann muß Moskau auch geschützt werden. Das wird nun seine Aufgabe sein.

Mechlis und Anissow konnten ihm wenig über die Situation sagen, weder über die der eigenen Truppe noch die des Gegners. Schukow setzt sich daher in seinen Wagen und fährt über die Protwa-Brücke nach Malojaroslawez. Die Stadt liegt südlich der Protwa. Sie sieht verlassen aus. Schukow trifft bis zur Stadtmitte keinen einzigen Menschen. Vor dem Gebäude des Bezirks-Exekutivkomitees findet er zwei Personenautos, in denen die Fahrer schlafen. Er weckt einen Fahrer, fragt ihn, wessen Wagen das sei.

»Er gehört Semjon Michailowitsch Budjonny, Genosse Armeegeneral.«

»Und wo ist er?«

»Im Exekutivkomitee.«

»Seid ihr schon lange hier?«
»Schon etwa drei Stunden.«
Er trifft Budjonny nicht schlafend, sondern über eine Karte gebeugt. Sie begrüßen sich herzlich. Es ist die erste herzliche Begrüßung, die Schukow in seinen Memoiren während dieser Tage im Oktober in und bei Moskau mitteilt.
Der legendäre Reitergeneral Budjonny sieht schlecht aus. Er hat die Ukraine an die Deutschen verloren, jetzt verliert er vor Moskau wahrscheinlich Moskau.
»Wo kommst du her?« fragt Budjonny.
»Von Konjew.«
»Na, wie steht es bei ihm? Ich habe schon mehr als zwei Tage keinerlei Verbindung mit ihm. Gestern war ich im Stab der 43. Armee. Mein Frontstab ist inzwischen verlegt worden. Ich weiß nicht einmal, wohin.«
Schukow kann es ihm sagen: »Ich habe ihn 105 Kilometer von Moskau entfernt im Wald links von der Eisenbahnbrücke über die Protwa entdeckt.«
Schukow betont *Moskau*, auch die *105 Kilometer* bis dahin. Weit zum Kreml ist es nicht mehr.
»Du wirst dort erwartet«, sagt er noch. Und: »An der West-Front ist leider ein großer Teil der Kräfte eingekesselt worden«.
»Bei uns steht es nicht besser«, erwidert Budjonny. »Die 24. und die 32. Armee sind abgeschnitten. Gestern wäre ich zwischen Juchnow und Wjasma beinahe selbst dem Gegner in die Hände gefallen. In Richtung Wjasma bewegten sich große Panzer- und motorisierte Kolonnen, offenbar wollen sie die Stadt von Osten umgehen.«
Schukow will sich jetzt nicht ablenken lassen. Budjonny möchte Konjew vorwerfen, daß er ihn nicht informiert hat über sein Debakel. Aber jeder Heerführer hat hier sein eigenes Debakel, die zusammen die Katastrophe vor Moskau ergeben müssen.
Schukow fragt, in wessen Händen Juchnow sei, das zu Budjonnys Abschnitt gehört.
»Ich weiß es nicht. Am Fluß Ugra standen zwei Infanterieregimenter, doch ohne Artillerie. Ich denke, daß Juchnow schon vom Gegner besetzt ist.«

»Und wer hält die Straße von Juchnow nach Malojaroslawez?«
»Als ich hierher fuhr«, erwidert Budjonny, »traf ich niemanden außer drei Milizsoldaten in Medyn. Die örtliche Verwaltung hat Medyn schon verlassen.«
Von Juchnow bis nach Malojaroslawez, von den Deutschen bis zu diesem niedergeschlagenen Marschall Budjonny, sind es 88 Kilometer Landstraße.
Zwischen den Deutschen in Juchnow und Schukow in Malojaroslawez stehen, angeblich, zwei Infanterieregimenter, aber ohne Artillerie, und drei Milizsoldaten, also Stadtpolizisten, in Medyn. Und Medyn ist nur noch 38 Kilometer von Schukow entfernt.
Und was befindet sich an der Straße von Malojaroslawez bis Moskau? Die beiden Nachrichtensoldaten des Frontstabes, die Leitungen legen. Dann der Frontstab, von dem der Frontbefehlshaber nicht weiß, wo er ist.
Dann kommt nur noch Moskau, der Verteidigungskreis Moskau, der am 6. Oktober alarmiert wurde. Reguläre Truppen? Die sind eingekesselt.
Das Seltsame an dieser Lage ist, daß die Nachrichtenverbindungen offensichtlich nicht mehr bestehen. Das Telefonnetz ist ausgefallen oder gestört. Zwei Tage lang erfuhr Budjonny nichts von seinem Nachbarn Konjew. Und er, Schukow, muß hier herumfahren, damit Stalin hören konnte, was geschah.
Schukow schickt Budjonny nach Obninskoje, zu seinem Stab. Der Marschall soll sich dort über die Lage orientieren und die Stavka in Moskau informieren.
»Ich fahre inzwischen nach Juchnow«, fügt Schukow hinzu, der bessere Nerven hat als der alte Budjonny. »Melde dem Obersten Befehlshaber, daß wir uns getroffen haben, und sage ihm, daß ich nach Kaluga gefahren bin. Man muß klären, was dort los ist.«
Zu den Merkwürdigkeiten dieser Tage gehört auf russischer Seite, daß die Frontbefehlshaber sich anscheinend scheuen, Stalin anzurufen, ihm die Wahrheit zu sagen über das, was sich bei ihnen ereignet hat. Sie fürchten den Mann, der Tuchatschewskij erschießen ließ und die vielen anderen Generale wäh-

rend der großen Säuberung vor dem Kriege. Der einsame Budjonny, Marschall mit nur noch zwei Kraftwagen, der hier in diesem Gebäude in Malojaroslawez untergekommen ist, mußte wohl das Schlimmste befürchten. Schukow traf ihn als Feldherrn ohne Stab, ohne Armee, als Versprengten im von den Einwohnern verlassenen Malojaroslawez.

Auch Medyn, 38 Kilometer näher zu den Deutschen, das Schukow nun erreicht, ist wie ausgestorben. Nur eine alte Frau trifft Schukow, die in einem zerbombten Haus etwas sucht.

»Was suchen Sie hier, Mütterchen?«, fragt der Armeegeneral, der auf der Suche ist nach den Soldaten der Front, auf der Suche nach den Deutschen, die er an jeder Straßenbiegung erwartet. Das Mütterchen sieht ihn nur mit weit aufgerissenen, leeren Augen an.

»Was ist los mit Ihnen, Mütterchen?«

Die Frau beginnt wieder in den Ruinen herumzustochern. Aus den Ruinen taucht eine andere Frau auf, mit einem halbvollen Sack auf den Schultern.

»Fragen Sie sie nicht«, sagt die Frau. »Sie hat vor Leid den Verstand verloren. Vorgestern haben deutsche Flieger die Stadt überfallen. Sie warfen Bomben und beschossen uns. Diese Frau lebte mit ihren Enkelkindern hier in diesem Haus. Sie holte gerade Wasser am Brunnen, als der Angriff losging. Vor ihren Augen schlug eine Bombe ins Haus ein. Die Kinder sind dabei umgekommen. Unser Haus wurde auch zerstört. Man muß so schnell wie möglich von hier weg. Ich suche hier nur noch unter den Trümmern nach Kleidern und Schuhen.«

Sie weint. Schukow kann sie nicht trösten. Er kann nur an seine Mutter in Strelkowka denken, die er vor den Deutschen nicht schützen kann.

Schukows Herz ist schwer, aber er muß jetzt sehen, was vorn los ist. Er fährt in Richtung Juchnow weiter, aber vorsichtiger als bisher. Er möchte nicht in die Stellungen des Gegners geraten, nicht in die vormarschierenden Sieger vor Moskau hineinfahren. Von Zeit zu Zeit läßt er halten. Er beobachtet die Straße, das Gelände. Nach 12 Kilometern wird er im Wald plötzlich

von bewaffneten Panzersoldaten aufgehalten. Es sind nicht die Deutschen, sondern Russen.
Einer tritt ans Auto heran: »Weiter dürfen Sie nicht fahren«, sagt er dem Armeegeneral. »Wer sind Sie?« Er nennt seinen Namen, fragt, wo der Truppenteil stehe. »Hier im Wald, hundert Meter weiter, liegt der Gefechtsstand unserer Panzerbrigade«.
Er läßt sich, froh, auf eine eigene Panzerbrigade zu stoßen, zum Gefechtsstand führen.
Dort trifft er einen Bekannten, den Oberst Troizki, der die Panzerbrigade kommandiert. Troizki war 1939 Stabschef der II. Panzerbrigade, die am Chalchin-Gol unter Schukow gegen die Japaner kämpfte.
Troizki, ein stämmiger kleiner Panzeroffizier im blauen Overall mit einer Schutzbrille an der Mütze, wundert sich, Schukow hier im Wald anzutreffen. Er weiß, daß Schukow die Leningrader Front befehligt. Hier hätte er ihn nie vermutet.
»Was ist bei Ihnen los?« fragt Schukow. »Und wo, vor allen Dingen, steht der Gegner?«
Oberst Troizki berichtet: »Der Gegner hält Juchnow besetzt. Seine Voraustruppen haben die Brücke über die Ugra genommen. Meine Kundschafter waren auch in Kaluga. In der Stadt ist vom Gegner vorläufig noch nichts zu sehen, doch in der Umgebung sind heftige Gefechte im Gange. Dort kämpften die 5. Schützendivision und zurückgewichene Truppen der 43. Armee. Die von mir befehligte Brigade gehört zur Reserve des Hauptquartiers. Ich stehe schon den zweiten Tag hier und erhalte keinerlei Anweisungen.«
Die Panzerbrigade Troizkis gehörte zu den letzten Reserven, die von der Stavka am 6. Oktober in Marsch gesetzt wurden, um die Straßen nach Moskau zu sperren.
Zu ihr hatte man die Verbindung verloren. Weder Budjonny noch Schaposchnikow, der Generalstabschef in Moskau, wußten, wo sie geblieben war.
Schukow hat sie gefunden, er gibt sofort Befehle.
»Schicken Sie einen Verbindungsoffizier zum Stab der Reserve-Front bei der Siedlung Obninskoje jenseits der Brücke über

die Protwa. Schildern Sie Budjonny die Lage. Hier aber sichern Sie mit einem Teil Ihrer Brigade die Straße nach Medyn. Lassen Sie über den Stab der Reserve-Front dem Generalstab melden, daß Sie diese Anweisung von mir erhalten haben, und berichten Sie, daß ich zur 5. Schützendivision nach Kaluga gefahren bin.«
Nach Juchnow fährt Schukow nun nicht mehr, er fürchtet, in den anmarschierenden Feind hineinzufahren. Dorthin sind es 22 Kilometer von hier aus. Er läßt an diesem Punkt die Panzerbrigade zurück, die nun, wie er denkt, die Deutschen erwartet, und fährt die andere Straße, die von Medyn nach Kaluga führt. Später erfährt er, daß auf dem Nordufer der Ugra doch noch russische Truppen lagen. Aus Angehörigen der Grenztruppen, die für Aktionen im feindlichen Hinterland ausgebildet worden waren, hatte der Chef der Fallschirmjägertruppen der West-Front, Major Startschak, eine Alarmabteilung gebildet, die über 400 Mann stark war. Die Brücke über die Ugra wurde von dieser Abteilung Startschak gesprengt, dann leistete sie, verstärkt durch Offiziersschüler aus Podolsk, fünf Tage Widerstand gegen die Deutschen, die versuchten, den Fluß Ugra zu überqueren. Fast die gesamte Abteilung fiel, aber durch ihren Widerstand verhinderte sie, daß die Deutschen nach Medyn durchbrachen.
»Durch dieses Opfer haben sie eine rasche Einnahme von Malojarosawez vereitelt«, schreibt Schukow, »und unseren Truppen die notwendige Zeit zur Organisierung der Verteidigung im Vorgelände von Moskau verschafft.«
Die Fahrt des Armeegenerals Schukow in das Vorgelände von Moskau am 7., 8. und 9. Oktober 1941 zeigt das Ausmaß der Niederlage, von der die sowjetische Front vor Moskau in diesen Tagen betroffen ist.
Schukow, der am 10. Oktober die West-Front sowie die restlichen Truppen der Reserve-Front und die Truppen der Verteidigungslinie von Moschaisk übernahm, also Oberkommandierender vor Moskau wurde, hatte einen tiefen Einblick in die Lage gewonnen.
Was er übernahm, war nur wenig. Er mußte die Verteidigung ganz neu organisieren.

Er rechnete in allernächster Zeit mit einem Schlag gegen Moskau, als er Stalins Auftrag annahm, der ihm nur gesagt hatte: »Nehmen Sie die Sache in die Hand und tun Sie etwas.«
Was konnte Schukow noch tun?

19. KAPITEL

Ist alles schon entschieden?

Die Leere, in die Armeegeneral Schukow am 7. und 8. Oktober hineingefahren war, um die Frontstäbe zu suchen (wobei er fürchten mußte, mit seinem Wagen auf die vormarschierenden Deutschen zu stoßen), hat ihren Grund in dem entschiedenen Befehl des deutschen Hauptquartiers in Ostpreußen, in der ersten Phase der Operation »Taifun« die Kesselwände, in denen der Taifun seine stille Mitte finden soll mit den zusammengedrängten sowjetischen Armeen, so fest zu machen durch Soldaten und Waffen, daß Ausbruchsversuche scheitern müssen. Die gesamte Kraft des gegnerischen Heeres will Halder hier zertrümmern. Ihm kommt es auf die Hauptstadt Moskau erst in zweiter Linie an. Am Morgen des 7. Oktober schließt die deutsche 10. Panzer-Division der Panzergruppe 3 ostwärts von Wjasma durch Vereinigung mit der 7. Panzerdivision der Panzergruppe 4 den Kessel um die Truppen der sowjetischen West-Front endgültig eisern ab. Vorher waren, wie die Luftwaffe meldete, »erhebliche Kolonnen« aus der Umklammerung entkommen, die in Richtung Moschaisk, der Verteidigungsstellung vor Moskau, marschierten.

Ob diese Kolonnen aus Gefechtseinheiten oder Trossen bestanden, wußte man nicht.

Man unterschätzte auch die Zahl der eingeschlossenen Verbände. Die Deutschen hatten viel mehr eingekreist, als sie sich vorstellen konnten.

Diese günstige Entwicklung konnte nur durch das Heranführen von Reserven des sowjetischen Hauptquartiers, der Stavka, beeinträchtigt werden.

Die Schätzungen Halders, die er nach den Meldungen der Luftwaffe anstellte, entsprechen ungefähr den tatsächlichen Zahlen der jetzt noch von Stalin aufgebotenen Verbände. So meldete General Bogatsch von der Luftwaffe am 6. Oktober, daß die

Luftaufklärung folgendes Bild ergeben habe: »Bewegungen des Feindes gegen rechte Schulter Guderian auf Orel.«
Das waren die Panzer Katukows und eine neue Schützendivision. »Bewegungen von Westen auf Kaluga (möglicherweise Abmarsch nach Osten).«
Auch das entsprach der tatsächlichen Lage. Die Reste der Reserve-Front Budjonnys gingen zurück.
»Einladungen ostwärts und nordostwärts Wjasma«.
Das war der Rückzug der Trosse nach Moschaisk.
»Die Eisenbahnbewegungen aus dem Bereich von Rshew nach Süden und von Waldai nach Südosten halten an, ebenso die Eisenbahnbewegungen von Norden nach Moskau.«
Halder spricht in seinem Tagebuch am 8. Oktober von der Moskauer Schutzstellung, die er richtig bei Moschaisk vermutet. »Nach Moskau wird der Feind versuchen, noch einiges heranzubringen, vor allem von Norden her. Ausreichen gegenüber der starken Bedrohung durch uns wird aber diese zusammengeraffte Kraft kaum, so daß bei einigermaßen richtiger Führung und bei einigermaßen gutem Wetter die Einschließung von Moskau gelingen muß. Südlich dieser Einschließungsgruppe (um Moskau) wird dann ein von uns nicht besetzter Raum entstehen bis zum Bereich der 6. Armee (Heeresgruppe Süd) hin. In diesem Raum kann dann die 2. Armee etwas abgestaffelt zu 6. und 2. Panzerarmee gegen den beginnenden Winter zu einrücken.«
Einrücken heißt: in die Quartiere gehen.
Da Halder erkennt, daß der »Feind vor dem Nordflügel 9. Armee und vor dem Südflügel 16. Armee (Heeresgruppe Nord) hinter die vorbereitete Stellung Rshew – Waldai-Seen zurückzugehen scheint«, ist es ihm unklar, wie er dort den Anschluß an die Moskauer Schutzstellung finden will.
Sein Gegenspieler Armeegeneral Schukow zählt in *Erinnerungen und Gedanken* auf, was die Stavka noch aufbieten konnte: »Bereits in der Nacht zum 7. Oktober begann man, Truppen aus der Reserve des Hauptquartiers (Stavka) und von den Nachbarfronten in den Raum Moschaisk zu verlegen. Dort versammelten sich 11 Schützendivisionen, 16 Panzerbrigaden,

mehr als 40 Artillerieregimenter und mehrere andere Truppenteile. Die 16., die 5., die 43. und die 49. Armee wurden neu aufgestellt.
Mitte Oktober zählten diese Armeen 90 000 Mann.
Natürlich reichte dies nicht aus, um eine durchgehende und zuverlässige Verteidigung zu schaffen. Doch damit waren die Möglichkeiten des Hauptquartiers jetzt erschöpft. Überdies verzögerte sich die Verschiebung von Truppen aus dem Fernen Osten und aus anderen entlegenen Landesgebieten. Deshalb beschlossen wir, in erster Linie die Schwerpunkte zu besetzen: die Abschnitte Wolokolamsk, Moschaisk, Malojaroslawez und Kaluga. An den gleichen Stellen wurden auch unsere Hauptkräfte an Artillerie und Panzerabwehrwaffen konzentriert.«
Die Siegesstimmung im ostpreußischen Hauptquartier und beim Oberkommando der Heeresgruppe Mitte war zu diesem Zeitpunkt nicht grundlos, obwohl dort die Zahlen Schukows nicht bekannt sein konnten. Mit 90 000 Mann wäre die Heeresgruppe Mitte fertig geworden, nachdem sie eben erst 650 000 Mann eingeschlossen hatte.
Zieht man dann noch die desolaten Nachrichtenverbindungen auf russischer Seite heran, die Unfähigkeit der Frontstäbe, ihre Truppen einzusetzen, sie überhaupt auszumachen, worüber Schukows Buch Auskunft gibt, so ist die »Feindlagenbeurteilung« der Heeresgruppe Mitte vom 8. Oktober zwar immer noch optimistisch, aber man muß hier die Größenordnungen einander gegenübersetzen, um diesen Optimismus mit einem realistischen Grundzug zu versehen. Sollten auch die Verluste der Deutschen bei den Kesselschlachten bedeutend sein – mit eineinhalb Millionen Mann waren sie doch wohl den letzten Reserven der Stavka vor Moskau, den 90 000 Mann, die Schukow nennt, überlegen.
Hitler freilich, der am 3. Oktober anläßlich der Eröffnung des Kriegswinterhilfswerks in Berlin sagte: »Ich spreche das hier heute aus, weil ich es heute sagen darf, daß dieser Gegner bereits gebrochen ist und sich nie wieder erheben wird«, übertrieb als Oberster Befehlshaber der Wehrmacht maßlos. Der Reichspressechef Otto Dietrich mußte noch weiter auf Befehl Hitlers

aufbauschen, als er mitteilte, die Sowjetunion sei militärisch erledigt. Für den *Völkischen Beobachter* waren Stalins Armeen vom Erdboden verschwunden.

Aber diese unverantwortlichen Äußerungen, die von der Truppe während der schweren Kesselschlachten abgehört wurden, zählten zum Pathos der Propaganda im Dritten Reich.

Tatsache ist, daß für die Verteidigung Moskaus die kritischste Zeit zwischen dem 7. und 13. Oktober angenommen werden muß. Die neuen russischen Abwehrlinien waren noch nicht vorhanden, sie festigten sich dort, wo sie im Ansatz entstanden, nur langsam.

Schukow, der am 8. Oktober Stalin telefonisch vor einem Schlag deutscher Panzerkräfte gegen Moskau warnte, beurteilte die Lage realistisch.

Am 6. Oktober hatte Feldmarschall v. Brauchitsch Hitler vorgetragen, wie sich das Heer den weiteren Verlauf der Dinge vorstelle. Oberst i. G. Heusinger berichtete darüber Generaloberst Halder, der ins Tagebuch einträgt: »Ansatz Orel—Moskau der Panzerarmee Guderian. Vorführen von Teilen Hoepner und 2. Armee auf Kaluga. Kräfteverschiebungen an der Front von Bock zugunsten der Umklammerungsflügel, um diese möglichst stark zu machen. Die Frage Kursk scheint dabei vorerst noch nicht näher behandelt worden zu sein. Sie wird wohl später akut bleiben.«

Am 7. Oktober sind Brauchitsch und Heusinger bei der Heeresgruppe Mitte, um dort die weiteren Absichten zu besprechen.

Es stellte sich bald heraus, daß Brauchitsch und Bock in ihren Ansichten übereinstimmten.

Man ging nun davon aus, daß die 2. Panzerarmee möglichst bald in Richtung auf Tula vorstoßen sollte, um die Übergänge über die Oka zu gewinnen. Anschließend sollte sie gegen Kaschira und Serpuchow im Süden Moskaus vorgehen. Ihr hatte die 2. Armee zu folgen, nachdem sie den nördlichen Brjansker Kessel ausgeräumt hatte.

In der Mitte der Heeresgruppe sollte die 4. Armee auf die Linie Kaluga — Ghatsk vorrücken und zusammen mit der 9. Armee den Kessel von Wjasma abschließen. Die 9. Armee hatte mit der

Panzergruppe 3 die Linie Ghatsk – südlich Sytschewka zu erreichen, um den Wjasmakessel gegen Norden abzusichern und sich zum Vorstoß auf Kalinin oder Rshew zu versammeln. Diese Panzergruppe 3 hatte das Ziel, die Verbindung zwischen (dem eingeschlossenen) Leningrad und Moskau abzuschneiden. Geplant war, diese Panzergruppe dann von Kalinin gegen Moskau zu führen, aber so, daß sie die Hauptstadt im Norden einschloß. Guderians 2. Panzerarmee sollte sich mit der Panzergruppe 3 im Norden Moskaus treffen.

Es wurde befohlen, alle Kräfte zur rücksichtslosen Verfolgung in Richtung auf die russische Hauptstadt freizumachen. Hierfür wäre das 41. Panzerkorps der Panzergruppe Hoth am geeignetsten gewesen, das für den Angriff auf Moskau bereitstand. Bock hatte sich dieses Panzerkorps »reserviert«. Aber er konnte sich gegenüber Brauchitsch und, am nächsten Tag, dem 8. Oktober, gegen Hitler nicht durchsetzen, der den Einsatz der Panzergruppe Hoth nach Norden, zum Marsch nach Kalinin, in Form eines »Führerbefehls« anordnete.

Statt direkt auf Moskau zuzugehen, setzten nun wieder exzentrische Maßnahmen ein, die dem Gegner zu einem Zeitgewinn verhalfen. Wäre das 41. Panzerkorps in die zu 50 Prozent fertiggestellte, aber am 8. und 9. und 10. Oktober noch unzulänglich besetzte Moschaisker Stellung hineingefahren, so hätte sich die Lage vor Moskau anders entwickelt. Der entscheidende Augenblick war gekommen, aber er wurde durch Hitlers Eingreifen verpaßt.

Schukow hatte umsonst Stalin vor dem »Schlag auf Moskau« durch deutsche Panzertruppen am 8. Oktober gewarnt. Sie fuhren nach Norden, nicht nach Osten. Sie blieben aus. Sie kamen nicht.

Der Wetterumschwung, der bei der Heeresgruppe Mitte am Abend des 6. Oktober einsetzte, nach Schneefällen Regen am 7. und 8. Oktober brachte, war noch nicht so schwerwiegend, daß er sofort entscheidend die Bewegungen auf Moskau hemmen mußte. Erst das Andauern des »neuen Wetters«, der Schlammperiode, wurde bestimmend für die weiteren Aktionen.

Stalin hatte die Rasputiza für Mitte Oktober erwartet, sie trat nun früher ein. Er wußte, was sie bedeutet. Mit ihr, kam sie endlich, konnte er rechnen. Auch Hitler hatte mit ihr gerechnet, aber er konnte nur ahnen, was sie für sein Heer bedeutete. Der ehemalige deutsche Militärattaché in Moskau, General Köstring, hatte ihm Meldung erstattet über diese Wetterperiode im mittleren Rußland.

Da der Fall Moskaus bevorzustehen schien, mußten sich die Deutschen endlich Gedanken machen, was sie mit der Hauptstadt anfangen wollten.

Hierzu gab es am 7. Oktober 1941 eine Weisung Hitlers, die als Antwort auf eine Anfrage der Operationsabteilung des Generalstabes vom 18. September 1941 eintraf. Durch sie erfuhr Oberst Heusinger, der wissen mußte, wenn er mit Brauchitsch an diesem 7. Oktober bei der Heeresgruppe Mitte Besprechungen hatte, was gemacht werden sollte: »Der Führer hat erneut entschieden, daß eine Kapitulation von Moskau und Leningrad nicht anzunehmen ist, auch wenn sie von der Gegenseite angeboten würde. Kein deutscher Soldat hat daher diese Städte zu betreten.«

Nun wollte Feldmarschall von Bock genauer von Heusinger wissen, was man denn tatsächlich mit Moskau vorhabe. Die Führerweisung war zu allgemein, sie bezog sich auch auf Leningrad, damit hatte er nichts zu tun. Vor ihm lag nur Moskau. Heusinger versprach ihm, in Kürze eingehendere Anweisungen aus dem OKW zu besorgen. Bock mußte endlich wissen, woran er mit Moskau war. Aber am 12. Oktober traf bei der Heeresgruppe Mitte die Weisung vom 7. Oktober nochmals ein, sie hatte jedoch zwei Sätze mehr: »Die beschleunigte Abschließung der Stadt von ihren Verbindungen nach außen muß baldmöglichst angestrebt werden. Etwaige notwendige Zusätze folgen.«

Der ungeduldige Fedor von Bock hatte aber schon einen Tag vorher, am 11. Oktober 1941, in seinem Oberkommando »Vorschläge über Sofortmaßnahmen bei der Besetzung von Moskau« schriftlich entwerfen lassen, die im Kriegstagebuch der Heeresgruppe Mitte enthalten sind.

Dieses Schriftstück beginnt mit einer Präambel, in der nicht von einer Einschließung, sondern von einer Besetzung Moskaus ausgegangen wird.

Als es in Smolensk verfaßt wurde, lag die Heeresgruppe im Schlamm fest, der erst einmal die Lage veränderte.

20. KAPITEL

Nun endlich Borodinos heilige Heide

Moskau, auf das zu sich die Deutschen bewegen, rückt für Major Schabalin, der aus der Gegend ostwärts des sibirischen Baikalsees geholt wurde, um die staatliche Sicherheit im Stabe der 50. Armee zu vertreten, in immer weitere Ferne. Am Morgen des 7. Oktober hat Leutnant Koch einen Zug seiner Kompanie an eine Kampfgruppe abgeben müssen, die nach Norden geschickt wurde. Nördlich von Karatschew war ein urwaldartiges Gebiet, das zum Rayon (= Bezirk) Chwastowitschi gehörte. Dort sollte der Gegner abgefangen werden, der von Brjansk aus nach Osten ausbrechen wollte. Die 2. Armee, die das verhindern soll, hat Mühe, im weiten Bogen über Schisdra ausholend, den Kessel zu schließen. Die 50. russische Armee, die bisher an der Desna mit der Front nach Westen stand, erhält an diesem Tage den Befehl zum Rückzug.

Dagegen baut eine Kampfgruppe der 18. Panzer-Division, später verstärkt durch das Infanterieregiment »Großdeutschland«, an der Straße Karatschew – Chwastowitschi eine Abwehrlinie gegen Westen auf. Nach Nordosten, in Richtung auf Tula und die Oka-Übergänge, muß nur gesichert werden, der Weg dorthin ist frei wie der Weg nach Norden. Aber die Kampfgruppe muß stehenbleiben und den Feind aus West erwarten. Es ist noch etwas Zeit, ehe die Russen von der Desna kommen. Auf der Jagd wird ein Elch erlegt, dann ein Bär. Oberleutnant von Grolman meldet es über Funk dem General Nehring, der antworten läßt: »Waidmanns Dank!« So einfach sah für die Deutschen am 7. Oktober im Urwald von Chwastowitschi die Lage aus; sie gingen nun, kurz vor Moskau, auf Jagd.

Aber der Bär, den sie erlegten, gehörte einem Zirkus, er war entlaufen, als sich die Zirkusleute vor den Deutschen fluchtartig zurückgezogen hatten.

Früh steht Major Schabalin an diesem Tag auf, die Erdhütte im Wald war ein Stück Heimat geworden, nun muß er sie verlas-

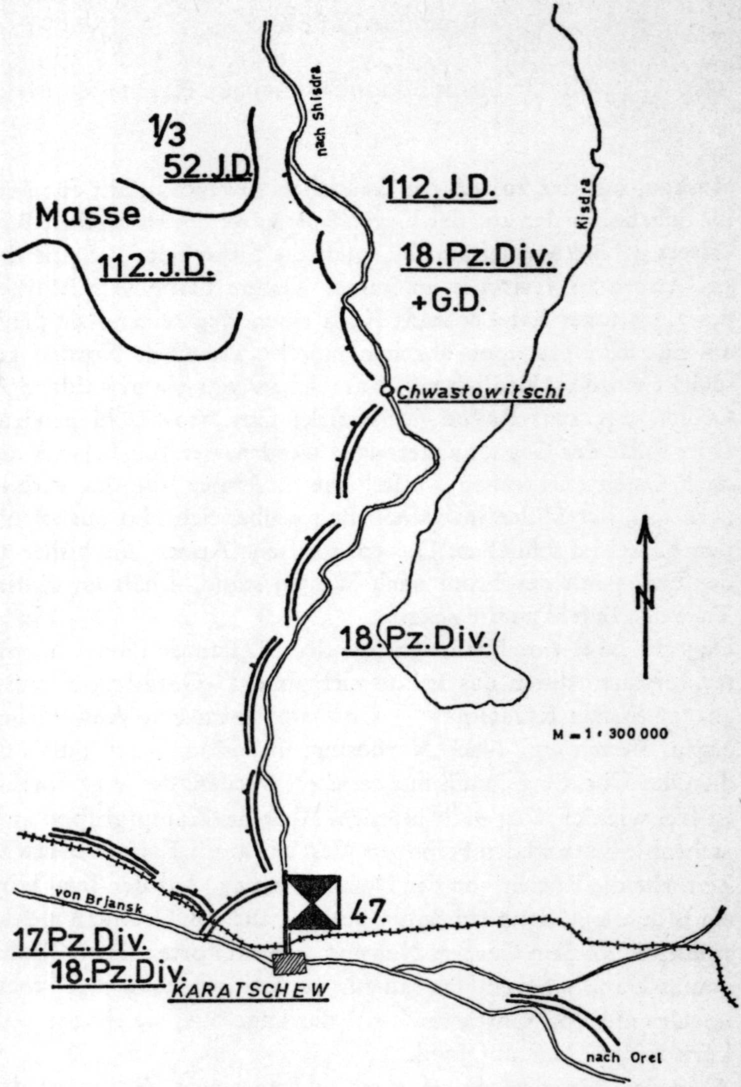

Abb. 9: Einsatz der 18. Panzer-Division am 10. 10. 1941 nördlich von Karatschew

sen. Er fährt vierzig Kilometer nach Nordosten ins Dorf Ogor, wo sich der Stab der 50. Armee einrichtet.
Er geht zu General Petrow, der seit gestern die Brjansker Front zu führen hat, nachdem General Jeremenko vermißt wird. Der sagt zu ihm: »Nun wird man auch mich bald erschießen.« – »Wofür das?« fragt Schabalin.
»Ja«, sagt General Petrow, »man hat mich vorübergehend ernannt, die ganze Front zu kommandieren ...«
Schabalin erwidert: »Wenn man Sie ernannt hat, so müssen Sie die Sache in die Hand nehmen und nach dem Siege streben.« Petrow erwidert: »Nun ja, aber Du siehst doch, in welcher Lage sich die Front und ihre Armeen befinden. Ich weiß ja sogar nicht, was in diesen beiden anderen Armeen der Front, der 3. und 13., vorhanden ist und wo sie sich befinden.« Nachts schreibt Schabalin in sein Tagebuch: »Die Niederlage der Brjansker Front ist eine in der Geschichte noch nicht gesehene Angelegenheit. Der Gegner ist von hinten herangekommen und hat fast 3 Armeen eingekreist, das heißt mindestens 240 000 Mann, die ein Territorium von ungefähr 600 km in einer gekrümmten Verteidigungslinie besetzt hielten. Es ist eine Mitteilung aus Moskau auf der Telefonleitung des Generalstabes eingetroffen, die ganze Front muß zurückgehen. Eine kolossale Mühe. Augenscheinlich wird eine Flucht des Personalbestandes einsetzen. In den letzten Tagen haben wir kein einziges von unseren Flugzeugen gesehen. Wir übergeben Städte fast ohne Kampf. Das Kommando der Front hat die Leitung seit den ersten Tagen des deutschen Angriffs verloren, man sagt, die Dummköpfe sind schon nach Moskau gefahren.«
Eine trostlose Nacht, Schabalin schläft nicht. Er hat nur noch 8 Mann und 2 Autos bei sich, mit denen er sich durchschlagen wird. Um endlich Schlaf zu finden, trinken sie zu viert einen Liter Schnaps, frühstücken gut, legen sich in den Autos schlafen. Schabalins Schlaf ist gut, er dauert lang, er erfrischt ihn. Als er geweckt wird, ist es schon früher Nachmittag. Es regnet. Der Gefechtsstand General Petrows ist, während Schabalin schlief, verlegt worden. Auf einem Lastkraftwagen fährt er ihn suchen. Er sieht sich um: »Die Bevölkerung ist vollständig zu Hause,

erntet Kartoffeln. Schüsse sind nicht zu hören. Wie schnell vergißt man die Schrecken des Krieges.«

Abends 18.00 Uhr, als Leutnant Koch in Karatschew, das vom Dorfe Ogor nicht weit entfernt liegt — von Karatschew nach Brjansk sind es auf der Straße 39 Kilometer —, mit seinem Kompanietrupp Teestunde hält, hört Major Schabalin Motorenlärm, Artillerie- und Maschinengewehrfeuer. Die Deutschen sind eingetroffen, sie verlegen auf der Straße von Karatschew nach Chwastowitschi den Weg nach Osten. Nun schneit es in dichten Flocken. Der Schnee bleibt nicht liegen. Er macht Major Schabalin krank. Leutnant Koch tritt vor das Haus, hält die flache Hand in den Schneefall, geht zurück zum Samowar, stellt das Wehrmachtradio ein, hört ein Sinfoniekonzert aus einem fernen Land, das Deutschland heißt. Hier, wo es nun auch noch schneit, so früh im Jahr, ist er am ostwärtigen Ende Europas angekommen, denkt er, aber bis zum Ural ist es noch weit.

Mit diesem frühen Schnee, der an Sibirien denken läßt, an Bücher, die er einmal las, vom Kampf der Roten mit den Weißen nach der Oktoberrevolution, von der Flucht der Weißen über den zugefrorenen Baikalsee, den roten Kosaken, die über die weißen Kosaken auf der riesigen Eisfläche kamen. Er geht nachts die Posten ab, friert, aber im Haus ist es warm. Dort steht ein Sofa.

Schabalin muß im Auto schlafen. 21.00 Uhr sind die ersten Verwundeten eingetroffen, die beim Versuch, nach Osten auszubrechen, anfielen. Sie werden in die Schule gelegt, es sind 150 Männer.

Der Schnee, der in dieser Nacht fiel, wird in Schabalins Tagebuch als »schwach« angegeben; er war vom Baikalsee andere Schneemengen gewöhnt. Aber dennoch machte ihn dieser frühe Schnee im Jahr krank.

Am 9. Oktober wird rings um das Dorf Ogor geschossen. Schabalin kann die deutschen Flugzeuge nicht mehr zählen; bisher vermerkte er ihre Zahl im Tagebuch.

»Um 20.00 Uhr wurden die Artillerie-Depots angesteckt. Es herrscht eine schreckliche Kanonade, es leuchtet ein starker Feuerschein. Ich trat aus dem Wald ins Feld, um dieses kosten-

lose Feuerwerk zu betrachten. Es ist schön. Die Nacht ist dunkel.«
In dieser Nacht fährt Leutnant Koch mit seinen beiden Zügen von Karatschew nach Süden, Richtung Heimat, dorthin, woher sie gekommen sind. Am Nachmittag des 9. Oktober bekam er plötzlich den Befehl, zur 29. Infanterie-Division (mot) anzutreten, voraus fuhr Oberst Jollasse, der dort eine Kampfgruppe bilden soll. Statt in das nach Osten feindfreie Land vorzustoßen, mußte man zwangsläufig nun auch Panzer-Divisionen heranziehen, um die Kesselwände bei Brjansk zu flicken, denn aus den Wäldern versuchen die Russen der 3. und 13. Armee, von denen General Petrow nichts weiß, nach Osten auszubrechen.
Die Infanteriedivision (mot) kann sie nicht mehr halten.
Dieses Kommando nach Süden, während ein Zug seiner Kompanie im Norden kämpft, gefällt Leutnant Koch nicht. Der Weg zurück, um dort auszuhelfen, wo man schon als Sieger vorbeigefahren ist, erscheint ihm überflüssig.
Unterwegs fährt sich sein Wagen fest. Er steckt im Schlamm und ist nicht mehr vorwärtszubringen.
Leutnant Koch aus Dresden und Major Schabalin aus Ulan-Ude notieren über diese Nacht vom 9. zum 10. Oktober das Gleiche in ihre Tagebücher. Sie sind sich jetzt ganz ähnlich geworden, nicht nur in der lapidaren Aufzeichnung ihres Weges, auch in dem, was sie erleiden. Koch schreibt: »Es ist Nacht. Es schneit. Furchtbar kalt. Der Wagen festgefahren. Im Wagen geschlafen. Rußland im Winter.«
Schabalin schreibt: »Wir schliefen zu viert im Auto. Es ist teuflisch kalt. Um 7.00 Uhr standen wir auf. Es schneit. Der Schnee fällt in großen Flocken. Der Dreck ist undurchdringlich. Die ganze Straße hat sich in einen zähen Teig verwandelt. Um 11.00 Uhr fuhren wir in den Rayon Chwastowitschi. Auf der Straße marschieren eine Masse Autos und Leute. Ich traf Nikonow von der 217. Schützen-Division, der mir sagte, daß ihre Verluste an Mannschaften 75% und einen Teil der Bewaffnung betragen.«
Leutnant Koch trägt am 10. Oktober ein: »Nach Fahrt auf verschlammten Wegen Ankunft bei Dunkelheit in Aljoschenka.

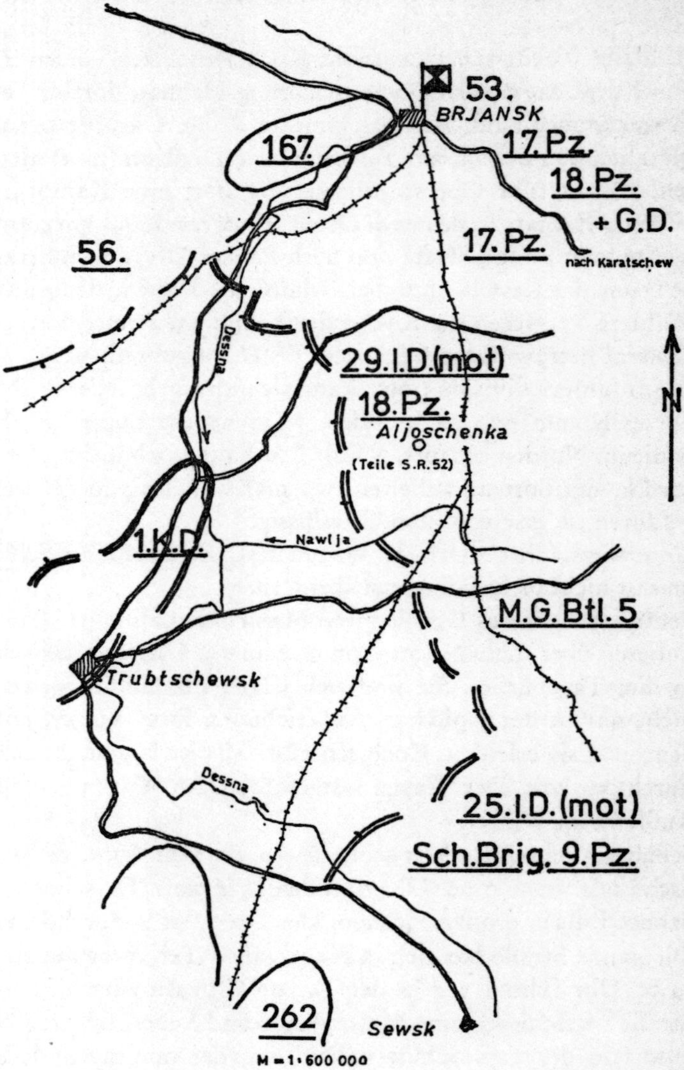

Abb. 10: Einsatz der 18. Panzer-Division am 10. 10. 1941 südlich von Karatschew

Die Kampfgruppe hat einen Angriff machen wollen und wurde von russischen Panzern zurückgeschlagen. Sehr müde, Schlaf in einer jämmerlichen Hütte.«
5.00 Uhr morgens sind Russen in das Dorf eingebrochen. Koch sammelt die beiden Züge seiner Kompanie und wirft die Russen wieder hinaus. Es ist noch dunkel. Häuser brennen, die Kompanie macht 150 Gefangene, erbeutet ein Maschinengewehr. Doch andere Russen haben sich in den Häusern zum Schlafen gelegt. Er muß mit seinen Leuten die Häuser durchsuchen, dabei nehmen sie noch 100 Mann gefangen, erbeuten 4 schwere Maschinengewehre. Es ist, als seien die Russen nur zum Schlafen in das Dorf gekommen. Sie sind fertig. Sie heben die Arme wie im Schlaf. Am Nachmittag fällt der Ordonnanzoffizier des Bataillons, Leutnant Hähnel. »Ein feiner Mensch. Wir begraben ihn. Es ist kalt geworden in Rußland«, notiert Koch. Am Vormittag dieses 11. Oktober erfährt Major Schabalin, daß im Dorf Ogor, das er verlassen hat, General Mischa Schernezow durch eine Fliegerbombe getötet wurde. »Leid tut es mir um diesen sympathischen Menschen bis zum Schmerz«, notiert Schabalin. »Man hat ihn neben der Schule an einer Lindenallee beerdigt.«
Fast die gleiche Ausdrucksweise. Koch und Schabalin werden einander immer ähnlicher. Was trennt sie noch?
Schabalin: »Um 1.30 Uhr begann der Deutsche, das Feld in der Nähe des Stabes mit Minenwerferfeuer zu beschießen. Der Stab der Armee nahm schnell Deckung und fuhr in Unordnung ins Dorf Avdevka. Auf der Straße war schon eine große Verwirrung von Autos, über uns kreisten 4 deutsche Flugzeuge, zweimal hielten wir an. Die Flugzeuge flogen sehr niedrig, rundherum schoß Flak, vergeblich. Sie warfen keine Bomben, sonderbarerweise, anscheinend hatten sie keine Geschosse. Die Lage ist für die Armee traurig. Wo ist das rückwärtige Gebiet, wo die Front? Es ist schwer zu sagen. Der von der Armee eingenommene Ring wird enger. Der Fuhrpark der Armee, das ist eine Last. Ganze Kolonnen ziehen dahin. Was man nicht alles mitschleppt, Fahrräder, Fässer, Sperrholz. Die Armee erlitt bedeutende Verluste.«
Am 9. Oktober mußte Generaloberst Halder zugeben, daß sich

bei Guderian zunehmender Druck auf die Westflanke bemerkbar machte. »Der weitere Angriff über Orel hinaus auf Tula wird sich allerdings dadurch weiter verzögern, da man sich nicht scheuen darf, Panzerkräfte vorübergehend einzusetzen. Die Ostflanke ist druckfrei!« Dadurch verringerte sich, zu Beginn der Schlammperiode, die Stoßkraft Guderians in Richtung Tula — Moskau erheblich.

Leutnant Kochs Fahrt nach Süden, um die ausbrechenden Russen aufzuhalten, war nötig geworden. Am Nachmittag ruft Bock in Ostpreußen an. Er ist empört, daß der Deutsche Rundfunk in einer Sondermeldung bereits einen zweiten Kessel bei Brjansk erwähnt hat. Dieser Kessel nördlich Brjansk war zu dieser Zeit noch nicht ganz geschlossen. Es fehlte die Verbindung zwischen der 2. Armee und der Kampfgruppe der 18. Panzer-Division mit »Großdeutschland« im Rayon Chwastowitschi. Halder lenkt ab. Er bittet um einen starken rechten Flügel auf Kalinin im Norden. Bock macht auf die Wege aufmerksam, die immer schlechter werden. Die Luftaufklärung meldet: »Keine Bewegung von Reserven. Auffallend starke Transportbewegungen (Versorgung oder Räumung) von Süden nach Moskau.«

Abends ist die südlich des Wjasma-Kessels vorgehende 4. Armee auf feindlichen Widerstand gestoßen. Nördlich des Wjasma-Kessels wird aufmarschiert zum Vorgehen mit starkem Flügel auf Kalinin.

Die heilige Heide von Borodino, im Quellgebiet der Moskwa, die Moskau den Namen gab, wird am 10. Oktober wieder zum Schlachtfeld.

Im Herbst des Jahres 1812 mußte sich dort General Kutusow, den Stalin jetzt in seinen Reden und Befehlen als Vorbild nennt, Kaiser Napoleon mit seinem Heere stellen. Die Heere waren gleich stark. Napoleon sitzt über seinen Karten, er kann nicht schlafen. Endlich soll es zur Schlacht kommen, dann wird ihm das goldene Moskau zu Füßen liegen. Am Morgen vor der Schlacht läßt er der Garde das Bild seines Sohnes, des Königs von Rom, zeigen, das ihm ein Kurier aus Paris gebracht hat. Als das Bild in sein Zelt zurückkommt, sagt er: »Stecken Sie es fort. Er ist zu jung, ein Schlachtfeld zu sehen.«

Die Schlacht von Borodino ist ein wildes Abringen der Kräfte, Stützpunkte werden genommen, verloren und wieder genommen. Die Garde will eingreifen, aber der Kaiser läßt es nicht zu. Er braucht sie noch für später. Er sieht schon die zweite Schlacht, die er liefern muß. Aber nachts zieht Kutusow nach Moskau ab. Der Weg nach Moskau ist frei. Auf der heiligen Heide liegen 70 000 tote und verwundete Soldaten beider Heere.
Armeegeneral Schukow, der am 10. Oktober 1941 den Befehl über die Westfront, über alle Truppen, die Moskau nun noch verteidigen können, übernommen hat, hört in Moschaisk den Schlachtenlärm, die Kanonade, das Krachen der Bomben. Ihm wird gemeldet, daß die 32. Schützen-Division bei Borodino gegen motorisierte und Panzervoraustruppen kämpft.
Oberst Bogdanow versichert ihm, die 32. Schützen-Division sei zuverlässig, sie werde halten.
Dann fährt er in sein neues Hauptquartier.
An diesem Tag, da die heilige Heide von Borodino noch einmal in die Kriegstagebücher, später in die Memoiren der Heerführer gerät, stürzt Generaloberst Halder mit seinem Vollbluthengst beim Morgenritt. Er verrenkt sich das rechte Schlüsselbein, so daß er nicht mehr fähig ist, schriftliche Aufzeichnungen zu machen.
Es gehörte seit Jahren zu seinem Tagesablauf, morgens zwei Stunden scharf zu reiten, um sich frisch zu halten. Nun fällt er für einige Zeit aus. Er wird ins Reserve-Lazarett Lötzen gebracht, dort renkt der Arzt ihm das Schlüsselbein wieder ein, legt den rechten Arm in Gips.
Ein Reitunfall während der Schlacht vor Moskau mag sehr nebensächlich sein, wenn man bedenkt, was alles auf den Schlachtfeldern geschah, wieviele Soldaten täglich fielen oder verwundet wurden.
Aber die vorübergehende Ausschaltung des Mannes, in dessen Kopf die Schlacht *vor* Moskau längst zur Schlacht *um* Moskau geworden war – der sie leitete, wenn auch nicht auf dem Schlachtfeld, sondern im fernen Ostpreußen, der aber doch die Operation »Taifun« sein eigenes Kind nannte –, hatte doch eine Bedeutung, die über eine Symbolik weit hinausreichte.

Symbolisch war der Mann, der diese Schlacht immer gewollt und sie doch erst so spät im Jahr bekommen hatte, zu Fall gekommen. Das Schicksal hatte ihn geschlagen, während seine Soldaten siegten. Denn am gleichen Tage fiel das Kommando über die geschlagenen, eingekesselten, improvisiert aufgestellten Armeen der Sowjetunion vor Moskau dem Armeegeneral Schukow zu, dem Manne, der allein geeignet schien, nach den Katastrophen der vergangenen Monate den Deutschen zu widerstehen, ihnen taktisch und strategisch nicht nur Schwierigkeiten zu machen, sondern ihren Vormarsch aufzuhalten.
Daß dieser Schukow nun einen Verbündeten fand, nicht in Großbritannien, das entsetzt zusah, wie die Russen auf Moskau zurückgingen, auch nicht in Amerika, das die ersten militärischen Hilfsmittel zur Verfügung gestellt hatte (Jeeps, die in Orel erbeutet wurden von den Deutschen), sondern im eigenen Land, auf der heiligen Heide von Borodino ebenso wie in den Wäldern von Brjansk, an der Straße nach Tula — den Schnee, der nicht liegen blieb, den Schlamm, der die Räder der Kraftfahrzeuge stillstehen ließ, das Wetter, Herbst nicht mehr, den es kaum gegeben hatte, sondern nun frühen Winter: Welche meisterhafte Regie hatte das bewirkt, welche Vorsehung war hier aufgetreten, welcher Gott hatte die einen verlassen, sich den anderen in höchster Not zugewandt?
Die Blindheit, in der man sich gegenüberstand, ließ weder Schukow noch Halder voneinander wissen, sie erkannten sich nicht. Halder glaubte, Timoschenko habe den Befehl vor Moskau; Schukow konnte nicht wissen, daß Halder ausgefallen war.
Der deutsche Generalstabschef blieb vier Tage im Lazarett, dann saß er wieder am Schreibtisch in seinem Hauptquartier. Die Verletzung war schmerzhaft. Erst am 3. November konnte Halder wieder schreiben.
Doch die Unfähigkeit, täglich Aufzeichnungen zu machen, Geschichte festzuhalten, die überliefert werden sollte, reichte nicht aus, um diesen Mann vom Denken und Handeln abzuhalten.
Halder ließ sich nicht vertreten. Er versah seinen Dienst. Daß aber gerade in dieser Zeit seiner Schwäche und seiner Schmer-

zen das Ganze nicht so recht weitergehen wollte, verwunderte Halder tief.

Ihn hatte ein Schlag getroffen, als er hoch zu Rosse saß, fast schon als Sieger, als sein eigenes Denkmal, der Herr Moskaus, in das doch ab 15. Oktober seine Soldaten eindringen oder einmarschieren sollten, um den Winter dort zu verbringen, nach ihrem größten Siege in diesem Kriege.

Der Oktober mußte vergehen, ehe Halder noch einmal den Versuch machen konnte, dorthin zu gelangen, wohin er wollte.

Wenn sein Heer die Kraft Moskaus gebrochen haben würde, dann wäre es nicht nur unschlagbar. Es könnte auch Herr über die nationalsozialistische Partei werden, Herr über die Umgebung Hitlers, über Hitler selbst. Denn diese Schlacht vor Moskau war dann nicht von Hitler gewonnen, sondern von Bock und Halder und Brauchitsch. Was aus dem Mütterchen Rußland werden sollte, das in Schmerz und Tränen eine Stadt nach der anderen in Trümmern sinken sah (aber es war auch möglich, daß das Mütterchen Rußland wieder erstehen würde, nach allem, was ihm von Menschen angetan worden war), das mußte in der Hand der Soldaten liegen, nicht in der Hand von Hitlers Schergen.

Wie nahe waren sich, sieht man es aus der Entfernung, die jede geschichtliche Betrachtung verlangt, in diesen Tagen Major Schabalin und Leutnant Koch. Sie froren beide, sie schliefen nachts in ihren Autos, sie hörten rings um sich die Kanonaden, sie mußten sich ihrer Haut erwehren, sie kämpften und fluchten.

Jetzt wollten beide nur noch nach Hause, Koch über Moskau, Schabalin auch über diese Stadt. Er war schon viele Wochen weg von Ulan-Ude, von Nadeschda, der er nun nicht mehr schreiben konnte, da er abgeschnitten war.

Auch Koch fühlte sich wie abgeschnitten bei Aljoschenka und Nawlja, vom frühen Schneefall getrennt, von dem zähen Schlamm an den Stiefeln an dieses Land gefesselt, das er weder liebte noch haßte, das ihm gleichgültig war. Was hatte er hier zu suchen?

21. KAPITEL

Abwehr und Vernichtung

Zum raschen Vormarsch auf Tula, halbwegs zwischen Orel und Moskau, blieb Generaloberst Guderian auch entschlossen, nachdem er erfahren hatte, daß die 4. Panzer-Division am 6. Oktober vor Mzensk aufgehalten worden war. Es sollte unbedingt verhindert werden, daß der Gegner sich vor Moskau noch einmal zu gegliederter Verteidigung festsetzte. Der erste Schnee, der in der Nacht zum 7. Oktober gefallen war, blieb zwar noch nicht liegen, aber sein Tauwasser stand in Pfützen auf den unbefestigten Straßen. Das Gelände neben den Straßen wurde zu einer zähen, schmierigen Lehmschicht.

Am 8. Oktober regnet es unaufhörlich, als das Schützen-Regiment 12 der 4. Panzer-Division in den Bereitstellungsraum vor Mzensk abmarschiert. Am 9. Oktober soll Mzensk genommen und auf der Straße nach Tula durchgestoßen werden. Für diesen Sturm auf die Chaussee, die nach Moskau führt (336 Kilometer), hatte sich das Regiment in Orel zusätzlich verproviantiert. Aus einem erbeuteten Versorgungszug nahm es süßen roten Krimwein mit, amerikanische Kekse in Zehnpfunddosen, Hartwurst. In den Lagern der Roten Armee statteten sich die Kompanien mit wattierten Winterjacken, Filzstiefeln und Fliegerstiefeln aus. Die Soldaten hatten in Orel zum ersten Male eine richtige russische Stadt angetroffen, mit asphaltierten Straßen, Steinhäusern, Wohnungen, in denen es Bäder gab, Wasserklosetts, Straßenbahnen, städtisch gekleidete Einwohner. Sie hatten die Kabinen des Bades bewundert, die mit meergrünen Kacheln ausgelegt waren, die prunkvollen Grabsteine mit deutschen Namen auf dem Friedhof. Was würde Moskau für sie bereit halten? fragten sie. Dahin war es nicht mehr weit.

Um hierher zu komen, hatte das Regiment, das aus österreichischen und mitteldeutschen Verbänden im Jahre 1938 in Meiningen in Thüringen aufgestellt worden war, einen weiten Weg zurücklegen müssen.

Aus Meiningen war es 1939 nach Schlesien, dann nach Polen gefahren, um am 8. 9. 1939 in die Vorstädte von Warschau einzudringen. Es mußte sich wieder zurückziehen, ehe es im Jahre 1940 über die Maas ging, bis Armentières vordrang, dann von der Somme über die Marne bis zur Seine und zur Côte d'Or marschierte, um 1941 in der Panzergruppe Guderian über den Bug zu gehen, in Orel anzukommen.
Nichts Menschliches war diesen Männern mehr fremd, aber auch nichts, was mit dem Sterben zu tun hatte. Sie kannten alles, und sie erwarteten nichts anderes, als wiederum zu siegen. Im Bereitstellungsraum werden sie von Regen und Kälte in die Bauernhäuser gezwungen. Es beginnt für sie das ungezieferreiche Leben. Die Läuse setzen sich im Kragen und Hosenbund fest. Es gibt Wanzen und Flöhe, die sich in den Uniformen und Decken bemerkbar machen.
»Die Wege sind katastrophal«, heißt es in der Regimentsgeschichte, die Oskar Schaub in Wien nach dem Kriege schrieb. »Stellenweise versinken die Kraftfahrzeuge bis zu den Achsen im Schlamm. Pioniere und alle festliegenden Einheiten arbeiten im rückwärtigen Operationsgebiet fieberhaft an den Wegen. Sie schaufeln den Brei weg, werfen Reisig oder Strohbündel in die Sumpflöcher oder bauen Knüppeldämme, auf die sie zur Schonung der Federn Längsbohlen nageln. Querfeldein können teilweise nur Ketten-Kraftfahrzeuge marschieren.«
Vor Anbruch der Morgendämmerung beginnt das Regiment im Schneetreiben, in das der Regen übergegangen ist, seinen Marsch gegen den Feind. Sie treffen auf die eigenen Panzer, zwischen denen sie zu Fuß vorgehen. Nach einem Stuka-Angriff kann die Gruppe des Panzer-Obersten Eberbach eine Brücke überschreiten, während russische Bomber und Schlachtflieger die Kolonne angreifen. Bei dem verschlammten Boden ist es nicht möglich, die Fahrzeuge auseinander zu ziehen.
Als sie sich Woin nähern, das Wort klingt wie »Krieg« (Woina), aber Woin ist nur ein Ort, mit dem es jetzt Krieg gibt, erhalten die Panzer sehr starkes Abwehrfeuer von russischen Panzern, Pak-Flak und Artillerie. Die Panzerbrigade Katukow steht hier. Sie wird bald darauf für ihre Festigkeit vor Mzensk

von Stalin zur Garde-Panzerbrigade ernannt werden. Zum ersten Male greifen hier russische Salvengeschütze ein, Katjuschas, die von den Landsern Stalin-Orgeln genannt werden. Im Gefechtsbericht der 5. Panzer-Brigade heißt es: »Nach mehrstündiger Artillerievorbereitung kann die Panzer-Brigade gegen 13.00 Uhr wieder antreten, die Höhen jenseits von Woin nehmen und sich an die nächsten Höhen heranarbeiten. Hier wird das Feuer der schweren Russenpanzer wieder so stark, daß trotz Eingreifen unserer Stuka an ein Vorwärtskommen nicht zu denken ist. Ein eigener Panzer erhält einen Volltreffer und brennt.«
In schwachem Schneetreiben versucht das Regiment 12 den Feind zu werfen, aber es bleibt stundenlang vor zwei olivgrünen T 34 liegen, die es mit flankierendem Feuer niederhalten. Zwei 8,8-Flak, die heranfahren und eingreifen, werden entweder beim Abprotzen oder bei den ersten Schüssen von den russischen Panzern vernichtet.
Als die Dunkelheit hereinbricht, läßt der Divisionskommandeur General von Langermann den Angriff einstellen.
Gefechtsbericht: »Auf der Hauptstraße schieben sich die schweren Russenpanzer so nahe an die Kompanie Wollschlaeger heran, daß sie die gedeckte Aufstellung einsehen können. Die Geschosse unserer 5-cm-Kanone prallen wirkungslos an der dicken Panzerung der Russen ab, während diese schon mit den ersten Schüssen zwei eigene Panzer abschießen. Unsere 10 cm und 8,8-Geschütze können noch nicht wirken. Der Brigade-Kommandeur muß sich daher entschließen, die 6. Kompanie hinter die Höhe zurückzunehmen. Bei dieser Absetzbewegung werden nochmals zwei eigene Panzer, ein B-Wagen der Artillerie und ein gepanzerter Mannschaftstransportwagen der Pioniere abgeschossen. Der Russe kann jede Bewegung einsehen. Er schießt eine Feuerwand mit seinen Salvengeschützen auf die Höhen von Woin. Trotz der beiderseitigen Umfassung hat der Frontalangriff der Gruppe Eberbach schwere personelle und materielle Verluste gekostet. Dieser Rückschlag ist bedrückend.«
Am nächsten Morgen, es ist der 10. Oktober, wird der Angriff wieder aufgenommen. Über Nacht ist es Winter geworden. Starker Schneefall hat die Wege fast ungangbar gemacht. Jetzt

macht der Kommandeur des Schützenregiments 12, Oberst Grolig, den Vorschlag, das Schneetreiben auszunutzen, um abseits der Wege und ungesehen von den schweren Russenpanzern über eine von den Russen gebaute, durch Aufklärungsflieger gemeldete Pontonbrücke über die Suscha überraschend in Mzensk einzudringen. Die Räderfahrzeuge müssen zurückbleiben; eine Schützenkompanie sitzt auf den Panzern auf. Die Schützen haben nur noch wenige Handgranaten und fast keine MG-Munition. Die Männer sind übermüdet und durchnäßt.

Im Gefechtsbericht heißt es: »Trotzdem tritt um 10.30 Uhr die Panzer-Brigade aus Scheino an. Der Rest des Bataillons Mowitz folgt zu Fuß. Die Flak, eine 10-cm-Batterie und die Artillerie-Beobachter folgen den Panzern.

Im Schneetreiben kann man kaum 200 Meter weit sehen. An der Spitze fährt Oberleutnant Wollschlaeger mit seiner 6. Kompanie. Er trifft auf keinen Feind. Quer durch das Gelände fahrend gelangt er über den Höhenkamm und kommt genau an der Südostbrücke von Mzensk heraus. Die russische Brückenwache hat unter Strohbündeln Schutz vor dem Unwetter gesucht. Sie wird von den Panzern überrumpelt, Zündschnüre und Sprengladungen werden herausgerissen. Um 12.00 Uhr fahren die ersten Panzer, aus allen Rohren schießend, in die Stadt Mzensk hinein. Zwei Batterien Salvengeschütze, 3 Flak werden erbeutet. Dann erreicht Oberleutnant Wollschlaeger von rückwärts die große Westbrücke; jenseits der Brücke, auf der Orel-Seite des Flusses, stehen schwere Panzer. Sie stoßen über die Brücke in die Stadt hinein. Aber diesmal sind es unsere Panzer, die gut gedeckt hinter Häusern und in den Gärten sie unter Feuer nehmen. Es gelingt, zwei Panzer abzuschießen. Ein halbes Dutzend anderer bricht durch, wird aber von den rückwärtigen eigenen Wagen beschossen, wobei ein Feindpanzer in Brand gerät, ein anderer flieht qualmend. Ein eigener Panzer, der Ladehemmung hat, erhält einen Treffer. Vom Nordrand der Stadt hört man Motorengeräusche zahlreicher Feindpanzer. Auch von der Westbrücke werden neue Panzer gemeldet. Erschwert wird die Lage dadurch, daß der letzte eigene Panzer die Südostbrücke ungangbar

gemacht hat. Mit Tauen müssen die 10-cm-Kanonen und die schweren Flakgeschütze über die Brücke gezogen werden.
Die Lage ist sehr bedrohlich, ein ›Zurück‹ ist nicht mehr möglich. Die mitgekommene Pioniergruppe legt ihre 15 Minen auf der Hauptstraße. Die 10-cm-Kanonen kommen endlich in Stellung. Da greifen auch schon aus Richtung Tula und zu gleicher Zeit von Westen schwere Feindpanzer an. Einer fährt auf eine Mine, ein anderer wird von der 10-cm-Kanone abgeschossen. Das schafft zunächst etwas Luft. Und nun kommen zu Fuß auch die Schützen heran. Sie werden sofort im Südteil der Stadt eingesetzt, wo der Gegner mit Infanterie stark drängt. Gegen Tula bleiben nur einige Panzer, ein Zug Schützen und zwei Flakgeschütze.«
Gegen Tula wollte die 4. Panzer-Division an diesem Tage marschieren. Sie muß zur Verteidigung übergehen. Die Panzer werden herausgezogen. Ihre Zahl ist so klein geworden, daß das Panzer-Regiment zu einer Panzerabteilung zusammengefaßt wird.
Der rasche Vormarsch Guderians auf der Straße nach Moskau über Tula ist gescheitert. Erst zwei Wochen später kann der Angriff erneut beginnen, der Vormarsch nach Tula wieder aufgenommen werden.
Hier hielten die neuen Panzer vom Typ T 34/76 die Deutschen vor Moskau auf. Dieser T 34 von 1941 wog etwa 27 Tonnen; er hatte eine Besatzung von vier Mann. Die Höchstgeschwindigkeit betrug 50 Stundenkilometer. Bewaffnet war der T 34 mit einem 76,2 mm-Geschütz und zwei 7,62-Maschinengewehren. Für das Geschütz hatte er 77 Schuß bei sich, für die Maschinengewehre etwa 3000. Er war technisch robust, seine gedrungene Form, seine Geländegängigkeit und seine starke Panzerung machten ihn den deutschen Panzern überlegen. Seine Schwächen waren die geringe Funkausstattung und die sehr einfache Schießoptik. Die Besatzungen waren noch nicht voll ausgebildet. Die Panzerung war an der Wanne 47 cm stark, am Turm 65 cm. Der 12-Zylinder-V2-Motor hatte eine Stärke von 500 PS. Der T 34 war nicht ganz so hoch wie breit; 2,44 m x 2,73 m. Bis 1945 wurden in der Sowjetunion etwa 50 000 T 34

gebaut; ab Winter 1943 wurde der noch stärkere T 34/85 produziert.
Die Masse der 1941 in Rußland eingesetzten deutschen Panzer waren Panzer III. Die Kanone hatte ein Kaliber von 5 cm, oft aber auch nur von 3,7 cm.
Mzensk ist erst am Abend des 11. Oktober fest in der Hand der 4. Panzer-Division. Sie muß Gegenstöße abwehren, die von Truppen ausgeführt werden, die während der Nacht mit Transportflugzeugen herangebracht worden waren.
Ehe die Kämpfe aufhören, rollt noch ein russischer Panzer auf der Straße aus Richtung Tula durch die deutschen Linien, bis eine Mine seine Kette zerreißt und ihn unbeweglich macht.
Trotzdem schießt der Panzer weiter. Ihm wird eine geballte Ladung Handgranaten unter die Wanne gelegt. Nun schweigt er. Als aus dem schwelenden Panzer die Besatzung aussteigt, erschrecken die Schützen des Regiments 12 aus Meiningen in Thüringen. Bei der Panzerbesatzung ist eine verwundete Frau. Sie hat ihren Mann, den Panzerkommandanten, als Funkerin begleitet.
Generaloberst Guderian ließ sich am 8. Oktober die letzten Gefechte von seinen Generalen und Oberst Eberbach, der die Panzerbrigade vor Mzensk befehligte, schildern. »Zum ersten Male während dieses anstrengenden Feldzuges«, schreibt Guderian, »machte Eberbach einen mitgenommenen Eindruck, und es war nicht die körperliche, sondern die seelische Erschütterung, die man ihm anmerkte. Daß unsere besten Offiziere durch die letzten Kämpfe so stark beeindruckt waren, mußte stutzig machen. Was für ein Gegensatz zu der Hochstimmung, in die sich das OKH und das Oberkommando der Heeresgruppe Mitte versetzt fühlten! Hier tat sich eine Kluft der Anschauungen auf, die später kaum zu überbrücken war, zumal die 2. Panzerarmee damals von der siegestrunkenen Einstellung ihrer Vorgesetzten nichts erfuhr.«
Für die Stavka war die Sorge, die sie wegen eines Durchbruches Guderians über Tula nach Moskau bisher hatte, vermindert. Die rasch herbeigeführten Reserven des sowjetischen Hauptquartiers hatten bei Mzensk ihre Schuldigkeit getan.

Als die 18. Panzer-Division hinter der Beresina, bei Borissow, Anfang Juli zum ersten Male auf russische T 34 stieß, hatte sie es mit einem neuen Gegner zu tun, der zwar bessere Panzer hatte, aber keine sichere und einfallsreiche Führung dieser Fahrzeuge im Gefecht.
Bei Mzensk stellte es sich heraus, daß diese T 34 auch gut geführt wurden. Sie standen dabei der deutschen Panzertaktik in nichts nach, obwohl sie in ihre erste Schlacht fuhren, während die deutschen Panzer schon viele Schlachten hinter sich hatten. Oberst Katukows Panzerbrigade, die vom 6. bis 11. Oktober 1941 Guderians Vormarsch auf der Straße nach Tula und Moskau aufhielt, hatte zu Beginn der Kämpfe 65 Panzer T 34. Katukow war der erste Panzerführer, auf den die Deutschen trafen, der ihnen im Panzereinsatz taktisch gewachsen war. Er ließ seine Panzer das Feuer erst eröffnen, wenn die deutschen Panzer auf zweihundert bis dreihundert Meter heran waren. Dann machten sie rasch Stellungswechsel. Unterstützt wurde die Panzerbrigade durch ein Bataillon Raketengeschütze, »Katyuschas«, die auch für die Russen neu waren. Bevor die Raketengeschütze eingriffen, wurden die russischen Soldaten gewarnt, vorzugehen. Sie sollten erst die Reaktion des Gegners abwarten. »Bald werdet ihr eine süße Musik hören«, sagte man ihnen. Katukow beschrieb 1966 in der *»Soviet Military Review«* diesen ersten Einsatz: »Es sah wahrhaftig aus, als ob die Hölle ausbrach. Phantastische Kometen mit Schweifen aus grellweißem Rauch schossen in den Himmel, die Luft wurde von mächtigen Explosionen erschüttert. Eine Sekunde später verschwanden deutsche Panzer und Fahrzeuge in einem Meer von Flammen. Benzintanks explodierten; der Gegner wich zurück. Später wurden wir unterstützt durch ein Infanterieregiment und ein Bataillon, das aus Arbeitern bestand, die aus einer Waffenfabrik in Tula kamen. Wir verloren in den achttägigen Kämpfen 19 Panzer, doch die deutschen Verluste waren schwerer. Am 11. November erhielt die 4. Panzerbrigade die Bezeichnung 1. Garde-Panzerbrigade. Sie war damit die erste Garde-Panzereinheit der Sowjetarmee.«
Nach den achttägigen Kämpfen erhielt Oberst Katukow ein

neues Kommando. Den Bericht im Jahre 1966 schrieb er als Marschall der Panzertruppen.
Stalin und sein Generalstabschef Schaposchnikow hatten am 9. Oktober befohlen, aus Tula Kräfte abzuziehen, da sie annahmen, Guderians Vorstoß sei bei Mzensk durch die Panzer Katukows und die Rasputiza gebremst worden. Die Truppen wurden in die Moschaisker Verteidigungsstellungen geholt.
Für Zeitgewinn hatten die eingekesselten Truppen durch ihr Ausharren zu sorgen, denen die Stavka keine Hilfe schicken konnte. Die Reserven wurden auf die Schwerpunkte verteilt. Das Eisenbahnnetz und der Transport in Flugzeugen kamen hierfür in Frage.
Das Land zwischen den Schwerpunkten überließ man der Rasputiza, die für die Verteidiger Moskaus rechtzeitig eingetreten war, zehn Tage eher, als man erwartet hatte. Aber weder Stalin noch Schukow gaben sich der Illusion hin, daß die Deutschen haltmachen würden.
Am Südflügel ihrer Ostfront beendeten die Deutschen die Schlacht am Asowschen Meer. Sie nahmen 100 000 Mann gefangen, erbeuteten 212 Panzer und 672 Geschütze. Das OKH befahl, den Angriff bis zum Unterlauf des Don bei Rostow fortzusetzen.
Im Kessel nordostwärts Brjansk, den Teile der 18. Panzer-Division mit dem Regiment »Großdeutschland« gegen Westen abriegelten, mit dem Rücken nach Osten, wo kein Feind mehr war, setzte sich das Drama fort. Am 12. Oktober schreibt Major Schabalin in sein Tagebuch: »Um 5.00 Uhr morgens sind wir in dem Dorf Bujanowitschi angekommen. Wir frühstückten sofort, ich trank ein Glas Schnaps und legte mich im Auto schlafen. Man weckte mich um 10.00 Uhr morgens. Es stellte sich heraus, daß, während ich schlief, deutsche Flugzeuge herbeigeflogen waren, vier Bomben abgeworfen und das Dorf mit einem MG beschossen hatten. Es brennt eine Hütte, getötet sind zwei Mann des Sanitäts-Bataillons. Ich rasierte mich unter den Klängen der Kanonade und trank Tee.
Die Bevölkerung in diesen Dörfern empfängt uns nicht sehr freundlich. Man merke sich das! Es feuern die Minenwerfer des

Gegners. Ich schickte zum Stab, um zu erfahren, wie es steht. Um 1.30 Uhr begann der Gegner ein starkes Minenwerferfeuer, einige Haufen ergossen sich in das Dorf Bujanowitschi. Der Stab verzog sich schnell nach dem Dorf Frolowka zu. Am Friedhof angekommen, hielt das Auto. Ich ging dann am Rande des Friedhofs entlang, beobachtete das Feuer des Gegners aus Minenwerfern und die ungeordnete Flucht des Armee-Stabes. Es bewegten sich etwa 1000 Autos in drei Reihen. Der Kommandierende der Armee fuhr vorbei und deutete mit der Hand zum Walde hin. Wir setzten uns in die Autos und fuhren in den Wald. Wir beabsichtigten, auf das Dorf Frolowka zurückzugehen. Am Walde hielt ich die Autos an und hieß sie zum Flußübergang zu fahren. Ich selbst ging zu Fuß durch den Wald. Als ich den Flußübergang erreicht hatte, traf ich General Edukow, Saizew und Schaljapin. Wir hielten an dem Übergang und beobachteten die Wiederherstellung der Straße. Gleichzeitig setzten auch die Autos über. Unsere Autos waren schon auf der anderen Seite. Plötzlich kamen drei Kavalleristen angesprengt und meldeten, daß die Deutschen erschienen sind. Gleichzeitig begann der Deutsche, uns aus leichten MG und Minenwerfern zu beschießen. Es entstand ein Durcheinander, die Unsrigen begannen ein unordentliches Geschieße, ich zog mich mit Saizew langsam in die Tiefe des Waldes zurück, um uns pfiffen die Kugeln und Geschoßsplitter. Ich verlor meine Leute, irrte bis zum Abend umher. Das Schießen hielt von allen Enden des Waldes her an. Der Kommandierende, die Mitglieder des Kriegsrates und der Chef des Stabes waren weggefahren.
Sie befanden sich nicht mehr im Walde.
Am Abend erhielt ich den Befehl, bei Nacht nach dem Dorf Nechotzki abzuziehen. Es ist alles unklar. Wir waren nahe am Durchbruch nach Osten. Die Deutschen waren aus dem Dorf Frolowka hinausgejagt. Und jetzt sollen wir wieder in das Innere des Ringes gehen, der, wie uns klar war, sich immer mehr und mehr verengt.«
Leutnant Koch, auf der anderen Seite des Kessels, schreibt nur wenig auf: »12. Oktober. Sonntag. In einer jämmerlichen Hütte. Sehr kalt. Schnee. Nichts getan. Morgen früh greifen wir an.«

Am 13. Oktober notiert er: »Abmarsch. Es ist eiskalt. Wald durchkämmt. Nichts. Weiter. Begegnungen mit der 1. Kavallerie-Division. Ein Oberst im Panzer. Es taut mittags. Weiterfahrt. Vernichtete Rote Armee, in die Wälder geflüchtet, zerschlagen. Alexejewka. Russe wehrt sich in einem Birkenwald. 1. Kompanie greift an. Ich schirme mit der 2. Kompanie ab. Heftiges Feuergefecht. Große Verluste. Gefallene bei der 1. Kompanie. Der Assistenzarzt im Nahkampf gefallen.«
14. Oktober: »Morgens das Birkenwäldchen durchstreift. Der Feind ist vernichtet. Erschlagen liegen sie, aber auch unsere Toten, die vor ihnen zusammenbrachen. Erbarmungsloses Gefecht Mann gegen Mann. Es ist grauenhaft. Die Verwesung setzt schon ein... Nachmittags haben wir sie begraben. Wir sind jetzt wie aus Stein.«
Major Schabalin schreibt am 13. Oktober: »Ich habe die ganze Nacht nicht geschlafen. Es ist eine teuflische Kälte, es sind keine Handschuhe vorhanden, es gibt keine warme Wäsche. Ich gehe in der Bluse. Wir bewegen uns verteufelt langsam, sind im Sumpf stecken geblieben. Es waren etwa 1000 Autos. Die ganze Nacht hindurch bauten wir einen Übergang, fuhren die Autos mit einem Traktor im Schlepp und wurden trotzdem bis zum Morgen mit dieser Aufgabe nicht fertig. Im Sumpf blieben bis zu 50 Lastkraftwagen stecken, ungefähr dieselbe Zahl saß auf dem Felde fest. Um 6.00 Uhr morgens begannen die Deutschen mit Minenwerfern zu feuern.
Wir gelangten an einen kleinen Bach, wo uns ein deutscher Späher entdeckte. Er gab ein Zeichen und der Gegner eröffnete gegen unseren Troß das Minenwerferfeuer. Wir machten am Flüßchen halt. Die Nacht verging ruhig. Wir bauten den Übergang.«
13. Oktober: »Der Gegner hat uns im Ring zusammengedrängt. Eine ununterbrochene Kanonade. Ein Duell der Artillerie, der Minenwerfer- und MG-Schützen. Gefahr und Schrecken fast den ganzen Tag. Ich rede schon nicht mehr vom Wald, Sumpf und Nachtlager. Seit dem 12. habe ich nicht mehr geschlafen, seit dem 2. 10. keine Zeitung mehr gelesen.«
15. Oktober: »Es ist furchtbar. Ich taumle umher, Leichen, das

Grauen des Krieges, ununterbrochen unter Beschuß. Wieder bin ich hungrig und ohne Schlaf. Ich habe eine Flasche Spiritus fortgenommen. Ich ging im Walde auf Erkundung. Unsere Vernichtung ist vollständig.
Die Armee ist zerschlagen, der Troß vernichtet. Ich schreibe im Walde an einem Lagerfeuer. Ich bin allein unter fremden Leuten. Die Armee ist zerfallen.«

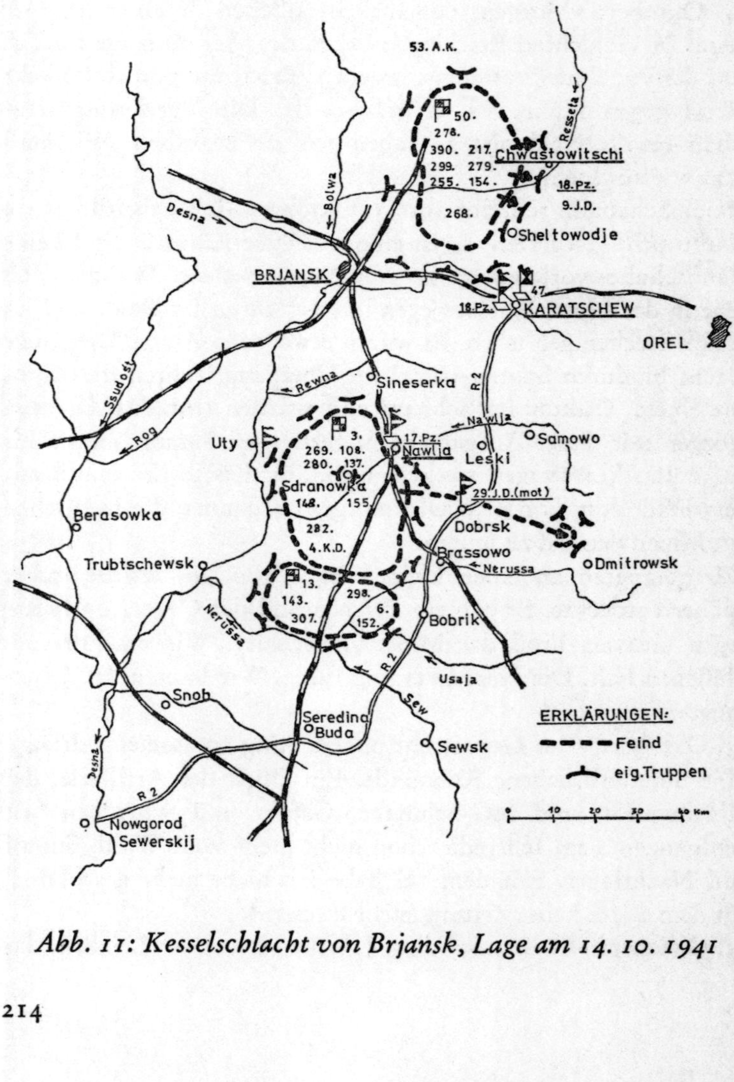

Abb. 11: Kesselschlacht von Brjansk, Lage am 14. 10. 1941

22. KAPITEL

Die Besetzung Moskaus wird vorbereitet

Ehe Fedor von Bocks Heeresgruppe am 14. Juni 1940 in Paris einrückte, war die französische Hauptstadt zur offenen Stadt erklärt worden. Im Stab der Heeresgruppe Mitte, der in Smolensk lag, erinnerte man sich an die damaligen Verhandlungen mit dem französischen General Dentz: Bock mit seinem Stab auf freiem Felde, der Generaloberst wie immer etwas nach vorn gebeugt, trotzdem überragte er alle. Am Kragen lag über dem Ritterkreuz der Pour le mérite, den er einst von seinem Kaiser in Frankreich erhalten hatte. Diese Ordnung, die er wie beiläufig mit der linken Hand hergestellt hatte, sollte den Franzosen zeigen, daß der Hauptmann von Bock des Jahres 1914 nun als Stellvertreter der unglücklichen Generalobersten von damals – Kluck, Bülow, Hausen – vor Paris eingetroffen war, um, nun selbst Generaloberst, einzustreichen, was anderen nicht gelungen war.

Erwartete der Generalfeldmarschall Bock, daß Ähnliches geschehen würde? Sollte Marschall Timoschenko, gegen den er hier vor Moskau Krieg führte (er wußte immer noch nicht, daß er es mit Schukow zu tun hatte), nach der furchtbaren Niederlage in den Kesselschlachten von Wjasma und Brjansk ihm auf freiem Feld entgegen kommen, um sich endlich ihm zu ergeben? Würde er die sowjetische Hauptstadt zur offenen Stadt erklären, wie es einst (aber es war seitdem nicht viel mehr als ein Jahr vergangen) mit Paris geschah?

Oder war man wieder einmal in einem anderen Krieg, der mit den Kriegen vorher wenig Ähnlichkeit hatte? Zeitenwende 1941 wie die Zeitenwende 1914, aber nun grimmiger, aussichtsloser für jeden Kompromiß – ein Abschied für immer von den Usancen der Kriegskunst, an die man sich halten konnte? Der Feldmarschall war überzeugt, daß er eine Person der Geschichte war. Die Historie hatte ihn erfaßt mit ihrem auf dem Boden schleifenden, wie krönenden Mantel, als er noch einmal nach

Frankreich fuhr und dort siegte. Der Mantel war ihm geblieben, er trug ihn nun wie einen Umhang, er zögerte, ihn anzuziehen, fest zuzuknöpfen, ihn endgültig als Ornat anzusehen. In Moskau würde er ihn behalten dürfen, erst diese Stadt mußte ihn ganz bestätigen, ihn für immer herausheben aus der Schar der Marschälle, die Hitler nach dem Frankreichfeldzug ernannt hatte. Was sollte mit Moskau geschehen? Die Frage wurde dringlich. Denn Hitler hatte dazu nur Unsinn geäußert, wie Bock meinte. Man konnte Moskau nicht »ersäufen«, den Stausee des Moskwa-Wolga-Kanals öffnen. Das war barer Unfug und ganz des Führers ähnlich, dieses Gefreiten, den Bock nicht leiden konnte. Nicht Hitler, sondern Bock würde Moskau nehmen, dafür hatte man vorzusorgen.

Ein erstes Schriftstück lag vor. Es war am 7. Oktober entstanden, als Bock seiner Heeresgruppe befahl, Moskau einzukesseln, längs der Ringeisenbahn (von der er noch nicht wissen konnte, daß sie fertig war, aber auf erbeuteten Karten war sie schon erkennbar). Es nannte sich »Fragen für die Einschließung Moskaus«. In ihm ging es darum, sich einmal vorzustellen, was geschehen sollte, wenn der eiserne Ring um Moskau tatsächlich geschlossen war.

Man mußte fragen, wie Volksdeutsche behandelt werden sollten, die den Einschließungsring passierten, wie Ausländer. An allen Straßen, die aus der Stadt führten, waren Kontrollen und Überprüfungen vorgeschlagen worden, die Sache des Heeres zu sein hätten. Zusätzlich sollte je Division ein Kommando von nur 8 Sicherheitsdienst- und zwei Geheime Feldpolizisten zur Verfügung stehen. An den drei nach Osten aus der Stadt herausführenden Straßen (Moskau-Gorki, Moskau-Rjasan, Moskau-Tula) wären drei Durchlaßstellen für Angehörige der Sowjetunion zu bilden, der Sicherheitsdienst (SD) sollte allein hier arbeiten an Schleusen in Stacheldrahtverhauen, mit Lautsprecherwagen, die sich Gehör verschaffen konnten bei dem erwarteten Exodus.

Frauen, Kinder und Greise seien in Durchgangslagern zu sammeln, dann allmählich durch Polizeikräfte aus dem besetzten Gebiet ins unbesetzte Gebiet jenseits der Wolga abzuschieben.

(Es schwebte etwas Ähnliches vor wie in Frankreich 1940, dort gab es auch ein besetztes und ein unbesetztes Gebiet). Wehrfähige Männer sollten als Kriegsgefangene behandelt und interniert werden, aus ihnen waren Arbeiter-Bataillone zusammenzustellen.

An sanitäre Maßnahmen wegen der Seuchengefahr war in den Durchgangslagern zu denken, Verpflegung für Durchgangs- und Gefangenenlager bereitzustellen. Während der Einschließungszeit sollte mit Flugblättern und Lautsprecherwagen Propaganda gemacht werden, Fahndungslisten waren vorzubereiten, die Einschaltung auch ausländischer Fahndungslisten wäre vorzusehen.

Als Fragen waren diese ersten Vorstellungen gefaßt, wer würde sie beantworten? Bock wollte vom OKH wissen, ob es einverstanden sei, aber von dort kam keine Antwort.

So mußte der Heeresgruppenstab deutlicher werden. Am 11. Oktober machte Ic/AO (Ic/Abwehroffizier) »Vorschläge über Sofort-Maßnahmen bei der Besetzung von Moskau«, die Hitler bis zu diesem Zeitpunkt überhaupt nicht wünschte, er wollte die Stadt dem Chaos überlassen. (Die Ic/AO unterstanden dem Ic und steuerten die »Abwehrtrupps«, die der Heeresgruppe oder dem Armeeoberkommando nachgeordnet und von der »Abwehr« aufgestellt waren; letztere unterstand Admiral Canaris). In ihr waren Spezialisten zusammengefaßt, die sich in Moskau auskannten. Da dieses Schriftstück das einzige Dokument ist, das Auskunft über die Vorstellungen im Stabe der Heeresgruppe Mitte zur Frage gibt: »Was geschieht mit Moskau?«, soll hier darauf eingegangen werden.

Vorgeschlagen wurde eine sofortige Demobilmachung aller in Moskau wohnenden Soldaten. Die üblichen Bestimmungen über Waffenverbot, feindliche Aktionen gegen die Wehrmacht, Sabotage sollten angewendet werden.

Militärische Dienststellen, Kasernen, Fliegerlager, Magazine und Lagerräume der Sowjetarmee waren unter Zurücklassung des gesamten beweglichen Inventars von Personen zu räumen. »Das neue Haus der Roten Armee befindet sich auf dem Platz der Kommune Nr. 2 (Ploschtschadj Kommuny)«.

Alle Zentralverwaltungen der UdSSR sowie die Kommunistische Partei sollten durch Verfügung aufgelöst werden.
Ihre Tätigkeit hatten jedoch fortzusetzen die Behörden des Gebietes (oblasti) von Moskau sowie die Städtische Verwaltung (Stadtsowjet) mit ihren 23 Rayonverwaltungen. Davon waren die NKWD-Vertrauensmänner auszuschließen. »Die Verantwortung für das reibungslose Funktionieren des Betriebes sollten alle am Platze zurückgebliebenen Funktionäre tragen, die aus ihrer Mitte den Fähigsten oder Ältesten – nach Möglichkeit Parteilosen – mit der vorläufigen Weiterführung des Betriebes beauftragen.«
Alle im Verkehrswesen stehenden Beamten und Arbeiter müßten in ihren Stellungen bleiben, davon würden Angehörige der Kommunistischen Partei nicht ausgenommen, nur NKWD-Männer waren zu entfernen.
Alle Verkehrsmittel und Vorräte waren, unter Androhung von Strafen, zu erhalten. »Da auch der Kraft-Droschkenverkehr (Lkw und Pkw) verstaatlicht ist, so ist für eine Sicherstellung aller Kraftfahrzeuge und Betriebsstofflager Sorge zu tragen.«
Bis auf weiteres sollte der Postverkehr eingestellt werden. Die Nachrichtenverbindungen (Post und Drahtverbindungen, Funk) waren vorläufig einzustellen. »Dagegen sollten Rundfunksendungen, im besonderen vielleicht Sendungen auf dem Drahtwege (Kollektivnetz) auf schnellstem Wege eingerichtet werden, um auf diese Weise in der ersten Zeit die Bevölkerung durch Unterrichtung in der Hand zu haben. Von größter Bedeutung ist die Besetzung des Volkskommissariats für das Nachrichtenwesen und seiner untergeordneten Organe, da ein großer Teil des russischen Nachrichtennetzes von Moskau abhängig sein soll.«
Energie-, Wasserversorgung, Kanalisation und Gasbelieferung könnten zum Teil zerstört sein. Die Beamten und Arbeiter sollten durch aufklärende Flugblattpropaganda darauf hingewiesen werden, daß sie weiterarbeiten dürften. Durch den Mangel an Energieversorgung würde wahrscheinlich die Industrie lahmgelegt. »Hierdurch die Gefahr drohender Arbeitslosigkeit und Unruheherde! Die Arbeiter sind aufzufordern, an ihre Arbeitsplätze

zurückzukehren. (Flugblattpropaganda bereits in diesem Sinne vorbereitend in die Wege geleitet!). Möglichkeit des Einsatzes von Arbeitern zur Beseitigung von Zerstörungen! Sicherung von Fertigfabrikaten aller Art, im Speziellen der von der Truppe benötigten Wintersachen wie Pelze, Leder, Stoffe.«

Arbeit und Geschäftsführung sollten weitergehen wie in den Verwaltungen.

»Auch alle Organisationen der Warenverteilung haben ihre Tätigkeit unbehindert fortzusetzen. Waren dürfen weder verteilt noch verschleudert oder vernichtet werden! Die bisherigen Amtsleiter oder die nächstverantwortlichen Mitarbeiter sind auch hier verantwortlich zu machen.«

Kulturelle Einrichtungen wie Museen, Theater, Akademien, Archive, Bibliotheken, Ausstellungen usw. sollten erhalten bleiben.

Mit den Banken und dem Geldwesen sollte man wie in den anderen Feldzügen verfahren. Devisen waren sicherzustellen. Zum »Allgemeinen Einsatz für das Gesamtwohl der Bevölkerung« sollten alle Angestellten und Arbeiter des Feuerlöschwesens, der Krankenhäuser und Apotheken sowie der Veterinärstationen an ihren Arbeitsstellen verbleiben.

»Da es keine Hausbesitzer gibt, haben die Mieter jedes Hauses mit sofortiger Wirkung eine verantwortliche Person mit mehreren Stellvertretern einzusetzen, die für Ordnung und Sicherheit im Hause verantwortlich sind. Sie haben dafür zu sorgen, daß nichts zerstört oder verschleppt wird, auch daß keinerlei Schießereien aus dem Haus erfolgen, keine NKWD-Männer versteckt werden. Falls durch Brand- oder Minengefahr, Beschießung oder auf eine andere Weise Angehörige der Wehrmacht zu Schaden kommen – Festnahme von Geiseln!« An ein Versammlungsverbot war auch gedacht, unter freiem Himmel und in den Klubs der Fabriken, außerdem an die Schließung der Hochschulen und Schulen. Ein Presse- und Druckverbot war zu erlassen; Verlage, Druckereien und kartographische Anstalten sollten militärisch besetzt werden. Arbeiter und Angestellte hätten auf ihren Plätzen zu bleiben, als Schriftleiter dürften nur Parteilose zugelassen werden.

Um obdachlose Kinder unterzubringen, wurde vorgeschlagen: »Jede Moskauer Familie, die weniger als zwei Kinder hat, wird verpflichtet, bis zur Regelung dieser Frage 1 obdachloses Kind aufzunehmen und für dasselbe zu sorgen.«
Ein Alkoholverbot wäre zu erlassen; notwendig wären Verfügungen zur Verhinderung von Seuchengefahren, auch Verordnungen über die Behandlung der NKWD-Männer.
Die Verkehrspolizei (Verkehrsmiliz) müßte unter allen Umständen weiterarbeiten. »Im Gegensatz zum Westen ist überhaupt mit einer reibungslosen Weiterarbeit verschiedener Stellen ohne spezielle Aufforderung deutscherseits nicht zu rechnen.«
Eine Flugblattaktion sollte schon jetzt großzügig vorbereitet werden, bei der folgende Punkte in den Vordergrund zu stellen wären:
»1) Die Sowjetregierung hat für immer ausgespielt. Den einrükkenden deutschen Truppen, die nur gegen die Regierung, nicht aber gegen das Volk kämpfen, darf kein Widerstand entgegengestellt werden. Strafandrohungen!
2) Die Bevölkerung hat dafür Sorge zu tragen, daß alles, was zum Leben der Bevölkerung notwendig ist, nicht zerstört wird, sondern erhalten bleibt. Wenn die Stadt in Not geraten sollte, so ist es nicht nur die Schuld der Sowjets, sondern auch der Moskowiter! Dieser Gedanke muß durch seine zwingende Logik bestechen. Außerdem wird hierdurch die Verantwortung für alle Vorkommnisse und Nöte auf die Sowjets und die Bevölkerung abgewälzt.
3) Die Bevölkerung muß schon aus dem Charakter der Flugblätter über das ›Verhalten beim Einrücken der deutschen Truppen‹ den Eindruck haben, daß eine *neue Ordnung* sich um sie kümmert und daß diese Ordnung kommt.«
Für die Truppenbetreuung wurde vorgeschlagen: »Jedem Truppenteil sind vor dem Einrücken in Moskau die Bestimmungen über Plünderungen und Strafbestimmungen nochmals bekannt zu geben. Vielleicht wäre es auch angebracht, die Truppe darauf hinzuweisen, daß Moskau einerseits die alte, prächtige Stadt des vorbolschewistischen Rußland, andererseits das einzige internationale Aushängeschild der roten Machthaber sei –

in beiden Fällen üppige Macht- und Prachtverschwendung gegenüber der großen Armut des Volkes.«
»Wo sind die Schlüssel der Stadt? Wo bleibt der Magistrat zur Übergabe?« fragt Napoleon, und er wartet einen halben Nachmittag auf den Schlüssel der Stadt, während seine Armee an ihm vorüberzieht. Als Sieger ist er in Wien, in Mailand, in Madrid und Berlin durch die Stadttore eingezogen. »Kennen diese Tataren die edle römische Sitte nicht?« Aber nichts rührt sich vor Moskau 1812, er reitet in eine fast leere Stadt.
In der Nacht brennt Moskau.
Feldmarschall von Bock kennt Napoleons Worte, die dieser spricht, als er aus dem Fenster im Kreml auf das Flammenmeer sieht: »Furchtbares Schauspiel! Sie sind es selbst! So viele Paläste! Was für ein imposanter Entschluß! Damit war nicht zu rechnen! Was für Menschen! Das sind Skythen!«
Die Umwege der Geschichte, das Wissen von den Zerstörungen, die sie hervorruft, von den Menschen, die ihre Stadt lieber verbrennen als sie dem Sieger zu überlassen, bedrücken den Feldmarschall. Aber er hat Napoleon etwas voraus. Wenn er in Moskau sein wird, dann ist es längst Winter. Der frühe, zu frühe Wintereinbruch wird dann auf seiner Seite sein. Kann man eine vereiste, im Schnee liegende Stadt verbrennen?
Die Luftwaffe kann das riesige Moskau nicht in Trümmer legen. Bock wünscht sich, daß ihm Moskau erhalten bleibt. Dort sollen seine Soldaten den Winter verbringen. Sie werden Museen besuchen, den Kreml besichtigen, dort wird er sein Hauptquartier aufschlagen.
Die Hauptstadt des größten Landes der Erde, der Hälfte Europas, eines Drittels von Asien wird sich seinen Anordnungen fügen. Nicht die Hitlerleute haben sie erobert, sondern seine Soldaten. Dort in Moskau sind Bomben der deutschen Luftwaffe in der Nähe des klassizistischen Gebäudes des Generalstabes gefallen. Abend für Abend begaben sich die Offiziere des Generalstabs in die U-Bahnstation des Weißrussischen Bahnhofs am Leningrader Prospekt, der großen Prachtstraße, die in die Leningrader Chaussee übergeht. Als eine Sprengbombe und eine Brandbombe im Generalstabsgebäude einschlugen und zahlreiche Mitarbeiter

töteten oder verletzten, ging der Stab ganz unter die Erde. Die Offiziere übernachteten in Waggons auf den Gleisen der U-Bahn. Sie hatten auch den U-Bahnhof gewechselt. Dem Kreml rückten sie ganz nahe, als sie in die U-Bahnstation an der Kirowstraße übersiedelten; da waren sie nur wenige hundert Meter vom Roten Platz entfernt.

Noch trennten Bock in Smolensk und Stalin im Kreml oder in der U-Bahnstation an der Kirowstraße 394 Kilometer Autobahn. Aber die vordersten Truppenteile von Bocks Heeresgruppe waren, als am 13. Oktober Armeegeneral Schukow feststellte, daß an allen wichtigen Zufahrtsstraßen nach Moskau schwere Kämpfe begonnen hatten, nur noch 151 Kilometer von der U-Bahnstation Kirowstraße entfernt.

»Das waren schicksalsschwere Tage. Das Zentralkomitee der Partei und das Staatliche Verteidigungskomitee beschlossen, einige zentrale Ämter und das ganze diplomatische Korps so schnell wie möglich von Moskau nach Kuibyschew zu evakuieren, auch ein Teil des Staatsschatzes sollte verlagert werden«, berichtet Schukow in seinen *Erinnerungen und Gedanken*.

Er und sein Kriegsrat Bulganin erließen am 13. Oktober einen Befehl an die Truppen der Westfront:

»In diesem Augenblick müssen alle, vom Rotarmisten bis zum höchsten Kommandeur, tapfer und bedingungslos für ihre Heimat, für Moskau kämpfen. Feigheit und Angst sind unter diesen Bedingungen dem Verrat an der Heimat gleichzusetzen. Im Zusammenhang damit befehle ich:

1) Feiglinge und Panikmacher, die das Schlachtfeld verlassen, die ohne Genehmigung die eingenommenen Stellungen im Stich lassen, die ihre Waffen und Geräte wegwerfen, sind auf der Stelle zu erschießen.

2) Das Kriegsgericht und die Frontstaatsanwälte haften für die Durchführung dieses Befehls. Keinen Schritt zurück! Vorwärts fürs Vaterland«.

Der Befehl hat dieselbe Diktion wie der Befehl des französischen Marschalls Joffre am Vorabend der Schlacht an der Marne, dem 5. September 1914: »In dem Augenblick, wo die Schlacht beginnt, von der das Schicksal des Landes abhängt, muß allen eingeschärft werden, daß nun niemand mehr rückwärts schauen darf ... Eine Truppe, die nicht mehr weiter vorwärts kann, muß, koste es was es wolle, das eroberte Gelände behaupten und sich lieber da, wo sie steht, töten lassen als weichen. So, wie die Dinge jetzt liegen, kann keine Schwäche mehr geduldet werden.«

An jenem Septemberabend 1914 erschien ein riesiges Abendrot am Himmel über dem Schlachtfeld vor Paris. Als Schukow vor Moskau diesen erbarmungslosen Befehl diktierte, schneite es. Am Himmel spiegelte sich nicht das Drama wider, das Dramatische blieb dort aus.

Schukow war auch nicht in der Lage, seinen 90 000 Mann, die ihm geblieben waren, um die Hauptstadt zu schützen, einen Angriffsbefehl geben zu können wie Joffre. Wenn er ihn je geben könnte, dann erst, wenn es ihm gelang, die furchtbaren Deutschen vor Moskau zum Stehen zu bringen.

Tatenlos zusehen zu müssen, wie Hunderttausende in den Kesseln starben, verwundet wurden oder in Gefangenschaft gerieten, wie nur wenigen der Ausbruch gelang, das war für Schukow eine seelische Belastung, obwohl er keine Schuld an dieser Katastrophe hatte.

Sie war Konjew zuzuschreiben, den er nun abgelöst und dem Stalin dann die Kalinin-Front übergeben hatte, die jedoch erst einmal neu aufgebaut werden mußte. In Leningrad, von wo ihn Stalin gerufen hatte, um vor Moskau einzugreifen, war es ruhig. Aber hier sah es aus, als werde der deutsche Feldmarschall den sowjetischen Armeegeneral ebenso besiegen, wie er es soeben mit Jeremenko, Budjonny und Konjew getan hatte.

Schukows Befehl, den Bulganin gegenzeichnete, war eindeutig. Wer seinen Posten verließ, der verlor sein Leben wie derjenige, der auf ihm blieb und sich totschlagen ließ. Die Tage wurden kürzer, die Wege elender. Es wurde täglich schwerer, sich fortzubewegen.

Stehenbleiben und sterben, das war der kürzeste Weg.

23. KAPITEL

Die Einnahme von Kalinin

Die Wolga biegt, nachdem sie den Seliger-See auf den Waldaihöhen verlassen und die Stadt Rshew durchflossen hat, bei der Stadt Subzow nach Norden, wobei sie Moskau ausspart, bis sie endlich, vorüber auch an Stalingrad, bei Astrachan ins Kaspische Meer mündet. Wenn die deutschen Soldaten etwas von Rußland gekannt hatten, ehe sie dorthin befohlen wurden, so war es der Name dieses Stromes. Sie hatten oft das »Wolgalied« gehört. Dem einsamen Soldaten, der am Wolgastrand Wache hielt, sollten sie gleichen. Denn das war das Ziel des Feldzuges von 1941.

Dort lagen die Städte, in denen sie Quartier beziehen wollten, die Namen trugen, aus denen ihnen die fremde Welt fast exotisch entgegenkam.

Jaroslawl und Gorki, das ehemalige Nishni Nowgorod, Kasan, das mit der »Heiligen Mutter von Kasan« im russisch-orthodoxen Bekenntnis eine wichtige Rolle spielte, aber auch in der Geschichte des Landes, Samara, Saratow und Astrachan, deren Namen asiatisch klangen.

Stalingrad bedeutete ihnen nichts.

An dieser Wolga würde für sie enden, was sie jetzt noch täglich hinter sich zu bringen hatten, und manche stellten sich den Strom wie eine gütige Mutter vor, die sie, nach den Qualen und Nöten dieses Krieges, aufnehmen und zugleich innehalten lassen würde. Denn über die Wolga hinaus, da wäre so leicht keiner mehr zu bringen wie damals über den Bug.

Einige sahen in der Wolga einen gigantischen Ostwall. Vom hochgelegenen westlichen Ufer würden sie in die Steppen blikken, nach Asien, vor dem ihnen graute.

Bis zur Wolga bei Gorki war es von Moskau ebenso weit wie zum Dnjepr bei Smolensk, das sie schon weit hinter sich gelassen hatten.

Die deutsche 1. Panzer-Division, die in den Krieg aus Thüringen gezogen war, aus den Städten Weimar, Jena, Erfurt und Eisenach, Sondershausen und Langensalza, aus Wittenberg und Ohrdruf, dem Truppenübungsplatz, war am 15. Oktober 1935 mit Sitz des Kommandos in Weimar aufgestellt worden. Sechs Jahre später erhielt sie den Auftrag, der Kesselschlacht bei Wjasma den Rücken zu kehren und an die obere Wolga durchzustoßen. Sie war zur Schlacht vor Moskau aus dem Leningrader Raum herangeholt worden. »Ich sehe Petersburg«, hatte am 11. September 1941 Oberleutnant Darius an den Stab der Division gefunkt; deutsche Panzer standen vor der zweitgrößten Stadt der Sowjetunion.

Am 10. Oktober nahm die 1. Panzer-Division den Straßenknotenpunkt Szytschewka mit einem Schützen-Bataillon, einer Panzerkompanie, einer Schützenpanzerwagen-Kompanie und einem einzigen Geschütz. Eine andere Kampfgruppe der Division umging die Stadt und stieß weiter nach Norden vor.

Am 11. Oktober erreichte das Panzerregiment 1 die Stadt Subzow. Die Wolga-Brücken waren gesprengt, ein Durchfurten des Flusses war unmöglich.

Aber von ihren Stützpunkten, die sie für die Nacht beziehen, sehen sie die Wolga.

Am nächsten Morgen, es ist Sonntag, 12. Oktober, erhält die Kampfgruppe des Obersten von Heydebrand den Auftrag, Staritza, 40 Kilometer nordostwärts Subzow, zu nehmen. Mit dem Panzerregiment 1 an der Spitze rollt die Kampfgruppe zügig voran, wobei, wie in Frankreich in der letzten Phase des Feldzugs von 1940, zurückgehende Feindkräfte auf der Straße im Vorrollen überrannt und zersprengt werden. Über den Panzern sind die Schlacht- und Kampfflieger der Luftwaffe unterwegs, die den fliehenden Feind immer wieder angreifen. Als Aufklärer fliegt General Freiherr von Richthofen über der Kampfgruppe, wirft als Kommandierender General des 8. Fliegerkorps selbst die Meldungen ab.

Um 7.45 Uhr geht beim Panzerregiment 1 ein Funkspruch vom Stab der Kampfgruppe von Heydebrand ein:

»Ziel für den 12. 10. 41: Kalinin.«

Das ist ein neues Ziel, von Staritza, das die Panzer noch nicht erreicht haben, noch einmal 77 Kilometer entfernt. Aber Kalinin liegt an der großen Straße, die Moskau mit Leningrad verbindet, es ist ein wichtiger Knotenpunkt. Subzow lag noch auf der Höhe von Moskau. Wer Kalinin besaß, der war schon nordwestlich von Moskau. Er konnte in den Rücken nicht nur der Stadt, sondern der ganzen Streitmacht der vor Moskau aufmarschierten Roten Armee gelangen.

»Bei der Truppe, die mit großem Schwung und Elan angreift, herrscht im Rausche des erfolgreichen Durchbruchs helle Begeisterung«, verzeichnet die Divisions-Geschichte. Staritza ist am Nachmittag genommen. Es kommt zu harten Kämpfen am Wolgaufer. Gegenstöße von zwei russischen Regimentern mit einigen Panzern scheitern.

Aber die Wolgabrücken sind zerstört. Beim Versuch, die Wolga zu durchfurten, bleiben zwei Panzer am jenseitigen Ufer im Wasser hängen. Der Strom ist zu tief für Panzer. Der Gegner war durch den Vorstoß verwirrt. In der Divisions-Geschichte heißt es: »Als der Divisionskommandeur General Krüger und der Ia kurz vor 17.00 Uhr auf dem Flugplatz Staritza eintrafen und die Kommandeure sich zur Befehlsausgabe um den Schützenpanzerwagen des Generals versammelten, versuchte noch eine desorientierte ›Rata‹, hier zu landen. Angesichts des restlosen Durcheinanders entschloß sich der Divisionskommandeur, unverzüglich in Richtung auf Kalinin nachzustoßen«

Aber der Weitermarsch kann nur mit Teilen angetreten werden, da es an Treibstoff mangelt. Mit dem noch vorhandenen Kraftstoff werden zwei Panzerkompanien aufgetankt und dem Major Dr. Eckinger unterstellt, der mit seinen Schützen den Auftrag erhält, Kalinin im Handstreich zu nehmen. Dr. Eckingers Bataillon hatte Schützenpanzer. Dazu kam nun die Panzerkompanie des Hauptmanns Graf von der Schulenburg und eine Artillerieabteilung. Sie stoßen, obwohl schon von dem Marsch dieses Tages erschöpft, durch panikartig zurückgehende russische Verbände. In der Divisions-Geschichte steht: »Eine sowjetische Einheit nach der anderen, im Absetzen entlang dieser Hauptrollbahn begriffen, wird überrollt, überraschend gepackt, zersprengt. Ganze Batterien bleiben an der Straße einsatzbereit stehen. Fahrer und Geschützbedienungen haben vor den überraschend aufgetauchten Schützenpanzerwagen und Panzern der deutschen Spitze entsetzt das Weite gesucht. Langsam senkt sich die Dämmerung dieses heißen Abends herab. Weiter geht der Panzerraid. Noch einmal fliegt General Freiherr von Richthofen an der Kolonne entlang. Er wirft aus seinem Fieseler Storch eine Orientierung ab, daß ›bis Kalinin die Straße von flüchtenden Feindkolonnen belegt, von organisiertem Widerstand kaum etwas zu entdecken ist.‹«

Die vorwärtsrollenden Schützenpanzer und Panzer überholen die Kolonnen, sie drücken die Stäbe, Munitions-Fahrzeuge, Feldküchen, Batterien, Pak- und Flakeinheiten nach links und rechts in den Straßengraben. Das Bataillon schiebt sich, ohne Rücksicht auf die Verbindung mit der nachfolgenden Division, immer weiter nach Kalinin vor. Als die Nacht hereinbricht, rollt vor dem ersten Schützenpanzerwagen eine russische Einheit, unmittelbar hinter ihm »Molotow«-Lastkraftwagen mit aufgesessener Infanterie. Im ersten Schützenpanzerwagen fährt der Chef der 3. Kompanie Schützenregiment 113, Oberleutnant Feig. Er funkt dem ihm folgenden Schützenpanzerwagen: »Licht aus. Nicht schießen. Nicht reden.« Darauf fragt Major Dr. Eckinger über Funk: »Wer fährt Spitze?« Feig antwortet: »Der Iwan.«

Die Nacht wird stockdunkel, ein Anhalten ist unmöglich, da hinter der vorausfahrenden Spitzenkompanie der Feind stark nachdrängt. Auch er will nach Kalinin.

Endlich sieht Oberleutnant Fleig eine Lichtglocke aus zahlreichen Scheinwerfern — Kalinin.

Die Kampfgruppe Dr. Eckinger steht um Mitternacht 10 Kilometer vor ihrem Tagesziel, sie bildet eine Igelstellung, um bis zum Morgen zu rasten. Dann wird Verstärkung erwartet. Am nächsten Morgen befindet sich das Panzer-Regiment 1 immer noch mit der Masse seiner Panzer in Staritza, da es keinen Treibstoff bekommt. Es werden Transportmaschinen mit Treibstoff angefordert, die im Laufe des Tages eintreffen.

Major Dr. Eckinger setzt seinen Vorstoß auf Kalinin morgens

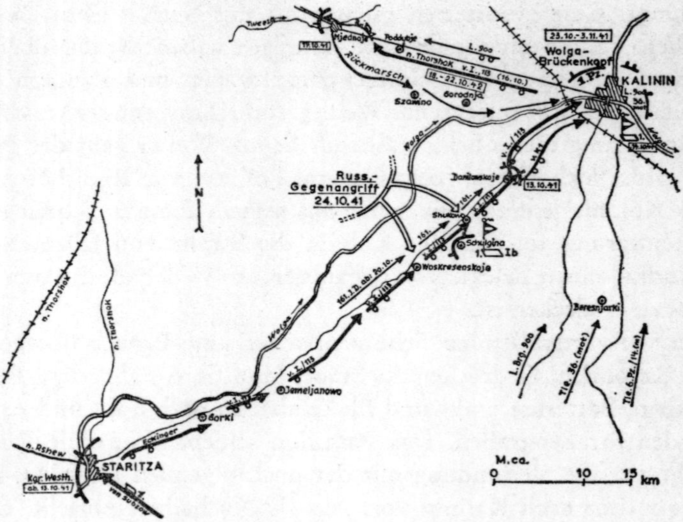

Abb. 12: Panzerraid der 1. Panzer-Division zur Wolga und Wolga-Brückenkopf Kalinin (13. 10. bis 3. 11. 1941)

gegen 10.30 Uhr fort. Die Schützen sitzen ab und gehen zu Fuß vor, die Panzer rollen auf der Straße. Den Schützen gelingt es, unbemerkt vom Gegner, der die Panzer aufhalten will, bis zum Eisenbahndamm an der Wolga vorzudringen. Ein Zug fährt an ihnen vorbei nach Moskau. Die Eisenbahnbrücke wird, nachdem der Zug vorüber ist, gestürmt, die Zündkabel für Sprengladungen werden durchschnitten. Über die Brücke vorgehend erreicht die Kampfgruppe den Nordwestrand der Stadt, bleibt dann aber im feindlichen Feuer liegen, die Verluste sind nicht gering. Am 14. Oktober erhält die 1. Panzer-Division den Befehl, die »Stadt Kalinin und die in einer Entfernung von etwa 2 km stadteinwärts liegende Wolga-Straßenbrücke zu nehmen.« Die Division hat inzwischen vor Kalinin aufgeschlossen. In schweren Kämpfen kommt sie langsam voran. Die Verteidiger Kalinins fechten tapfer. Flammpanzer müssen die Stützpunkte niederbrennen. Dachschützen sind eingesetzt. Aus den Werken Kalinins waren die Fabrikarbeiter dürftig bewaffnet und in Zivil zum Straßenkampf herangezogen worden. Als der Angriff zu erliegen droht, setzt sich das Bataillon Dr. Eckinger an die Spitze. Es kämpft sich durch die Straßen des Fabrikviertels, trifft auf die Wolga, erkennt die große Wolga-Straßenbrücke, auf der dichter Verkehr herrscht.

Eckinger kommt weiter voran, doch als die Soldaten glauben, endlich auf die Brücke losgehen zu dürfen, öffnet sich vor ihnen ein Kanal, auf dessen anderem Ufer russische Stellungen zu erkennen sind.

Im Hintergrund sehen sie die 250 Meter lange Brücke, aber davor ist der Kanal und das vom Feind besetzte Stadion, aus dem Artillerie feuert.

Eine Brücke über den Kanal wird entdeckt. Die eigenen Granatwerfer feuern Nebelgranaten. Im Schutz der entstehenden Nebelwand stürmt Oberleutnant Feig über die Kanalbrücke. Über den Schlußangriff auf die Wolga-Brücke schreibt Feig in sein Tagebuch: »Als sich der Nebel wieder klärte, waren fast alle Russen verschwunden. Aber nun schnell an die große Brücke, wir konnten sie schon fast greifen. Die noch im Stadion verschanzt sitzenden Russen gingen zurück; nur ein einziger Posten, mit einem braunen Umhang, stand noch mit dem Rücken zu uns. Ihn umzuschießen wäre wohl ein unfairer Kampf gewesen. Ich rief ihm deshalb zu: ›Hau ab, verschwinde.‹ Er verstand bestimmt nicht deutsch, drehte sich aber um und war für eine Sekunde wie eine Salzsäule erstarrt. Dann lief er weg. Wir ließen ihn laufen.

Erschöpft lag alles auf der Brücke. Ein Kabel wurde durchschlagen. ›Schnell auf die andere Seite hinüber! Los, auf!‹

Für uns wurde es ein Wettlauf mit dem Tode. Auf dem nördlichen Ufer erkannten wir ein Geschütz, MG-Bunker und Stellungen. Wir erhielten Feuer, aber ein Anhalten war nicht mehr möglich. ›Wird die Brücke doch noch hochgehen?‹ Tief unter uns floß die Wolga.

Und wir schafften es. Ausgepumpt kamen wir drüben an. In den Häusern vor uns sahen wir noch vereinzelte Russen. Sie schossen nicht mehr, es schien, als seien sie sehr aufgeregt. Ihr Verhalten war uns rätselhaft. Als ich mich aber umdrehte und

zurückschaute, sah ich mitten auf der Brücke einen schnell fahrenden Schützenpanzerwagen, mit Abstand dahinter einen Panzer III, Eckinger!
Wild fuchtelte er aus seinem Schützenpanzerwagen, er hatte Tränen in den Augen... Auch wir brauchten uns unserer Tränen nicht zu schämen... Wir wurden durch eine Kradschützenkompanie abgelöst. Meine 36 Männer marschierten nun im Gleichschritt über ihre Brücke zurück und sangen ein Lied.«
Feig erhielt für die Einnahme der Brücke das Ritterkreuz. Die Wolgabrücken von Kalinin, dem alten Twer, blieben die einzigen Brücken über diesen Strom, die unversehrt in deutsche Hand fielen.
Das 41. Panzerkorps stand am anderen Ufer der Wolga. Ein Brückenschlag wäre nicht möglich gewesen, da das schwere Brückengerät der Korpspioniere bei der nun einsetzenden Schlammperiode nicht vorgebracht werden konnte.
Zwei Kilometer auf der Leningrader Straße rollten die Panzer am Abend noch in Richtung Torshok, dann wurden sie zurückgenommen.
Am 16. Oktober tritt auf Torshok die Kampfgruppe Dr. Eckinger an, sie trifft auf Panzereinheiten, die aus Sibirien eingetroffen sind. Major Dr. Eckinger fällt am nächsten Tag.
In der Geschichte der 1. Panzer-Division heißt es: »Die Soldaten der Division, die jetzt bei sich ständig verschlechterndem Wetter fast drei Wochen pausenlos im Kampf standen, waren zum großen Teil total erschöpft. Es mußte Pervitin ausgegeben werden, um ihre Widerstandskraft aufrechtzuerhalten. Und neben großen personellen Ausfällen bei allen Einheiten schwächten auch Gelbsucht, Grippe, Nierenerkrankungen und Durchfälle die zusammengeschmolzenen Kompanien und Batterien.« Oberst Heydebrand, der die Kampfgruppe Dr. Eckingers übernommen hatte, wurde mit seinen Leuten eingeschlossen; er kämpfte sich mit ihnen nach Kalinin zurück.
Das Panzerkorps lag wegen Treibstoffmangel fest. Die Transportflugzeuge mit den gefüllten Kanistern flogen zu Guderians Panzerspitze, die an der Straße nach Tula bei Mzensk ohne Treibstoff war.

Kalinin war nun ein deutscher Brückenkopf über die Wolga, der schwere Angriffe der sowjetischen Kalininfront abwehren mußte, die General Konjew kommandierte.
In der Stadt kleideten sich die deutschen Soldaten aus den Magazinen der Sowjetarmee für den Winter ein.
Es war nicht gelungen, sofort nach der Einnahme des Brückenkopfes über Torshok auf der Leningrader Chaussee vorstoßend den Infanteriedivisionen der Heeresgruppe Nord, die über die Waldai-Höhen nicht mehr vorwärtskamen, Entlastung und Unterstützung zu geben.
Am 11. Oktober verlangte das OKH von der Heeresgruppe Mitte, von Kalinin bis nach Ostaschkow am Seliger-See vorzustoßen, um ein Ausweichen des vor den inneren Flügeln der Heeresgruppen Mitte und Nord zurückgehenden oder noch haltenden Feindes nach Osten »nach Möglichkeit« zu verhindern. Dies sollten 9. Armee und Panzergruppe 3, zu der die 1. Panzer-Division gehörte, vollbringen. Die Einschließung von Moskau, die Hitler durch das OKW am 12. Oktober befahl, sollte nur noch durch die 2. Panzerarmee, die 4. Armee und die Panzergruppe 4 vollzogen werden. Der Nordflügel der Heeresgruppe hatte dem Ziel Moskau den Rücken zu kehren. Damit wäre wiederum eine exzentrische Operation einer Heeresgruppe angelaufen, wenn es Oberst von Heydebrand und, vor ihm, Major Dr. Eckinger gelungen wäre, über Torshok, von Kalinin kommend, durchzubrechen. Der Gegner verhinderte es.
Am 12. Oktober hatte Hitler aber auch befohlen, eine Kapitulation Moskaus nicht anzunehmen, sondern die sowjetische Hauptstadt durch Artilleriefeuer und Luftangriffe zu zermürben, nachdem sie eingeschlossen worden war. Die 2. Armee, die Guderian dringend an der Straße nach Tula gebraucht hätte, wurde von Hitler an diesem Tage nach Woronesch angesetzt, um eine Bedrohung der inneren Flanken der Heeresgruppen Mitte und Süd zu verhindern. Die 2. Panzerarmee sollte, nach Hitlers Weisung, Moskau im Süden umgehen und von Osten her abschließen. Die Panzergruppe 4 hatte der zweite stählerne Arm dieser Greifzange zu sein. Sie sollte Moskau so umgehen, daß sie von Norden die Hauptstadt einschloß.

Darauf meinte Feldmarschall von Bock: »Wie nach Smolensk im Juli und August 1941 soll auch diesmal die Heeresgruppe in alle Winde verstreut und dadurch in ihrer Hauptstoßrichtung empfindlich geschwächt werden.«
Bock sträubte sich, diesen Weisungen nachzukommen. Der Schlamm, in dem seine Heeresgruppe festsaß, erledigte jedoch diese phantastischen Ziele, die Hitler nach der Lagekarte sich ausgedacht hatte.
Aber was war mit Moskau?
Nach dem Fall Kalinins war es vom belagerten Leningrad abgeschnitten.
Straße und Bahnlinie, die Brücken über die Wolga, waren von wenigen Deutschen für die Verschiebung von Truppen und den Nachschub des Feindes gesperrt worden.
In Moskau wurden Arbeitermilizen aufgestellt. Neben ihrer regulären Arbeit hatten sich 100 000 Einwohner der Stadt militärisch ausbilden zu lassen.
Die Stadt sollte zur Festung werden wie Leningrad.
Am 16. Oktober wurde in Berlin die »Kriegsbuchwoche 1941« durch Goebbels und den Präsidenten der Reichsschrifttumkammer, Staatsrat Hanns Johst, eröffnet. Sie erhielt den Namen: »Buch und Schwert«. Ziel der Veranstaltung war die »reichliche Versorgung der Wehrmacht mit Büchern«, ferner sollte die »Buchwoche« das deutsche Schrifttum herausstellen, soweit Geschichte und Wissenschaft den Kampf des deutschen Volkes um sein Lebensrecht aufzeigen, wie der *Berliner Lokalanzeiger* berichtete. Aus der Meldung ging auch hervor, daß »in Posen das erste Dichtertreffen des Warthegaus« abgehalten wurde.
In der Wochenzeitung *Das Reich* stand ein Artikel von Kurt Liebmann »Wie sah Nietzsche aus?« Ein Zitat, das Nietzsches Augen einen Zeitgenossen beschreiben läßt, schließt mit dem Satz: »Unvergeßliche Augen, leuchtend von der Freiheit des Überwinders, anklagend und trauernd, daß der Sinn der Erde und ihrer Schönheit in Widersinn und Häßlichkeit verkehrt wurde.«
Aber das war 1883 in Nizza, was war jetzt?

24. KAPITEL

Schabilin und Koch

Als Stalin am 15. Oktober aus Tokio vom Japan-Korrespondenten der *Frankfurter Zeitung*, seinem »Kundschafter« Dr. Richard Sorge, erfuhr, daß die japanische Regierung nicht daran denke, gegen die Sowjetunion in den Krieg einzutreten, war dies die einzige gute Nachricht, die ihn in diesen Tagen erreichte. Die Versuche Hitlers und des Reichspressechefs Dr. Dietrich, kurz vor diesem Termin die Japaner zu überzeugen, daß die Sowjetunion geschlagen sei und ein Kriegseintritt sich für Japan nun ebenso lohne wie der Kriegseintritt Italiens gegen Ende des Feldzugs in Frankreich, wurden von den Japanern nicht ernst genommen. Jetzt konnte Stalin die Fernostarmee zur Verstärkung aus Sibirien holen. Für die 78. Schützendivision des Generals Bjeloborodow in Wladiwostok bedeutete das eine Eisenbahnfahrt, die vom 17. bis 31. Oktober dauerte und bis zur Eisenbahnstation »Neues Jerusalem« bei Istra ging. Am Abend des 3. November stand sie südwestlich Istra im Kampf.

Andere Entscheidungen mußten im Kreml am 15. Oktober getroffen werden. Am Tage vorher hatte die 1. Panzer-Division Kalinin genommen, zwei Tage vorher, am 13. Oktober, war Kaluga in deutsche Hände gefallen. Kaluga und Kalinin waren die beiden Eckpfeiler der Moschaisker Verteidigungslinie; Schukow mußte eine neue Verteidigungslinie finden. Da noch immer die Kämpfe in den Kesseln anhielten, war es den Deutschen unmöglich, den russischen Sicherungsschleier vor Moskau entscheidend zu zerreißen. Außerdem hinderte sie der Schlamm, außerhalb der großen Straßen voranzukommen. Aber die großen Straßen konnte Schukow ihnen gerade noch verlegen.

Die Evakuierung Moskaus wurde angeordnet. Die Regierung sollte ab 16. Oktober mit dem diplomatischen Corps und dem Staatsschatz, wozu auch der einbalsamierte Leichnam Lenins gehörte, nach Kuibyschew auf dem Ostufer der Wolga abreisen.

Die Diplomaten durften nur soviel Gepäck mitnehmen, wie sie tragen konnten.
Stalin blieb in Moskau.
Zweimal hatte Schukow, am 10. und 12. Oktober, an die Armeeführer im Kessel von Wjasma gefunkt, um sie über die Lage zu informieren und ihnen den Auftrag zu geben, in Richtung Moskau durchzubrechen. Mit dem Kommando im Kessel von Wjasma beauftragte Schukow den General Lukin, der ihm unverzüglich den Durchbruchsplan melden sollte, damit Schukow durch den Einsatz seiner Luftstreitkräfte helfen könnte. Er hatte die sowjetische Luftwaffe um Moskau konzentriert.
Aber die beiden Funksprüche kamen nicht mehr an.
Sie blieben unbeantwortet.
»Dank der Standhaftigkeit und Beharrlichkeit unserer Truppen, die sich im Kessel von Wjasma schlugen«, schreibt Schukow später, »gewannen wir wertvolle Zeit für den Ausbau unserer Verteidigungslinie Moschaisk. Die blutigen Opfer der eingekesselten Truppen waren nicht vergebens. Diese außergewöhnliche Leistung ist bis heute noch nicht ausführlich geschildert worden«.
Laut Kriegstagebuch des OKW vom 15. Oktober war die Schlacht bei Wjasma an diesem Tage zu Ende. Aber: »Bei und südlich Brjansk sind schwere Kämpfe gegen den eingeschlossenen und verzweifelt sich wehrenden Feind noch im Gange.« Das Kriegstagebuch verzeichnet als Gefangene und Beute seit Beginn der Operation Taifun: »11 feindliche Armeen wurden vernichtet, 558 825 Gefangene, 1066 Panzer, 3735 Geschütze, 485 Pak, 406 Flak und 49 Flugzeuge wurden erbeutet oder vernichtet. Diese Zahlen werden sich noch steigern. Die ungeheuren Mengen sonstigen Kriegsmaterials sind vorläufig noch nicht zu übersehen.«
Der Major der Staatlichen Sicherheit Schabalin hat im Nordkessel von Brjansk die Nacht zum 16. Oktober im Wald verbracht. Er ist jetzt nur noch ein Rotarmist wie die anderen auch, die mit ihm im Wald liegen, der pausenlos von den Deutschen aus Granatwerfern beschossen wird. Es gibt keine Kommandeure mehr, seit drei Tagen gab es auch kein Brot für Schabalin.

Gegen 7.00 Uhr morgens stehen die Rotarmisten auf und gehen nach Norden, aber die Schießerei der Deutschen hält an. Bei einer Rast wäscht sich Schabalin, mit seinen Kameraden beschafft er Lebensmittel, sie kochen ab und essen kräftig. Der Major, der sein Gepäck verloren hat, findet eine kleine Decke, eine Feldflasche und einen Brotbeutel, damit fühlt er sich etwas besser. Seit dem Morgen regnet es; mittags geht der Regen in feuchten Schnee über. Sie sind durchnäßt und frieren. Durst quält sie, sie trinken Sumpfwasser, das sie nicht abkochen. Gegen Abend kommen sie in ein Dorf. »Es ist höllisch kalt und feucht.« Sie glauben, der Krieg habe sie für diesen Abend vergessen, zünden ein Lagerfeuer an, trocknen die Kleidungsstücke, bauen Zelte. Mit drei Kameraden geht Schabalin in eine Kolchose und holt Stroh für die Zelte.
Während sie das Stroh schleppen, sehen sie auf der Straße im Schneetreiben einen deutschen Troß, bespannte Gerätewagen, auf denen in Zeltplanen gehüllte Fahrer sitzen.
Sie lassen den Troß vorüberfahren.
Am Straßenrand finden sie tote Rotarmisten, fortgeworfene Gasmasken und Helme.
Sie schlafen sehr unruhig.
Am gleichen Tag fährt die 2. Kompanie des Leutnants Koch, außer dem 3. Zug, der nördlich Karatschew eingesetzt ist, aus den Trubtschewsker Wäldern nach einem Ort im Süden von Karatschew zur Verfügung des Regiments. Aber in dem kniehohen Schlamm, bei Regen, der die Männer auf den offenen Fahrzeugen bis auf die Haut durchnäßt, ist kein Vorwärtskommen. Der Chefwagen, in dem Koch fährt, ist ein altes Taxi mit einer gläsernen Trennscheibe zwischen den Vorder- und Hintersitzen. Am Nachmittag bleibt er endgültig stecken. Es wird dunkel, es ist kalt und es schneit nun wieder. Koch bleibt nichts anderes übrig, als mit Fahrer und Kompanietruppführer im Fahrzeug die Nacht zu verbringen. Sie ziehen endlich einmal die Stiefel nachts aus. Trotzdem wird es eine schlechte Nacht für sie.
Major Schabalin wird gegen Morgen vom Hunger geweckt. Seine Kameraden haben ein Lagerfeuer angesteckt. Dorthin geht er, um seinen Mantel zu trocknen, der »wie ein Pfahl steht«. Er

sieht aus, als sei er erfroren. Brot gibt es nicht. Aber die Kameraden haben eine Suppe gekocht, die muß nun für den ganzen Tag reichen. Auch Leutnant Koch, nicht weit von Major Schabalin im gleichen Frost, im Schlamm, in der Kälte, wacht vor Hunger auf. Aber am Morgen dieses 17. Oktober scheint endlich die Sonne. Die Feldküche ist hinten liegen geblieben, nun hofft er auf etwas Eßbares beim Regiment. Von seiner Kompanie hat er nur noch eine Gruppe, die hinter ihm auf dem offenen französischen Kleinlastwagen die Nacht verbracht hat; mit ihr quält er sich durch den Schlamm, auf dem Schnee im Sonnenlicht glitzert, zum Regiment nach Litownaja.

Major Schabalin beobachtet mittags an einem Waldrand die deutschen Stellungen, dabei wird er entdeckt. Fünf Granaten aus Granatwerfern werden auf sie abgeschossen, sie ziehen sich wieder zurück. Als Koch sich nachmittags beim Regiment meldet, hat er wieder zwei Gruppen zur Verfügung, das ist nicht einmal ein Zug. Alles andere liegt weitverstreut. Aber es gibt etwas zu essen. Die erste kalte Verpflegung seit Tagen ist eingetroffen.

Schabalin bekommt auch am Abend nichts zu essen, er und seine Kameraden überschreiten eine tote Eisenbahnlinie, gehen auf einer Brücke über einen Kanal, besorgen sich Heu, für das Nachtlager. Dabei werden sie von einer deutschen Patrouille entdeckt, die einsam wie die immer kleiner werdende Rotarmistengruppe in diesem Land herumzuirren scheint. Als die Deutschen Schabalins Rotarmisten mit dem leichten MG und Granatwerfern beschießen, laufen sie davon, Schabalin wirft das Heu weg. Die Nacht ist sehr kalt. Der Major glaubt, die unterste Grenze einer Demütigung erreicht zu haben, die er der miserablen Armeeführung, dem Hauptquartier in Moskau und den Deutschen zuschreibt. Aber er selbst greift nicht ein, er übernimmt nicht die Führung.

Koch muß, da die Fahrzeuge nicht voran kommen, seit Mitternacht mit dem Rest der Kompanie nach Cripkowa laufen, wohin das Regiment verlegt worden ist. Rauhreif bedeckt ihre Uniformen und Gesichter, als sie am Morgen dort ankommen. Er-

schöpft legen sie sich in einem Haus schlafen, nachdem sie aus einer Feldküche verpflegt wurden.
Ohne Frühstück gehen am Morgen des 18. Oktober die Rotarmisten mit Schabalin weiter. Sie geraten in ein Sumpfgebiet. Einmal sehen sie eine deutsche Patrouille, aber geschossen wird nicht. Sie sind einander gleichgültig geworden. Die Schlacht ist zu Ende. Jeder sucht sich jetzt einen Weg. Gegen 12.00 Uhr halten sie im Sumpf an, fühlen sich so sicher, daß sie es wagen, endlich zu frühstücken. Sie machen Feuer, trocknen ihre Kleidungsstücke, essen warmen Brei und Suppe, auf vier Mann kommt ein Stück Fleisch, dazu gibt es ein paar Kartoffeln und Erbsen. Schabalin ist ganz auf die Rotarmisten angewiesen, denen er nichts mehr befehlen will, er muß dankbar sein, daß sie ihn mitnehmen. Er rasiert sich; seine Decke hat er unterwegs verloren, als sie über die Eisenbahngleise rannten. Den Tag über hat es getaut, nachts ist es sehr kalt.
Sie bereiten sich vor, nachts die Chaussee zu überqueren, die beschossen wird, wenn sich dort jemand zeigt. Es ist die Chaussee, die von Karatschew nach Chwastowitschi, weiter nach Suchinitschi und Kaluga verläuft, auch bis Moskau. Koch erhält abends Befehl, einen Betriebsstoffwagen zu den Panzern zu bringen, die in einem Dorf festliegen, da sie keinen Sprit mehr haben. Oberst Jollasse, sein Regimentskommandeur, sagte zu ihm: »Ritterkreuzauftrag«. Er gibt ihm eine Zugmaschine mit, die den Betriebsstoffwagen mit den Kanistern aus dem Schlamm ziehen soll, wenn es nötig wird. Zum Schutz des kostbaren Betriebsstoffes fährt ein Panzerspähwagen mit.
Sie fahren ohne Licht im Platzregen los. Zuerst fällt die Zugmaschine aus, sie bleibt wegen Motorschaden stehen. Mit dem Panzerspähwagen und dem Betriebsstoffwagen geht es weiter. Plötzlich kippt der Panzerspähwagen über einen Abhang, als er in der Dunkelheit vom Weg abkommt. Er bleibt liegen. Koch, der unbedingt den Betriebsstoff den Panzern bringen will, fährt allein mit seinem Lastwagen weiter. Neben ihm sitzt der Fahrer, der ihn warnt, allein, ohne Schutz, weiter zu fahren, aber Koch will zu den Panzern.
Alles andere ist ihm gleichgültig.

Als sie in das Dorf, in dem die Panzer auf sie warten, einfahren, ist die Dorfstraße leer. Doch dann treten russische Soldaten aus den Häusern, die nachsehen wollen, was da nachts in das Dorf hereinkommt. Koch sieht sich, als der Fahrer bremst, mit seinem Treibstoffwagen unter russischen Soldaten. Er bleibt neben dem Fahrer sitzen, dem er zuruft, er solle sofort kehrtmachen. Er hat für einen Augenblick den Gedanken, daß ein Schuß in den Wagen genügt, um sie alle hochgehen zu lassen, ihn, den Fahrer und die Russen, die beim Wagen stehen, die Häuser, das Dorf. Aber erst als der Fahrer den Wagen auf der Dorfstraße gewendet hat und Vollgas gibt, um wegzufahren, schießen die Russen, doch sie treffen sie nicht.

Es bleibt Koch nichts anderes übrig, als zum Regiment zurückzukehren, da er die Panzer in dem Dorf nicht angetroffen hat, dafür aber russische Soldaten.

Nachdem sie den steckengebliebenen Panzerspähwagen passiert haben, der verlassen wurde, bleibt ihr Betriebsstoffwagen im Schlamm stecken. Sie müssen ihn stehen lassen. Nach einem längeren Fußmarsch trifft Koch mit dem Fahrer wieder in Cripkowa ein. Er erfährt beim Regimentsstab, daß den Panzern längst geholfen wurde, seine Fahrt sei nicht nötig gewesen, die vorgesetzte Dienststelle habe falschen Alarm gegeben.

Auch Schabalin war die ganze Nacht unterwegs. Es herrschte eine undurchdringliche Finsternis. Sie haben die Chaussee überquert, ein Platzregen ging nieder, sie gehen durch versumpftes Gelände. Schabalin ist bis zum letzten Faden durchnäßt, er kann nur schwer gehen, sein rechtes Bein ist geschwollen. Im Morgengrauen halten sie im Wald an, machen Feuer, trocknen notdürftig ihre Sachen. Es gibt nichts mehr zu essen. Sie können auch nicht einschlafen.

Vor ihnen liegt waldloses Gelände, das die Deutschen gut überwachen können. Von dort hören sie leichte Maschinengewehre und Minenwerfer feuern. Schabalin schleppt sich allein abseits, um als Posten das Lagerfeuer zu sichern. Die Gruppe ist in zwei Teile auseinandergefallen, die Hälfte der Leute hat keine Waffen mehr.

Schabalin erkundet mittags am Waldrand die Postierungen der

Deutschen, dann kehrt er zu den anderen zurück. Koch bezieht am 19. Oktober, einem Sonntag, Stellung auf kahler Höhe, ein Strohschober schützt vor der Kälte. Nachts zieht er seine Kompanie — das sind die beiden Gruppen und der Kompanietrupp — um den Strohschober zusammen. Sie wühlen Schlafnester ins Stroh. Für den nächsten Morgen ist ein Angriff gegen ausgebrochene Russen befohlen.

Am 20. Oktober schreibt Leutnant Koch ins Tagebuch: »6.00 Uhr antreten zum Angriff. Verlorener kleiner Haufen. Wenn ich nur meine Kompanie wieder zusammen hätte.

Ein Dorf, Lubenskaja, doch weiter, ins Uferlose, durch Wälder, es ist kalt, die Stiefel sind kaputt, das Wasser dringt durch die Sohlen, immer weiter.

Wieder ein Dorf, in den Häusern finden wir Brot und Gurken, davon essen wir langsam, bedächtig, wir sind jetzt selbst wie die Russen, uns unterscheidet kaum mehr etwas, wir sind gleich. Feindliche Stellungen finden wir, die verlassen wurden. Ein russischer Panzer steht vergessen auf dem schlammigen Acker. Auch abends gehen wir, in Schützenkette weit auseinandergezogen, vorwärts (oder rückwärts, Richtung Heimat), erst nachts treffen wir ein Dorf mit vielen Gefangenen. Wir schlafen wie sie in den Häusern und Hütten.«

Vom 20. Oktober gibt es keine Eintragung Major Schabalins ins Tagebuch. Er war nicht unter den Gefangenen, die von den Deutschen an diesem Tage in großer Zahl gemacht wurden (beide, Deutsche und Russen waren todmüde, sie froren, sie hungerten, aber die einen waren die Gefangenen der anderen geworden).

Schabalin traf an diesem Tage mit Generalmajor Petrow zusammen, seinem Armeeführer. Aufschreiben konnte Schabalin nicht mehr, was er dabei fühlte, was sie sich sagten, wie der General aussah, der Anfang Oktober statt General Jeremenko den Befehl über die Brjansker Front erhielt, nachdem Jeremenko vermißt worden war. Wie Petrow fand Schabalin am Nachmittag um 16.00 Uhr, bei leichtem Regen, südwestlich von Paseka, einem Dorf, das nicht weit von Karatschew entfernt ist, den Soldatentod.

Dem Gefallenen nahmen Soldaten des 53. Armeekorps der 2. Armee das Tagebuch ab, am folgenden Tag wurde es vom Korps-Dolmetscher Oberleutnant Pack ins Deutsche übertragen und in Abschriften, die der Dolmetscher beglaubigte, an die Divisionskommandeure weitergegeben; auch General Nehring, dessen 18. Panzer-Division Karatschew genommen und somit eine der Ursachen dafür war, daß die 50. Armee mit Major Schabalin abgeschnitten wurde und in die Katastrophe geriet, bekam eine Abschrift, die allerdings gekürzt war. Er dachte sich seinen Teil, als er las, was Schabalin zu berichten hatte. Eine vollständige Abschrift erhielt das Auswärtige Amt in Berlin, das sie als Anlage einem Informationsbericht Nr. 864 (geheim) beifügte, der verschollen ist. Aber die Abschrift blieb erhalten; sie läßt einen von den Hunderttausenden, die zwischen dem 1. Oktober und dem 20. Oktober in den Kesseln vor Moskau eingeschlossen waren, berichten, was dort geschehen ist.

Ob die Tagebuchaufzeichnungen, wieder ins Russische zurückübersetzt, auch nach Ulan-Ude jenseits des Baikalsees gekommen sind, ist unbekannt. Von dort war Schabalin am 12. August morgens abgereist, dort ließ er seine Familie zurück und seine Freunde.

In die Nähe von Ulan-Ude, bis zum Baikalsee, sollte Koch in den siebziger Jahren kommen, er sah vom Westufer des Sees die schneebedeckten alpinen Bergketten auf dem anderen Ufer, hinter denen Ulan-Ude liegen mußte.

So weit ist der Weg für den einen, so kurz für den anderen. Obwohl sie sich nie sahen, waren sie sich doch nahe und, zieht man das Kriegsglück ab, das einmal dieser Seite, dann der anderen Seite hilft, einander ähnlich; sie wurden durch nichts in jenen Oktobertagen zwischen Brjansk und Karatschew voneinander unterschieden als durch den Tod.

Koch muß mit seiner zusammengeschmolzenen Kompanie noch bis zum 22. Oktober zu Fuß durch das verschneite und verschlammte Land ziehen. Endlos erscheint ihm alles und trostlos. Sie durchstreifen Wälder auf der Suche nach russischen Soldaten; sie sehen auch viele deutsche Fahrzeuge, die zerstört sind. Am 23. Oktober hat Koch ein Pferd gefunden, darauf reitet er

weit den anderen voraus. »Unendliches Rußland«, schreibt er ins Tagebuch, »wie schrecklich ist es, hier einsam zu sein«.
Am Nachmittag reitet er nach Ssamowo hinein, das war der Ort, in dem er Anfang Oktober russische Autos erbeutete, die an der Tankstelle hielten. Hier bildete er mit der Schützenpanzer-Kompanie und seiner 2. Kompanie den Brückenkopf, während in der hellen Mondnacht hinter ihnen die Pioniere die Kriegsbrücke schlugen, damit sie Panzer am Morgen hätten, mit denen sie weiterstürmten, um noch am Nachmittag Karatschew einzunehmen.
Nun fand Leutnant Koch in Ssamowo endlich die Fahrzeuge seiner Kompanie. Auf ihnen fuhren sie am 24. Oktober nach Karatschew, das ihnen wie die goldene Stadt erschien. Im alten Quartier steht noch der Wehrmachtempfänger. Post ist eingetroffen. Die Quartiergeber freuen sich, als sie Koch wiedersehen.
Drei Wochen sind vergangen; Koch war, als hätten sie sich im Kreise gedreht, sie kamen keinen Schritt voran. Eigentlich sollten sie um diese Zeit in Moskau sein, oder im Osten der Hauptstadt, weit im Osten an der Wolga.

25. KAPITEL

Die Katastrophe droht

In der persönlichen Botschaft, die Churchill am 12. Oktober, auf dem Höhepunkt der sowjetischen Niederlage vor Moskau, an Stalin richtet, verspricht er ihm 3000 britische Armeelastkraftwagen. Wenn man bedenkt, in welcher Lage Stalin jetzt war, klingt diese Hilfe wie Hohn. Mehr hat Churchill nicht übrig, ihm hat es offensichtlich die Sprache verschlagen, er muß Stalin für gescheitert halten. Denn mit zwei Sätzen verabschiedet er sich von ihm wie von einem Toten, dem nicht mehr zu helfen ist: »Mit Worten kann man nicht ausdrücken, was wir angesichts Ihres gewaltigen, heroischen Kampfes empfinden. Wir hoffen, es alsbald durch Taten zu beweisen.«

Damit hört der Briefwechsel von britischer Seite bis zum 7. November auf; Stalin schwieg seit dem 3. Oktober.

Als im August die Deutschen bei Smolensk stehen blieben, sprachen Offiziere des sowjetischen Generalstabes vom zweiten Marnewunder. Jetzt, Mitte Oktober, konnten sie ein drittes Marnewunder brauchen.

Seit dem 16. Oktober zogen die russischen Zentralverwaltungen, Militär- und Parteidienststellen, das diplomatische Corps hinter die Wolga. Die Evakuierungszüge wurden auch benutzt von den Schriftstellern aus vielen Ländern, die vor dem Faschismus nach Moskau geflohen waren. Sie packten den Koffer und verließen die Hauptstadt Lenins und des Weltkommunismus, das Mekka der Marxisten.

Stalin schickte sie weg, sie sollten nicht Augenzeugen des Kampfes um Moskau werden.

Die Einwohner der Stadt wurden nicht evakuiert; sie brauchte Stalin, auf sie mußte er sich verlassen.

Eine Welt schien den nach Moskau geflohenen deutschen Schriftstellern zusammenzubrechen. Auch Moskau war nicht sicher. Berlin rückte Moskau immer näher. Stalin konnte sie nicht vor Hitler schützen. Er evakuierte sie nach Asien.

Als am 18. Oktober die Stützen des Moschaisker Verteidigungssystems, die Städte Moschaisk, Borowsk und Malojaroslawez, von den Deutschen eingenommen wurden, gab es 100 Kilometer entfernt, in Moskau, bei der durch die Evakuierung der Privilegierten demoralisierten Bevölkerung Anzeichen von Panik.
Man drängte aus der Stadt, nach Osten, man plünderte Läden, die von ihrem Personal verlassen waren. Wohnungen von Evakuierten wurden aufgebrochen. Lebensmittel besorgte man sich, wo man sie fand.
»Alarmstimmung verbreitete sich in der Stadt«, schreibt der sowjetamtliche Chronist dieser Tage, A. M. Samsonow. »Die Evakuierung der Industriebetriebe, Ministerien, Behörden, Institutionen wurde beschleunigt. In dieser Zeit gab es auch einzelne Erscheinungen von Verwirrung unter der Bevölkerung. Es fanden sich Leute, die Panik verbreiteten, ihren Arbeitsplatz verließen und sich beeilten, aus der Stadt zu kommen. Es gab auch Verräter, die die Lage nutzten, sozialistisches Eigentum stahlen und die Macht des sowjetischen Staates zu untergraben suchten.«
Anzeichen des Zusammenbruchs nun auch in Moskau, aber auch wieder an der Front, die nach Moskau zurückgedrückt wurde, obwohl doch Schukow erst am 13. Oktober seine Soldaten aufgerufen hatte, keinen Schritt mehr zurückzuweichen, und Feiglinge, Panikmacher und Verräter erschossen wurden. Daß die Einwohner Moskaus nicht nur Barrikaden in den Straßen bauten, sondern auch fliehen wollten, wenn es zu Barrikadenkämpfen in ihrer Stadt kommen sollte, ist begreiflich.
Was Schukow, wenn auch nicht sehr erfolgreich, für die Westfront befohlen hatte – jeden zu erschießen, der Panik verbreitete, feige war, seine Stellung aufgab, flüchtete –, das mußte Stalin für Moskau und seine nähere Umgebung, die vorstädtischen Gebiete, anordnen. Die Verordnung des Staatlichen Verteidigungskomitees, des höchsten Entscheidungsorgans jetzt im Kriege, über die Verhängung des Belagerungszustandes über Moskau unterschrieb er am 19. Oktober. Ab 20. Oktober unter-

standen Moskau und Umgebung denselben Kriegsgesetzen wie die Truppen an der Front.
Provokateure, Spione und Agenten des Feindes waren sofort zu erschießen, Personen, von denen die öffentliche Ordnung verletzt wurde, sofort zur Verantwortung zu ziehen und dem Militärtribunal, dem Kriegsgericht, zu übergeben. »Wer Panik verbreiten wollte, wurde als Handlanger des Feindes belangt«, schreibt Schukow.
Das hieß damals nichts anderes als: Wer den Krieg verloren gibt, wer defätistische Reden hält, wer Angst zeigt, der sollte des Todes sein.
Für die Soldaten galt, was Boris Slutskiy später, am 7. Dezember 1957, in der *Liturnaya Gazeta*, veröffentlichte:
»Müde bis zur Erschöpfung
bedrängt durch Tod bei Tod,
seine großen Hände gespreizt
liegt der Soldat.
Er möchte anderswo liegen,
er möchte bei seinem Weib im Bett liegen,
er möchte nicht berühren das blutgetränkte Moos,
er möchte...
Möchte er? Vielleicht? Wie?
Nein, er könnte nicht anderswo sein.
Das Militärkommissariat hat ihm einen Befehl geschickt.
Neben ihm sind Offiziere, als er
nach rückwärts gebracht wird
zur Schreibmaschine des Militärtribunals.«
Das Militärtribunal, dessen Schreibmaschinen arbeiteten, bedeutete für die Moskauer und die Soldaten, wenn sie dorthin gebracht wurden, in den meisten Fällen den Tod durch Erschießen.
Am 19. Oktober regnet es im gesamten Bereich der Heeresgruppe Mitte, es herrscht Tauwetter. Für Kraftfahrzeuge sind nur die Straßen Roslawl–Orel, Roslawl–Moskau und die Autobahn Smolensk–Moskau benutzbar. Aber das Marschtempo ist, vor allem auf der Autobahn, durch zahlreiche Sprengungen behindert. Über die Wegschwierigkeiten, in denen sich die Truppe

befindet, meldet der Obersoldat H. Heinze von der Kleinen Kraftwagenkolonne 3/88 am 19. Oktober der 18. Panzer-Division: »Bericht über die Fahrt Lopandin, Karatschew.

Start 13. 10. 1941, 6.00 Uhr. Bis 18.00 Uhr die sieben Kilometer bis zu den zwei Brücken geschafft. Übernachtet. Am 14. 10. mit eigener Kraft weiter durch den Wald bis zur zweiten Ortschaft, welche 14.00 Uhr erreicht war. Feldwebel Alter war beim letzten Fahrzeug geblieben, das im Schlamm zwischen den beiden Brücken steckte. Mit mir hatten noch die Fahrzeuge von Sillger, Görner und Schulze den Ort erreicht. Nach 1 km setzte Artilleriebeschuß ein, alles hielt an und ging in Deckung. Auf Befehl von Herrn Oberleutnant Kormann Weiterfahrt in Abständen. Dabei erneuter Beschuß, auch mit MG. Ich bin als zweites Fahrzeug weiter über die Höhe bis zur Brücke über die tiefe Schlucht und wurde dann vom Zugkraftfahrzeug mit über den Berg gezogen. Erreichte um 17.00 Uhr Wereskoja. Blieb, da alles verstopft, auf der Rollbahn stehen. Die Kameraden Sillger, Renelt, Görner und Fuchs, die ihre Fahrzeuge bis zur Brücke gebracht hatten und dort auch über Nacht blieben, kamen am 15. 10. mit einem Zgkw. als letzte und meldeten, daß die meisten Wagen in Brand geschossen seien. Am Nachmittag ging ein Trupp von verschiedenen Einheiten nochmals vor, konnte aber nicht an die Fahrzeuge heran, da die Brücke dauernd unter Feuer lag.

Inzwischen wurden sämtliche Fahrzeuge den Berg hochgeschleppt, und ich blieb die Nacht im Wagen, da ich im Schlamm rutschte. Am 17. früh erreichte ich den Berg mit zwei Mühlen, den ich mit Hilfe von drei Pferden und 20 Einwohnern überwand. 12 Russen, die sich ergeben hatten, sagten aus, daß sie nur noch wenig Munition, keinen Kraftstoff und keine Verpflegung hätten. Das bewog meine Kameraden Sillger und Renelt, nochmals vorzugehen und zu versuchen, Ersatz für die Fahrzeuge zu finden, zumal am 18. früh Truppen eintrafen, mit denen sie vorgingen. Da es hart gefroren war, kam ich mit meinem Fahrzeug gut vorwärts. 30 km vor Karatschew hatte ich Getriebebruch und wurde von einem Tankwagen zur 3. Werkstattkompanie geschleppt. Bei der 4. Kolonne traf ich die Kameraden Görner und Fuchs.«

Als Schäden, die bei den Fahrzeugen des Panzer-Artillerieregiments 88 bis zum 17. 10. 1941 eingetreten waren, werden genannt: »Federbrüche, Gelenkwellenbrüche, Lauf- und Leiträder schadhaft, Bruch an Lagern, Torsionsschäden, Kupplungs- und Lenkbremsschäden, keine Motorleistung mehr, elektrische Anlagen schadhaft. Voll einsatzbereit sind im ganzen Regiment noch 9 Zgkw. 18 Zgkw. sind zwar noch fahrbereit, haben aber die oben genannten Schäden. In der Instandsetzung sind 13 Zgkw. Ganz ausgefallen infolge Feindeinwirkung oder Ersatzteilmangel: 4 Zgkw.« Die schwere Feldhaubitzabteilung des Regiments konnte nur noch 560 Schuß bei allen drei Batterien mitführen, die Fahrzeuglage erlaubte nicht mehr.

Noch hatte die Schlammperiode nicht ihren Höhepunkt erreicht, die Armeen quälten sich langsam, aber stetig weiter nach Moskau vor, ausgenommen die 2. Panzerarmee, die einen Haltbefehl bekommen hatte.

Das Oberkommando des Heeres im fernen Ostpreußen dachte schon an die Zeit nach Abschluß von »Barbarossa«. Es zog das Generalkommando des 8. A.K. mit der 8. und 28. Infanteriedivision, die 5. und 15. I.D. von der Front ab, um die 5., 8. und 28. I. D. in Frankreich zu motorisieren, sie zu »leichten Divisionen« umzurüsten. Die 1. Kavalleriedivision, die Guderian unterstellt war, wurde nach Deutschland verlegt, um die 24. Panzer-Division zu werden.

Doch gerade Infanterie und Kavallerie waren jetzt gefragt, der Infanterist kam im Schlamm noch voran, Kavallerie blieb in ihm nicht stecken wie die motorisierte Truppe. Generaloberst Halder hatte den Arm noch im Gips, als er am 19. Oktober mit dem Chef des Stabes der Heeresgruppe Mitte, dem Generalmajor Hans von Greiffenberg, telefonierte. Für die »einzig dastehende Durchführung der Schlacht von Wjasma« sprach er ihm »uneingeschränkte und begeisterte Anerkennung« aus. Greiffenberg bedankte sich, wies aber den Generalstabschef in Ostpreußen sofort auf die katastrophale Straßenlage im gesamten Bereich der Heeresgruppe Mitte hin. Bei Halder stieß er auf Unverständnis, der ihn bat, daraufhinzuwirken, daß »nachschubmäßig« alles getan werde, um auf den gedachten »langen Weg« vorbereitet zu sein.

Der lange Weg, das war der Weg an die Wolga.

Halder schien zu glauben, daß Moskau als reife Frucht den siegreichen Armeen nebenbei in den Schoß fallen würde. Auch Paris war bald, nachdem die französische Regierung die Stadt verlassen hatte, gefallen.

Sollte das jetzt, bei einem viel größeren Menschen- und Materialeinsatz als 1940 in Frankreich, nicht gelingen? Was hatte die Union der Sozialistischen Sowjetrepubliken (für Halder) noch aufzubieten? Die Marschälle und Generale der Sowjetunion waren geschlagen, manche sogar zweimal.

Die russischen Armeen, die Moskau decken sollten, hatten in den Schlachten von Wjasma und Brjansk neben hohen blutigen Verlusten 650 000 Gefangene verloren.

Aus den beiden Kesseln von Brjansk, dem Nordkessel und dem Südkessel, waren zwar einige Verbände entkommen, doch was hieß das?

Greiffenberg hatte Halder gemeldet, daß die wichtige Autobahn nach Moskau mit Zeitzünder-Minen gespickt sei, die von den Russen auf ihrem Rückzug verlegt worden waren. Die Minen würden dort, wenn sie gezündet wurden, Krater von 10 Meter Tiefe und 30 Meter Breite reißen.

Deshalb müsse man täglich neue Umgehungswege schaffen, die den Weitermarsch aufhielten.

Halder sagte sich, daß die Russen doch auch unter dem, was Schlammperiode genannt wurde, leiden mußten, (er hatte davon keine Vorstellung, er konnte, wegen des Armes in Gips, gerade jetzt nicht das ostpreußische Hauptquartier verlassen; er sah alles aus größter Entfernung, zwar bestätigt als Feldherr, dem diese gewaltigen Umfassungsschlachten gelungen waren, doch blind, notgedrungen blind für das, was sich dort auf den Straßen und Wegen abspielte in diesem Wechselbad aus Kälte mit Schneefall, Regen mit Tauwetter, das von Tag zu Tag sich änderte und die Deutschen immer tiefer in Versorgungsschwierigkeiten geraten ließ). Auch die russische Seite mußte damit fertig werden. Sie stellte, wie etwas später die Deutschen, Nachschubverbände mit Panjewagen und Panjepferden auf, obwohl sie doch stolz auf das technische Zeitalter war, das man endlich erreicht hatte. Stalin sollte sich hierzu sarkastisch äußern.

Er sah auch den Fehler ein, den er gemacht hatte, als er seine besten Generale in der großen Säuberung erschießen ließ. Als er von der Front dringend gebeten wurde, sachverständige Generale zu schicken, erwiderte er, ihm stünden keine Hindenburgs zur Verfügung.

Ihm blieb nur übrig, den Anrufern zu sagen, daß »unsere Sache gerecht« ist, daß »der Sieg unser« sein wird.

Das von Siegen verwöhnte deutsche Heer glaubte damals, daß es nur noch eines Anstoßes bedurfte, einer letzten Anstrengung, um die militärische Macht der Sowjetunion für alle Zeiten zu brechen. Auch wenn nicht jede Kesselschlacht ein Cannae gewesen war – die Schläge waren furchtbar, die dem Gegner militärisch zugefügt wurden.

Die hohen eigenen blutigen Verluste ließen es nicht zu, daß jetzt an der eigenen Sache gezweifelt wurde. Verzweiflung war undenkbar.

Aber die hochgespannten Siegeserwartungen, die noch immer durch die Erfolge genährt wurden, waren gedämpft worden. Das Verharren im August vor dem 300 Kilometer entfernten Moskau bei Smolensk, die Melancholie des September, trotz oder wegen der Schlacht von Kiew, von den unendlich scheinenden Räumen bestimmt, in die man geraten war, die Schlammperiode nach den wenigen Tagen eines strahlenden Herbst- und Siegeswetters, das Gebremstwerden durch die Natur, der Stillstand, das Rad, das sich nicht mehr drehen wollte – demoralisieren konnte das nicht, wie die Nähe der Deutschen die Einwohner von Moskau demoralisierte, aber es wurden Depressionen verursacht, die man voreinander verheimlichte. In der Truppe begann man zu fragen, was das denn alles noch solle. Die Zahl der Gefangenen war so hoch geworden, daß niemand mehr wußte, was mit ihnen anzufangen sei. Um 20 000 Gefangene zu bewachen und zu versorgen, hätte eine ganze deutsche Division gerade genügt.

Das Land war riesig. Es hatte zuviele Menschen. Es wurden zuviele Menschen gefangen. Die Deutschen wurden von diesen Menschenmassen überwältigt.
Hatte man nicht tapfer gekämpft, Großes erreicht, wenn es Größe war, diesen Krieg zu beginnen und die Opfer der Soldaten zu verlangen, die von ihnen gebracht wurden? Es gab keine Panik unter den Deutschen. Es mußte nicht mit Erschießungen gedroht werden. Das Ostheer war ein brillantes Instrument in der Hand des Generalstabschefs, der es einsetzte.
Doch der Feind, der immer wieder als geschlagen, erledigt, zu Hunderttausenden gefangen gemeldet wurde, hielt noch immer stand.
Der kurze Herbst, der frühe Winter setzten Energien frei, die man bisher an sich noch nicht entdeckt hatte. Zugleich aber wuchs die Niedergeschlagenheit. Weshalb stand man hier? Das Land war unwirtlich, es stieß den Soldaten ab, es gab nichts her, es bot nichts, was Vertrauen einflößte.
Die 18. Panzer-Division war am 20. Oktober in drei verschiedene Kampfgruppen aufgeteilt, die an drei Fronten kämpften. Südlich von Orel hatte eine Kampfgruppe unter General Nehring der im Schlamm festsitzenden 9. Panzerdivision gerade die feste Straße von Fatesh nach Orel geöffnet. In Orel schreibt der Kriegspfarrer Wolf in sein Tagebuch: »Ich traf in Orel einen Popen. Er hat furchtbare Zeiten mitgemacht, saß in vielen Gefängnissen. Alle Kirchen in Orel sind geschlossen; wundervolle alte Kathedralen waren zu Autohallen und Getreidespeichern gemacht worden. Nur in einer älteren Friedhofskapelle amtiert dieser Pope. Die Kirche ist stets voll von morgens 6.00 Uhr bis in die Nacht. Und dieser Mann, leidgebeugt, physisch zu Grunde gerichtet, ist russischer Patriot. ›Ich bin kein Kommunist, aber was wollt ihr in Rußland, das ist unser heiliges Land ...‹, sagt er zu mir. Die Propaganda, das betonen die wenigen Gebildeten immer wieder, hat ihren stärksten Feind in sich selbst. Die ewige Schwarz-Weiß-Malerei läßt selbst den Primitiven zweifeln. Die Übersättigung macht gleichgültig — genau wie bei uns.«

26. KAPITEL

Verlorene und gewonnene Zeit

Drei Wochen lang hatten die Eingreifreserven des sowjetischen Hauptquartiers, die Anfang Oktober sich dem Vorstoß der Panzer Guderians bei Mzensk vorlegen konnten, Zeit, ihre Stellungen auszubauen. Die deutsche Luftaufklärung brachte Bilder mit, die ein Stellungssystem bis nach Tschern zeigten. Das 24. Panzerkorps der 2. Panzerarmee, dem auch das Panzer-Regiment 18 des 47. Panzerkorps zugeführt worden war, sollte am 22. Oktober als rechter Flügel der Heeresgruppe Mitte den Vormarsch wieder aufnehmen, Tula nehmen und die Übergänge über die Oka gewinnen.

Feldmarschall von Bock wollte dadurch erreichen, daß die 2. Panzerarmee feindliche Kräfte auf sich zog, die der 4. Armee widerstanden.

Der erste Versuch, die Stellungen bei Mzensk zu überrennen, scheitert am 23. Oktober. Der Angriff wird, mit starker Artillerieunterstützung und unter Vereinigung aller verfügbaren Panzer, am nächsten Tag wiederholt. Zwei Stunden schießen morgens 30 Batterien, jedes Geschütz hat 3000 Schuß zur Verfügung. Die Schützen haben diesen Aufwand noch nie erlebt. 13.30 Uhr treten sie im Regiment 12 an. Sie werden von heftigem Abwehrfeuer erfaßt und bleiben liegen. Als sie von Panzern begleitet vorgehen sollen, stellt sich heraus, daß die Besatzungen verlangen, erst die Minen zu räumen. Früh kommt die Dämmerung. In der Regimentsgeschichte heißt es: »Wir sind völlig durchnäßt. Der Mißerfolg steigert die schlechte Stimmung. Die Nachtstunden verstreichen zwischen frierendem Wachen und frierendem Dösen. In den lehmigen Schützenmulden sammelt sich das Wasser. Wie Feuerwerkskörper steigen die Geschosse der Stalinorgel in den samtschwarzen Himmel. Essenholer bringen den kalt gewordenen Eintopf. Einzelne väterliche Fahrer schleppen Mäntel und Decken nach vorn. Im Laufe der Nacht wird umgruppiert. Im Schwerpunkt werden alle verfügbaren Panzer und die Masse der Artillerie versammelt.«

Hans Schäufler, Nachrichtenoffizier im Panzer-Regiment 35, beobachtet das Gefecht durch das Scherenfernrohr vom Dach eines Hauses.

»22.00 Uhr. Ein blutiger Tag geht zu Ende. Die Panzer des ganzen Panzerkorps waren zusammengefaßt. Ich würde lügen, verschwiege ich, daß es nur noch ein paar handvoll müder, ausgeleierter Schlitten sind. Aber sie kämpften wie in der guten Zeit. Nur 500 Meter kam man vorwärts, aber die vordersten Stellungen der Russen sind niedergekämpft. Das Verteidigungssystem der Russen ist angerissen. Kampfgruppe Eberbach kämpft seit 22.00 Uhr im Rücken des Feindes. Pioniere finden eine russische Abhörzentrale. Dort hörte der Gegner alle unsere Ferngespräche mit und war immer gut informiert.«

Das Schützenregiment 12 hatte um 20.00 Uhr beobachtet, wie in der russischen Stellung rote Leuchtkugeln hochgingen. Damit wurde der Rückzug eingeleitet. Die Panzer des Obersten Eberbach standen im Rücken der Mzensker Verteidigungsstellung.

Am Morgen des 25. Oktober stellen die ersten Spähtrupps fest, daß der Russe abgezogen ist. Nur wenige Verwundete ließ er zurück. Die Panzer stoßen auf der Straße nach Tula vor. Um 13.45 Uhr nimmt eine Abteilung des Panzer-Regiments 18 Stadt und Brücke Tschern nach heftigem Ortskampf. Auf den Panzern der Gruppe Eberbach sitzen Schützen vom Infanterie-Regiment »Großdeutschland«, die am Tage vorher »wie auf dem Exerzierplatz stürmten«. Das Panzer-Regiment 35 stößt über Tschern hinaus noch 12 Kilometer weiter vor.

Hans Schäufler schreibt ins Tagebuch: »Der Gegner weicht aus. Das Gelände ist übersät mit Tausenden von Minen. Vielfach hat der Russe Fliegerbomben mit empfindlichen Aufschlagzündern eingegraben. Alle Pioniereinheiten sind zum Räumen der Minen eingesetzt. Stukas, Heinkelbomber, Jäger und Zerstörer brausen über uns hinweg und jagen im Tiefflug die fliehenden Russen.

Als Oberst Eberbach in einem Haus in Tschern Quartier bezieht, liegt dort ein toter russischer Panzer-Oberst, Pistole in der Hand, Selbstmord. Aus seinen Papieren geht hervor, daß er der Kommandeur der Panzerbrigade ist, gegen die unser Regiment so verzweifelt schwere Kämpfe zu bestehen hatte. Er wollte die Vernichtung seiner Brigade vermutlich nicht überleben. Oberst Eberbach salutiert vor dem tapferen Gegner und läßt ihn bestatten.«

Der Panzer-Oberst Eberbach war auf den Nachfolger des Panzer-Obersten Katukow getroffen.

Die Straße nach Moskau von Süden her lag jetzt frei vor Guderians Panzern. An diesem 25. Oktober waren die Kämpfe bei Brjansk abgeschlossen. Von den dort eingekesselten russischen Verbänden hatten sich nur wenige tausend Mann durchschlagen können. Schukow nennt drei stark angeschlagene Schützendivisionen zu je 500 bis 1500 Mann, die äußerst übermüdet waren. »Im Artillerieregiment gab es nur noch vier Geschütze«, außerdem die in Tula in Aufstellung befindlichen Nachschubeinheiten. In Tula standen sonst keine russischen Truppen. Die Einwohner der Stadt nähten Tag und Nacht Uniformen, reparierten Waffen und Ausrüstung. Arbeiterabteilungen wurden aufgestellt und bewaffnet. Ein Flak-Regiment bezog Abwehrstellung an der Straße nach Orel.

Gegen diese zusammengewürfelten Verbände hätte es unter normalen Witterungsbedingungen nicht schwer fallen dürfen, die Stadt zu nehmen. Aber Guderian, der selbst bei dem Vorstoß auf Tula dabei war, konnte nur eine Vorausabteilung ansetzen, die diese wichtige Stadt mit ihren Bahnlinien, die sich dort trafen, im Handstreich nehmen sollte – wie Orel am 3. Oktober. »Die Stärke der vormarschierenden Einheiten hing weniger von der verfügbaren Truppenzahl ab, als von der Möglichkeit, sie mit Brennstoff zu versorgen.«

So rückt das Schützen-Regiment 12 am 25. Oktober nicht etwa den Panzern nach, sondern geht in die Quartiere: »Die Schlammperiode ist auf dem Höhepunkt«, vermerkt die Regimentsgeschichte. »Alle Räder-Kfz. stecken fest. Teilweise muß aus der Luft versorgt werden. Die Einheiten unseres Regiments betreiben in Mzensk nach ausgiebiger Ruhe und Reinigung

leichten Innendienst und Ausbildung. Briefschulden werden getilgt. Weihnachten steht vor der Tür.«
Alle fahrbereiten Panzer der 3. und 4. Panzer-Division mit einem aufgesessenen Bataillon I.R. »Großdeutschland« sowie dem Rest dieses Regiments auf Kraftfahrzeugen verfolgen den Feind. Am 27. Oktober hat die Vorausabteilung Plawskoje erreicht und die Plawa überschritten. Am 28. Oktober läßt Oberst Eberbach ein Bataillon »Großdeutschland« auf die Panzer aufsitzen, mit denen er Pissarewo, einen Ort 30 km südlich von Tula, erreicht. An diesem Tag erfährt Guderian von der Heeresgruppe, daß Hitler wünscht, die Oka-Brücken ostwärts von Serpuchow durch schnelle Abteilungen in die Hand zu nehmen. Guderian meint dazu: »Wir konnten nur so viel vortreiben, wie sich versorgen ließ. Auf der völlig zusammengebrochenen Straße Orel-Tula erreichten unsere Fahrzeuge gelegentlich eine Höchstgeschwindigkeit von 20 km. Schnelle Abteilungen gab es nicht mehr. Hitler lebte in einer Illusion.«
Als am 29. Oktober die Panzerspitze bis auf 4 km an Tula heran ist, trifft sie die Abwehr der inzwischen aufgebauten Pak- und Flak-Panzerabwehr. Vorn bei den Panzern ist nur noch das Bataillon »Großdeutschland«.
Die Spitze hat die 2. Kompanie »Großdeutschland«, sie will (es sind nur noch 60 Mann unter Leutnant von Oppen) unbedingt in die Stadt, die 300 000 Einwohner zählt. Sie werden vom Tulaer Arbeiterregiment unter Hauptmann Gorschkow abgewiesen. Oberst Eberbach, dessen Panzer vor der starken Flakstellung stehen bleiben, befiehlt den Grenadieren von »Großdeutschland« über Funk, liegen zu bleiben. Er will am nächsten Morgen angreifen. Der Handstreich ist mißlungen.
85 Kilometer beträgt die Entfernung nach Tschern, das die Vorausabteilung Eberbach am 26. Oktober verließ, um Tula im Handstreich zu nehmen. Dafür hatte die Kampfgruppe vier Tage gebraucht. Für die 247 Kilometer von Gluchow nach Orel benötigte die 4. Panzer-Division Anfang Oktober, unter gleichen Verhältnissen beim Gegner, in der Verfolgung des geschlagenen und fliehenden Feindes, ebenfalls vier Tage. Der Aktionsradius für das, was man einen Panzerraid nannte, war

erheblich eingeschränkt worden, obwohl die Panzer mit Treibstoff aus der Luft versorgt wurden.
Die Schlammperiode war jetzt gefährlicher für die deutschen Abteilungen als die noch vorhandene Abwehrkraft des Feindes. Auch auf einer verhältnismäßig »guten Straße« wie der von Orel nach Tula, herrschten Zustände, die sich kein deutscher Soldat vorher hätte vorstellen können.
Über Tula sollte Guderian nach Serpuchow vorstoßen, um den bei Kaluga stehenden russischen Truppen in den Rücken zu kommen. Nach Serpuchow waren es von Tula noch 83 Kilometer, von Serpuchow nach Moskau 88 Kilometer. Das waren alles keine Entfernungen mehr, wenn man den Durchbruch geschafft und keinen nennenswerten Gegner mehr vor sich hatte.
Auch am 30. Oktober gelingt es nicht, die feindliche Abwehr vor Tula zu durchstoßen, obwohl jetzt die 3. Panzer-Division vor der Stadt eingetroffen ist, die der Gruppe Eberbach gefolgt war.
Jetzt schlägt der Kommandierende General des 24. Panzer-Korps, Freiherr von Geyr, dem Generalobersten Guderian vor, die Stadt ostwärts zu umgehen. Guderian ist einverstanden. Er befahl ihm die Fortsetzung des Angriffs in Richtung Dedilowo und die Wegnahme der Übergänge über den Schat. Guderian schreibt hierzu: »General Frhr. von Geyr war im übrigen der Auffassung, daß die Möglichkeit der Verwendung motorisierter Truppen bis zum Eintreten des Frostes erschöpft sei. Er hatte damit sicher recht. Man konnte nur sehr langsam Gelände gewinnen, und nur auf Kosten des Geräts. Bei dieser Lage gewann die Wiederherstellung der Eisenbahn Mzensk—Tula erhöhte Bedeutung. Die Arbeiten machten trotz redlichen Bemühens nur langsame Fortschritte. Der Mangel an Lokomotiven veranlaßte mich, auf Aushilfen zu sinnen und die Beschaffung von Schienenautos vorzuschlagen. Ich konnte aber keine erhalten. Das 24. Panzerkorps gelangte am 1. November bis westlich Dedilowo.«
Im Tagebuch des Schützen-Regiments 12 heißt es über diese Tage: »Über 1500 Straßenkilometer haben wir bisher den Feind gejagt. Und nun hält uns kurz vor dem Ziel der Schlamm auf. Auf der Rollbahn, sprich Schlammkanal, müssen für den

Nachschub kilometerlange Knüppeldämme gelegt werden. Die Brotversorgung ist wegen der schwierigen Wegverhältnisse vollkommen ungenügend. Die Männer unseres Regiments arbeiten in Mzensk an der Verbesserung der Unterkünfte. Das mag befremden, da wir ja doch nur darauf warten, daß der Boden friert und wir wieder marschieren können. In einzelnen Quartieren entsteht eine fast friedensmäßig-preußische Stubenordnung. Auch die unmittelbare Umgebung der von uns belegten Häuser wird verschönt. Die wenigen in der Stadt verbliebenen Zivilisten empfinden diesen Ordnungstrieb als Störung.
Die Wegnahme von Tula wird durch einen umfassenden Angriff geplant. Die erforderlichen Truppen können allerdings erst nach dem Ende der Schlammperiode in den Ausgangsstellungen versammelt werden.«
Schukow hatte inzwischen einen neuen Hauptverteidigungsabschnitt wählen müssen. Es sollte nun auf der Linie Nowo-Sawidowsk–Klin–Istra mit Stausee–Krasnaja Pachra–Serpuchow–Alexin das Vorfeld Moskaus verteidigt werden.
Links, von Schukow aus gesehen, gab es nur noch Überreste der Brjansker Front des Generals Jeremenko. Dort war Tula, vor dem Guderians Panzer und Schützen liegengeblieben waren. Tula, das am 10. November in Schukows Westfront übernommen wurde, wirkte wie eine uneinnehmbare Festung, die nur eingeschlossen werden konnte. Ende Oktober war die deutsche Offensive auf der Linie Turginowo–Wolokalamsk–Dorochowo–Naro-Fominsk westlich von Serpuchow–Alexin und Tula zum Stehen gebracht. Die Deutschen hofften auf Frost, also auf den Winter, um wieder antreten zu können. Im Winter aber hatte dieses Heer, das vor Moskau stand, in diesem Kriege noch nie kämpfen müssen. Der polnische Feldzug fand im Herbst statt. Frankreich wurde im Sommer überwunden, Jugoslawien und Griechenland im Frühjahr besetzt. Nur in Norwegen hatten die Deutschen im April 1940 Winterwetter mitbekommen.
Auf eine Winterschlacht waren sie nicht vorbereitet. Am 26. Oktober empfahl die Quartiermeisterabteilung der 18. Panzer-Division: »... zur Kontrolle der Frostbeständigkeit ein kleines Gefäß mit einer Mischung, die etwas mehr Wasser enthält als

die in den Kühlern befindliche, aufzustellen und deren Verhalten bei Frost zu beobachten. Wenn diese Mischung gefriert, unverzüglich sämtliche Motoren im stündlichen Wechsel warm laufen lassen. Frostschutzmittel sind nur zu 50% des Bedarfs vorhanden.«

Das OKH erinnerte am gleichen Tage: »Zelte dürfen im Winter nur in den allerdringendsten Fällen in Benutzung bleiben, da sie während dieser Jahreszeit besonders starker Beschädigung durch Nässe, Frost und Schneestürme, ja sogar völliger Vernichtung ausgesetzt sind. Das Zeltmaterial ist heute wegen der Rohstoffknappheit unersetzlich.« Das 47. Panzerkorps, zu dem die 18. Panzer-Division gehörte, lag Ende Oktober im Raum Karatschew—Orel fest, da es keinen Betriebsstoff erhalten konnte. Die feste Straße Karatschew—Orel mußte vom 30. zum 31. Oktober für jeden Kolonnenverkehr gesperrt werden; sie war unbefahrbar geworden. Die Fliegerstaffel, die der 18. Panzer-Division seit Feldzugsbeginn zugeteilt worden war, wurde nach Frankreich verladen. Im Zustandsbericht der Division vom 31. Oktober heißt es: »Die Division ist unter Berücksichtigung der Kfz-Lage mit etwa 50% ihres ursprünglichen Kampfwertes als schnelle Truppe einsatzbereit«.

Schukows Westfront erhielt in der zweiten Oktoberhälfte nur die 33. Armee des Generalleutnants Jeremenko als Verstärkung zugewiesen, die im Raum Naro-Fominsk eingesetzt wurde.

»Für die Truppe ist es eine Qual«, schreibt Guderian am 6. November an seine Frau, »und für die Sache ein großer Jammer, denn der Gegner gewinnt Zeit und wir kommen mit unseren Plänen tief in den Winter. So bin ich also recht traurig gestimmt. Der beste Wille scheitert an den Elementen. Die einzigartige Gelegenheit, einen ganz großen Schlag zu führen, entschwindet immer mehr, und ich weiß nicht, ob sie je wiederkehrt. Wie das noch werden soll, weiß Gott allein. Man muß hoffen und darf den Mut nicht sinken lassen, aber es ist gegenwärtig eine harte Prüfung. Hoffentlich kann ich bald etwas frohere Töne anschlagen. An sich liegt mir das Klagen nicht. Aber zur Zeit ist es schwer, guter Laune zu sein.«

Einen Monat später, am 4. Dezember (!), erreichen die 18. Pan-

zer-Division Richtlinien des OKH für die Kampfführung im Winter und über die Besonderheiten des Winterkrieges in Rußland, in denen es heißt: »Nach Einbruch des Winters werden die Operationen im großen zum Stillstand kommen. Unsere Aufgabe wird es dann im allgemeinen sein, die gewonnenen Gebiete unter möglichster Schonung der Truppe zu sichern. Die Kampftätigkeit des Gegners wird sich an den Frontabschnitten, an denen keine enge Gefechtsberührung besteht, voraussichtlich beschränken auf Angriffe mit stärkeren Verbänden entlang großer Straßen und Eisenbahnlinien. Hierbei voraussichtlich Einsatz von Panzern und Panzerzügen, Vorstöße von Skitruppen, die bis zu 100 km Tiefe geführt werden können.
Die Veränderungen der Landschaft im Winter sind in Rußland bedeutend. Er bringt große Kälte, viel Schnee und starke Stürme von Norden und Osten. Seen und Flüsse, auch die Wolga frieren zu. Sie verlieren damit – vor allem bei Nebel – ihren Hinderniswert. Dagegen bildet der Schnee ein Hindernis, das jede Bewegung ohne Skiausrüstung stark verzögert und außerdem jede Spur erkennen läßt. Biwakieren ist auf die Dauer nur besonders ausgerüsteten und ausgebildeten Truppen möglich. Der Schwerpunkt des Ausbaues aller Kampfanlagen ist auf gute, helle, warme Unterkunft der Truppe und auf allseitige Verteidigungsfähigkeit jeder Unterkunft zu legen.«
Der Winter begann in diesem Jahre 1941 nicht, wie das OKH es sich wünschte, Mitte Dezember, sondern Anfang November. Am 1. November wurde Armeegeneral Schukow nach Moskau ins Hauptquartier bestellt, das sich in der Untergrundbahnstation an der Kirowstraße befand. Stalin sagte zu Schukow: »Wir wollen in Moskau nicht nur unsere Festsitzung zum Jahrestag der Oktoberrevolution, sondern auch eine Truppenparade abhalten. Glauben Sie, daß wir uns das bei der augenblicklichen Frontlage erlauben können?«
Schukow, der am 13. Oktober Stalin raten mußte, die Regierung, das diplomatische Korps, den Staatsschatz und noch viel mehr aus Moskau zu evakuieren, kann jetzt zu seinem Obersten Befehlshaber sagen: »Der Feind wird in den nächsten Tagen keine große Offensive beginnen, da er in den bisherigen

Schlachten schwere Verluste erlitten hat und genötigt ist, seine Truppen aufzufüllen und umzugruppieren. Um Luftangriffen entgegenzuwirken, die sehr wahrscheinlich sind, schlage ich vor, unseren Luftschutz zu verstärken und Jagdflieger von den Nachbarfronten nach Moskau abzuziehen.«

Schukow erfuhr, daß die Truppen, die an der von Marschall Budjonny (er hatte kein Frontkommando) vorbereiteten Parade teilnehmen sollten, vom Roten Platz direkt an seine Westfront marschieren würden.

Das hatte er auch nicht anders erwartet.

27. KAPITEL

Nachdenken in Orel

Von Kriegspfarrer Wolf hatte Leutnant Koch einiges gehört, doch zu einem Gespräch kam es mit ihm erst in Orel. Da waren beide schon im November, und ihre ersten russischen Lektionen hatten sie hinter sich.

Eine Panzer-Division, die sich bewegt, ist eine Firma, ein Betrieb, eine Fabrik, in der jeder an seinem Arbeitsplatz steht (oder fällt, wenn es sein muß), wobei das einzige Ziel für alle, der Sieg auf dem Schlachtfeld, mitunter etwas zu kurz kommt. Es ist ja nicht so gewesen in jenem Feldzug des Jahres 1941, der die Deutschen Moskau so nahe brachte, daß sie wie eine wilde Horde Krieger in ein Land eingefallen wären.

Sie kamen mit einer hochentwickelten Kriegstechnik. Ihre Schnelligkeit war dem Motor zu verdanken, der bisher die Feldzüge abgekürzt hatte, sie beweglicher machte. Sie brachten Lazarette mit und Sanitätswagen, Flottillen der Barmherzigkeit, mit dem Roten Kreuz gekennzeichnet, zur Minderung der Barbarei des Krieges. Ihre Ärzte hatten sie aus den besten Kliniken und Universitäten des Reiches. Viele von ihnen dienten in den Regimentern und Bataillonen und fielen dort wie die anderen, die mit der Waffe zu kämpfen hatten.

Hinter der Truppe, die angriff und verteidigte, gab es in jeder Division Spezialisten, die dazu bestellt waren, die Gefechte aufzuzeichnen und auszumalen für die Truppenführung, auch späteren Geschlechtern zur Mahnung. Andere waren erfahrene Kraftfahrzeughandwerker, Inhaber von Tankstellen, Werkzeugmacher, Motorfanatiker, die in den Werkstattkompanien die Fahrzeuge warteten. Fast zweihundert Beamte, die einen ständig im Heer, die anderen nur in Kriegszeiten, folgten im Tross einer Division, um als Urkundsbeamte der Kriegsgerichtbarkeit zur Verfügung zu stehen oder als Feldpostsekretäre, von der Reichspost übernommen, den zurückgelegten Weg aus der Heimat bis nach Orel mit einem postalischen Netz zu überziehen. Es schloß Aus- und Einzahlungen ebenso ein wie die Beförderung von Päckchen, Telegrammen und Todesbotschaften in die Heimat. Andere Beamte führten die Kasse. Die Ausgaben einer Panzer-Division an Wehrsold, Frontzulage, Aufkauf von Lebensmitteln und Bedarfsgütern in den Ostgebieten und in der Heimat näherten sich monatlich der Millionengrenze, dazu kamen die Gehälter, die in der Heimat an die Eltern oder Frauen der nach Rußland Versetzten gezahlt wurden.

Die Bäckereikompanie, die das Brot zu backen hatte, die Grundnahrung des Soldaten, war ebenso gut ausgestattet wie eine Großbäckerei in Deutschland. Es gab auch eine Schlächtereikompanie.

Die Division, die als selbständige Kampfeinheit geführt wurde, deren Nachrichtennetz modern und umfangreich war, fuhr durch Rußland wie eine Flottille, deren Spitze gepanzert war, ihr folgten die ungepanzert transportierten Schützen, die zum Gefecht abzusitzen hatten, dann die Artillerie mit ihren Zugmaschinen, die Panzerjäger mit ihren schwachen Abwehrgeschützen, und nach dieser kämpfenden Truppe kamen in der Flottille alle, von denen es abhing, ob die Spitze funktionsfähig blieb.

Von den 13 000 Mann einer Panzer-Division waren jedoch weniger als die Hälfte, nur etwa 5000 Mann, für den Kampf bestimmt, von denen wiederum die große Zahl der Kraftfahrer abgerechnet werden mußte, die zwar auf das Gefechtsfeld gelangten, solange dort gefahren wurde, denen es aber nur in Ausnahmefällen gestattet war, in das Gefecht einzugreifen. Sie konnten den Schützen in der kalten Nacht Decken nach vorn bringen, wie kürzlich im Regiment 12 bei Mzensk, oder sie mußten die Schützen nach rückwärts sichern, zugleich ihre kostbaren Fahrzeuge, die nicht ersetzt werden konnten.

Wenn Oberst Jollasse vom Schützenregiment 52 im August seiner Frau geschrieben hatte, von seinen 2100 Leuten seien 1000 gefallen oder verwundet, dann hieß es auch, daß die Gefechtsstärke seines Regiments fast gelöscht gewesen wäre, hätte es nicht Ersatz bekommen. Denn die 1000 Ausgefallenen kamen hauptsächlich von der fechtenden Truppe.

So waren es immer nur 3000 bis 3500 Mann einer Panzer-Division, die zu den Kämpfern gezählt werden konnten. Aber dann

mußten die Verbände auch bis zum letzten Mann vollzählig sein, und wann waren sie das schon in diesem Feldzug.
Wenn die fechtende Spitze einer Panzer-Division schon klein war – ihre Stärke beruhte auf der Zahl der Panzer und der Tüchtigkeit der Führung –, dann mußte die Spitze einer ganzen Panzerarmee, derjenigen Guderians, minimal genannt werden, bezieht man sie auf den Raum, den die Panzerarmee einnahm. Vor Tula bestand diese Spitze aus zwei schwachen Grenadier-Kompanien und wenigen Panzern. Auch deshalb mußte der Einbruch in diese Stadt scheitern. Der Handstreich mißlang.
So war das Gebiet, das die Deutschen bis November in Rußland erreicht hatten, zwar von ihren Truppen besetzt, aber vorn, da waren nur wenige.
Zu diesen wenigen gehörten der Kriegspfarrer und der Leutnant. Beide waren vorn, dort, wo man dem Gegner näher ist als der eigenen Feldküche, dem Kriegsgericht und dem Feldpostamt. Der Leutnant fuhr oder ging immer ein paar hundert Meter oder ein paar Schritte vor dem Kriegspfarrer. Doch dort, wo der Leutnant war, mußte es nicht immer gefährlicher sein als beim Kriegspfarrer. Die moderne Waffenwirkung bezog mehr Quadratmeter denn je in ihre Vernichtungsabsicht ein.
Die zweite lange Rast vor Moskau Ende Oktober bis Mitte November, die der ersten langen Rast im August auf den Feldern und in den Dörfern bei Smolensk folgte, ließ die Schlachtfeldhierarchie einer Panzer-Division in sich zusammenfallen. Die vorn gewesen waren, hatten sich wieder eingefügt in die Gesamtordnung dieser Firma, sie holten wie alle anderen pünktlich an der Feldküche ihr Essen ab, sie verrichteten ihr Tagewerk, sie überdachten ihre Situation.
Koch hatte mit seinem Kompanietrupp ein Stadthaus in Orel bezogen, einstöckig, mit alter, nicht unschöner Fassade, an einer breiten Straße gelegen. Sie führte zum Hauptplatz, auf dem die Kraftfahrzeuge parkten, als wäre schon Frieden. Der Leutnant wohnte bei einem Ehepaar im ersten Stock, das über eine kleine, etwas düstere Wohnung verfügte, in dem es ein Wasserklosett gab, aber auch ein Zimmer mit geschnörkeltem Sofa, Topfpflanzen, alten Bildern, dem Samowar und Büchern im Regal.

Der Mieter war schon älter, er hatte im Ersten Weltkrieg gedient. Seine Frau hatte etwas Mädchenhaftes behalten, wie viele russische Frauen mittleren Alters, das »Mütterchen«. Die Matka, von der die Soldaten so oft sprachen, um wenigstens etwas Vertrautes, Anheimelndes in diesem fremden Land zu spüren oder gar zu finden, war sonst älter, eher Greisin als Matrone. Diese Frau nun versorgte den Leutnant, sie unterhielten sich auch, soweit sie es in der Sprache des anderen schafften, scheu, wie unter Aufsicht. Oder sie gingen nur aneinander vorbei, der Leutnant grüßte, die Frau nickte. Dieser Leutnant kam aus Deutschland, und Deutschland, das verehrten eigentlich viele Russen, nicht erst jetzt, schon früher. Koch hatte es irgendwo gelesen, nun fand er diese Verehrung, auch wenn sie sehr scheu war, bestätigt.

Orel war zwar kurz bombardiert, aber dann im Handstreich genommen worden; die meisten Einwohner waren geblieben. Wohin hätten sie gehen sollen, da die deutschen Panzer doch schneller waren. Die Stadt war fast unversehrt, jetzt aber, in dieser Schlammzeit, schmutzig, vom Regen zum Ausguß gemacht, in dem die Straßenbahnen verrotteten, die einmal stehen geblieben waren. Unheimlich jene schroff abfallenden, vom ewigen Regen ausgewaschenen Lehmabhänge, die über der Oka standen; es fehlten hier die Bäume in den Straßen. Die Stadt war sehr fremd. Überall Wasserlachen zwischen dem Kopfsteinpflaster und die mit Papierstreifen verklebten Fenster, damit sie nicht bei Bombardements zersprangen.

Aber in der Wohnung fühlte sich Koch fast wie zu Hause. Er hatte seinen Tisch, sein Sofa für den Schlaf, sein Wehrmachtradio für die Sinfoniekonzerte, »Lilli Marlen« aus Belgrad und den Wehrmachtbericht, der jetzt sonderbar gehemmt wirkte. Die deutsche Front stand. Nur auf der Krim ging es noch vorwärts. Auf dem Tisch die Zeitungen, die aus der Heimat eingetroffen waren, die *Deutsche Allgemeine Zeitung*, *Das Reich*. Er ließ sie von seinem Burschen, der im Kompanietrupp Melder war, wegräumen, wenn der Hauptfeldwebel kam, um ihm den Papierkram vorzulegen.

Aber das war es nicht, was ihn verantwortungsvoll sein ließ, diese Möglichkeit, Unterschriften zu geben, etwas zu veranlassen, Meldungen zu erstatten, Eiserne Kreuze zu beantragen, Beförderungen zu erbitten für seine Leute – nicht für sich (das besorgten höhere Dienststellen, die er noch nicht so recht kannte). Die Stäbe zogen sich, wenn eine Pause im Krieg eintrat, auf sich selbst zurück, man war nicht mehr aufeinander angewiesen, die Stäbe brauchten keine Schützen mehr, die Schützen keine Stäbe, die sie anleiteten und versorgen ließen.

Verantwortung kam aus anderem Bereich. Leutnantsdienst tun, das wußte er aus der Schule, von Walter Flex, der dies einst in Rußland aufgeschrieben hatte, heißt vorleben. Das Vorsterben ist dann nur ein Teil davon. Für Koch war das Vorsterben etwas Seltenes, obwohl es doch immer von den Leutnanten verlangt wurde. Er konnte sich nicht vorstellen, daß er »vorsterben« würde, wenn er fallen sollte. Das war ihm zu abstrakt, »wen's trefft, den trefft's«, das bejahte er, aber etwas anderes wollte er nicht von diesem Tod, der ihn jederzeit ereilen konnte. Doch das Vorleben, vor allem im Kampf, das brauchte Kraft, und während dieser Abende auf dem Sofa in Orel, abgesondert vom Kriegsgeschehen, das anderswo stattfand, überlegte er oft, woher diese Kraft denn komme, bei ihm, aber auch bei den anderen, die er führte oder von denen er geführt wurde. Es gehörte dazu auch eine physische Kraft, die nicht jeder mitbrachte, aber die er sich hier erwerben mußte. Er fand bald heraus, daß diese Kraft, vor allem die physische Kraft, aus der Übung kam, aus dem langen, über viele Jahre sich erstreckenden Training im soldatischen Leben.

Verantwortung hieß nun, diese Kenntnisse und Fähigkeiten, die physische Kraft, die Ausdauer, das »Gelobt sei, was hart macht« nützlich anzuwenden, kräftesparend, auch möglichst ohne größere Verluste bei denen, die man zu führen hatte. Aber oft gingen diese Überlegungen über in die Frage nach einer anderen Verantwortung, nach den Gründen, weshalb er hier war, in Orel, in dieser fremden, vertrauten kleinen Wohnung, im regennassen November, an einem Fluß, der Oka hieß, nicht Elbe oder Rhein.

So fragte er den Kriegspfarrer Wolf, als dieser ihn zu einem

Gespräch am Samowar besuchte, an einem Novemberabend, als unerschöpfliche Regenfluten gegen die Mauern des Hauses klatschten: »Sie machen doch die Augen weiter auf als ein Leutnant, Herr Pfarrer. Wissen Sie wenigstens etwas von den Russen, unter denen wir leben?«

Wolf, der Sonette schrieb und im Panzer mitfuhr, dessen Pfarrei in Frankfurt am Main auf ihn noch einige Zeit warten mußte, erwiderte: »Vorher kannte ich nur die Welt Dostojewskis, die Brüder Karamasoff, Stawrogin, die Dämonen, Rodion Raskolnikoff. Nun wird diese angelesene Welt lebendig, wir selbst werden in sie hineingezogen, fallen ihr zu, gehören ihr an, bei lebendigem Leibe.«

Koch fand die Antwort zu literarisch. Er hätte auch Rilke heranziehen können, der Rußland bereiste, Tolstoi, dessen Grab sie schon sehr nahe waren bei Tula weiter vorn, oder diese Literatur der Emigranten, der geflohenen Zarenoffiziere und Gutsfrauen, Bücher, die zwischen den Kriegen in Deutschland hohe Auflagen erreichten. Das war es nicht. Dämonen sahen jetzt anders aus. Der Krieg war dämonisch. Die Finsternis war voller Dämonen. Der Krieg zeugte ungeheuer viel Dämonie, in der man sich nicht zurechtfinden konnte.

»Die Menschen hier im Hause«, sagte Koch, »haben Gefühl, mehr als wir, aber das ist wie geronnen, wie erfroren. Wie taut man es auf?«

»Der Gefühlsmensch«, erwiderte der Pfarrer, »ist freischwebend wie das Pendel der Uhr an der Wand, jedem Anstoß preisgegeben. Lassen Sie mir dennoch meinen Dostojewski. Er vergleicht die russische Psyche mit dem Asowschen Meer: still, friedlich, aber doppelt gefährlich und von langanhaltender Gewalt, wenn Stürme wehen.«

Koch verstand: »Dann sind wir dabei, dieses Asowsche Meer mit Sturm zu überziehen? Oder legen wir es still, machen wir es friedfertig?«

»Der Krieg ist nicht friedfertig«, erwiderte der Kriegspfarrer. Er dachte jetzt über den Leutnant nach; ein Leutnant, der nachdenkt. Er hatte viele Leutnante gefunden, die nachdachten. Wie alt würde dieser Leutnant werden, fragte er sich. Noch zwei

Wochen älter oder zwei Monate? Die Überlebenschance für Leutnante bei den Schützen war sehr gering.
Wolf sagte deshalb: »Große Frauen, große Dichter sind immer religiös, weil sie der Erde verbunden sind. Auch der Russe ist erdverbunden und religiös. Er holt sich Kraft aus der Seele, das hilft ihm, wenn er in den Himmel auffahren soll. Anders gesagt: Er ist entweder Christ oder Nihilist, er ist immer das eine ganz, er ist nichts Halbes. Er versucht, der dämonischen Welt, in der er lebt — wir alle leben und sterben in einer dämonischen Welt, anders kann ich unsere Lage hier nicht sehen —, keinen Religionsersatz gegenüberzustellen mit billigen vorletzten Antworten oder mit gespielter, manchmal auch primitiver Ahnungslosigkeit. So ahnungslos wie wir sind, kann er nicht sein, er müßte andere Konsequenzen aus seiner Lage ziehen.«
»Hat der Russe eigentlich Angst?« fragte der Leutnant.
»Er hat keine Lebensangst wie wir«, sagte der Kriegspfarrer und wunderte sich, daß er das frei heraussagen konnte. Wußte er denn, ob es stimmte? Aber er wollte dem Leutnant helfen.
»Ich frage mich oft, wie es zu verstehen ist, daß sie sich so schwer ergeben. Das Nitschewo, ein Achselzucken, ein Alles-ist-Egal kann es doch nicht allein sein.«
»Sehen Sie«, erwiderte der Pfarrer, »diese Menschen sind es gewöhnt, angeleitet zu werden, ihre Passivität hilft ihnen, wenn es ums Äußerste geht. Da kann man nur schwach oder tapfer, viel zu tapfer sein. Das eine oder das andere. Es liegt auch an uns, an unseren Methoden, wie sie sind. Sie haben erstaunliche Kräfte in ihrer Passivität, der Leidensfähigkeit. Ich fürchte, wenn wir uns noch etwas länger in diesem Land aufhalten, werden wir davon etwas abbekommen.«
»Manchmal sind wir schon wie sie«, sagte Koch.
»Die Grundstimmung ist Moll, das wäre nicht gut für uns alle.«
Der Leutnant begleitete den Kriegspfarrer die Treppe hinunter, vor der Haustür stand ein Posten, der Pfarrer gab Koch die Hand: »Wenn Sie einmal eine Vertretung brauchen, denken Sie an mich. Wir gehören schon der anderen Welt an, die kommen wird.«
»Herr Pfarrer«, erwiderte Koch, »ich danke Ihnen«.

Es kamen noch andere merkwürdige Abende in Orel, aber dann war es Winter, sehr plötzlich, wie ein Überfall auf das Heer geschah es, das in der Stadt lagerte, und sie hatten sich bereit zu machen für den letzten Panzerraid, der sie tief in die Kälte führen sollte.

28. KAPITEL

Der Segen Lenins

Der Frost, der den Deutschen helfen sollte, aus der Umklammerung durch den Schlamm sich zu befreien, die steckengebliebenen Fahrzeuge wieder fahrbereit zu machen, aufzuschließen, die weit verstreut liegenden Verbände zu sammeln, um noch näher an Moskau heranzukommen (am nächsten waren sie der Stadt im Zentrum der Heeresgruppe Mitte, an der Rollbahn im Raum Schelkowka–Dorochowa, 70 Kilometer vor Moskau, am 1. November), hatte mild zu sein, erträglich für Soldaten in Mittelrußland, die keine Winterausrüstung besaßen. Man dachte an Temperaturen zwischen minus fünf bis minus zehn Grad, dazu keine größeren Schneefälle, trockene Luft. Vormarschwetter wieder, wenn auch etwas kühl. Dieses Wetter hatte es im Winter 1939/40 im Westen gegeben, als die deutschen Armeen sich auf den Einmarsch in Holland, Belgien und Frankreich vorbereiteten. Bei solchem milden Winterwetter konnte man fahren und kämpfen. Die Meteorologen, die den Heeresgruppen zugeteilt waren, um für die Luftwaffe zu arbeiten, wurden jetzt wichtig. Bisher hatten die Generale sie in Rußland übersehen, nun hörten sie auf diese paar Männer, die wie ein Orakel befragt wurden. Bisher hatte man fünf Tage im Anfang Oktober, die schönes Herbstwetter brachten, dann kamen Schnee, Kälte, Regen, Tauwetter, wieder Kälte, darauf Regen, Schneematsch; die Straßen versanken mit den Fahrzeugen eine Etage tiefer, in einen Zustand, der mit »Wegeschwierigkeiten« offiziell bezeichnet wurde, aber praktisch so aussah: Mit Mann und Roß und Wagen steckten die Deutschen im Sumpf.
Herausholen konnte sie nur Frost, der gnädig sein mußte.
Im Kriegstagebuch des Oberkommandos der Wehrmacht ist das Wetter im Bereich der Heeresgruppe Mitte aufgezeichnet; der Wegezustand gehört dazu. Das Wetter wird in der Rubrik »Es haben erreicht« untergebracht, die täglich anzeigte, wo die Spitzen sich befanden.

Am 1. November war das Wetter trübe, diesig, es gab vereinzelt Niederschläge als Regen, der Wegezustand war unverändert schlecht.

Trübe, regnerisch ist es auch am 2. November, der Straßenzustand bleibt unverändert schlecht.

Am 3. November ist es trübe, kühl, es gibt teilweise Bodennebel. Der Wegezustand ist bis auf geringfügige Verbesserungen im Bereich der 2. Armee, die vor Kursk angelangt ist, unverändert schlecht.

In der Nacht zum 4. November sinken die Temperaturen unter null Grad. Der Boden beginnt zu frieren. Gegen Abend klart der Himmel über der Heeresgruppe auf. Der leichte Frost, auf den gewartet wird, ist da.

Marschbereitschaft wird bei vielen Verbänden befohlen.

Am 5. November ist es im gesamten Heeresgruppenbereich klar. Der Frost hält an. Durch ihn ist auf den Straßen eine geringfügige Besserung eingetreten.

Der 6. November ist sonnig. Tagsüber bleibt es klar, am Abend bewölkt sich der Himmel, es wird wärmer. Dann beginnt es zu schneien. Die Wege sind nun gefroren, aber tiefe Fahrrinnen erschweren den Verkehr, der wieder einsetzt.

(An der Küste, bei der Heeresgruppe Nord, herrscht schon starker Frost, eine 2 bis 3 Kilometer breite Eisdecke ist entstanden. Südlich von Schlüsselburg stauen die Russen das Treibeis auf der Newa künstlich, um das Zufrieren dieses Flusses zu beschleunigen.)

Aber am 7. November regnet und schneit es, der Schnee taut weg. Im Heeresgruppenbereich mit Ausnahme der 9. Armee verschlechtert sich der Wegezustand wieder erheblich.

Das Tauwetter hält bis zum 10. November an.

Am Abend dieses Tages tritt leichter Frost ein, es schneit. Der Straßen- und Wegezustand bleibt schlecht.

Am 11. November hält der leichte Frost an, es bleibt trübe. Bei der 2. Armee und der 2. Panzerarmee auf dem rechten Flügel der Heeresgruppe schneit es.

Der Straßenzustand ist durch Frost geringfügig verbessert. (Die Heeresgruppe Nord meldet vor Leningrad Kälte bis zu 20

Grad.) Der 12. November bringt endlich das Vormarschwetter. Im Kriegstagebuch steht: »Klar, Frost, Wege befahrbar, stellenweise tiefe Rillen.« 13. November: »Im gesamten Heeresgruppenbereich Frost, der zum Teil Einsatz von Panzern erschwert. Wege hart gefroren, befahrbar.«

Der Winter, in den das deutsche Ostheer nun geraten war, sollte vier Monate andauern. Am 15. März 1942 herrschte nach dem Kriegstagebuch bei der Heeresgruppe Mitte wegen eines »unerhörten Schneesturms« nur geringe Gefechtstätigkeit.

Am 25. März 1942 trat Tauwetter ein. Die Frühjahrsschlammperiode begann.

Der Frost, der am 12. November die Straßen wieder befahrbar gemacht hatte, war bei der 2. Panzerarmee vor Tula von Rauhreif begleitet, der das Land zum ersten Male schön erscheinen ließ. Die Temperatur sank auf minus 15 Grad, am 13. November aber auf minus 22 Grad. Es war kein milder Winter mit mäßigem Frost, in den hinein die letzte Angriffsanstrengung des Jahres gerichtet werden sollte. Sie wurde seit dem 1. November vorbereitet.

Armeegeneral Schukow erwartete Anfang November, daß die Deutschen in vierzehn Tagen wieder antreten würden. Er behielt recht.

Seiner West-Front brachten diese zwei November-Wochen, in denen die Deutschen noch festlagen, Verstärkungen, die vom 1. bis zum 15. November 100 000 Mann, 300 Panzer und 2000 Geschütze zählten. In den bedrohten Abschnitten wurde eine tiefgestaffelte Panzerabwehr angelegt, man baute Panzerabwehrstützpunkte, die es bisher nicht gegeben hatte. Die Verbände konnten aufgefüllt werden, sie erhielten Waffen und Munition. Das Kriegsgerät wurde ergänzt.

Schukow erwartete den Hauptschlag der deutschen Panzertruppen in den Abschnitten Wolokolamsk–Klin und Istra. Dorthin verlegte er den größten Teil der Reserven, die ihm von der Stavka zugeführt wurden. Neue Infanterie- und Panzerverbände wurden auch im Raum Tula–Serpuchow zusammengezogen. Dort vermutete Schukow einen neuen Vorstoß der 2. Panzerarmee und der 4. Armee.

Im Grunde wußte Schukow jetzt nur, daß er von Tag zu Tag stärker wurde; mit 90 000 Mann hatte er am 10. Oktober vor Moskau angefangen, vier Wochen später hatte sich seine Streitmacht verdoppelt. Bisher war das, was er machte, Glücksspiel gewesen, dessen Natur nach Clausewitz keine Kriegführung entbehren kann: »Der Feldherr, der zu wenig Neigung zu diesem Spiel hat, wird, ohne es zu ahnen, hinter der Linie zurückbleiben und im großen Kontobuche der kriegerischen Erfolge in eine tiefere Schuld geraten als er denkt.«

In die Mitte dieser ersten beiden Novemberwochen, in denen Schukows West-Front erstarkte und Bocks Heeresgruppe mit dem ersten Frost wieder beweglich wurde, um sich für einen neuen Angriff zu versammeln, fällt der Jahrestag der Oktoberrevolution. Am 5. November trifft der größte Teil der sowjetischen Luftwaffe um Moskau ein (Bock teilt es abends telefonisch Halder mit, beide sind besorgt, denn die eigene Luftwaffe »baut langsam ab«, das Oberkommando der Luftwaffe zog Flieger- und Flakverbände zur Auffrischung und Umorganisation heraus).

Am Vorabend des Revolutionsfeiertags, am 6. November, findet traditionsgemäß die Festsitzung der Kommunistischen Partei der Sowjetunion statt. Hierfür gibt es zitronengelbe Einladungskarten, auf denen aber nicht steht, wo die Festsitzung stattfindet. Die Deutschen sollen es nicht erfahren. Deshalb wird der Ort nur von Mund zu Mund genannt. Geheimnisvoll. Die Partei geht aber nicht nur in die Anonymität wie in den illegalen Zeiten; sie feiert tief unter der Erde.

Die Metrostation »Majakowskaja« wurde im zweiten Bauabschnitt des Moskauer U-Bahnbaues Ende der dreißiger Jahre vollendet. Sie liegt an der Gorkistraße zwischen den Metrostationen Swerdlowplatz und Weißrussischer Bahnhof. An die Gorkistraße schließt der Leningrader Prospekt an, der in die Leningrader Chaussee übergeht.

Da sie zu den neuen, sehr tief angelegten Metrostationen gehört, gibt es weder Fußgängertreppen noch Korridore. Vom Straßenvestibül fährt man direkt auf Rolltreppen in die Stationshalle. Im Vestibül der »Majakowskaja« sind die Kontrollen durch die NKWD scharf. Mit der Einladungskarte muß der Personalausweis vorgezeigt werden.

Die Station, zu der die Geladenen am 6. November 1941 hinabfahren, wurde in Stahl konstruiert. Auch deshalb ist sie besonders bombensicher. Zwei Reihen schlanker Stahlsäulen sind in genügend großen Abständen voneinander aufgestellt. Deshalb ist die Stationshalle von jeder beliebigen Stelle aus gut zu übersehen. Es gibt zwei Seitentunnel, die durch das höhere Stahlgewölbe der Mittelhalle miteinander verbunden sind. Tiefe Dekkenkuppeln verstärken das Gefühl der Weiträumigkeit. Alles sieht größer aus, als es ist.

Die Kuppeln sind mit farbigen Mosaik-Deckenbildern ausgeschmückt, auf die eine künstlerische Lichtanlage, die am Kuppelfuß verläuft, indirektes, die Augen schonendes Licht wirft.

Als dekorativer Baustoff wurde nichtrostender Stahl benutzt, der die Hallenbogen überzieht. Er ist poliert und glänzt. Verkleidet ist die Station mit grauem Marmor in verschiedenen Schattierungen. Die Säulenfüße sind aus einem rosafarbenen Stein, der Orlez heißt.

(Ein Modell der Station »Majakowskaja« erregte großes Interesse, als es auf der New Yorker Weltausstellung im Jahre 1939 ausgestellt wurde.)

Jetzt ist diese Metrostation, die den Namen Majakowskijs erhielt, dessen Gedichte jedes Schulkind in Moskau kennt, von zweitausend Eingeladenen angefüllt, zu denen Stalin spricht. Daß der »Stählerne« in dieser stählernen Halle zum ersten Mal seit dem 22. Juni 1941 zu seinen Mitkämpfern, den Funktionären und Offizieren, den Soldaten und Wissenschaftlern, zum Volk spricht, hat eine eigenwillige Symbolik, der man sich nicht entziehen kann.

Seine Rede wird vom Rundfunk unmittelbar übertragen, in der großen Sowjetunion kann sie gehört werden. Jetzt war die »Majakowskaja« der stählerne Unterstand, aus dem der Oberste Befehlshaber sprach, der auf einem Tiefpunkt seiner Laufbahn angekommen war. Die Deutschen standen vor Moskau.

Von dieser stählernen Metrostation konnte es nur den Aufstieg

aus der unterirdischen Katakombe geben oder das Nichts für Land und Lehre.
Vier Jahre später würde der andere Diktator, Hitler, in dieser Lage sein, ebenfalls nur noch unterirdisch denkbar, in den Katakomben der Berliner Reichskanzlei. Für diesen war das dann endgültig. Deshalb fand er auch von dort nicht die Sprache mehr, um noch einmal, zum letzten Male, zu den Soldaten zu sprechen, die er befehligte oder zu dem Volk, das ihm vertraut hatte, das ihm gefolgt war, das ihn hassen würde, wenn alles vorüber war.
Stalin muß den Völkern der Sowjetunion jetzt Mut machen. Er schweigt zur militärischen Lage, wie er auch nicht sagt, von wo er spricht. Er verrät nicht, wie er Moskau halten will. Aber er spricht vom »tierischen Gesicht der faschistischen Eroberer«, von den wirtschaftlichen und militärischen Schwächen, die in Deutschland auftreten, nicht in seinem Land und unter seiner Verantwortung.
Aus vierzig Meter Tiefe unter der Gorkistraße ruft er zum Schluß: »Unsere Sache ist gerecht. Der Sieg wird mit uns sein.«
Als die zweitausend Eingeladenen über die Rolltreppen nach oben fahren, durch das Vestibül gehen und auf den Majakowskij-Platz und die Gorkistraße hinaustreten, schneit es. Der Winter beginnt soeben. Er ist früher gekommen als sonst, er wird bleiben. Das Denkmal des Dichters Wladimir Majakowskij bedeckt der Schnee. Die Häuserfenster sind verdunkelt. Nur der Schnee macht alles hell, daß man sich zurechtfinden kann.
Die Truppenparade des 7. November auf dem Roten Platz war ein historisches Ereignis. Keiner wußte, ob dies die letzte Truppenparade sei, die hier vor Stalin abgehalten wurde. Aber auch dann, wenn dies tatsächlich so gewesen wäre, hätte sie ihre Einordnung in die historischen Ereignisse behalten.
Sie war von großer internationaler Bedeutung. Denn sie bewies, daß in der Stadt Moskau, die unter Kriegsrecht stand, die Rote Armee vor Stalin paradierte, ohne von der deutschen Luftwaffe angegriffen zu werden. Sie ließ die Welt wissen, daß die Sowjetunion trotz großer Niederlagen noch unbesiegt war. Die Truppenparade war ebenso für die Engländer, die Amerikaner

und die Japaner bestimmt wie für die Völker der Sowjetunion. Und Stalin, der diesmal selbst die Ansprache bei der Parade hielt, stellte nicht nur die Engländer, die mit ihm gegen die Deutschen kämpften, die Amerikaner, die seinem Land materiell halfen, obwohl sie noch nicht in den Krieg eingetreten waren, sondern die ganze Welt vor seinen Soldaten auf, er baute sie hin auf die Mauer des Lenin-Mausoleums, aus dem der Leichnam des Gründers der Sowjetunion weggebracht worden war. Die Reliquie fehlte. »Auf euch schaut die ganze Welt als eine Kraft, die dazu berufen ist, die Räuberbanden der deutschen Eindringlinge zu vernichten. Auf euch schauen die versklavten Völker Europas, die unter das Joch der deutschen Eroberer gefallen sind, als ihre Befreier. Die große Befreiungsmission ist eure Pflicht. Seid dieser Mission würdig! Der Krieg, den ihr führt, ist ein Befreiungskrieg, er ist ein gerechter Krieg.«

Doch dann, nachdem er die ganze Welt auf dem Roten Platz versammelt hat, die nun vom Lenin-Mausoleum herabschaut auf die Soldaten, gab er den Soldaten und den Völkern seines Landes etwas wieder, das diese einst abgeben mußten. Er erklärte den russischen Patriotismus zum legitimen Kraftquell des Überlebens.

»Möge euch in diesem Kriege das tapfere Vorbild unserer großen Ahnen begeistern – eines Newski, eines Donskoi, eines Minin, eines Poscharski, eines Suworow, eines Kutusow!«

Jetzt war Stalin der Zar, und wie Zar Nikolaus II. am 2. August 1914 in der St. Georgsgalerie des Petersburger Winterpalais nach althergebrachter Sitte vor der in der Mitte des Saales aufgestellten wundertätigen Ikone der heiligen Muttergottes von Kasan betete, wie es auch Feldmarschall Fürst Kutusow im Jahre 1812 getan hatte, ehe er fortzog, um in Smolensk mit der Armee zusammenzutreffen, so band Stalin mit der Anrufung Kutusows die Vergangenheit mit der trüben Gegenwart wieder zusammen. Und er, in dessen Reich die meisten Kirchen so viele Jahre geschlossen gewesen waren, übernahm vom Zaren Nikolaus II. in größter nationaler Not auch die Gebärde des Segens, er drückte sich in den Formeln der Geistesgeschichte der

Russisch-Orthodoxen Kirche aus, als er über den Roten Platz rief: »Möge euch das siegbringende Banner des großen Lenin *segnen!* Unter dem Banner Lenins – vorwärts zum Sieg!«

Mit ebenso langsamer, schwerer Stimme, die jedem Worte Nachdruck verlieh, hatte am 2. August 1914 auch der Zar gesprochen: »Ihr Offiziere meiner Garde, die ihr hier anwesend seid, euch begrüße und *segne* ich, gleichzeitig meine gesamte Armee. Feierlich schwöre ich, daß ich keinen Frieden schließen werde, solange noch ein einziger Feind auf dem Boden des Vaterlandes steht.«

Diese Worte glichen genau dem Schwure, den Zar Alexander I. im Jahre 1812 leistete.

Stalin konnte nicht wie der Zar seine Truppen segnen. Aber der große Lenin sollte sie segnen, der nun der Heilige war an der Stelle der abgesetzten Heiligen. Die russische Geschichte wurde an diesem Revolutionsfeiertag 1941 wiederhergestellt, sie dauerte nun wieder an. Sie war durch die Oktoberrevolution nur kurz unterbrochen worden. Die Internationale verklang. Der russische Patriotismus, der im Religiös-Irrationalen seine Wurzeln hatte, war Staatsreligion.

Der Mann, der dies in höchster Not tat, hatte als Klosterschüler in Tiflis seine Lektion gelernt. Ein Georgier gab dem russischen Volk die Geschichte wieder – in einem Augenblick, da dieses Volk an Wunder glauben mußte, wenn es sich selbst helfen wollte. Flugblätter mit der Ansprache Stalins auf dem Roten Platz wurden von Flugzeugen hinter den deutschen Linien abgeworfen, damit auch dort die Menschen erfuhren, was sich soeben ereignet hatte.

Wie stets, nun zum vierundzwanzigsten Male, kommen die Truppen von Norden, vorbei am Historischen Museum, in dem die Geschichte der Völker der Sowjetunion aufgehoben wird. In Marschblocks, 25 Mann in jeder Reihe, in Bataillonsstärke jeder Block, schwenken sie ein, die Offiziere vor den Marschblocks. Es schneit, die Kälte ist beißend, minus 20 Grad werden gemessen (Guderian verzeichnet an diesem 7. November die ersten Frostschäden bei seinen Truppen vor Tula). Die Tannen an der Kremlmauer sind schon tief verschneit, auch die Pelzmützen mit dem roten Stern sind weiß vom Schnee. Die neuen Schützendivisionen wurden erst sechs Stunden vorher in ihre Aufgabe eingewiesen, vor den Männern dort auf dem Mausoleum zu paradieren. Sie tragen Maschinenpistolen, Gewehre, auch Maschinengewehre sind zu sehen. Dann kommen die Panzerbrigaden, die neuen T 34, die den Deutschen Furcht einflößen; jeder Panzerkommandant steht in der geöffneten Luke.

Sie marschieren am Erlöserturm vorüber, in dem sich oberhalb der Pforte zum Kreml bis 1917 eine Ikone befand, vor der jeder Passant, ob Russe oder Ausländer, die Kopfbedeckung abzunehmen hatte.

Links von ihnen erhebt sich die Basilius-Kathedrale, die Iwan der Schreckliche errichten ließ zur Feier seines Sieges über den Tatarenkhan von Kasan. Vor der Basilius-Kathedrale konnten die Soldaten das Denkmal von Minin und Poscharski erkennen. Diese beiden Namen hatte Stalin eben erst in seiner Ansprache beschworen. Der Bürger Minin und der Fürst Poscharski hatten zu Beginn des 17. Jahrhunderts das Land von den eingedrungenen Polen und Litauern befreit, Moskau 1612 zurückerobert.

Daß Moskau verloren gehen könnte, hatte Stalin doch wohl gemeint, als er beschwörend den Bürger und den Fürsten anrief, aber es war auch zurückzuerobern...

Von der Parade zogen die Truppen direkt an die Front. Dorthin war es nicht weit.

Die Deutschen erwarteten am 7. November einen Angriff der Russen zu Ehren der Oktoberrevolution, aber der für diese Feier denkbare Großangriff kam nicht. Auf die Front der vor Moskau stehenden Heeresgruppe Mitte fanden nur kleine Angriffe mit Artilleriefeuer statt. Im ostpreußischen Hauptquartier erfährt Halder von Brauchitsch, der eine Besprechung mit Hitler hatte, daß dieser mit seiner Auffassung über die militärische Lage einverstanden sei. Hitler, so teilte Brauchitsch mit, sieht für die Zukunft drei Gefahrenpunkte: Murmansk, dort könnten die Engländer landen. Die Aktivität der Russen in Zentralrußland. Halder notiert sich: »Was in diesem Jahr nicht möglich, muß im nächsten Jahr erledigt werden. Geländegewinn bis zur Wolga. Expeditionen.« Die Eroberung des Kaukasus-Öls wird bis zum

nächsten Jahr zurückgestellt werden müssen. Über den russischen Raum hinaus hat Hitler zunächst keinen Plan.
Von Churchill erhält Stalin am 7. November ein Telegramm. Es ist keine Gratulation zum Revolutionsfeiertag, davon ist nicht die Rede. Es klingt kühl, denn Stalin hat seit dem 3. Oktober, seit einem Monat, Churchills Telegramme nicht mehr beantwortet. Churchill spricht von den Panzern und Flugzeugen, die er schicken will: »Uns liegt daran, daß sie möglichst wirksam eingesetzt werden.« Churchill ist auch nicht bereit, Finnland, Ungarn und Rumänien den Krieg zu erklären, wie Stalin es forderte. Er teilt Stalin mit, daß er die »Prince of Wales«, das neueste Schlachtschiff Großbritanniens, in den Indischen Ozean schikken will, um »Japan einzuschüchtern. Ich dränge Präsident Roosevelt, seinen Druck auf die Japaner zu verstärken und sie in Schach zu halten, damit der Weg nach Wladiwostok nicht blockiert wird.«
Am 8. November antwortet Stalin. Sein Telegramm ist unfreundlich, kalt, es klingt überheblich, wenn man die Lage bedenkt, in der dieser Mann jetzt ist. Aber Lenins Segen, den er auf die Truppe am Tage vorher herabbeschworen hat, gibt ihm die Kraft, Forderungen zu stellen. Er verlangt, daß endlich ein Vertrag zwischen der Sowjetunion und Großbritannien über gegenseitigen militärischen Beistand gegen Hitler in Europa abgeschlossen werde. Er verlangt, eine Vereinbarung über die Kriegsziele und über die Pläne zur Friedensregelung zwischen beiden Ländern zu treffen.
»Solange es in diesen zwei Hauptfragen keine Abmachungen gibt, wird es in den englisch-sowjetischen Beziehungen nicht nur keine Klarheit geben, sondern es wird, um ganz offen zu sprechen, auch das gegenseitige Vertrauen fehlen.«
Stalin fürchtet, daß Großbritannien ihn schon aufgegeben hat. Er fragt, ob man etwa die Absicht verfolge, eine Unstimmigkeit zwischen der UdSSR und Großbritannien zu demonstrieren.
Zum Schluß kanzelt er Churchill ab: »Seien Sie überzeugt, daß wir alle Maßnahmen ergreifen, damit die aus England in Archangelsk eintreffenden Waffen rechtzeitig an ihren Bestimmungsort gelangen. Das gleiche wird auch in bezug auf den

Iran geschehen. Wenn es auch eine Kleinigkeit ist, so muß doch einmal gesagt werden, daß die Panzer, Geschütze und Flugzeuge in schlechter Verpackung ankommen, einzelne Geschützteile mit verschiedenen Schiffen eintreffen und die Flugzeuge so schlecht verpackt sind, daß wir sie in beschädigtem Zustand erhalten.«

Keine Grüße, keine Herzlichkeit, keine Kameraderie.

Aber auch keine Glückwünsche Churchills zum Revolutionsfeiertag. Stalin ist wütend, aber dann zeigt er, daß er Nerven hat. Schukow erfährt es als erster.

29. KAPITEL

Kriegsrat in Orscha

Am gleichen Tage, da Stalin auf dem Roten Platz zur Revolutionsfeier ausrief, die deutsche Blitzkriegsstrategie sei gescheitert, kam auch Hitler in Ostpreußen zu dieser Einsicht. Am 7. November sagte er zu Brauchitsch: »Was in diesem Jahr nicht möglich ist, muß im nächsten Jahr erledigt werden.« Aber er war mit der Lagebeurteilung einverstanden, die Halder durch Brauchitsch ihm vorlegen konnte. Er überließ dem Generalstab und damit auch der Heeresgruppe Mitte die Freiheit, nochmals auf Moskau anzutreten und das Beste aus der Situation zu machen, in die man durch den Schlamm geraten war.
Am folgenden Tage, dem 8. November, sprach er im Münchner Bürgerbräukeller vor den »alten Kämpfern« seiner nationalsozialistischen Bewegung – es war ihr Revolutionsfeiertag, der unmittelbar dem kommunistischen in Moskau folgte. Dabei legte er, neben dem unbedingten Siegeswillen, den ihm hier keiner absprechen konnte, den Schwerpunkt seiner Ausführungen auf die Weite der Räume im Osten, die von der Infanterie durchquert werden mußten, auf die Marschbewegungen, die den Krieg gegen die Sowjetunion dauern ließen, ihn länger machten als den Krieg im Westen. Wer wollte das nicht einsehen, und wer konnte sich einem Argument widersetzen, das derjenige, der es nun aussprach, vor Beginn des Feldzuges nicht gelten lassen wollte?
Diese Kehrtwendung Hitlers entsprach jedoch seinem Denken. Er hatte, als er im August entschied, nicht nach Moskau zu gehen, sondern die Schlacht in der Ukraine zu schlagen, längst dieses Denken in weiten Räumen sich zu eigen gemacht. Moskau war kein Ziel für ihn; es ist auch möglich, daß er Moskau fürchtete. Er wollte es auch jetzt nicht einnehmen, nur einschließen lassen. Stalins Hauptstadt war ihm unheimlich, weil es auch die Stadt Zar Alexanders I. gewesen war, die er Napo-

leon kampflos überließ, um ihn aus dem brennenden, niedergebrannten Moskau wieder zu vertreiben.
Die Schlacht um Moskau, die in wenigen Tagen erneut wieder aufgenommen werden sollte, wurde keineswegs mehr als letzte Schlacht des Krieges zu dieser Zeit angesehen, als eine letzte Abrechnung mit dem Gegner, der dann das Einrücken in die Winterquartiere folgen konnte. »Wichtiger noch als die Frage, wann dieser Krieg zu Ende geht«, schrieb der Propagandaminister Josef Goebbels am 8. November in der Wochenzeitung *Das Reich,* »ist die Frage, wie er zu Ende geht. Gewinnen wir ihn, dann ist alles gewonnen. Verlören wir ihn, so wäre auch ebenso alles das und noch mehr verloren. Die Achsenmächte kämpfen tatsächlich um ihr elementares Dasein, und die Sorge und Bedrängnis, die uns alle im Krieg auferlegt werden müssen, würden verblassen vor dem Inferno, das uns erwartet, wenn wir verlören.« Aber Goebbels sprach in seinem Leitartikel auch von der »letzten harten Probe«, die dem »letzten Triumph« vorausgehen werde.
Sibyllinisch war dies wohl; die letzte Probe konnte bald einsetzen, der letzte Triumph wäre dann Moskau gewesen, wie die Soldaten vor Moskau glaubten.
Es ist seltsam, daß zur gleichen Zeit, am 7./8. November 1941, die Führer der beiden großen Militärmächte, Stalin und Hitler, und dieser durch seinen Propagandaminister, vor der Welt, die ihnen zuhörte, aussprachen, was jeder von ihnen am Ende auch erzielte: Stalin, der Befreier seiner von den Deutschen besetzten Landesteile und anderer Völker Europas; Hitler, der bis zu seinem Tode in Berlin immer nur von der letzten harten Probe vor dem letzten Triumph sprach, wobei soviele »letzten Proben« auf sein Heer zukamen, aber niemals der »letzte Triumph«.
Von solchen Prophetien war der deutsche Generalstab ebenso weit entfernt wie der sowjetische Generalstab. In beiden waren Rechner, für die nur der militärische Erfolg (oder Mißerfolg) zählte.
Für Halder und das OKH kam es jetzt darauf an, den Entschluß zum Angriff, so nahe vor dem Ziel, nicht mehr zweifelnd zu

überdenken, sondern ihn zu fassen. Sowohl Halder wie auch dem Oberkommando der Heeresgruppe Mitte war es klar, daß sie nicht in der Linie stehen bleiben konnten, in der sie nach den Kesselschlachten von Wjasma und Brjansk im Schlamm stecken geblieben waren. Sie konnten nicht Moskau vor sich dem Feinde weiter überlassen, der sich, im Zentralpunkt seines Eisenbahn- und Straßennetzes, unaufhörlich verstärkte. Winterstellungen gab es nicht. Erst die Einnahme Moskaus würde ihnen diese Winterstellung gestatten. Einen freiwilligen Rückzug nur wegen des Winters in die Ausgangsstellungen der Operation »Taifun« konnten sie nicht ins Auge fassen; er hätte ihnen die erste Niederlage in Rußland eingebracht. Die militärische Kraft und die militärische Führung der Deutschen hätten vor aller Welt versagt. Damit wäre auch nichts besser geworden, denn dabei wären sie weiterhin auf die langen Verbindungen angewiesen, die sie zur Heimat hatten, ohne in den Vorteil größerer Nähe zu ihren »Quellen« zu gelangen. »Die Entfernung eines Heeres von der Quelle«, hatte Clausewitz geschrieben, »aus der die unaufhörlich sich schwächende Streitkraft ebenso unaufhörlich erzeugt werden muß, nimmt mit dem Vorrücken zu. Eine erobernde Armee gleicht hierin dem Licht einer Lampe. Je weiter sich das nährende Öl heruntersenkt, um so kleiner wird die Flamme.« Bock hätte seine 70 Kilometer vor Moskau stehenden Truppen auf der schrecklichen Autobahn wieder bis vor Smolensk zurücknehmen müssen, wo diese schon Anfang August gestanden hatten. Näher wäre er seinen »Quellen« nicht gerückt, das bewiesen die vergangenen Monate.

Und auch die andere Seite, Schukow und Stalins Generalstabschef Schaposchnikow, sie erwarteten von den Deutschen nichts anderes, als daß sie kämen. Darauf bereiteten sie sich vor. Und die Generale waren nicht sicher, ob ihre Truppen halten würden. Da sie nicht wissen konnten, daß die Deutschen über keine Reserven mehr verfügten, die sie rasch oder auch nur schleppend aus dem Hinterland heranführen konnten, falls der neue Stoß auf Moskau in Schwierigkeiten geriete, konnten sie nur darauf hoffen, sich vor oder in und notfalls auch hinter Moskau zu schlagen, stets mit der Chance, neue Truppen herange-

führt zu bekommen, die das riesige Land ihnen zur Verfügung stellen würde.
Halder also gegen Schaposchnikow, Bock gegen Schukow – die Wochenzeitung *Das Reich* ehrte am 16. November den gegnerischen Generalstabschef dergestalt, daß sie Schaposchnikows Bild auf der ersten Seite brachte, dazu einen Kommentar, der die Herkunft des Generalstabschefs aus einer alten, im Uralgebiet ansässigen Adelsfamilie hervorhob, die Aufnahme in eine Moskauer Militärschule, die damals der deutschen Kadettenanstalt vergleichbar war, Truppendienst in einem Petersburger Garderegiment, mit Versetzung während des Ersten Weltkriegs in den Generalstab, in dem er als 36jähriger der jüngste Oberst der Zarenarmee war. Schaposchnikow war auch im Generalstab geblieben, als die Rote Armee von Trotzki geschaffen wurde; nun war er Stalins nächster Mitarbeiter.
Es lag ein zureichender Grund für Halder vor, in aller Nüchternheit die Chefs der Heeresgruppen und Armeen in einem Schreiben vom 7. November zu orientieren: »Der in Kürze zu erwartende Kälteeinbruch wird voraussichtlich vorübergehend noch einmal ein rasches Vorwärtskommen der Operationen im Osten für begrenzte Zeit ermöglichen. Die in diesem Jahr noch mögliche Zielsetzung muß günstige Vorbedingungen für die Kampfführung im Winter und im Jahre 1942 schaffen.« Diese schriftliche Orientierung nannte auch das Risiko, das in Kauf genommen werden mußte, um dem »jetzt geschwächten und in Unordnung geratenen Feind trotz der Beanspruchung der eigenen Truppe eine Lagengestaltung abzuzwingen, die im nächsten Jahre gegenüber einem geordneten und verstärkten Feind nur mit erheblich größeren Opfern zu erzwingen wäre und die bestimmend sein kann für den weiteren Kriegsverlauf.«
Damit wurde ganz deutlich gesagt: Es wird schwer, im nächsten Jahr mitzuhalten. Die Kräfte des Gegners können immer weiter anwachsen, die eigenen Reserven halten damit nicht Schritt. Für den 13. November wurde eine Chefbesprechung von Halder nach Orscha einberufen, an der die Chefs der 3 Heeresgruppen, die Chefs der 18., 16., 9., 4. Armee sowie der 2. Panzerarmee,

der 6. und 17. Armee (die Generalstabschefs fast aller Heeresgruppen und Armeen des Ostheeres) teilnehmen sollten.
Zu diesem Kriegsrat des Generalstabes in der verbrannten Stadt am Dnjepr fuhr Generaloberst Halder im Sonderzug am 11. November abends 20.00 Uhr ab Bahnhof Angerburg. In seiner Begleitung waren die Generale Wagner, Buhle, die Obersten v. Grolman, v. Ziehlberg, Gehlen und eine Reihe jüngerer Offiziere. (Zwei Generale sollten Opfer des Attentats vom 20. Juli 1944 werden, der Generalquartiermeister General Wagner als Opfer Hitlers, der Leiter der Organisationsabteilung des OHK, General Buhle, als Opfer Stauffenbergs in der ostpreußischen Baracke. Wagner erschoß sich, Buhle wurde schwer verletzt).
Vor der Abfahrt hatte Halder kurz dem erkrankten Oberbefehlshaber des Heeres einen Besuch abgestattet. Am 10. November war Brauchitsch zusammengebrochen. Eine schwere Herzattacke warf ihn aufs Krankenlager. Sein Herzleiden wurde als lebensgefährlich und kaum mehr zu beheben erkannt.
An diesem Tage hatte das Ostheer seit dem 22. Juni, ohne Kranke, 686 108 Mann verloren, das waren 20,17 Prozent des 3,4 Millionen-Heeres, das einmal angetreten war. Jeder fünfte Soldat war ausgefallen.
Halder wußte zu diesem Zeitpunkt, daß die besondere Winterausstattung bei der Heeresgruppe Süd nicht vor Januar, bei manchen Teilen der Heeresgruppe Mitte erst Ende Januar eintreffen konnte.
Die Abendlage, die im Zug abgehalten wurde, ergab ein hoffnungsvolles Bild. Am rechten Flügel Guderians war die Entwicklung erfreulich, am Nordflügel der 2. Armee war Bewegungsfreiheit eingetreten.
Und der »offenbar leichte Frost«, der gemeldet wurde, gab Halder in seinem Optimismus recht, mit dem er nun die lange Bahnreise zu seinen Generalstabsoffizieren angetreten hatte.
Sie wurde am 12. November in Minsk unterbrochen. Der Kommandeur der Sicherungsdivision, der Bezirkspräsident der Reichsbahn und der Polizeiführer des Bezirks meldeten sich auf dem Bahnsteig. Über die Rundfahrt durch Minsk notiert Halder nur: »... das völlig zerschossen ist, immerhin aber noch die

Hälfte der Einwohner (über 100 000) beherbergt. Bilder des Gefangenenelends.«
Über das Gefangenenelend gibt es noch eine Notiz von der Rückfahrt. Am 14. November führt Halder während eines Aufenthaltes in Molodetschno ein längeres Gespräch mit dem Regimentskommandeur einer Sicherungsdivision und einem Bataillonskommandeur, aus dem hervorging, daß in diesem Ort ein Gefangenenlager bestand, das als Fleckfieber-Russen-Lager bezeichnet wird. 20 000 fleckfieberkranke Russen seien »zum Aussterben verurteilt«. Auch mehrere deutsche Ärzte seien in dem Lager tödlich erkrankt. Es war nicht gelungen, rechtzeitig Heilmittel gegen das Fleckfieber bereitzustellen, das auch den deutschen Truppen an der Ostfront fehlte. Halder erfuhr, daß es in den anderen Gefangenenlagern zwar kein Fleckfieber gäbe, »aber täglich Abgang von zahlreichen Gefangenen durch Hungertod.«
Ähnliches wird ihm auch in Kowno gemeldet. Der Oberfeldkommandant der Stadt berichtet von der schwierigen Lage der Gefangenen. Die Kriegsgefangenen sollten, nach dem Willen des OKH, von Anfang an nach Deutschland abtransportiert werden. Nach Beginn des Feldzuges hatte aber Hitler diese Überführung verboten. Die Verantwortung für die Kriegsgefangenen ging daraufhin, da das OKH unter diesen Umständen sie ablehnte, an das OKW über, das die Unterbringung in den östlichen Reichskommissariaten veranlaßte. Erst als diese Unterbringung völlig unerträglich geworden war, veranlaßte Hitler, daß sein Befehl wieder rückgängig gemacht wurde; er brauchte nun die russischen Kriegsgefangenen zur Arbeit in Deutschland.
Die Behandlung der russischen Kriegsgefangenen weit hinter der Front der Truppen, die diese Soldaten doch gefangen genommen hatten, bleibt, gleichgültig, wer dafür die Verantwortung trug, eine Schande, die auch der Vergleich mit anderen Ländern und Kriegen nicht löschen kann. Fleckfieber würde auch bei der deutschen Truppe bald ausbrechen, die einen »stark strapazierten Eindruck« machte, wie Halder am gleichen Tag notierte: Auf einem Bahnhof stand sein Sonderzug einige

Zeit neben einem Transport der 1. Kavallerie-Division, die nach Deutschland gefahren wurde, um dort zur Panzer-Division umgerüstet zu werden. Das war in diesem Kriege in Rußland bisher das einzige Mal, daß Halder Frontsoldaten sah, die aus der Schlacht kamen.

Inzwischen hatte die Heeresgruppe Mitte die Befehle für das Antreten zur »Herbstoffensive 1941« gegeben, wobei die Wahl des Wortes »Herbst« für diese Offensive schon längst überholt war. Es war nun tatsächlich schon Winter vor Moskau.

Feldmarschall von Bock gab als nächstes Ziel seiner Heeresgruppe den Lauf der Moskwa und des Wolgakanals an. Bock meinte, es sei besser, dieses Zwischenziel anzustreben, als in den Schneewinter zu geraten und liegen zu bleiben.

Die 4. Armee, die in der Mitte stand, sollte frontal angreifen. Die Panzergruppen 4 und 3 wurden eng zusammengehalten, um an den Wolgakanal vorzustoßen und von Norden auf Moskau einzudrehen. Die 2. Panzerarmee hatte als Ziel Kolomna und mußte unter Abdeckung gegen Tula dafür sorgen, daß ihre offene Ostflanke von ihr selbst gesichert wurde. Die 2. und die 9. Armee sollten die tiefen Flanken der Heeresgruppe schützen.

Das war Bocks Befehl. Halder wollte seine Ziele weiterstecken. In Orscha gab er der 2. Panzerarmee als Ziel die Stadt Gorki an der Wolga, die 600 Kilometer von Guderians Basis in Orel entfernt war. Guderians Chef des Stabes, Freiherr v. Liebenstein, meldete in Orscha sofort, daß die Panzerarmee unter den gegebenen Umständen nur bis Wenew kommen könne. Er meinte: »Wir sind ja nicht mehr im Mai und in Frankreich.«

Für die Wiederaufnahme der Offensive vor Moskau, die ab 15. November staffelweise, also je nach der Versorgungslage bei den Armeen, beginnen sollte, standen dem Oberkommando der Heeresgruppe Mitte 21 Generalkommandos, 51 Infanteriedivisionen (einschließlich der Sicherungs- und Besatzungsdivisionen), 14 Panzer-Divisionen und 8 Infanterie-Divisionen (mot) zur Verfügung.

Hinter der 900 Kilometer langen Front stand eine einzige Division als Reserve. Bock machte seine Armeen darauf aufmerksam, daß sie mit der Zuführung irgendwelcher Reserven auf lange Zeit hinaus nicht mehr rechnen könnten. »Dieser Tatsache muß bei allen Beurteilungen Rechnung getragen werden«, teilte er am 16. November mit.

Am 15. November tritt die 9. Armee an. »Ihr Angriff hat den überraschten Feind anscheinend weit zurückgeworfen«, notiert Halder in Ostpreußen. »Meldung ›Gegner weicht aus‹. Das ist in diesem Feldzug etwas Neues.«

Es handelte sich hierbei um einen Schlag gegen die rechte russische Armee der Kalinin-Front, die südlich vom Moskauer Meer, dem Wolga-Staubecken, schwache Verteidigungsstellungen besetzt hielt. Schukow schreibt: »Die Stellungen der 30. Armee waren rasch durchbrochen. Dabei setzte der Gegner mehr als 300 Panzer ein, denen wir nur 56 leichte und schlecht bewaffnete Panzer entgegenstellen konnten.«

Stalin enthebt sofort den Armeeführer Generalmajor Chomenko seines Postens und ersetzt ihn durch Generalmajor Leljuschenko. Am 17. November unterstellt er die 30. Armee der Westfront Schukows.

Dort ist die Lage so kritisch geworden, daß, nach dem taktischen Durchbruch der Deutschen, Schukow diesen Anruf von Stalin erhält: »Sind Sie davon überzeugt, daß wir Moskau halten können? Es fällt mir nicht leicht, diese Frage auszusprechen. Antworten Sie mir aufrichtig, als Kommunist.«

Schukow erwidert: »Wir werden Moskau unter allen Umständen halten. Doch dazu brauchen wir mindestens noch zwei Armeen und 200 Panzer.«

Darauf Stalin: »Es ist gut, daß Sie so überzeugt sind. Rufen Sie den Generalstab an und verständigen Sie sich mit ihm über die zwei Reservearmeen, die Sie haben möchten. Sie werden Ende November marschbereit sein. Panzer haben wir vorläufig keine.«

Zwei Wochen hätten die Deutschen tatsächlich Zeit, ihr Ziel zu erreichen, ohne daß Schukow sie daran ernsthaft hindern könnte. Er selbst gab ja, obwohl er an seine gute Sache glaubte, Moskau auf, denn die beiden Reservearmeen, von denen eine bei Jachroma im Nordwesten Moskaus und die andere bei Rjasan, gegen Guderians Truppen, bereit gestellt werden sollte, würden erst Anfang Dezember verfügbar sein. Und 200 neue Panzer hatte auch Stalin in seinen Reserven nicht mehr.

Sieht man dies alles aus der Vogelschau, über den Fronten, die in der Kälte aushielten, zerschlagen wurden oder sich sammelten, so war Halders Entschluß, den Bock teilte, noch einmal anzugreifen, nicht aussichtslos.

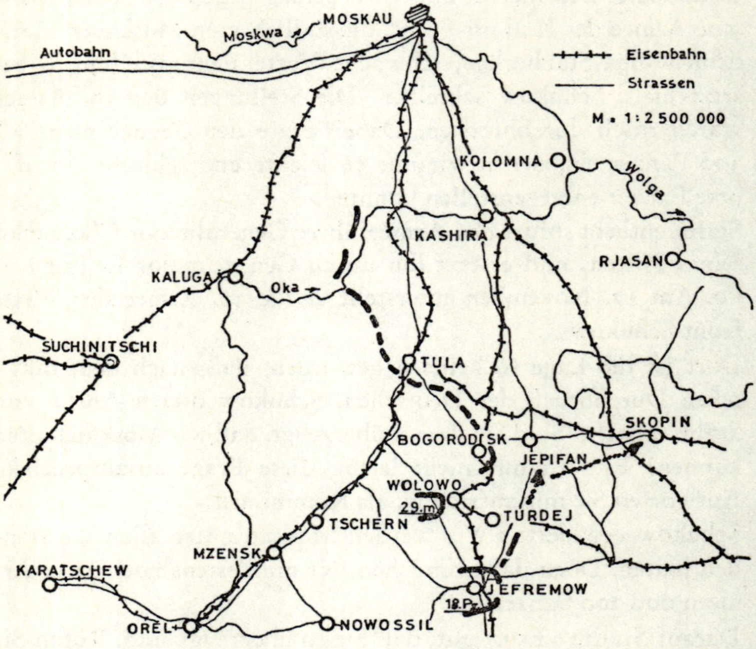

Abb. 13: Kampf um Moskau. Stand am 14. 11. 1941, Südgruppe (Guderian)

Es lag, da man heute alles weiß, was sie nicht wissen konnten, aber vielleicht ahnten, durchaus in der Hand der Deutschen, Moskau noch zu erreichen.

Und auch dann, wenn die beiden Reservearmeen des sowjetischen Generalstabes in die Schlacht geworfen wurden, konnte es für diese schon zu spät sein. Der weitere Verlauf der Geschichte wird zeigen, daß es tatsächlich die letzten Bataillone waren, die diese Offensive vor Moskau entschieden.

Aber zu diesen letzten Bataillonen kam noch ein Verbündeter, der nicht auf deutscher Seite mitkämpfte. Es war der eiskalte Winter, den die Deutschen auch jetzt noch nicht erwartet hatten.

Die letzten Bataillone hatten, auf beiden Seiten, nur noch Kompaniestärke. Und die letzten Panzer, die noch fahren konnten, waren auf beiden Seiten nur wenige.

Da konnte nur das Kriegsglück dieser oder jener Seite zu Hilfe kommen. Aber zum ersten Male in diesem neuen Weltkrieg sollte das Kriegsglück die Deutschen verlassen.

Der »Sinn« der Geschichte stand, wie während der Marneschlacht im September 1914 vor Paris, nicht für einen deutschen Erfolg.

30. KAPITEL

Vor Jefremow

In den Winterfeldzug, der für sie den Vorstoß in den Raum südostwärts von Moskau bringen soll, geht die 18. Panzer-Division, eine der vierzehn deutschen Panzer-Divisionen der Heeresgruppe Mitte, mit einer Gefechtsstärke von 328 Offizieren, 58 Beamten, 1987 Unteroffizieren und 10 205 Mannschaften.
Die Panzer mußte sie an die Brigade Eberbach abgeben, die vor Tula lag; in dieser Brigade versammelte Guderian alle Panzer seiner drei Panzer-Divisionen. Es waren noch 50, eigentlich hätten es 600 sein müssen.
Die 18. Panzer-Division konnte nur ein Schützen-Regiment motorisiert nach vorn bringen, das andere Regiment, das aus einem aktiven Bataillon und dem Feldersatzbataillon bestand, marschierte zu Fuß.
Sie hatte 21 leichte Feldhaubitzen und 9 schwere. Zugeteilt waren ihr 16 schwere Feldhaubitzen und neun 10-cm-Kanonen. Feuern konnte die Division außerdem mit 260 leichten und schweren Maschinengewehren.
Am 12. November erhält sie vom 47. Panzerkorps diesen Marschbefehl: »18. Pz. Div. nimmt 13.11. mit Masse frühzeitig von Orel antretend zur Ausnutzung des bei 53.A.K. (Teploje) erzielten Erfolges Jefremow (140 km NO Orel). 53.A.K. gruppiert um zum Angriff auf Bogorodizk. Mit Panzerbrigade Eberbach, von Teploje nach Südosten Richtung Jefremow zur Verfolgung geschlagenen Feindes angesetzt, ist Verbindung aufzunehmen. Spätere Unterstellung möglich. Aufklärung nach Süden auf *Jelez*, Osten auf *Dankow*, Norden nach *Jepifan.*« Bei eisigem Wind, unter Schneeschauern, beginnt die Masse der Division pünktlich ihren Marsch. Dabei fallen viele Fahrzeuge aus. Damit hatte man nicht gerechnet. Man glaubte, auf den hartgefrorenen Straßen werde die Schnelle Truppe wieder operieren können. Die Straßen waren aber so zerfahren, daß ihnen

das spröde Fahrzeugmaterial nicht gewachsen war. »Zu großer Wassergehalt des Betriebsstoffes, daher eingefrorene Leitungen und Pumpen, Bruchschäden am Fahrwerk. Große Störungen im Funkverkehr durch die Kälte. Der plötzliche Kälteeinbruch macht den Fahrzeugen, die in der Mehrheit noch keine Frostschutzmittel haben, schwer zu schaffen. Batterie- und Kühlerschäden müssen behelfsmäßig behoben werden« (Kriegstagebuch der Division).

Die vorausfahrende Panzer-Aufklärungsabteilung erreicht den Straßenknotenpunkt Nikolskoje. Gefangene sagen aus, vor wenigen Tagen sei die 137. Schützendivision in Jefremow mit Ersatz aufgefüllt worden. Diese russische Division ist der 18. Panzer-Division von den Kämpfen am Ssudost im September bekannt. Sie entkam mit schwachen Teilen aus dem Kessel von Brjansk und steht nun wieder vor der 18. Panzer-Division. Der Gegner gruppiert gegen die tiefe offene Flanke der Panzerarmee um.

Am Morgen des 14. November gibt die Division als Tagesziel Jefremow. Da die Panzer-Aufklärungsabteilung keinen Treibstoff mehr hat, erhält das Schützenregiment 52 Befehl, »über die Aufklärungsabteilung hinweg rollend Jefremow zu nehmen«.

Das Regiment meldet morgens Abmarschverzögerung wegen Schwierigkeiten mit den Fahrzeugen. Nun soll die Panzer-Aufklärungsabteilung ihren Treibstoff so zusammenlegen, daß wenigstens eine Kompanie beweglich gemacht werden kann, um die Stadt Jefremow zu nehmen.

Das Kriegstagebuch verzeichnet: »14. 11. 41, 8.00 Uhr. Um ganz klar dem Generalkommando einen Bericht über die Kfz- und Versorgungslage in diesen Winterverhältnissen zu geben, schildert der Divisionskommandeur dem Chef des Stabes des 47. Panzerkorps *ohne Umschweife* die Lage der Division als Voraussetzung für die Einschätzung ihrer Kampfkraft. Er weist darauf hin, daß die Div. ohne Flak und Panzer wehrlos gegen feindliche Panzer und Flieger ist. Der Verbrauch an Betriebsstoff ist außerordentlich hoch, da bei der Kälte die Motoren weiterlaufen müssen, auch wenn die Fahrzeuge stehen, weil man fürchtet, sie nicht wieder in Gang zu bringen.« Nach Osten marschiert jetzt, teils motorisiert, teils zu Fuß, die Panzeraufklärungsabteilung. Gefangene sagen aus, daß in Jefremow drei bis vier Regimenter in ausgebauten Feldstellungen stehen.

Der Kommandeur des Schützenregiments 52, Oberst Jollasse, bildet aus einer Schützenkompanie und einer Pionierkompanie eine Kampfgruppe, mit der er mittags nach Jefremow aufbricht. Es ist kalt, windig. Schneeschauer peitschen den Männern von Osten in die Gesichter.

Es ist schon dunkel, als die vorderen Teile der Kampfgruppe, die Pioniere, den Abschnitt des Flusses Krassnoij Metsch 10 km westlich Jefremows erreichen. Dort befindet sich eine Brücke, die sie nehmen sollen. Sie ist gesprengt.

Bis Mitternacht versucht General Nehring, die Panzer der Brigade Eberbach, die von Norden auf der Straße vorstoßen – sie verläuft schon jenseits des Krassnoij Metsch –, vorwärts zu bringen, um seinen Schützen den Weg in die Stadt Jefremow zu öffnen.

Das Panzerkorps lehnt ab. Es nimmt den Widerstand vor Jefremow nicht ernst. Die Führung blickt nach Nordosten, bis zur Oka bei Rjasan soll sie in einem Panzerraid schnell vordringen. Tagsüber hat es wegen fehlenden Treibstoffes, Kälte, Schnee und stark zerfahrener Wege Fahrzeugausfälle gegeben. Von 10 Pak einer Panzerjägerkompanie sind 6 ausgefallen. Von den drei Geschützen, die den Pionieren in der Kampfgruppe Jollasse mitgegeben worden waren, trifft keines an dem Flußabschnitt ein.

Am Morgen des 15. November findet Oberst Jollasse keine Übergangsstelle. Das brüchige Eis kann nicht einen einzigen Schützen tragen. Der Feind nimmt vom Ostufer aus jede Bewegung unter Feuer.

Luftaufklärung meldet Truppenansammlungen bei Jefremow, viel Flak, Züge unter Dampf. Nur ein planmäßiger Angriff kann Erfolg bringen. Jetzt erhält die Division ihre Panzer zurück, die jenseits des Flusses, aber weiter nordostwärts, stehen geblieben sind, da gesprengte Brücken und vereiste Schluchten sie aufhalten. Die Glätte macht große Schwierigkeiten. Kettenstollen waren noch nicht eingetroffen. Wegen der Kälte beschlagen die Optiken. Die Salbe, die das verhindern sollte, fehlt ebenfalls. Das Anlaufen der Panzermotoren muß durch Anzünden von Feuern unter den Wannen erleichtert werden. Der Betriebsstoff friert ein, eigentlich erfror er. Das Öl wurde dick. Es fehlte Glysantin.

Die Division, die langsam aufschließt, wird nun zum Angriff umgruppiert.

Am 16. November wird ihr das verstärkte motorisierte Infanterieregiment 41 unterstellt. Der Angriff soll erst stattfinden, wenn die Division stark genug ist. Das Korpskommando meint außerdem, der Gegner decke hier vor Jefremow nur seinen Abtransport über Jelez.

Die Division teilt diesen optimistischen Eindruck vom Feind nicht. Sie glaubt, er werde den Metsch-Abschnitt und Jefremow verteidigen.

General Nehring erfährt, daß die 2. Panzerarmee am 18. November nochmals geschlossen zum Angriff antreten will, um Raum nach Nordosten zu gewinnen und die Oka-Übergänge von Kolomna und Rjasan zu nehmen. Dafür hat sie drei Korps zur Verfügung mit 150 Panzern.

Nehring soll durch den Vorstoß auf Jefremow die rechte Flanke der Panzerarmee decken, die an Tula vorbei an die Oka vorgehen will. Generaloberst Guderian kann nicht wissen, daß sein Vorstoß in eine Lücke in der gegnerischen Aufstellung führen muß, die zwischen der russischen 50. Armee der Westfront (gegen sie hatte die 18. Panzer-Division im Nordkessel von Brjansk gekämpft, dort waren General Petrow und Major Schabalin am 20. Oktober gefallen) und der Südwestfront entstanden war. Das 47. Panzerkorps fuhr in einen Raum, in dem sich kein Feind befand. Es war daher zwingend notwendig, so schnell wie möglich mit dem Feind bei Jefremow fertig zu werden, um die 18. Panzer-Division zum Erweitern der operativen Lücke heranzuführen.

Die Dunkelheit kommt früh am 16. November, es ist eisig kalt und windig. Die Hütten, in denen die Schützen Unterkunft vor

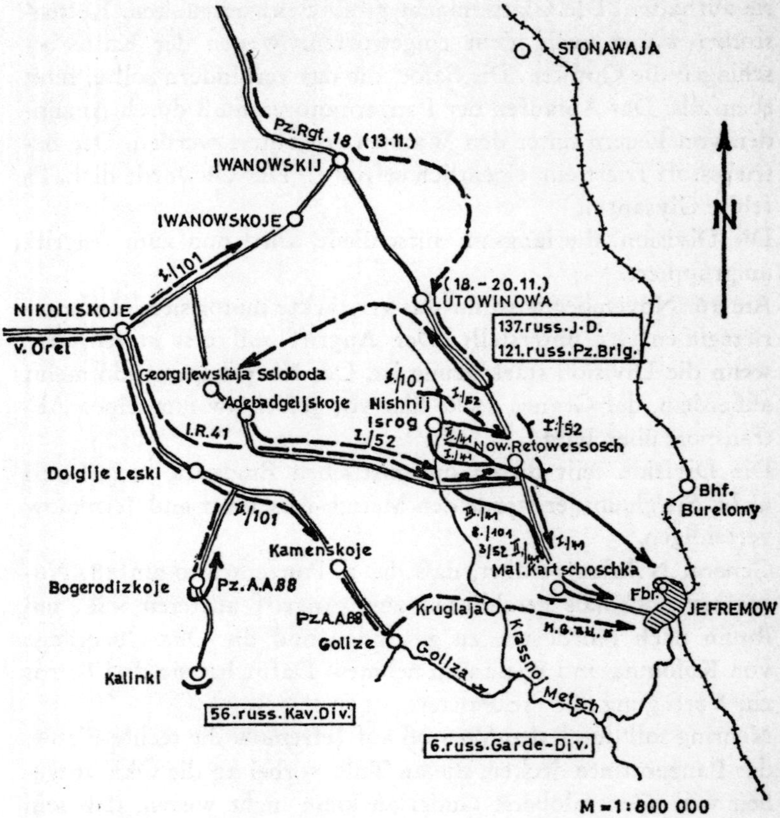

Abb. 14: Eroberung von Jefremow (18. bis 20. 11. 1941)

dem Angriff suchen, sind erbärmlich. Es sind die schlechtesten Unterkünfte, die sie bisher in Rußland vorfanden. Die Panzer der Division, die auf der anderen Seite des Flusses stehen blieben, müssen sich nach Norden zurückziehen, da sie von russischen Fliegern bombardiert werden. Nach Jefremow können sie nicht vorstoßen, da sie vor gesprengten Brücken stehen. General Nehring holt seine letzten Panzer, in einem großen Bogen nach Norden hinter seine eigenen Linien zurück.

Da ein Spähtrupp über den Fluß bei dem Dorf Isrog eine Übergangsmöglichkeit findet, erhält Oberst Jollasse den Auftrag, noch heute einen Brückenkopf zu bilden.
Von Orel ist soeben die 2. Kompanie des Schützenregiments 52 eingetroffen. Sie ist nicht vollzählig. Denn ein Zug der Kompanie muß im Fußmarsch von Orel aufbrechen, da es an Fahrzeugen fehlt. Leutnant Koch meldet sich bei Jollasse mit zwei Zügen seiner Kompanie.
Er erhält den Befehl, über den Fluß zu gehen und einen Brükkenkopf zu bilden.
»Es lag dicker Schnee«, schreibt er später, »und wir zogen Spuren über das Land, Spuren, in denen uns Wölfe folgten. Vor uns lief ein Gegner, dem wir alles zutrauten, was ein Mensch seinem Feinde zutrauen muß. Auch, daß er uns einmal einfangen könnte, trauten wir ihm zu.
Am Nachmittag kamen wir in ein Dorf, das in der Nähe des Flusses liegen sollte. Wir waren müde, verbraucht, wie täglich in jenen Zeiten. In der Nacht sollte das Regiment über den Fluß gehen und einen Brückenkopf bilden. Dann wollten Pioniere eine Brücke bauen, Panzer würden sie benutzen, der Vormarsch duldete keine Verzögerung auf den Generalstabskarten. Ich lief einige Schritte vor den anderen, die mit mir gehen mußten in jener Nacht und die bisher verschont geblieben waren. Ich lief nicht zu schnell und nicht zu langsam; es eilte nicht besonders, wir hatten eine lange Novembernacht Zeit, uns drüben vor dem Gegner festzusetzen.
Es war recht kalt. Die Feldküche hatte uns gut versorgt, wir waren satt und dachten, recht schnell mit der Sache fertig zu werden.
Dann sahen wir den Fluß. Hier war ein Dorf, drüben war ein Dorf, eine schmale Holzbrücke tauchte aus der Dunkelheit auf, rasch liefen wir hinüber. Es war sehr dunkel, der Himmel schonte uns.
Erst als wir am anderen Ufer des Krassnoij Metsch waren, begannen die Russen zu schießen, aber es war eigentlich schon zu spät, wir saßen schon fest am anderen Ufer. Die Russen hatten wie wir gefroren und deshalb kaum Posten aufgestellt.

So überraschten wir sie. Einige wurden im Kampf getötet, andere gaben sich gefangen, die meisten hatten sich davongemacht. Am Morgen erst erfuhren wir, wie viele meiner Kompanie gegenüberlagen.
Ich stellte Sicherungen auf, während kleinere Schießereien stattfanden. Dann wollte ich mich in einer Hütte schlafen legen.«
Kurz nach 19.00 Uhr kann das 1. Bataillon des Regiments 52 melden, daß der Brückenkopf gebildet ist. Der Gegner sei überrascht worden. Es wurden fast kampflos 27 Gefangene gemacht – in den Hütten.
Nachts teilt die 2. Kompanie den Ort Isrog, in dem sie sich nun befand, mit dem Feind.
Das Divisionskommando ist erleichtert, da endlich der Flußabschnitt überwunden werden konnte.
Als die Division das dem Korps meldet, entzieht das Korps ihr ein zu Fuß marschierendes Bataillon, das nach Wolowo nun vorgehen soll, weit nördlich des jetzigen Einsatzraumes. Das Korps befiehlt außerdem, daß die Panzeraufklärungsabteilung am 18. November antreten soll, um über Korowinka nach *Jepifan* vorzustoßen.
»Gegen Mittag des 17. November«, schreibt Leutnant Koch, »kam leichter Wind auf, der uns Schüsse auch aus größerer Entfernung hören ließ. Wir mußten nun damit rechnen, daß der Russe den Brückenkopf wieder nehmen wollte. Hinter uns am Fluß bauten Pioniere an der Brücke, über die unsere Panzer fahren sollten. Vor uns lagen einige Häuser, die wir in der dunklen Nacht nicht gesehen hatten. Dort waren die Russen. Ich entschloß mich, auch diese Häuser den Russen wegzunehmen, damit sie dann im Freien säßen. Vielleicht könnte ich sie dann vertreiben, denn es war sehr kalt, und niemand wollte im Freien liegen. Ich nahm einige Männer, ließ unsere Maschinengewehre auf lohnende Ziele richten und kroch im Schnee zu den Häusern hinüber. Die Russen entdeckten uns bald, und sie wollten ihre letzten Hütten in diesem Dorf nicht aufgeben.
So mußte es zu einem Gefecht kommen.
Wir schossen erst die Häuser in Brand. Nur die letzte Hütte –

am Ausgang des Dorfes — wollte nicht brennen. Endlich waren wir auf fünfzehn Meter herangekommen. Einige von uns blieben liegen, aber wir hatten den Sanitätsunteroffizier dabei, der sich um sie kümmerte.«

Irgendeinmal ist für fast jeden damals der Abschluß gekommen, das Ende oder nicht ganz das Ende, doch das Ende des Kampfes, des Winters, der Schmerzen. Leutnant Koch war in einer glücklichen Stimmung, als für ihn das Ende kam, das sich näherte, so, wie er sich der letzten Hütte von Isrog näherte, am Ostufer des Krassnoij Metsch vor Jefremow, an diesem Nebenfluß des Don.

Die glückliche Stimmung ergab sich aus dem Vorteil, den er mit seinen wenigen Leuten dem Gegner abgetrotzt hatte. Der Brükkenkopf war gebildet, er kostete kein Blut, erst jetzt begann Blut auch bei seinen Leuten zu fließen, und er sollte diesen Leuten, mit denen er Monate zusammengewesen war, nicht nachstehen.

Mit ihnen hatte er sich doch in diesem feindseligen, endlosen Land geborgen gefühlt; er konnte für sie sorgen, und sie sorgten für ihn. Die meisten von ihnen waren älter als der 22jährige Leutnant, manche waren verheiratet und hatten Kinder. Hier waren sie alle Kinder des Krieges, wie die Russen in der letzten Hütte von Isrog, in Jefremow, in diesem abschreckenden Winterland.

Später, in den Nächten des Schmerzes, sagte er sich, daß er auch glücklich an diesem 17. November gewesen sei, weil das alles während eines Angriffs geschah. Es konnte an dieser Stelle der Ostfront, nach den Längengraden schon ostwärts von Moskau — der Stadt, in die er doch einziehen wollte, als er mit dem Offizierskoffer der Panzergruppe Guderian über den Bug nachreiste —, keine deutschen Angriffe mehr gegeben haben außer der Erstürmung der Stadt, die der 18. Panzer-Division drei Tage später gelang.

In der Woche vom 10. bis 17. November 1941 wurden im Osten 289 Offiziere verwundet, das war noch erträglich, und Leutnant Koch war nur einer von ihnen. Zusammen mit den 10 260 Unteroffizieren und Mannschaften, die mit den 289 Of-

fizieren in dieser einen Woche verwundet wurden, waren es 10555 Deutsche der fechtenden Fronttruppe, die ausfielen für den letzten Marsch nach Moskau. Und wie viele Russen es waren, das weiß kein Mensch.
Aber Leutnant Koch hatte auch Glück, als es geschehen war: In einem Sonnenblumenfeld, das nicht abgeerntet wurde, kniete er. Das russische Schnellfeuergewehr hatte er beiseite gelegt, um eine Handgranate zu werfen. Er bot ein schmales Ziel, aber doch ein halbaufgerichtetes — er mußte sich knieend aufrichten, um nach seinen Leuten zu sehen, damit sie dasselbe machten wie er, Handgranaten werfen, um dann aufzustehen und die letzten Russen bei dieser letzten Hütte des Dorfes gefangenzunehmen oder zu töten.
Dabei zerschmetterte ein Geschoß, das aus der Hütte abgeschossen wurde, sein Bein, das Geschoß fuhr in den Oberschenkel, zertrümmerte den Knochen, wurde von ihm so abgelenkt, daß es nicht in den Bauch des Leutnants weiterschnellte, es fuhr durch die Tasche seines Mantels wieder heraus.
Der Leutnant fiel nach vorn, staunend, daß ihm endlich doch etwas zugestoßen sei, und in diesem Augenblick wurde gerufen, daß Panzer kämen. Russische Panzer.
Der Sanitätsunteroffizier der Kompanie, Drexel, sah, wie der Leutnant umfiel, wie eine Schießscheibe, die getroffen wird und umklappt. Er kroch in das Sonnenblumenfeld, in dem Koch lag, packte ihn, zog ihn an den Armen kriechend aus dem Feuer.
Die Brücke war fertig, auch das war jetzt ein Glück für Leutnant Koch. Denn nun fuhr ein geländegängiges Fahrzeug der Panzerjäger über den Krassnoij Metsch und holte die Verwundeten ab.
So wurde er über die Brücke gefahren, die er am Abend überquert hatte. Aber er fuhr noch nicht aus dem Krieg. Am anderen Ufer, auf einer Anhöhe, mußte das Fahrzeug anhalten, denn ein russisches Salvengeschütz orgelte von Osten und deckte die Anhöhe mit einem krachenden, schluchzenden, heulenden, fürchterlichen, tödlichen Teppich zu. Neben diesem Teppich (Koch meinte, er sei schon tot) stand der Geländewagen ebenso unberührt von dem Feuerschlag wie der Hauptmann der Reserve

Kröger, der eine erbeutete russische Kanone in Stellung schob, mit der er gegen die Panzer schießen wollte, die dort, wo Koch verwundet worden war, versuchten, den Brückenkopf niederzuwalzen.
Gefechtsbilder, würde man später sagen, die anderen ähneln, nichts Besonderes in dieser Schlacht, die noch lange andauern sollte.
Später wurde Koch in einen Sanitätskraftwagen umgeladen, der ihn, es war schon Nacht, zum Verbandsplatz fuhr.
Vom Operationstisch, auf den man ihn hob, wurde zuvor Oberst Jollasse fortgetragen, der auf Glatteis ausgerutscht war und sich eine Verletzung zugezogen hatte. Der Oberst fragte Koch, was er denn hier mache, er habe doch gestern nacht den Brükkenkopf erobert. Aber der Leutnant erwiderte, daß er den Brükkenkopf etwas größer gemacht habe, dabei sei es dann passiert. Der Oberst bedankte sich bei dem Leutnant, mit dem er doch einmal nach Moskau wollte. Der Leutnant, in der Sekunde, bevor er betäubt, die Äther-Maske auf sein Gesicht gepreßt wurde, erwiderte nur: »Ach, Herr Oberst, es wird schon alles gut gehen.«
Nach vielen Jahren las Koch, was Guderian an diesem 17. November 1941 an seine Frau geschrieben hatte: »Wir nähern uns unserem Endziel nur schrittweise bei eisiger Kälte und bei schlechtester Unterkunft für die arme Truppe. Die Nachschubschwierigkeiten auf der Eisenbahn wachsen ständig. Sie sind die Hauptursache unserer Not, denn ohne Betriebsstoff können die Autos nicht fahren. Wir wären sonst unserem Ziele schon um vieles näher. Dennoch erringt die brave Truppe einen Vorteil nach dem anderen und kämpft sich in bewundernswerter Geduld durch alle Widrigkeiten hindurch. Man muß immer wieder dankbar sein, daß unsere Männer so gute Soldaten sind.«
Im fernen Ostpreußen wurde ins Kriegstagebuch des OKW am Abend dieses Tages eingetragen: »Heeresgruppe Mitte: 2. Pz. Armee erweiterte mit 47. Pz. Korps Brückenkopf bei Isrog über den Metsch-Abschnitt; Feindbesetzung auf dem Ostufer unverändert.«

31. KAPITEL

Ist das der Sieg?

Am 19. November sah es aus, als sei den deutschen Panzerkeilen auf beiden Flügeln der Heeresgruppe Mitte der Durchbruch gelungen. Die Panzergruppe 3 auf dem linken Flügel hatte am 18. November südlich des Wolgastaubeckens, das die Russen »Moskauer Meer« nannten, eine schwache Stelle beim Gegner gefunden und war auf Soletschnogorsk und Klin vorgestoßen. Die Verluste des Gegners waren hoch. Er hatte ihnen nichts mehr entgegenzustellen. Die Straße nach Moskau lag offen vor den 300 Panzern, über die General Reinhardt verfügte.

Hätte Feldmarschall von Bock sofort dorthin den Schwerpunkt verlegt (oder ihn früher dort gesehen), so wäre das jetzt eingetreten, was Schukow später so beschrieb: »Die Gefechte am 16., 17. und 18. November waren für uns besonders schwer. Ohne Rücksicht auf seine Verluste drang der Feind vorwärts in dem Bestreben, um jeden Preis mit seinen Panzerkeilen bis Moskau durchzubrechen.«

Schukows Truppen wehrten sich zäh, bis zur Selbstaufopferung. Sie durften nicht ausweichen. Denn hinter ihnen lag Moskau.

Als General Rokossowskij seine angeschlagene 16. Armee an das Istra-Staubecken und an die Istra zurücknehmen wollte, befahl Schukow: »Den Truppen der Front befehle *ich!* Ich verwerfe den Befehl zum Ausweichen der Truppen an das Istra-Staubecken. Ich befehle, sich an dem jetzigen Abschnitt zu verteidigen und keinen Schritt zurückzugehen!«

Sein Gefechtsstand war in Derschustkowo durch das Zurückweichen gefährdet.

In der 16. Armee kämpfte die 1. Gardepanzerbrigade, die als 4. Panzer-Brigade im Oktober Mzensk gegen die 4. Panzer-Division Guderians verteidigt hatte; sie war inzwischen in das Vorgelände Moskaus verlegt und *Garde* geworden. (Aus ihr würde die 1. Gardepanzer-Armee werden, die dreißig Jahre nach diesem Kriege in Dresden stationiert war.)

Über wie wenig Panzertruppen Schukow damals noch verfügte, zeigt die Verlegung der 1. Gardepanzerbrigade vom linken Flügel auf den rechten Flügel der West-Front. Auf dem linken Flügel mußte Tula als »Festung« das leisten, was die Panzerbrigade Oberst Katukows vorher getan hatte. Man kann auch an diesem Beispiel sehen, wie verhängnisvoll für die Deutschen die lange Wartezeit im Schlamm des Oktobers war. Schukow konnte seine Elitetruppe abziehen, ohne daß Guderian daraus einen Vorteil gewann.

Dort aber, im »Operationsabschnitt Moskau—Tula«, wie Schukow seine Front vor Guderian nannte, ging am 18. November die 2. Panzerarmee erneut vor. Für Schukow entwickelte sich eine »außerordentlich gefährliche Situation«. Die Gardepanzerdivision, die vor Moskau kämpfte, fehlte ihm jetzt, um Guderian aufzuhalten. Die Panzerarmee hatte noch 150 Panzer, davon fuhren 110 beim 24. Panzerkorps, das — mit der 3., 4. und 17. Panzerdivision — an Tula vorbei nach Nordosten durchbrach. Damit war die Stavka gezwungen, die soeben dort eingetroffene 239. sibirische Schützendivision der schwachen 50. Armee zu unterstellen.

Gegen die Sibirier greift nun das Schützen-Regiment 12 der 4. Panzer-Division an. Nachdem 24 Sturzkampfflugzeuge das Dorf Kubyschewo zerstört haben, dringen die Schützen unter Führung des Brigadekommandeurs Smilo von Lüttwitz in die Stellungen ein. »Kein Haus ist heil geblieben, es brennt und schwelt an allen Ecken und Enden, die Sibirier aber sind nicht weich geworden, sie haben sich zwischen den Häusern eingegraben und wehren sich erbittert«, heißt es in der Regimentsgeschichte. »Nur 100 Gefangene bringen wir ein, man merkt ihnen den überstandenen Stuka-Angriff nicht an. Die Burschen haben Nerven wie Stricke.«

Das Regiment verliert an diesem Tag 118 Mann, das ist ein Drittel seiner Gefechtsstärke.

Am 19. November erreicht das Regiment, hinter der Panzerwelle vorgehend, die Bahnlinie von Tula nach Osten zur Wolga und tritt am 20. November auf Dedilowo an.

»Aus Osten weht ein eisiger Wind. Durch den Wirbel des wehenden Pulverschnees sieht man höchstens 30 Meter weit. Das verschleiert unsere Bewegungen. Die winzigen Eiskristalle schmerzen im Gesicht. Die Hände sind klamm. Die Füße stekken wie Eisklumpen in den harten Lederstiefeln. Unsere gepanzerte Kompanie fährt im Nebel und Schneetreiben vor und dringt kampflos in Dedilowo ein.«

Am nächsten Tag wird von ihnen die kleine Stadt Uslowaja genommen.

Jepifan eroberte das 47. Panzerkorps.

Schukow mußte jetzt den Kampfraum Kaschira verstärken, denn die Lage bei Tula war für ihn gefährlich geworden. Er fürchtete, Guderian käme nun über Kaschira nach Moskau, das nur 116 Kilometer entfernt lag.

Ohne Widerstand nimmt das Panzerregiment 35 mit der gepanzerten Kompanie vom Regiment 12 der 4. Panzer-Division am 22. November die Industriestadt Stalinogorsk, in der die Soldaten Asphaltstraßen und Normaluhren vorfinden, was sie wundert.

Das Regiment 12 quartiert sich am 23. November in Uslowaja ein. »Bereits beim Einmarsch waren uns große moderne, typisch deutsch anmutende Wohnhäuser aufgefallen«, heißt es in der Regimentsgeschichte. »In ihnen wohnen die Arbeiter des neuen Werkes für Autoreifen. Die Bevölkerung ist wohlhabend und freundlich. Die Quartierwirte und die Flüchtlinge aus Moskau bereiten Tee für uns im Samowar. Die Räume haben eine ähnliche Atmosphäre wie bei unseren Großtanten, deren ›Gute Stube‹ um die Jahrhundertwende gekauft worden ist. Die von uns bewachten Kriegsgefangenen sind für den Winter mit gesteppten, wattierten Hosen, Jacken und mit Walinkis (Filzstiefeln) gut ausgestattet. Wir haben an Winterbekleidung bisher Übermäntel, gestrickte Handschuhe und Kopfschützer empfangen. Verbessert haben wir diese mangelnde Ausstattung durch Selbsthilfe.«

55 Kilometer nördlich dieses überraschenden Idylls in Uslowaja ist an diesem 23. November die 17. Panzer-Division mit unterstelltem Panzerregiment 35 und der gepanzerten Kompa-

nie des Regiments 12 (4. Panzer-Division) im Vormarsch auf Wenew. Vor Wenew liegt der Ort Chawki. Die Straßenbrücke ist zerstört.
In Chawki wird übernachtet, da es schon dunkel geworden ist. Am 24. November dringen die Panzer in Wenew ein. Dabei verliert der Gegner 50 Panzer. »Diese Abschüsse mit den schwachen Kanonen unserer Panzer sind nur möglich, weil sie auf kürzeste Entfernung und gegen die Flanken erfolgen können. Hätten die Feindpanzer die Schlacht im offenen Gelände angenommen, wäre sie für uns böse ausgegangen.«
Die gepanzerte Schützenkompanie dringt mit den Panzern bis zum Abend zehn Kilometer weiter nach Norden auf der Straße nach Kaschira vor.
Am 25. November folgt das Regiment 12.
»Es ist sehr kalt in den Kraftfahrzeugen. Planen und Türen schließen schlecht. Die Fugen werden mit Fetzen abgedichtet. Auf dem Boden der Kfz liegen Decken und Stroh. Sie schützen die Füße vor Erfrieren. Die Fahrer allerdings müssen ihre Beine frei haben und frieren jämmerlich. Vereinzelt spenden brennende Petroleumlampen spärliche Wärme in unserem fahrenden Zuhause.«
In der Regimentsgeschichte heißt es dann: »Die Weite der verschneiten Flächen erscheint uns noch endloser als im Sommer und Herbst. Eisiger Wind streicht von Nordosten über das tote Land hin und verweht alle Unebenheiten des Bodens. Weit auseinanderliegende Siedlungen, schluchtenartige Täler und schemenhafte Wälder am fernen Horizont markieren allein die Landschaft. Diese Ungreifbarkeit spiegelt sich auch auf den Karten wider. Ganze Dörfer fehlen, einzelne Bahnlinien tragen den Vermerk ›Verlauf unsicher‹. Fast ständig beschatten uns Feindflugzeuge. Unsere Flugzeuge haben wegen der Kälte Startschwierigkeiten.«
Die gepanzerte Kompanie des Regiments 12 tritt mit den Panzern am 25. November auf Kaschira an. »Ohne Feindwiderstand wird das 20 Kilometer nördlich von Gurjewa gelegene Olenjkowo erreicht. Nicht der Feind und auch nicht die Kälte, sondern der unzureichende Treibstoffnachschub bestimmen die

Marschziele, es ist ein Jammer«, heißt es in der Regimentsgeschichte. Die Vorausabteilung der 17. Panzer-Division nähert sich Kaschira an der Oka.

Es gibt an diesem Tage keine Feindberührung, doch die russischen Bombenangriffe dauern an.

Auf dem rechten Angriffsflügel bestimmte die Treibstofflage den Vormarsch auf Moskau nach dem Durchbruch.

Der linke Angriffsflügel der Heeresgruppe Mitte hatte am 23. November die Stadt Klin genommen, die 16. Armee Rokossowskijs mußte sich von dort zurückziehen. Schukow: »Durch den Verlust von Klin war eine Lücke entstanden.«

Da sich die 16. Armee am 25. November, dem Tag, an dem Guderians Panzer vor Kaschira ankamen, auch aus Soletschnogorsk zurückzieht, schreibt Schukow: »Dadurch ergab sich an dieser Stelle eine alarmierende Situation. Der Militärrat der Front warf alle verfügbaren Kräfte von anderen Frontabschnitten in den Raum Soletschnogorsk und unterstellte sie dem Befehlshaber der 16. Armee, darunter auch einzelne Gruppen von Soldaten mit Panzerbüchsen, einzelne Panzergruppen, Geschützbatterien und Flakabteilungen aus dem Moskauer Luftschutz.«

Aus dem Raum Serpuchow, vor der 4. Armee Feldmarschall Kluges, zog Schukow die 7. Schützendivision heran, aber dazu wurde Zeit gebraucht.

»Unsere Verteidigungslinie war bedenklich ausgebuchtet«, schreibt Schukow, »so daß hier und da schwache Stellen entstanden. Es schien, als könne jeden Augenblick etwas nicht wieder Gutzumachendes passieren.«

Am 23. November hatte Feldmarschall von Bock im ostpreußischen Hauptquartier angerufen und mit Generaloberst Halder erörtert, was Guderian noch machen solle. »Er glaubt noch vorwärts zu kommen.« In diesem lapidaren Satz wird zusammengefaßt, was Bock am 23. 11. 1941 im Tagebuch notiert: »Nachmittags kommt Guderian und meldet, daß er das gesteckte operative Ziel erreichen kann, trotzdem die Kräfte seiner Panzer- wie seiner Infanterie-Divisionen erschreckend abgesunken sind. Kommt die 2. Panzerarmee wirklich hin an die Oka zwischen

Rjasan und Kolomna, so hängt sie dort weit vorgeschoben in der Luft – es sei denn, daß der Feind durch diesen Stoß zum Zurückgehen auch vor der 4. Armee veranlaßt wird. Zur Dekkung der Südflanke stehen nur die Kräfte der 2. Armee, das sind sieben ganz schwache Divisionen auf 350 km Frontbreite, zur Verfügung. So weit ist es bis zu dem unbeweglich feststehenden Nordflügel der Heeresgruppe Süd. Auf die Dauer geht das alles nicht. Solange aber noch Aussicht besteht, daß der Feind vor der 4. Armee auf den Angriff der 2. Panzerarmee hin nachgibt, kann Guderians Stoß weitergeführt werden, auch wenn die Panzerarmee nach Erreichen der Oka und nach gründlicher Zerstörung der Bahn zwischen Rjasan und Kolomna wieder zurückgenommen werden muß.« Zu erkennen ist hier, wie oft, daß jeder in seinen Gedanken befangen ist und hinterher aus einem Gespräch das entnimmt, was er hineingedacht hat. Guderians »aber« hat Halder nicht zur Kenntnis genommen, als er antwortete: »Vorwärtstreiben auf Kolomna, rechter Flügel Sicherung auf Rjasan, linker Flügel auf Kaschira, Nordflügel der Armee über Oka in Richtung Kaschira vortreiben.« Die 2. Armee, rechts von Guderian, sollte sich nach Norden zusammenziehen, um Guderians offene Flanke zu decken, nur an den Bahnen nach Woronesch und Jelez ausreichend starke Kräfte vortreiben.

Halder und Bock sind sich einig, daß nun versucht werden muß, den Rest der Heeresgruppenfront von Norden her in Bewegung zu bringen, da die Lage am Nordflügel der Heeresgruppe nach der Einnahme von Klin günstig ist.

Am nächsten Tag, 24. November, meldet der Verbindungsoffizier des OKH bei der 2. Panzerarmee die Lage und Gefechtskraft: »Die Armee möchte über Tula, wo sie den Stützpunkt ihrer Winterunterkunft sieht, nicht mehr weiter hinaus. Sie liebäugelt mit dem Gedanken, vor sich eine Zerstörungszone zu schaffen und hinter dieser sich einzuwintern. Daher Widerstand gegen weitere Vorwärtsbewegung.« (Halder-Tagebuch.)

Am 25. November – Schukow sieht seine Stellung vor Moskau sehr gefährdet – notiert Halder: »Guderian hat gute Fortschritte gemacht, namentlich in Richtung Kaschira. Dagegen ist der

Angriffsflügel nordwestlich Moskau nur wenig vorwärts gekommen gegenüber verstärktem Feindwiderstand.« Auch der 26. November bringt eine günstige Lage vor Moskau: »Guderian macht weitere Fortschritte, trotzdem seine Kräfte durch Einkesselung von Feindteilen beansprucht sind. Vor Moskau von Norden her trotz zunehmenden feindlichen Widerstands weitere Fortschritte.«

Guderian, der in den letzten Tagen immer wieder vor neuem Feind in seiner rechten Flanke gewarnt hat, der seine Rollbahn nach Orel bedrohen könnte – er hat immer noch nicht Tula eingenommen –, erhält am 27. November die Bestätigung seiner Befürchtungen. Halder notiert:

»Bei 2. Panzerarmee scheinen sich in der rechten Flanke Kräfte zu sammeln, auch bei 2. Armee. Auch vor Druckrichtung der 2. Panzerarmee in Richtung auf die Oka sind neue Kräfte aufgetaucht. Lage unübersichtlich. Gegen den Angriffsflügel der Heeresgruppe Mitte nordwestlich Moskau führt der Feind anscheinend neue Kräfte heran. Es sind keine großen Verbände, aber neue kleine Kräftegruppen, die unserer müden Truppe immer neuen Aufenthalt bereiten. In Richtung auf den Wolgakanal weicht der Feind hinhaltend aus.«

Das Dilemma der Heeresgruppe Mitte, die doch mit ihren gepanzerten Flügeln voran kommt, ist bei der 4. Armee zu suchen. Feldmarschall von Kluge wird von General Hoepner (Panzergruppe 4) und Generaloberst Guderian (2. Panzerarmee) am 27. November beschuldigt, durch die Nichtbeteiligung am Angriff auf Moskau sie im Stich zu lassen.

Am 27. November meldet Guderian der Heeresgruppe, »daß die Fortsetzung der Operationen gegen die Oka mit den jetzigen Kräften nicht durchführbar ist, wenn nicht unverzüglich die 4. Armee mit dem rechten Flügel ihrerseits zum Angriff übergeht, vor dem voraussichtlich alle Reserven weggezogen sind.« Guderian hatte recht. Am 25. November zog Schukow die 7. Schützendivision aus dem Raum Serpuchow vor der Front der 4. Armee ab und warf sie in den Raum Soletschnogorsk. Reserven des Hauptquartiers standen hier nun nicht mehr zur Verfügung. Feldmarschall von Kluge setzte dagegen, daß Guderian zu lang-

sam vorankomme. Aber dessen Spitze stand vor Kaschira. Konnte Bock sich nicht mehr durchsetzen? Wollte jetzt jeder Armeeführer nur noch an seine Armee denken? Sollte sich die Marne-Situation vom September 1914 hier wiederholen? Auf beiden Seiten kam es jetzt auf die letzten Panzer und die letzten Schützenkompanien, die letzten Batterien an.
Am 27. November erreichte die 7. Panzer-Division im Vorstoß aus der Gegend Klin westlich Krasnaja Poljana die Kljasma und bildete einen Brückenkopf.
Nach Moskau waren es nur noch 22 Kilometer...

32. KAPITEL

VOR DEM ZIEL

Für Generaloberst Halder galt Ende November noch immer das Wort von Clausewitz: »Solange der Feldherr seinen Gegner noch nicht niedergeworfen hat, solange er glaubt, stark genug zu sein, um das Ziel zu gewinnen, so lange muß er es auch verfolgen. Er tut dies vielleicht mit steigender Gefahr, aber auch mit steigender Größe des Erfolgs. Kommt ein Punkt, wo er es nicht wagt, weiterzugehen, wo er glaubt, für seinen Rücken sorgen, sich rechts und links ausbreiten zu müssen — wohlan, so ist dies höchstwahrscheinlich sein Kulminationspunkt. Die Flugkraft ist dann zu Ende, und wenn der Gegner nicht niedergeworfen ist, wird es höchstwahrscheinlich nicht mehr geschehen.«

Der Größe des Erfolges entsprach die steigende Gefahr. Damit hatte er gerechnet. Aber er wollte nicht einsehen, daß der Kulminationspunkt nahe sei, obwohl es Gründe gab, ihn nun, am 28. November, kommen zu sehen. Oberst Heusinger mußte ihm melden, daß bei Rostow am Don die Lage schwierig geworden sei. Der Feind sei in die Stadt eingedrungen, die Bevölkerung beteilige sich am Kampf, mit der Aufgabe von Rostow sei zu rechnen. Guderian nannte das später das »erste Läuten«. Seine Panzerarmee erhielt von der Heeresgruppe Mitte, auf die es Halder jetzt allein ankam, den Befehl, die Schlacht von Tula durchzuschlagen, das heißt: die Stadt endlich zu nehmen.

Am 29. November telefonierte Halder mit Bock.

Wenn dieser eben noch an die Marne sich erinnerte, so fällt nun das Wort Verdun. Die Heeresgruppe Mitte weiß genau, was sie will, aber sie fürchtet, wenn der jetzt von Norden laufende Angriff auf Moskau keinen Erfolg hat, daß daraus ein neues Verdun wird, ein »seelenloses frontales Abringen wie 1916.«

Was der Gegner noch in Reserve hat, kann man nicht wissen.

Doch die Tagebucheintragungen Halders geben ziemlich genau wieder, was zu erwarten ist. An diesem Tage spricht man bei der 4. Armee von Angriffsvorbereitungen des Feindes. Gegen die über den Wolga-Kanal vorgestoßene 7. Panzer-Division bei Jachroma führt der Gegner Kräfte heran. Die Heeresgruppe Süd hat ihre Bewegungs- und Angriffskraft »verbraucht. Wir müssen uns damit abfinden.«

Bei der Heeresgruppe Nord ist »alles klar«.

Bei der Heeresgruppe Mitte dagegen noch nicht. »Immerhin wird man schon jetzt sagen können, daß höchstens der Nordflügel an Moskau herangeschoben werden kann und Guderian den Oka-Bogen nordwestlich Tula wird freikämpfen können, um diesen Unterkunftsbereich für den Winter zu gewinnen.«

»Wir können also die Befehle für Übergang in den Winter geben und brauchen nicht weiter abzuwarten.«

Aber die Abendlage bringt neue Meldungen über örtliche Fortschritte des Nordflügels der Heeresgruppe Mitte in Richtung auf Moskau, obwohl der Feind mit Verstärkungen und Minen jeden erdenklichen Widerstand leistet. Halder kann nicht wissen, daß die Stavka drei neue Armeen als letzte Reserve bereitgestellt hat, die auf dem Kulminationspunkt der Schlacht vor Moskau eingesetzt werden sollen. Unter ihnen ist die 1. Stoßarmee des Generalleutnants Kuznezow, die nun eingreifen muß, damit die 7. Panzer-Division aus ihrem Brückenkopf ostwärts des Wolgakanals wieder herausgeworfen wird.

Ehe Schukow die 1. Stoßarmee unterstellt wird, ruft er am 29. November Stalin an. Er meldet ihm die Lage und bittet, die 1. Stoßarmee und die 10. Armee seiner Westfront zu unterstellen. »Sind Sie überzeugt«, fragt Stalin, »daß der Gegner bereits die Krise erreicht hat und nicht mehr in der Lage ist, irgendeine neue große Kräftegruppe ins Feld zu führen?« Schukow antwortet: »Der Gegner ist erschöpft. Doch auch die Truppen unserer Front sind *ohne* Einsatz der 1. Stoßarmee und der 10. Armee nicht in der Lage, seine gefährlichen Keile zu liquidieren. Wenn wir das nicht gleich tun, könnte der Gegner seine Truppen im Raum Moskau durch große Reserven auf Kosten der Heeresgruppe Nord und der Heeresgruppe Süd verstärken.

Dann kann sich unsere Lage ernstlich komplizieren.« Stalin sagt darauf nur, er wolle sich mit dem Generalstab beraten.

Mit anderen Worten: Wir sind am Ende, wenn uns nicht sofort die letzten Reserven zugeteilt werden. Ohne diese Reserven ist nichts mehr zu machen. Aber auch der Feind ist erschöpft, es gibt nun die Chance des »letzten Bataillons«.

Aber war nicht Bock stärker als Schukow? Doch auch Bock sieht den Kulminationspunkt sich nähern. Am 29. November trägt er ins Tagebuch ein: »Wenn es nicht in wenigen Tagen gelingt, die Nordwestfront von Moskau zum Einsturz zu bringen, muß der Angriff eingestellt werden.«

Er befahl jedoch den Panzergruppen 3 und 4 sowie der 4. Armee den Angriff auf Moskau für den 1. Dezember.

Als Halder am Abend mit dem Chef des Generalstabes der Heeresgruppe Mitte, von Greiffenberg, telefoniert, bestätigt er ihm, daß es die Auffassung des OKH sei, den Angriff fortzusetzen, selbst auf die Gefahr hin, daß die Truppe *ausbrennt.*

Am gleichen Abend erfährt Schukow, daß die Stavka entschieden hat, seiner Westfront die 1. Stoßarmee, die 10. Armee und alle Verbände der 20. Armee zur Verfügung zu stellen. Während Bock nur mit den schon eingesetzten Verbänden angreift, hat Schukow jetzt »die letzten Bataillone« unter seinem Befehl; es sind freilich drei frische Armeen. Einer der drei neuen Armeeführer heißt Wlassow. Als Generalleutnant kommandiert er die 20. Armee; 1945 wird es ihm nichts nützen, Moskau 1941 gerettet zu haben. Als Oberbefehlshaber der Wlassow-Armee, die auf deutscher Seite stand, wird ihm in dieser Stadt der Prozeß gemacht; er stirbt am Galgen.

Auf diese 20. Armee wird in wenigen Tagen die 1. Panzer-Division treffen, die am 29. November die Nordflanke des 56. Panzerkorps ostwärts des Wolgastaubeckens sichert. Sie wird von der 36. I.D. (mot) dort abgelöst, bei der am 6. Dezember jene gefährlichsten feindlichen Angriffe beginnen werden, die zum Erfolg führen. Sie erhält an diesem Tag den Befehl, nach Süden über die Ssestrabrücken zum Angriff anzutreten.

Das Wetter ist noch erträglich. Es herrscht nur leichter Frost. An manchen Stellen schneit es ein wenig.

Am 30. November läßt der Frost nach. Die Temperaturen sind um null Grad. Der Schnee geht in Schneeregen über, es ist dunstig und neblig. Die Wege sind stellenweise vereist.
Am 1. Dezember gibt es erneut einen Kälteeinbruch. Schneeverwehungen und vereiste Wege behindern den Angriff auf Moskau. Am 2. Dezember ist das Thermometer schon auf minus 20 Grad gesunken. Tagsüber ist es klar, sonnig. Es herrscht scharfer Frost. Der Straßenzustand wird durch Schneefall gegen Abend unerträglich für die motorisierte Truppe. Am 3. Dezember hält der scharfe Frost an. Glatteis und zunehmende Schneeverwehungen machen die Straßen fast unpassierbar. Am 4. Dezember verstärkt sich der Frost. Es werden Temperaturen bis zu minus 25 Grad gemessen. Für deutsche Begriffe sind minus 25 Grad kältester Winter.
Am 5. Dezember gibt es Frost bis zu minus 35 Grad. In wenigen Tagen fiel das Thermometer von null Grad auf minus 35 Grad.
»Der Angriff auf Moskau, der ab 1. Dezember in seine entscheidende Phase eintrat«, heißt es in der Geschichte der 1. Panzer-Division, »bestand im nördlichen Abschnitt der Front um Moskau bald nur noch aus einem mühsam ›Sich von Dorf zu Dorf Vorwärtskämpfen‹. Außerhalb der Dörfer gab es keinerlei Unterkunftsmöglichkeiten. Sich hier einzugraben, war der dezimierten und für den Winterkrieg nur mangelhaft ausgerüsteten Truppe unmöglich. Da die reguläre Winter-Sonderbekleidung noch immer nicht herangekommen war, mußten die Einheiten aus erbeuteten Decken und Fellen Umhänge improvisieren und sich auf eigene Faust mit Walinkis, den wärmenden russischen Filzstiefeln, ausrüsten, um so ein Minimum an Kampfkraft zu erhalten. Die zugeführten Übermäntel für Fahrer und die Filzstiefel reichten gerade aus, um nachts die Posten und Kraftfahrzeugwachen einigermaßen vor der Kälte zu schützen. Diese schweren Mäntel oder Fahrer-Pelze waren für die kämpfende Truppe kaum zu gebrauchen. So verlangten die Kälte, die Schneeverwehungen und die überall auftretende Eisglätte Beispielloses an Moral und Zähigkeit, Kampfkraft und Ausdauer. Immer wieder blieben Fahrzeuge, ja selbst Panzer- und

Schützenpanzerwagen liegen und konnten nur mühsam in Geleitzügen hinter Zugmaschinen über die vereisten und verwehten Wege vorwärtsgeschleppt werden.«
Die Kampfgruppe der Division, die am 1. Dezember bei heftigem Schneetreiben angreift, nimmt zwei Dörfer. »An eine Fortsetzung des Angriffs war in Anbetracht des frühen Einbruchs der Dunkelheit (gegen 15.30 Uhr) und der starken Erschöpfung der Truppe, die weite Strecken des Angriffs durch knietiefen

Abb. 15: Einsatz der 1. Panzer-Division
(22. 6. 1941 bis 31. 12. 1942)

Schnee vorgehen mußte, vorerst nicht mehr zu denken. War auch der Feindwiderstand jetzt im allgemeinen erstaunlicherweise nicht stark, so meldete sich doch ein neuer, unheimlicher Gegner: Das Gelände war mit Holzkasten-Minen übersät, die auf Metallminensucher nicht ansprachen. Sie waren gerade so stark, daß sie dem Unglücklichen, der auf sie trat, einen oder beide Füße wegrissen.«

Der tiefe Neuschnee behinderte auch die Bereitstellung der Reserven, die Schukow nun einsetzen durfte.

Er hatte am Morgen des 30. November der Stavka vorgeschlagen, die 1. Stoßarmee im Raum um Dmitrow—Jachroma bereitzustellen, um mit der 30. und 20. Armee in Richtung Klin anzugreifen. Die 20. Armee sollte aus dem Raum Krasnaja-Poljana—Bely-Rast zwischen der 1. Stoßarmee und der 16. Armee nach Solnetschnogorsk vorstoßen, die Stadt von Süden her umfassen und weiter bis Wolokolamsk vordringen. Der rechte Flügel der 16. Armee hatte in Richtung Krjukowo an der Bahn nach Leningrad 35 km nordwestlich Moskau anzugreifen.

Alles erschien ganz einfach. Der Schwerpunkt wurde dorthin verlegt, wo die Deutschen Moskau am nächsten standen. Gegen Guderians Panzerarmee bei Tula wurde die 10. Armee unter Generalleutnant Golikov versammelt.

»Damals verfügten wir noch nicht über die Kräfte, um uns weiterreichende und bedeutendere Ziele zu stecken«, schreibt Schukow, »wir waren nur bemüht, den Feind möglichst weit von Moskau abzudrängen und ihm möglichst hohe Verluste beizubringen.«

Er weiß auch, daß diese neuen Armeen kaum eine größere Kampfkraft besitzen. »Die West-Front war dem Gegner zahlenmäßig (Flugzeuge ausgenommen) nicht überlegen. Bei Panzern und Geschützen lag das Übergewicht sogar beim Feind. Dieser Umstand bestimmte ganz entscheidend den Plan unseres Gegenangriffs.«

Diese Armeen waren in zwei bis drei Wochen neu aufgestellt worden. Von Ausbildung konnte keine Rede sein. Es waren Reservisten, die mit zum Teil aus der West- und Kalininfront herausgezogenem Stammpersonal vermischt wurden.

Die Reservisten waren ohne Kampferfahrung. Es fehlten Fernmeldeeinrichtungen (bei der 10. Armee General Golikovs wurde die Verbindung zwischen den Stäben durch Reiter aufrechterhalten). Nur noch 720 Panzer standen an der gesamten Front vor Moskau zur Verfügung. Die Zahl der Granatwerfer und Geschütze betrug etwa 8000, wobei das Schwergewicht auf den Granatwerfern lag.
Nach Angaben Marschall Sokolowskijs, damals Chef des Stabes bei Schukow, hatte die gesamte Westfront damals etwas über eine Million Mann. Damit war sie der Heeresgruppe Mitte an Zahl der Soldaten unterlegen, ob auch an Kampfkraft vorn, das mußte sich noch herausstellen.
Sokolowskij führt auch die 1370 Flugzeuge an, die eine Luftüberlegenheit gestatteten und den Deutschen sehr unangenehm werden sollten. Die Masse der russischen Luftstreitkräfte war um Moskau versammelt, während die deutsche Luftwaffe nur schwächere Kräfte einsetzen konnte. Da sich die Deutschen fast nur auf den verschneiten Straßen bewegten, war der Einsatz der russischen Luftwaffe besonders erfolgreich.
Die Orte, die Schukow in seinem Plan für den Gegenangriff nennt, sind in diesen Tagen den Deutschen vertraut, denn sie haben sie erreicht.
Vor Dmitrow lag die 7. Panzer-Division. Sie hatte den Moskwa-Wolga-Kanal bei Jachroma auf einer unversehrten Brücke überquert; damit hatte sie freie Fahrt, um die große Straße Moskau—Jaroslavl zu erreichen, an der das Kloster Zagorsk steht. Dann wäre Moskau von Norden abgeschnitten gewesen. Sofortige Gegenangriffe von Truppen der 1. Stoßarmee zwangen die 7. Panzer-Division, wieder über den Kanal zurückzugehen.
Guderians Panzerarmee sperrte mit der 10. I. D. (mot) in Michailow die Bahnlinie von Moskau nach Tambow; es standen Stalin noch drei große Straßen ins Hinterland zur Verfügung: Moskau—Jaroslawl; Moskau—Gorki und Moskau—Rjasan.
In Klin war der Gefechtsstand der Panzergruppe 3, die General Reinhardt führte. Hier, in einem Holzhaus, das von einem großen Park umgeben war, hatte Peter Tschaikowski die letzten

Jahre bis zu seinem Tode gelebt; die »Symphonie Pathétique« war dort entstanden.
Guderians Gefechtsstand befand sich in Jasnaja Poljana, auf dem Landgut Tolstois südlich von Tula. »Ich bestimmte das ›Schloß‹ zum ausschließlichen Gebrauch der Familie Tolstoi. Im ›Museum‹ wurde unsere Unterkunft eingerichtet. Soweit noch Möbel und Bücher aus Tolstois Besitz vorhanden waren, wurden sie in zwei Zimmer zusammengetragen und die Türen versiegelt. Wir begnügten uns mit einfachen, selbstgezimmerten Möbeln aus rohen Brettern. Kein Möbelstück wurde verheizt, kein Buch oder Schriftstück berührt«, schreibt Guderian.
Tschaikowski und Tolstoi in den Händen des Feindes – das mußte für die Russen unerträglich sein. Aber was war nicht alles verlorengegangen! Wie weit waren diese Deutschen vorangekommen? Jetzt fehlte ihnen nur noch Moskau.
Tschaikowskis Klin, 90 Kilometer von Moskau entfernt, wurde später eine Satellitenstadt Moskaus mit großer chemischer Industrie.
Krasnaja Poljana, eine Ansammlung von Holzhäusern (auf deutsch »Schöne Lichtung«), war am 1. Dezember von der Kampfgruppe der deutschen 2. Schützenbrigade unter Oberst Rodt genommen worden. Der Ort liegt ostwärts der Straße Moskau–Leningrad, in Sichtnähe des Flugplatzes Scheremetjewo, der später errichtet und für den Auslandsflugverkehr zuständig wurde.
Die sowjetischen Stellungen verliefen an der Leningrader Landstraße, einige Kilometer von Scheremetjewo in Richtung Moskau (dort steht das große Panzerhindernis, das im Jahre 1966 errichtet wurde, um die damalige eigene Hauptkampflinie vor dem Kreml, bis zu dem es noch zwanzig Kilometer sind, anzuzeigen).
Vor diesen Stellungen ist am 2. Dezember 1941 der Unteroffizier und Panzerkommandant im Panzerregiment 15 der 11. Panzer-Division, Gustav W. Schrodek, eingetroffen. Er berichtet: »Die Hauptstadt Moskau ist jetzt unser Angriffsziel. Werden wir sie erreichen? Wir überschreiten im Norden der Stadt den Kanal, der von Moskau nach Kalinin führt, und stoßen von hier

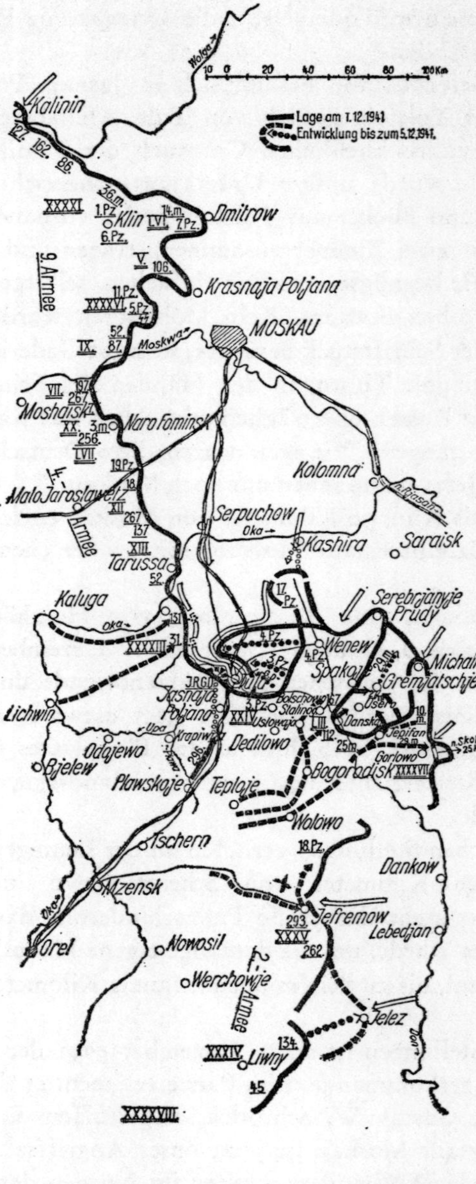

Abb. 16: Schlacht um Moskau (1. bis 5. 12. 1941)

aus direkt auf die sowjetische Metropole vor. Wir kommen bis Krjukowa, sogar noch einige Kilometer darüber hinaus. Aber dann hat unser Angriff sich festgefahren, daß es einfach nicht mehr weitergehen will. Ich sehe einen Wegweiser: MOSKWA 18,5 Kilometer. Wir schaffen es nicht, auch nur einen Kilometer weiter voran zu kommen. Der russische Widerstand ist zu groß. Was sich da an Fliegerangriffen, Artilleriefeuer, Stalinorgelüberfällen, Panzerangriffen tut, ist einfach unvorstellbar, ist unerträglich. Daß der russische Abwehrwille vor Moskau enorm sein würde, damit mußten wir rechnen. Daß er aber solche Ausmaße annehmen würde, das konnte niemand erwarten.«
Hierzu meinte der damalige Stabschef der 20. Armee General Wlassows, der spätere Generaloberst Leonid Sandalow: »Aus den Darstellungen von Gefangenen ergab sich klar, daß das deutsche Kommando damit rechnete, ungehindert die Übergänge über den Moskwa-Wolga-Kanal im Raum Chlebnikow (fast südlich Krasnaja Poljana) einzunehmen. In Wirklichkeit stießen die Spitzen des Feindes auf eine neue kompakte Front unserer Truppen, die die Hitlerleute mit dichtem Artilleriefeuer belegten und im Raum Lobnja (nördlich Moskau) Gegenangriffe mit Panzern unternahmen. Die Bewegungen der deutschen Truppen hörten auf.«
Gustav W. Schrodek trägt am 2. Dezember in sein Kriegstagebuch ein: »Nur der Aufmerksamkeit unseres Fahrers ist es zu danken, daß wir nicht abgeschossen werden. Er sieht links von uns einen T 34 feuern, bekommt den Wagen gerade noch einige Zentimeter zurück, so daß das uns zugedachte Geschoß knapp am Turm vorbeipfeift. Aber rechts von uns erwischt es einen Wagen unserer Kompanie: Volltreffer vorne im Turm. Ich sehe den Kommandanten und den Fahrer noch ausbooten, bevor ich meinen Turm herumwerfe und den Feindpanzer aufs Korn nehmen will. Aber der hat sich bereits verzogen. Daß der Kommandant keine Beine mehr hat, der Fahrer mit blutender Hand an der Kette festgefroren ist, bekomme ich erst später mit. Unsere Reihen lichten sich. Jeden Tag erwischt es ein paar. Wir haben unsere Not mit den Gefallenen, die wir kaum beerdigen können. Die Erde ist so steinhart gefroren, daß wir mit Spitzhacke

und Spaten gar nichts ausrichten können. Nur mit Handgranaten schaffen wir es, eine flache Mulde als Grab herauszusprengen. Das Vertrauen der Truppe zur obersten Führung schwindet schnell dahin; die Moral ist angeschlagen.«
Die Bewegungen hörten auf: Schrodek in seinem Panzer, eine Panzerfahrstunde vom Kreml entfernt, erwartete damals, daß Reserven eingriffen, den Angriff wieder aufnahmen, nach vorn trugen. Aber die Panzerspitzen blieben bei 35 Grad Kälte allein, sie vereinsamten, sie fühlten sich wie verlassen.
»In den ersten Dezembertagen«, schreibt Schukow, »spürte man an der Kampfesweise und an der Stärke der Angriffe, daß die Truppen des Gegners bereits erschöpft waren und nicht über die nötigen Kräfte und Mittel verfügten, um die Offensive fortzusetzen. Der Gegner, der seine Stoßtruppen aufgefächert und mit seiner gepanzerten Faust weit ausgeholt hatte, schuf sich damit eine sehr ausgedehnte Front und verlor seine Stoßkraft im nahen Vorgelände von Moskau. Von Gefangenen erfuhren wir, daß einige Kompanien nur noch 20 bis 30 Mann zählten, und daß der Kampfgeist stark nachgelassen hatte und ebenso der Glaube an die Eroberung von Moskau.«
Die deutsche 1. Panzer-Division, die am 1. Dezember zum Angriff auf Moskau angetreten war, hatte am 2. Dezember 400 Gefangene gemacht sowie 26 Geschütze, 15 Flak, 11 Pak und viele Kraftfahrzeuge erbeutet, die umgehend zerstört wurden. Sie hatte keinen Treibstoff, um die Beute ins Sammellager zurückzubringen. Am Abend dieses 2. Dezember wurden alle Angriffsgruppen der 1. Panzer-Division dem Oberst Westhoven unterstellt, der mit Teilen bis in die Gegend Lobnja am Moskwa-Wolga-Kanal vorging. Mit sechs Panzern III und den Kradschützen wurde im Nachtangriff eine wichtige Brücke bei Gorki genommen, dann blieb die Gruppe vor einem Minenriegel liegen. Über den 3. Dezember heißt es in der Divisionsgeschichte: »Am 3. Dezember wurden südlich Federowka zeitweilig eingeschlossene Verbände der Potsdamer 23. Infanterie-Division herausgehauen und in Fortsetzung des Vorstoßes nach Südosten am 4. Dezember der Raum um Nikolskoje gewonnen. Kradschützenbataillon 1 stieß mit Panzern bei und ostwärts Gorki II — wo

sich eine auch nach mitteleuropäischen Begriffen modern ausgestattete Datschasiedlung befand – bis kurz vor den Moskwa-Wolga-Kanal südlich Dmitrow (65 km nördlich Moskau) vor. Wenn das Bataillon auch nicht mehr in den großen Waldgürtel eindringen und bis an den Kanal vorstoßen konnte, so brachte es doch eine beträchtliche Beute an Waffen und Material ein, vor allem von Fahrzeugen der Aufklärungsabteilung 23, deren Troß von roter Kavallerie überrascht und bis hierher mitgeschleppt worden sein mußte. Da die Lage in der linken Flanke der 1. Panzer-Division noch unklar war, wurde das Kradschützenbataillon 1 bei Lewkowo, Staro und Gorki zur Sicherung nach Nordosten eingesetzt. Die Soldaten der Division lernten an dieser Front auch die gedrillten und eingesetzten »Minenhunde« kennen, die mit aufgepackten Minen Panzer angingen, und seit langem wieder, zum ersten Mal allerdings völlig fanatisiert, Frauenbataillone.
Bely-Rast wurde am 3. Dezember mittags genommen, der Gegner flüchtete unter hohen Verlusten nach Osten und Süden. Hier sammelte die Division, die Führungsstaffel bezog in Bely-Rast einen vorgeschobenen Gefechtsstand. Kurz nach Mitternacht brach am 4. Dezember ein starker feindlicher Angriff auf Bely-Rast los. Der russische Stoß, von fünf bis sechs Panzern vom Typ Kw. I und II mit aufgesessener Infanterie ausgeführt, konnte von den Schützen und Panzerpionieren nur in harten Nahkämpfen im Ortskampf rund um den Dorfplatz aufgefangen werden. Dabei wurden alle Feindpanzer vernichtet. Erneute Angriffe um 5.00 Uhr, 6.45 Uhr, 10.00 Uhr und 13.00 Uhr wurden blutig abgewiesen. Viele Tote lagen auf den Hängen vor dem Ortsrand von Bely-Rast. Mittags stieß die Kampfgruppe Westhoven mit dem verstärkten Schützenregiment 1 weiter nach Osten vor und gewann in den Abendstunden Trutnewa und Saramuschi. Am 5. Dezember konnten Teile der Kampfgruppe von Wietersheim bis Kusjaewo vordringen – 3 km westlich des Moskwa-Wolga-Kanals! In Bely-Rast traf das I. R. 67 (23. Inf. Div.) ein, übernahm dort die Sicherung, um mit Teilen weiter über Saramuschi auf Lupanowo anzugreifen. Mittags trat das II./S. R. 1 (Hauptmann Frhr. von Bülow), durch die 2./Pz. Abt.

Grampe (Oblt. Gilow) unterstützt, auf Kusjaewo an. Der Südwestteil des Dorfes wurde nach kurzem, hartem Kampf genommen. Dann war der Angriffsschwung der Schützen, die über weite Schneefelder angreifen mußten, erschöpft, nachdem auch noch die Panzer zu anderer Verwendung abgezogen werden mußten. Das Bataillon wurde darauf nach Nikolskoje zurückgenommen.

Um 15.10 Uhr tritt das Kradschützenbataillon 1 mit 8 Panzern aus Saramuschi und Bely-Rast erneut zum Angriff an. Der Vorstoß mit dem Ziel, die Linie Spas Kamenka—Tefonowo und einen Übergang über den Moskwa-Wolga-Kanal ostwärts Kusjaewo zu gewinnen, schlägt bei sehr großer Kälte und gegen starken Feindwiderstand nicht durch. Das Bataillon gewinnt zwar mit dem ihm zugeführten Zug Panzer (sechs Panzer III, ein Panzerbefehlswagen III unter Leutnant Stoves und kraftvoll unterstützt durch Teile der III./ Artillerie-Regiments 73, deren Kommandeur, Major Söth, den Angriff begleitet) bei Einbruch der Dunkelheit noch den Nord- und Ostteil von Kusjaewo, säubert den Ort und baut Rundum-Sicherungen auf. Dann ist aber auch hier der Angriff zu Ende, auch die Kraft dieses tapferen Bataillons erschöpft.

Wiederholte russische Gegenangriffe aus den um Kusjaewo verstreut liegenden Waldstücken konnten mit Unterstützung der aus allen Rohren feuernden Artillerie erfolgreich abgewiesen werden. Für die befohlene Inbesitznahme des Kanalübergangs, ein bis zwei Kilometer weiter ostwärts, fehlte die Kraft.«

Bereits am 5. 12. 1941 morgens hatte Oberstleutnant Grampe, Führer der Kampfstaffel Panzerregiment 1, melden müssen, daß seine Panzer kaum noch einsatzbereit seien; wegen der großen Kälte (minus 35 Grad) drehten sich die Türme nicht mehr, die Optiken waren beschlagen, die MG schossen nur noch Einzelfeuer, die Kanonen mußten (zwischen die Blöcke und Turmwand klemmten sich zwei bis drei Mann) mit den Füßen zurückgedrückt werden. »Die große Kälte, die seit dem 1. Dezember hereingebrochen war und an manchen Tagen bis auf minus 38 Grad Celsius anstieg, beeinträchtigte die Kampfkraft und Beweglichkeit außerordentlich. Die Einheiten waren auf solche

Kältegrade nicht eingestellt, es traten zahlreiche Erfrierungen 1. und 2. Grades ein. Die Division wurde fast bewegungsunfähig.«
In der Nacht zum 6. Dezember erreichte die 1. Panzer-Division 32 Kilometer nördlich von Moskau der Haltbefehl der Panzergruppe 3. In der Divisionsgeschichte, die Rolf Stoves verfaßte, der mit seinen wenigen Panzern am 5. Dezember noch den letzten Angriff gefahren war, heißt es hierzu: »Das ›Unternehmen Moskau‹ war gescheitert, obwohl die Angriffsverbände der Panzergruppe 3 das Gefühl hatten, der Feind sei nicht mehr allzu stark.«
In der Nacht sehen die Posten vor dem Moskwa-Wolga-Kanal das Flakfeuer über der Stadt. Die beißende Kälte, der hohe Schnee, die unheimlichen Wälder — und ein Feuerwerk über der Stadt, vor der sie endlich angekommen waren.
Doch diese Nacht vor Moskau ist auch schon Rückzugsnacht. Die 1. Panzer-Division hat Befehl erhalten, nach rückwärts zu sammeln. Sie soll herausgezogen werden.
Die Nachhut, es sind einige Panzer, verläßt Kusjaewo am Moskwa-Wolga-Kanal nach Mitternacht.
»Wir gehen zurück! Drehen Sie die Division um«, hatte am 5. Dezember um 21.30 Uhr der General dem 1. Ordonnanzoffizier befohlen. Er vertrat den Ia, der sich auf dem Gefechtsstand des 41. Panzerkorps befand, das Generalleutnant Model kommandierte. Models Korps begann seinen ersten Rückzug in diesem Kriege. (Den ersten Rückzug vor Moskau befahl Feldmarschall von Kluge am 3. 12. 1941 bei seiner 4. Armee. Auf Bocks Frage, ob Kluge sicher sei, daß die Truppe selbst nicht lieber vorn bliebe, antwortete er, das wäre völlig unmöglich. Gegen Mittag meldete Kluge, daß er vorschlagen müsse, die Angriffstruppen der 57. und 20. Korps wieder hinter die Nara zurückzunehmen. Fast gleichzeitig mit Model befahl Guderian am 5. 12. 1941 zwischen 21.10 und 21.30 Uhr die Einstellung der Operation.)
Schukow war am 4. Dezember spät abends noch einmal von Stalin angerufen worden, der ihn fragte: »Womit können wir Ihrer Front noch helfen, abgesehen von dem, was wir Ihnen schon gegeben haben?«
Schukow sagte, daß er Luftunterstützung brauche und minde-

stens 200 Panzer mit Mannschaften. Die Front habe nur unbedeutende Panzerbestände und könne ohne neue Panzer den Gegenangriff nicht rasch genug entfalten.

»Wir haben keine Panzer und können Ihnen keine geben«, sagte Stalin, »aber Sie bekommen Luftverstärkung. Verständigen Sie sich mit dem Generalstab. Ich werde dort sofort anrufen. Bedenken Sie, daß die Kalinin-Front am 5. Dezember zur Offensive übergeht. Am 6. Dezember wird die operative Gruppe des rechten Flügels der Südwest-Front im Raume Jelez antreten.«

»Ist es wahr«, fragte am Abend des 8. Dezember Marschall Schaposchnikow telefonisch den Chef des Stabes der 20. Armee, Sandalow, »daß sich in Krasnaja Poljana mit einem Male elf Deutsche als Gefangene ergeben haben?«

Sandalow bejaht. Gedehnt erwidert Schaposchnikow: »Sie haben begonnen, sich in Gruppen zu ergeben ... Das war früher nicht so ... Das bedeutet also, bei den feindlichen Soldaten hat ein Umschwung in ihrem Bewußtsein, in ihrer Moral begonnen.«

Es ist möglich, daß sie, die Deutschen, meinten, in eine Falle geraten zu sein, in die man sie geschickt hatte. Wie sollten sie noch glauben, daß dies alles einen Sinn habe? Gesiegt hatten sie bis zu diesem Augenblick, aber ihr Sieg war erfroren.

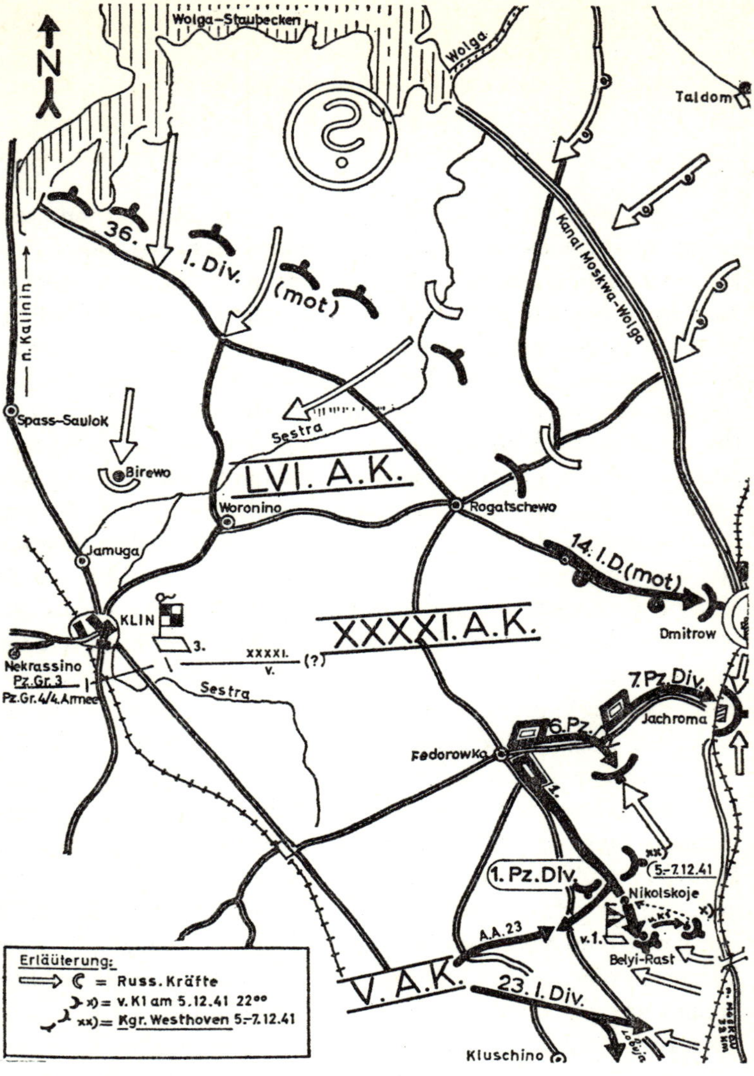

Abb. 17: Einsatz der 1. Panzer-Division um Klin.
Lage vom 6./7. 12. 1941

33. KAPITEL

Guderian bricht den Angriff ab

Von den drei Verteidigungsringen, die in Moskau um den Kreml gelegt worden waren, wußten die Deutschen nichts. Der erste Verteidigungsring sollte die neue Ringbahn um Moskau werden, der zweite deckte sich mit dem Gartenring und der dritte mit dem Boulevard-Ring. »Genossen Moskauer! Wir helfen Euch! Alles, was von uns abhängt, werden wir tun, damit Ihr den Sieg erringt. Verwandelt die Zugänge nach Moskau in ein Grab für den Feind!« hieß es in einem Flugblatt, das der Moskauer Rundfunk verlas – die große Sowjetunion stand hinter den Leuten in Moskau, so hörten sie. Dort in der Stadt, die vor den Deutschen greifbar lag, wurden in 106 Fabriken Waffen und Versorgungsgüter hergestellt. Die Munition brauchte nur 80 bis 100 Kilometer bis zur Front transportiert zu werden; die Munition der Deutschen kam aus Entfernungen von über 2500 Kilometern.

Bei Tula, in Wenew, an der Straße nach der Stadt Kaschira, in der sich Kraftwerke befinden, die für die Moskauer Elektrizitätsversorgung lebenswichtig sind, schreibt Oberst Smilo Freiherr von Lüttwitz, der das Schützenregiment 12 der 4. Panzer-Division kommandiert, am 27. November einen Brief an seine Frau: »Heute Todestag meiner Mutter. Das sind schon 23 Jahre her, und ich erfuhr es erst am 3. 12. 1918, saß auch so tief in Rußland (Kupiansk) wie heute. Tiedemann kam gerade vom Urlaub zurück, mußte uns viel von Deutschland erzählen. Das kommt uns vor, als sähe man in den Himmel. Dies Land hier ist aber auch fürchterlich. Seit einem Monat ununterbrochen über 10 Grad Kälte, weite Ebenen, wo der Wind weht. Vorgestern kam der Kommandierende, dankte mir für unentwegte Tapferkeit. Ein rührender Mann, aber ich liebe das Aussprechen solcher Worte nicht. Unsere Soldaten leisten mehr. Sie sind nicht so gut untergebracht, nicht so warm gekleidet, haben schwer an

Waffen und Munition zu tragen und sind doch ganz außerordentlich zäh am Feind. Ich habe in jeder Kompanie eine ganze Anzahl solcher Freunde, leider sind schon manche tot oder verwundet. War heute früh bei mehreren Kompanien. An manchen

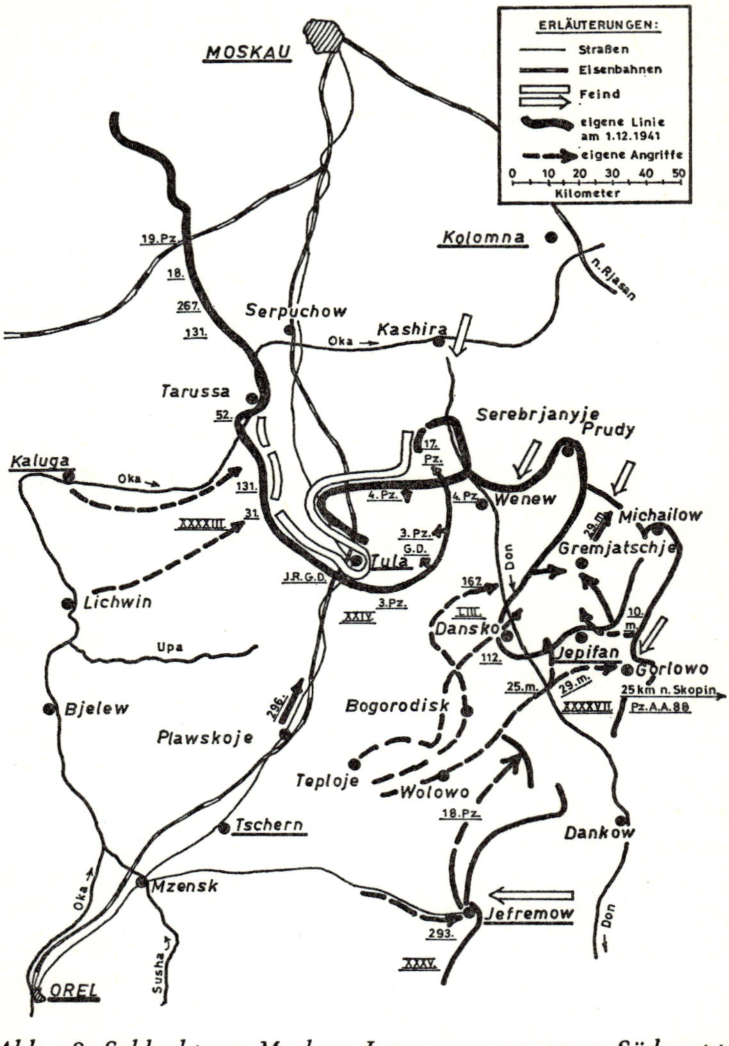

Abb. 18: Schlacht um Moskau. Lage am 1. 12. 1941, Südgruppe

Stellen regnete es Fliegerbomben. Wir hatten aber alle Glück.« Das Glück, das Lüttwitz meint, kommt von der geringen Zahl, mit der man hier angekommen ist. Es sind zu wenige, sie geben kein großes Ziel für die Flugzeuge, sie verlieren sich in diesem Land vor Moskau.

Generaloberst Guderian, der weiß, daß er mit diesen geringen Kräften jetzt nicht mehr in den Osten von Moskau vorkommen wird, gibt am 1. Dezember den Befehl, auf Tula anzugreifen, die Stadt im Norden endlich ganz einzuschließen. Er weiß nicht, was in Tula sich befindet (inzwischen hat sich dort die 50. Armee gesammelt, die Lücken wurden aufgefüllt, die im Kessel von Brjansk in den Oktobertagen entstanden; Major Schabalin, der damals zum Stab gehörte, fiel nördlich von Karatschew, General Petrow neben ihm, aber nun ist die 50. Armee wiedererstanden und sie wartet auf den Befehl anzugreifen, Rache für die furchtbare Niederlage bei Brjansk zu nehmen).

Von Osten setzt Guderian die 3. Panzer-Division und I. R. »Großdeutschland« an. Die 4. Panzer-Division soll von Wenew nach Westen angreifen und an der Straße Tula—Serpuchow auf die 31. Infanteriedivision des 43. Armeekorps stoßen, das ebenfalls angreift, aber nach Osten.

In Tula sieht Guderian das Winterquartier seiner Panzerarmee, er muß die Stadt haben.

Sieht man auf die Lagekarte, so erscheint alles wie eine Kleinigkeit. Die Panzerarmee hat anderes geleistet. Sie wird, wenn sie weiß, daß dies die letzte große Anstrengung in diesem Jahr ist, den Auftrag erfüllen.

»Morgen greifen wir wieder an«, schreibt Oberst von Lüttwitz am 1. Dezember an seine Frau, »und hoffen dann bald zu einem guten Ende zu kommen. Meine Befehle sind gegeben, alles ist besprochen. Wir haben ein schweres Los in diesem eisigen Winter, aber es wird ja auch einmal wieder Ruhe geben? Wurde gegen Cholera geimpft. Es schneit, es ist windig.«

Nach Mitternacht, um 1.30 Uhr, wird angetreten. Die Nacht ist stockdunkel. Die Schützen quälen sich durch 30 bis 40 Zentimeter hohen Schnee. Auf der Straße folgen die schweren Waffen. Eine Feldwache wird überrascht. Der rote, große Glutball der Sonne

steigt hinter den Schützen in den wolkenlosen, blaßblauen Himmel auf. Es wird kälter. Die gepanzerte Kompanie (5 Schützenpanzerwagen und 4 Panzer) fährt durch den aufstäubenden Schnee in einen Ort, aus dem der überraschte Feind flieht. Er wird eingeholt und vernichtet oder gefangengenommen. Am Nachmittag, der rasch in dunkle Nacht übergeht, hat die 4. Panzer-Division den Feind durchbrochen. Aber es sind nur wenige Kompanien, die hier vorankommen. »Wie gut, daß der Feind das nicht weiß«, heißt es in der Regimentsgeschichte. Flugblätter schneien auf die Kompanien herab, die zum Überlaufen auffordern. Am 3. Dezember, es ist wieder kälter als am Vortag, stoßen die wenigen Panzer der Division unter Oberst Eberbach nach Westen durch, das Schützenregiment folgt ihnen, aufgesessen auf den Kraftfahrzeugen.
Bei schneidendem Ostwind und heftigem Schneefall, auf blankgefegten Straßen, die zur Eisbahn werden, erreicht das Regiment Krjukowo, 15 Kilometer nordostwärts Tula, biegt dort scharf rechts ab nach Rudnew, dann links ab zur zweigleisigen Bahnlinie Tula—Moskau, nach Baranowo, und igelt sich im Ort ein.
Um die Mittagszeit poltern die Panzerketten über die Bahngleise Tula – Moskau. Die Panzer erhalten Befehl, am hellen Nachmittag in dem kleinen Ort Gryslowo unterzuziehen. Im Winterkrieg wird am Nachmittag nur noch um das warme Nachtquartier gekämpft; das ist nun erreicht.
Ein Panzerzug, der mit Infanterie den Ort Rewjakino besetzt hält, wird nach Süden, nach Tula hinein, von den Panzern vertrieben.
Oberst Eberbach schickt noch eine Vorausabteilung nach Norden, die am Abend den verabredeten Treffpunkt mit dem von Westen angreifenden 43. A. K. an der Straße Tula – Serpuchow – Moskau erreicht.
Aber das 43. Armeekorps ist nicht gekommen. Erst später erfahren die Männer der Vorausabteilung, daß es überhaupt nicht angetreten ist.
Die Panzer und die wenigen Kradschützen der Vorausabteilung bleiben auf der Straße stehen.

Am 3. Dezember fährt Guderian auf den Gefechtsstand der 31. I. D., von dort zum I. R. 17 und zu dessen III. (Jäger) Bataillon. Es sind »seine alten Goslarer Jäger«, deren 11. Kompanie Guderian 1920 bis 1922 geführt hat (aber was ist seitdem geschehen), und der Generaloberst will von den Kompanieführern wissen, ob die Truppe noch einmal angreifen kann, um die Vorausabteilung der 4. Panzer-Division an der Straße Tula — Moskau zu erreichen.

Die Offiziere sagen, daß sie sehr besorgt seien. Guderian dringt weiter in sie, er bittet jetzt, mit Tränen in den Augen, seine Goslarer Jäger, noch einmal durchzustoßen, um zu den Panzern zu gelangen, die auf sie an der Straße warten.

Der Generaloberst ist vor einem Ort angekommen, der ihn tief bewegt. Aber was soll er machen? Er weiß, daß alles umsonst war, wenn es ihm jetzt nicht gelingt, den Ring um Tula zu schließen, der Stadt, die wie ein Klotz seit Oktober an ihm hängt, die ihn demütigt, deren Schicksal damals auch seines werden kann. Sie sind miteinander verbunden, der Panzerführer und die alte russische Waffenschmiede — Säbel aus Tula, die wollen ihm nicht aus dem Kopf.

Daß er Tränen in den Augen hat, rührt die jungen Kompanieführer, und einer von ihnen sagt: »Einmal wollen wir den Feind schon noch aus seinen Stellungen stoßen.«

Also befiehlt Guderian für den nächsten Morgen den letzten Angriff. Das Schlimme ist, daß er seinen Panzern an der Straße Tula — Moskau nicht befehlen kann, den Goslarer Jägern entgegenzufahren. Über Funk wurde ihm gemeldet, daß sie nicht mehr den Treibstoff für die letzten 15 Kilometer zu den Goslarer Jägern hätten. Und so bekamen sie von Guderian auch keinen Befehl, weiter vorzugehen.

Auf der Rückfahrt ins Tolstoi-Gut Jasnaja Poljana gerät Guderians Befehlspanzer in eine Schlucht, aus der es in der Dunkelheit kein Herauskommen mehr gibt. Er wird von einem Nachrichtenfahrzeug seines Oberkommandos aufgelesen und zum Gefechtsstand gebracht.

In dieser Nacht zum 4. Dezember klart der Himmel auf. Die Temperatur sinkt auf minus 28 Grad. In den automatischen

Waffen verursacht das Schmieröl Ladehemmungen. Die Schützen müssen sie in den Hütten neben den überheizten Öfen abstellen, um sie einsatzbereit zu halten. Die Motoren laufen ohne Unterbrechung. Das kostet viel Treibstoff, und Treibstoffmangel macht die Truppe bewegungslos.
Leutnant Hoss, Nachrichtenoffizier in Oberst Eberbachs Panzer-Brigade, schreibt über den 4. Dezember: »Der helle Wintermorgen beschert uns eine peinliche Überraschung. Die Temperatur ist bis auf minus 28 Grad gefallen. Das erschwert alle Bewegungen, hemmt sie bis zum absoluten Stillstand. Zahlreiche Motoren springen nicht mehr an. Wegen Kraftstoffmangel muß auch das zeitweise Warmlaufen entfallen. Durch den Wassergehalt im Benzin frieren die Kraftstoffleitungen und die Vergaser ein. Das Aufwärmen müssen wir auf den nächsten Tag verschieben, wenn Kraftstoff eintrifft. Von der Division ist eine Fernsprechleitung gelegt worden, so daß der Funk ausgeschaltet werden kann. Die Batterien haben bei dieser Kälte keine Leistung mehr. Sender und Empfänger werden aus dem eisigen Panzer ausgebaut und in der warmen Hütte aufgestellt. Der Funkverkehr mit den Spähtrupps klappt jetzt reibungslos. Wer könnte bei 28 Grad Kälte auch noch einen Bleistift halten und schreiben?«
An diesem 4. Dezember fährt Oberfeldwebel Abele mit drei Panzern Spähtrupp auf der Straße nach Tula. Er trifft zwei Feindpanzer, schießt einen ab, der andere fährt auf eine Mine. In einem Dorf an der Moskauer Chaussee vernichtet er zwei Flakgeschütze, dann kehrt der Spähtrupp wieder um. Fünf Feindpanzer wollen ihm den Weg abschneiden (Abeles Spähtrupp fährt auf der Straße Tula – Moskau spazieren). Da es nur schwache T 24 sind, kann er vier von ihnen mühelos abschießen, der fünfte Feindpanzer rutscht auf dem Glatteis in einen Teich.
Der Oberfeldwebel vom Panzerregiment 35 weiß nicht, daß er auf die Sicherungen einer russischen Panzerbrigade gestoßen ist, die wegen Treibstoffmangels hier in dem Dorfe Slobodka festliegt. Sie soll, wie Gefangene aussagen, über 72 Panzer verfü-

gen, aber die Gefangenen wissen nicht, daß diese Panzer keinen Treibstoff mehr haben.
Als Oberst Eberbach erfährt, daß eine russische Panzerbrigade drei Kilometer von seinem Dorf und seiner aus 16 Panzern bestehenden Panzerbrigade entfernt steht, vertraut er darauf, daß die Kälte den Russen ebenso schaden wird wie seinen Panzern. Ein wenig unheimlich ist ihm aber doch, denn 72 russische Panzer würden seine Panzer-Brigade hinwegfegen, kämen sie ins Gefecht miteinander. Er stellt zwei Panzer und das Flakgeschütz zur Sicherung auf, denn es ist Nacht, und man will schlafen.
Der Schrecken, den man verbreitete, hob sich hier auf. Keiner konnte dem anderen Schaden zufügen, wenn einer den anderen in Ruhe ließ. Beide Panzerbrigaden hatten kaum noch Treibstoff. Angriffe konnten sie nicht mehr fahren.
Am Morgen des 5. Dezember ist hier nördlich Tula das Thermometer auf minus 38 Grad gefallen. Wenn die mit Lumpen gepolsterte Tür in Eberbachs Hütte an der Straße nach Moskau und Tula geöffnet wird, trifft die warme Innenluft auf die kalte Außenluft. Es entsteht eine Kondenswolke. Nun, bei Tage, gehen die drei Kilometer entfernt lauernden russischen Panzer dem Obersten doch auf die Nerven. Er läßt Artillerie und Nebelwerfer nach Slobodka hineinschießen. Aber es kann nicht beobachtet werden, wie das Feuer liegt. Eberbach kann nur zeigen, daß er noch lebt mit seinen Leuten. Er läßt sparsam schießen. Er hat kaum noch Munition.
Die Nachrichtenfahrzeuge der Panzerbrigade müssen immer wieder aufgewärmt werden. Der Fernsprechtrupp hat einen erbeuteten Lastwagen zu reparieren. »Wie das bei 35 Grad Kälte vor sich geht, kann nur ein Nordpolfahrer glaubwürdig berichten«, schreibt Leutnant Hoss.
Viele glauben jetzt, sie seien tatsächlich am Nordpol angelangt, am Ende der Welt, völlig vereist, unfähig sich zu bewegen, festgefroren vor Moskau oder Tula oder wie die Städte sich nennen, die ihnen gleichgültig geworden sind.
Am Morgen sind die Goslarer Jäger noch einmal zum Angriff angetreten. Sie erreichen den vordersten russischen Graben; dann sind sie am Ende ihrer Kraft. Die Gewehrschützen wär-

men ihre Gewehrschlösser in den Hosentaschen und schieben sie erst in die Läufe, wenn sie ganz nahe am Feind sind.
Das Schmieren der Waffen und Kraftfahrzeuge mit Petroleum bei strenger Kälte werden sie erst später lernen – aus erbeuteten russischen Dienstvorschriften für den Winterkrieg.
Oberst von Lüttwitz wird mit seinem Schützenregiment 12 in der Nacht zum 5. Dezember von zwei Bataillonen in Baranowo angegriffen: »Um 2.00 Uhr nachts fingen feindliche Artillerie und Granatwerfer an, in unser Dorf zu schießen. Dann hörte ich bald nach 3.30 Uhr Abschüsse unserer schweren Infanterie-Geschütze. Ich bat den Adjutanten, zu sehen, was los wäre. Ich glaube, daß dieses Wachwerden und die sofortige Entsendung des Adjutanten Ecker uns allen das Leben gerettet hat. Als Ekker nach 5 Minuten nicht wiederkam, ging ich von unserer Schule ihm nach und in den Nordteil des Dorfes. Kein Gewehr oder Maschinengewehr schoß mehr bei der Kälte, auch beim Feind nicht. Ecker holte die gepanzerte Kompanie, deren MG unter den Häuserdächern geschützt standen und feuerbereit waren sowie den Regimentspionierzug. Mit diesen Kräften wurden 2 russische Bataillone, die in einer Schlucht, einer Balka, schon ins Dorf vorstießen, unter großen Verlusten zurückgetrieben und 280 Gefangene gemacht. Gegen 7.00 Uhr morgens der zweite Angriff. Es ist unvorstellbar, was diese nächtlichen Kämpfe bei 40 Grad Kälte für Anforderungen an unsere Männer stellen. 20 Mann hatten Erfrierungen. Der Adjutant Ecker hatte sich beide Ohren erfroren. Er half mir wieder ausgezeichnet. Alles gratulierte dem Regiment, aber wahrscheinlich greifen sie wieder an. Die Kälte ist bitter. Es ist ein hartnäckiger Krieg.«
Die Bataillone, die hier angreifen, kommen direkt aus den Eisenbahnzügen aus Moskau. Die Eisenbahner, die sie in die Schlacht fahren, greifen selbst mit an.
Die »letzten Bataillone« werden in die Winterschlacht geworfen, von der die Deutschen meinen, sie finde am Nordpol statt.
Nachts hatte Oberst Eberbach erfahren, daß Oberst von Lüttwitz dringend um Panzer bitten mußte. Er weiß, daß Lüttwitz dies nur in großer Gefahr macht, deshalb schickt er ihm seine

letzten sechs Panzer, die noch Treibstoff haben. Leicht fällt es ihm nicht. Er hat ja eine ganze russische Panzerbrigade im nächsten Dorf, auf die er immer noch wartet. Aber er erfährt erst später, daß sie nicht angreifen konnte.

Es ist jetzt wichtig zu wissen, was vorgeht. Den Funkverkehr hört Eberbachs Funkoffizier Leutnant Hoss ab: »Noch vor Dunkelwerden zeigt der pausenlose Funkverkehr unmißverständlich, daß die gesamte Nordfront brennt. Von Stunde zu Stunde mehren sich die Alarmmeldungen; eine Entscheidung steht wahrscheinlich bevor.«

Abends werden die Artilleristen und Pioniere angegriffen. Sie wehren sich verzweifelt. Fünf Panzer und 45 Kradschützen schickt Oberst Eberbach los, sie sind seine letzte Reserve. Aber nur bei zwei Panzern springen die Motoren an. Sie können in den Kampf eingreifen. Später treffen die übrigen drei Panzer mit den Kradschützen ein. Der Gegner muß sich in die Wälder zurückziehen, er läßt 170 Gefallene zurück.

In dieser Nacht bricht Generaloberst Guderian den Angriff ab. Es ist für ihn das erste Mal in diesem Kriege. Der Entschluß fällt ihm schwer. Aber die Armeen links und rechts von ihm stehen längst nur noch in der Abwehr. Er will die weit vorgestoßenen Teile der 2. Panzerarmee in die Linie oberer Don-Schat-Upa zur Verteidigung zurücknehmen. Die Lage ist ernst. »Unser Angriff auf Moskau war gescheitert«, schreibt er. »Die Opfer und Anstrengungen unserer braven Truppe waren umsonst gebracht.«

Guderian ahnt nicht, daß Schukows Gegenoffensive am nächsten Morgen beginnen wird, die auch seine Panzerarmee trifft. Er hat in Jasnaja Poljana nur das Gefühl, daß der Bogen zerbrechen muß, den seine Panzerarmee bei 35 Grad Kälte so weit nach Norden gespannt hat.

In der »Truppenführung«, der deutschen Heeresdienstvorschrift, nahm das Kapitel »Rückzug« sechs Seiten ein (von 300, die sich mit allen anderen Kampfarten beschäftigten).

Rückzüge waren nie geübt worden; bisher hatte es sie auch nicht gegeben.

Der Entschluß zum Rückzug durfte, nach der Dienstvorschrift, nur gefaßt werden, wenn alle Möglichkeiten zum Siege erschöpft sind und die Fortsetzung des Gefechts zu einer Niederlage oder doch zu Verlusten führen würde, die in keinem Verhältnis zum Gefechtszweck stehen. Nur äußerste Not kann daher einen Rückzug aus dem Gefecht rechtfertigen.

Für Guderian war jetzt eingetreten, was Clausewitz so formuliert: »Wie hoch auch der Wert des Mutes und der Standhaftigkeit im Kriege angeschlagen werden muß (und der Panzergeneral hatte beides bis zuletzt, bis zu dieser Stunde erfahren durch seine Leute) und wie wenig Aussicht der auf den Sieg hat, der sich nicht entschließen kann, ihn mit ganzer Kraftanstrengung zu suchen (Guderian hatte sich nichts vorzuwerfen), so gibt es doch einen Punkt, über den hinaus das Verharren nur eine verzweiflungsvolle Torheit genannt werden kann.«

In dem schmalen Band des Insel Verlags »Grundgedanken über Krieg und Kriegsführung« von K. von Clausewitz, der im Stabe Guderians mitgeführt wurde, heißt es aber auch: »Ein in Feindesland Zurückgehender bedarf in der Regel einer vorbereiteten Straße. Einer, der unter sehr schlimmen Verhältnissen zurückgeht, bedarf ihrer doppelt. Einer, der in Rußland 120 Meilen weit zurück will, braucht sie dreifach. Unter vorbereiteter Straße verstehen wir eine, die von seinen Etappentruppen besetzt war und auf der er Magazine vorfindet.«

Diese Rückzugsstraße nach Orel, so fürchtete Guderian, konnte vom Gegner erreicht und gesperrt werden. Von nun an setzte er alles daran, daß dies nicht eintrat. Bis Weihnachten beschäftigte ihn diese Sorge.

Schlaflos liegt Oberst Eberbach in der Nacht zum 6. Dezember in der Hütte an der Straße nach Moskau. Auch sein Funkoffizier Hoss kann nicht einschlafen. Aber ihn quälen Läuse. Um Mitternacht schreckt sie das Feldtelefon auf. Der Kommandeur der 4. Panzer-Division, General Freiherr von Langermann und Erlenkamp, will Eberbach sprechen. Hoss übergibt den Hörer.

Er berichtet, daß er aus Eberbachs Antworten den Inhalt des Gesprächs erfassen konnte: »Es ist der totale Rückzugsbefehl zur Erhaltung des nackten Lebens der Männer der Division ohne Rücksicht auf das Material. Alle Einwände Eberbachs, die sicher unabsehbaren Materialverluste könne man nicht ersetzen, die Geschütze und Panzer seien fahrunfähig, man dürfe sie gerade jetzt nicht verlieren, da alles auf Messers Schneide stehe, werden zurückgewiesen. Eindeutig ist der Befehl der Division. Eberbach muß ihn Wort für Wort wiederholen, damit es keine Mißdeutung geben kann: ›Alles, was nicht von der Stelle bewegt werden kann, ist zu vernichten und zwar auf der Stelle.‹ Nachdem der Oberst den Hörer weggelegt hat, sagt er zu Hoss: ›Es ist Befehl‹.« Dem Funkoffizier kommt es vor, als habe er Eberbach noch nie so ernst sprechen hören, in einem Ton, den er an ihm nicht kennt, mit einem Gesicht, das ihm plötzlich fremd wird.

»Kraft zu Ende« meldet Feldmarschall von Bock am Abend lakonisch nach Ostpreußen. Dort sagt Feldmarschall von Brauchitsch, Oberbefehlshaber des Heeres, zu Generaloberst Halder, daß er sich entschlossen habe, seinen Abschied zu nehmen.

Am 6. Dezember zieht sich auch das Schützenregiment 12, nachdem es vormittags noch zwei Feindangriffe nördlich Tula abgewiesen hat, aus dieser Gegend zurück. Für Oberst von Lüttwitz kam dieser Befehl ebenfalls unerwartet. Doch die Absetzbewegung überrascht auch den Gegner. Er läßt die Deutschen abrücken, ohne ihnen zu folgen.

Die physische und psychische Grenze der Leistungsfähigkeit von Menschen war erreicht.

Wer endlich weichen würde, der sollte in diese Gegend nie wieder kommen.

Abb. 19: Die 4. Panzer-Division. Marschweg und weitestes Vordringen

34. KAPITEL

SCHATTEN ÜBER DER SEELE

Wem er es nur verdankte, daß er hier lag; im Dachgeschoß dieser Schule, in der Wärme, in einer russischen Stadt, in Orel. Daß er nicht gestorben war, gefallen, würden sie sagen, wenn sie überhaupt etwas sagen konnten mit den vereisten Mündern. Der Schuß hatte ihn niedergeworfen, außer Gefecht gesetzt, wie es vom Gegner gewollt wurde. Er hatte es erwartet, es war eingetreten, es gehörte dazu, es war kein besonderes Schicksal, niedergestreckt zu werden, so häufig, zu häufig dieser Vorgang. Plötzlicher Stillstand nach unaufhörlicher Bewegung. »Woskressenskoje«, wie Naila sagte, die Krankenschwester, »Ort der Auferstehung«. Daß er nur von dort gekommen sein mußte, glaubte das russische Mädchen, das Leutnant Koch pflegte, fest. Dann müßte er fast gestorben sein, wenn er von dort käme. Gerettet hatte ihn der Sanitätsunteroffizier Drexel. Aber die Fahrt vom vorgeschobenen Verbandsplatz, nach der fiebrigen Nacht in der Hütte, über die steinhart gefrorenen Wege nach Tschern war fürchterlicher gewesen als der Hieb gegen das Bein und die Rettung im gefrorenen Sonnenblumenfeld von Isrog, im Brükkenkopf vor Jefremow.

Die Fahrt hatte einen kurzen Wintertag gedauert. Die drei Verwundeten, die mit ihm fuhren, starben unterwegs. Der Sanka mußte anhalten, aber er nahm die Toten mit nach Tschern.

Der holpernde Wagen verursachte seinem zerschmetterten Bein mit dem vom Geschoß zerschlagenen Oberschenkelknochen Schmerzen, obwohl es geschient war. Koch meinte jeden Meter, den der Sanka fuhr, im Bein zu spüren; er biß in seine Feldmütze.

Als er in Tschern ausgeladen und in das Kinderhospital getragen wurde, sah er wieder den Schnee. Er fiel in dicken Flocken, die alle krank machten; er war eine Seuche.

An dem Kinderhospital fuhren schwerfällige Lastwagen vorbei, die nach Tula oder Orel unterwegs waren. Er sah ihre Konturen nur schattenhaft. Sie erschienen ihm auf einmal ganz fremd, obwohl sie doch zu seiner Welt gehörten. Der Stabsarzt, der ihn versorgte, gab ihm eine Chance, das Bein zu behalten, wenn es aufhören würde zu schneien. Dann könnte die Junkers landen, um die Schwerverwundeten nach Deutschland zu fliegen.

Daß man ihn ausfliegen wollte, erstaunte den Leutnant. Da er von vorn kam, von dem Platz, der ihm selbstverständlich zugefallen war, wußte er nichts von dem, was hinter ihm war. Er meinte in Tschern nur, er sei jetzt auf dem Rückweg, sein Rückzug aus der Schlacht habe begonnen, er werde ihn fortsetzen, nach Moskau käme er nie mehr.

Der Stabsarzt erwiderte: »Das ist jetzt eine andere Schlacht, es ist Ihre eigene.«

Daß es in einer Schlacht um Leben und Tod ging, um Sieg und Niederlage auch, wußte er, nun wußte er, daß er auch jetzt noch sterben konnte, und der Schatten, der in ihm aufstieg, breitete sich über seine Seele aus.

»Denn wir wissen nicht, ob es genügt, wenn wir Ihnen das Bein abnehmen«, sagte der Stabsarzt, schob die Gardine beiseite, sah in den Schnee, der immer noch fiel. Gegen die Schmerzen hatte der Stabsarzt Morphium; Koch hatte dennoch schreckliche Träume. Er sah sich dahinwelken, eingehen. Der Körper starb, die Seele suchte eine Möglichkeit, ihn zu verlassen.

Koch haderte mit sich, daß der Russe ihn nicht so getroffen hatte wie die anderen, mit denen er den Tod zusammen erlebt hatte (sagte man erlebt? ja man sagte es und vergaß es schnell); daß er endgültig erstarrte, die Augen geöffnet, so daß ihm niemand mehr etwas vormachen konnte und dann andere die Augen zudrücken mußten.

Aber wenn ihm der Stabsarzt den Puls fühlte, dann empfand er das väterlich. Der Sanitätsoffizier im weißen Kittel hätte auch sein Vater sein können.

Im Fieber stellte er sich vor, die 2. Kompanie habe die Stadt gestürmt, sei dann aufgesessen, weitergefahren, längs des Oberlaufs des Don, im dicken Schneefall, der sie dem Feind verbarg, im Geisterregiment des Obersten Jollasse nach Norden, auf Um-

wegen, die sie nicht verstanden, doch dem Ziele entgegen – Moskau.
Kochs Vater war nie nach Paris gekommen, nachdem er es 1914 nicht erreichen sollte. Dasselbe würde ihm auch passieren. Er konnte sich alles vorstellen, nur nicht, daß er Moskau einmal erreichen würde, nicht auf den eisigen Straßen, die sie jetzt fuhren, sondern im Flugzeug – und daß er auf der Fahrt vom Flugplatz Scheremetjewo Krasnaja Poljana erkennen würde, dann die überdimensionale Panzersperre zwanzig Kilometer vor dem Hotel »Ukraine«, in dem er übernachten sollte.
Nun war er doch noch nach Moskau gekommen, sagte er zu sich, nicht als Gefangener, nur als Gast, aber am Ziel war er.
In der Tasche seiner Feldbluse, auf dem Hocker neben dem Kinderbett, in das man ihn hier in Tschern gelegt hatte (es gab nur Kinderbetten im Kinderhospital, das Brett am Fußende war herausgeschlagen worden, die Verwundeten waren zu lang für solche Betten), steckte die Landkarte, die man ihm beim Abmarsch aus Orel gegeben hatte. Die Stadt Kaschira hatte er mit Rotstift eingekreist. Sie war das Ziel, wie ihm gesagt wurde. Nach Jefremow hatte es ihn wohl etwas weit nach Osten abgetrieben, aber das kam vor im Kriege. Wahrscheinlich war es das Ausholen zu einer Umgehung. Ein Kessel sollte wieder einmal gebildet werden – Kaschira vergaß er nie wieder. Als Koch nach 30 Jahren den Namen »Kaschira« in kyrillischen Buchstaben entzifferte, war er auf der Fahrt im Autobus in den Süden von Moskau, zum Flugplatz Domodedowo. Von ihm würde er nach Nowosibirsk und Irkutsk fliegen.
Die Straße nach Kaschira hatte er nun doch noch erreicht, wenn auch auf Umwegen. Erst mußten diejenigen, die ihn abschossen, ehe er damals Kaschira erreichte, zu ihm kommen, Berlin erobern, in dem er jetzt wohnte. Er sah Kaschira nicht vereist, erfroren. Er kam auch nicht bis in die Stadt. Der Flugplatz lag vor Kaschira. 42 Kilometer, die Marathonentfernung, trennten ihn auch jetzt von dieser Stadt (die 17. Panzer-Division trennten 1941 nur 20 Kilometer von Kaschira, als es damals zu Ende ging mit dem Vordringen) und es war Frühling. Die Tannen mit Maiwuchs neben der Straße, ein blaßblauer Himmel wie manch-

mal im Winter, fast linkisch ein paar Blumen auf den Wiesen. Im Flughafengebäude verlangte er Sekt. Er aß dazu Würstchen. Ihm sollte es schwindlig werden vor dem Abflug nach Sibirien. Er mußte schon auf der Erde schweben. Denn unwirklich war ihm vieles geworden, als er das Schild »Kaschira« sah.
Die Erde, auf der er dies alles erlebte, hatte er inzwischen als blauen Stern sehen dürfen, von Astronauten auf dem Mond fotografiert. Den Mond hatten die Menschen tatsächlich erreicht, wie er 1941 in Rußland den Mond schon erreicht zu haben glaubte, seine sichtbare Fläche, die so groß war wie das europäische und asiatische Rußland zusammen.
Als er in Tschern merkte, daß sein Leben wieder wichtig geworden war, wünschte er nur noch, so schnell wie möglich von der sichtbaren Seite des Mondes wieder herunterzukommen. Aber die Junkers kam nicht, obwohl es nun aufgehört hatte zu schneien. Der Stabsarzt sah, daß der Leutnant noch lebte, er ließ ihm sein Bein und schickte ihn mit der Eisenbahn nach rückwärts.
Die Fahrt dauerte lange, bis die Verwundeten nach Orel kamen. Es war ein russischer Güterzug. Im Waggon stand ein Ofen, der geheizt wurde. Der Leutnant lag an der Schiebetür und konnte sehen, daß das Land unter Schnee begraben lag, wenn sie bei einem Aufenthalt aufgeschoben wurde.
Jedes Anfahren des Zuges verursachte ihm Schmerzen. Das Bein war nicht gegipst, es war nur geschient, damit die eiternde Wunde Luft bekam.
Als der Zug endlich auf einem Bahnhof hielt, die Tür geöffnet wurde, fragte Koch, wo er sei und wohin man fahre.
Nach Gomel, erfuhr er, und hier sei Orel.
Bis Gomel würde er das Stehenbleiben und Anfahren des Zuges nicht mehr aushalten können. In Gomel, da war man im Sommer gewesen. Aber Orel kannte er. Hier wollte er bleiben. Er mußte sich daran erinnern, daß er Leutnant war, um den Sanitätern zu befehlen, ausgeladen zu werden, da sie ihn gleichgültig weiterfahren lassen wollten.
In der Schule, die als Lazarett eingerichtet war, fand man für ihn in der Dachstube noch ein Bett. Dort war es warm. Es

herrschte Ruhe. Er war allein. Vielleicht war es die Sterbekammer, in die man diejenigen legte, mit denen es zu Ende ging. Hier pflegte ihn Naila, und hier war er vor dem Tod und dem Winter sicher (beides hatte gleichen Rang bekommen).

Sein linkes Bein war nun eingegipst. Die breite Wunde blieb offen. Er konnte sie wie durch ein Fenster betrachten, wenn der Verband gewechselt wurde.

Der Oberstabsarzt sagte zu ihm, er habe Glück gehabt, so etwas könne auch tödlich ausgehen, aber man werde ihn schon zusammenflicken.

Naila hatte zuerst die Läuse entfernt, die er mitbrachte. Er schämte sich kaum, als sie sich damit beschäftigte.

Es war Nailas Land. Sie wußte am besten, wie man damit fertig würde.

Ihre Hände waren weiß, aber kraftvoll. Ihre Augen beobachteten ihn verwundert, als er nicht sofort wußte, was »Woskressenskoje« hieß. Davon gab es in Rußland viele. Es schien sehr viele Orte der Auferstehung jetzt nötig zu haben, gerade jetzt. Wenig erfuhr er von dem, was außerhalb dieser Dachstube geschah.

Er glaubte, es ginge draußen immer so weiter. Aber Moskau würde er nun gegen Orel nicht mehr eintauschen. Hier war er endlich in dem Rußland, von dem Kriegspfarrer Wolf gesprochen hatte.

»Rings um uns steigt das Vergessene, das Erbe der Dunkelheit auf.«

Das Vergessene war auch Naila, aber er sagte es dem Mädchen nie.

Sie, die deutschen Soldaten, seien, ließ ihn der Arzt Anfang Dezember wissen, noch unterwegs, doch Generaloberst Guderian habe sein Hauptquartier immer noch in Orel. Doch wäre er selten dort. Im Tolstoigut vor Tula sei sein Gefechtsstand.

Wie konnten sie noch unterwegs sein, grübelte Koch, wenn Guderian immer noch dort ist, wo er längst eingetroffen war, als sie nach Jefremow sollten.

»Es ist jetzt«, sagte der Arzt, »als ob jemand einen Luftballon aufblase; so viel Raum gewinnt die Panzerarmee, nun muß der

Luftballon nur noch gut zugebunden werden, damit die Luft nicht mehr entweicht.«
»Man kann auch in einen Luftballon hineinstechen, dann ist es mit ihm aus«, sagte Koch; er wurde jetzt täglich interessierter, und er erfuhr auch mehr.
Endlich legten sie zu ihm einen Offizier, der Verbände an Händen und Füßen hatte, auch sein Gesicht war erfroren. Er sprach wenig. Aber jetzt wußte Koch, daß es eine ganz neue Waffe da draußen gab, den Frost. Er unterschied auch, daß es Erfrierungen 1. Grades und 2. Grades gab wie Verbrennungen 1. Grades und 2. Grades. Die Kälte verbrannte wahrscheinlich die Männer draußen. Er fragte den Hauptmann nach General Nehring, aber er wußte von ihm nur, daß die 18. Panzer-Division bis nach Skopin auf dem Eis gerutscht war, das schon hinter Moskau lag. »Es sind jetzt tagsüber 35 Grad Kälte draußen«, sagte der Hauptmann, »da vergißt man alles.«
Und: »Der Kopf wird durch die Kälte leer, es ist nichts mehr drin, man flucht nur noch.«
Auch das sagte er noch: »Das hätte man doch vorher wissen müssen.«
Koch zog sich vor diesem Winter, der in seine Stube geraten war, zurück. So schwiegen sie lange. An dem Dezembertag, an dem er 23 Jahre alt wurde, rechnete Koch aus, wie lange er in Wirklichkeit gelebt habe. Er meinte zum Hauptmann, daß nicht viele Tage, Wochen oder gar Jahre dabei herauskämen. Es wäre auch nicht viel verloren gegangen, wenn er vor Jefremow sofort tot gewesen wäre.
Zu Naila sagte er, daß er Geburtstag habe. Sie erwiderte: »Woskressenskoje«, Auferstehung, Ort der Auferstehung, also war ihm von nun jeder Geburtstag ein Tag der Auferstehung.
Am Tage danach erklärte Hitler den Vereinigten Staaten von Amerika den Krieg.
Koch konnte sich darunter nichts vorstellen, aber als er am gleichen Tage erfuhr, daß Guderians Panzer wieder in Orel eintrafen, meinte er zum Hauptmann: »Und die Schmerzen, die Öde, wieviele Jahre würde das noch dauern?«

»Ach«, erwiderte der Hauptmann, »was machen Sie sich Gedanken. Sehen wir zu, daß wir nach Hause kommen. Orel wird zur Verteidigung eingerichtet.«

Daß Deutschland so mächtig war, Amerika den Krieg zu erklären, das hatte Leutnant Koch nicht gewußt.

Naila sah verlegen aus, als Koch auf der Tragbahre durch das hohe Treppenhaus nach unten gebracht wurde. Sie ging neben der Bahre, und sie ließ ihn erst aus den Augen, als er im Sanka geborgen war, der ihn zum Bahnhof in den Lazarettzug brachte. Ihre Verlegenheit entstand aus der Hilflosigkeit, ihm nichts mitgeben zu können aus ihrer Armut, in der sie zurückblieb.

In der Feldbluse, die über sein wieder geschientes Bein gedeckt war, steckte die Landkarte mit dem rot umrandeten Kaschira. Das war alles, was er mitnahm, und die Überzeugung von der Unmöglichkeit, endgültig zu siegen.

Der Lazarettzug war erstklassig, er bestand aus deutschen D-Zugwagen mit vielen Betten, die übereinander angebracht waren. Auf jedem Bett lag eine Flasche Münchner Löwenbräu. Da es aber eiskalt im Waggon war (die Lokomotive fehlte), wagte keiner, die Flasche zu öffnen.

Sie froren einen Tag, bis die Lokomotive kam und der Zug warm wurde und abfuhr.

Die Sanitäter, die sie betreuten, waren wie Wagendiener, denen ihre Arbeit lästig ist. Sie sprachen auch eine andere Sprache als diejenigen, die von der Front kamen. Vielleicht waren es alle Schauspieler, die hierher kommandiert wurden, um Enten und Steckbecken zu tragen und unterzuschieben, Temperaturen zu messen, Essen zu bringen, Hilflose zu füttern.

Sie kamen nicht von dort, wo einer sein Grab sah, sie wußten aus der Heimat mehr, ihnen konnte man nichts vormachen, und so benahmen sie sich, als wären die Verwundeten ihnen untertan. Koch hoffte, daß der Zug ohne anzuhalten durchführe bis ins Lazarettbett, das für ihn reserviert war.

Bald erhält er Besuch. Leutnant Schäfer, der nach ihm die 2. Kompanie vor Jefremow führte, hat nur eine Armwunde. Er kann sich bewegen, und sie sind nicht erstaunt, sich hier zu treffen. Auch Oberleutnant Kampf ist im Zug, der nach Schä-

fers Verwundung bei der Eroberung von Jefremow die 2. Kompanie übernahm. So gibt es Grund, miteinander zu reden.
Der Krieg vereinfacht alles.
Koch erfährt, daß Nehrings Panzer-Division Jefremow nahm. Die Kautschukfabrik brannte, als sie eintrafen. Auf sie hatte die Heeresgruppe Mitte in einem Fernschreiben dringend hingewiesen, ein Experte vom OKH aus Ostpreußen wäre unterwegs, um die Fabrik zu übernehmen.
»Der Mann traf auch beim Stab ein«, sagt Oberleutnant Kampf, »aber er blieb arbeitslos, es brannte alles rechtzeitig nieder.«
»Die Kameraden sind auf dem Rückzug«, sagt er dann noch, »wir hätten sie in Orel angetroffen, wenn wir länger geblieben wären.«
»Da war also Jefremow der letzte Angriff?«, fragt Koch.
»Nein«, erwiderte Kampf, »Oberst Jollasse hat Ende November noch einen letzten glorreichen Sieg errungen, er eroberte einen Bahnhof und war sehr stolz.«
»Die Russen waren am Ende«, sagt Schäfer.
»Ja, wenn wir mehr gewesen wären«, ergänzt Kampf.
»Warum sind wir nicht mehr gewesen?« wirft Koch ein.
»Das fragen Sie mal den Führer«, erwidert Kampf.
Zwei Jahre später wird er sich bei Orel erschießen, der Oberleutnant Kampf, damit endlich der Krieg für ihn zu Ende ist.
Als der Zug in Gomel hält, haben sie sich alles gesagt. Eine Panzer-Division ist da draußen ein Stück Heimat, aber wenn man in die wirkliche Heimat fährt, wird sie sonderbar unwirklich.
In Brest fällt Koch der Leutnant Bellmann ein, der schon vor ihm über den Bug nach Deutschland zurückgefahren sein muß mit seinem Armschuß, den er im Rübenacker vor dem Dorf erhielt, in das sie abends einbrachen.
Was erwartet ihn in Warschau? Auch diese Stadt ist für ihn verloren.
Die Zeitungen, die vom Sanitäter verteilt werden, sagen nichts von der Kälte vor Moskau. Sie jubeln, weil die Japaner, mit de-

nen Deutschland nun gegen Amerika verbündet ist, überall siegen.

Deutschland, das ist nun Glogau, das Reservelazarett, 1939 rechtzeitig fertig geworden, um die Kriegsverwundeten aufzunehmen.

Koch kommt auf den Operationstisch, der Sanitäter sagt: »Na, Kamerad, wo fehlt es denn?«

Dann sieht der Sanitäter die verschmutzte Feldbluse, die über Kochs Füßen lag und herunterfiel, als er ihn auf den Operationstisch hob.

Er klappt die Hacken zusammen: »Entschuldigen, Herr Leutnant.«

Wer von weither kommt, dem ist es gleichgültig, wie er genannt wird.

Aber er hat sein Bein mitgebracht, das ist alles, was er vor Moskau mitnehmen durfte – und das ist mehr, als er sich wünschen konnte.

35. KAPITEL

Der deutsche Rückzug

Als der Befehl, den Angriff auf Moskau einzustellen, am Abend dieses bisher kältesten Tages in Rußland, des 5. Dezember, bei den Truppenteilen eintraf, glaubten viele Soldaten, es beginne nun der »Winterschlaf«. Sie hatten bis zuletzt alles hergegeben, was sie noch geben konnten, fast Menschenunmögliches geleistet, ihre Erschöpfung war groß. Sie waren überzeugt, daß bei 38 Grad Kälte auch die oberste Führung ein Einsehen habe, die Kriegführung wenigstens vorübergehend einzustellen, zur Abwehr überzugehen, soweit sie nötig würde. Denn den Feind hatte man wohl geschlagen.

Jetzt, in der Abwehr, werde auch Mannschaftsersatz, neue Fahrzeuge und Panzer, endlich die notwendige Munition, an der es mangelte, eintreffen. Die 4. Armee hatte am 2. Dezember an der Autobahn nach Moskau noch einmal angegriffen. Sie geriet in schwere Kämpfe, bei denen Truppenteile abgeschnitten wurden. Deshab ging sie wieder in die Ausgangsstellungen hinter das Flüßchen Nara zurück.

Schukow wollte ursprünglich schon am 3. und 4. Dezember mit dem Gegenangriff beginnen; durch die angreifende 4. Armee wurde es nötig, den Beginn der Offensive auf den 6. Dezember zu verschieben. Er konnte jedoch im Befehl für diesen Angriff seinen Truppen mitteilen, daß die deutsche Infanterie bei Panzerangriffen »alles wegwirft und in höchster Panik flieht«. Schukow mußte seine Verbände anfeuern, die er aus einer verzweifelten Lage vor Moskau, mit dem Rücken zur sowjetischen Metropole, vorwärts zu reißen hatte. Er konnte nur auf »Panik« hoffen, nachdem er durch Aussagen von Gefangenen festgestellt hatte, daß der Gegner über keine Reserven mehr verfügte. »Er hat sie, die Reserven, in den letzten 18 Tagen völlig aufgebraucht. Die Panzer-Divisionen haben eine personelle Stärke von nur noch 30 Prozent und durchschnittlich noch 40—50 Panzer aller Typen. Der Feind hat nur noch sehr wenig Artilleriemunition und Betriebsstoff.«

Die sowjetischen Offiziere, die diesen Befehl lasen, mußten nachdenklich werden. Denn ihre Verbände waren zwar aufgefüllt, aber was konnte es ihnen nützen, mit voll aufgefüllten Divisionen gegen diese deutschen Divisionen angreifen zu müssen, in denen sich Soldaten befanden, die über eine große Kriegserfahrung verfügten. Für die Divisionen aus Sibirien in den neuen Armeen war es der erste Kampf, und so groß auch ihr Selbstvertrauen war – wissen konnte keiner, ob sie die Deutschen zurückwerfen konnten. Um einen Schwerpunkt zu bilden, gab Schukow fast die Hälfte seiner Panzer – 290 von 720 – der nördlichen Angriffsgruppe, die gegen Klin, Solnetschnogorsk und Istra vorgehen sollte.

Von dort war Moskau am meisten bedroht.

Gelänge es, diese gepanzerte Faust abzuhacken, dann wäre schon etwas erreicht.

Durch die Verschiebung des Angriffstermins auf den 6. Dezember morgens 6.00 Uhr hatte Schukow, ohne vorher davon gewußt zu haben, den kältesten Wintertag mit sibirischen Temperaturen auf seiner Seite. Jede noch so kleine Ausweichbewegung der deutschen Front vor Moskau mußte zu schweren Materialverlusten führen.

Psychologisch wurden die Verteidiger Moskaus, die nun zu Angreifern werden mußten, durch den Rückschlag unterstützt, den die Deutschen der Heeresgruppe Süd bei Rostow am Don einstecken mußten. Dort waren sie zum Rückzug gezwungen worden. Auch die ersten britischen Panzer, die Schukow an der Autobahn gegen die 4. Armee einsetzen konnte, gaben Auftrieb; man stand nicht mehr allein, es kam Hilfe über Persien nach Moskau.

Stalins Briefwechsel mit Churchill hörte am 30. November auf. Er hatte Churchill kurz zum Geburtstag gratuliert, dann schwieg gegenüber dem Briten der Georgier im Kreml bis zum 27. Dezember, an dem Stalin sich bei Churchill für dessen Glückwünsche zum eigenen Geburtstag knapp bedankte. Die drei Botschaften, die Churchill im Dezember ihm schickte, blie-

ben unbeantwortet. Anderes hatte jetzt der Oberste Befehlshaber zu tun, als Briefe zu diktieren. Er hatte alles auf eine Karte gesetzt.
Hitler, der nicht ahnte, daß sein Heer vor einer großen Krise stand, war Anfang Dezember aus Tokio informiert worden, daß Japan in den Krieg eintreten würde. Er kannte auch den Zeitpunkt, doch von den geplanten Operationen wußte er nichts. Er hatte nun wirklich einen Weltkrieg. Aber er stand mit seinem Heer tief in Rußland. Auf seiner Seite kämpften die Japaner gegen die USA, die Großbritannien unterstützten; aber Hitler erschien in dieser neuen Lage seltsamerweise zurückhaltend. Er mußte damit rechnen, daß Präsident Roosevelt das gewaltige Potential Amerikas in Kriegsrüstung umsetzen würde; der amerikanische Präsident unterstützte bisher schon die Engländer und die Russen. Die Sowjetunion blieb vor einem Zweifrontenkrieg verschont; Japan würde dieses Land nicht angreifen. Das schmerzte Hitler, der entschlossen war, den USA den Krieg zu erklären. Bisher hatte er Kriegserklärungen nicht gebraucht, um andere Länder bekriegen zu können.
Am 6. Dezember befahl er, daß in Westeuropa keine Verminderung der deutschen Truppen eintreten dürfe, obwohl er diese Truppen vor Moskau, Leningrad und Rostow brauchte. Er fürchtete, daß die Amerikaner in Norwegen landen könnten, um den bedrängten Russen zu helfen; er nahm auch an, daß der bisher unbesetzte Teil Frankreichs einmal besetzt werden müsse, um die Amerikaner und Engländer nicht »einzuladen«, an der französischen Riviera zu landen.
Er dachte auch an den Partisanenkrieg, der seit dem 22. Juni im ehemaligen Jugoslawien ausgebrochen war; dorthin waren deutsche Truppen zu entsenden.
Dies alles bedachte Hitler an jenem 6. Dezember 1941, an dem die Gegenoffensive vor Moskau ihn überraschte.
Er nahm sie noch nicht ernst.
Aus den tiefen Wäldern nordwestlich von Moskau griff an diesem Morgen des 6. Dezember seit 6.00 Uhr ein Feind an, mit dem die Deutschen schon fertig geworden zu sein glaubten. Die Infanteristen trugen Schneehemden, waren warm gekleidet und

kamen mit Panzern, die im Fahren schossen, während ein gewaltiges Artilleriefeuer aufdröhnte, das die deutschen Stützpunkte zum Ziel hatte.
Die Deutschen erwiderten das Feuer, aber sie konnten nicht verhindern, daß die Angreifer in ihre Stützpunkte bis zum Nachmittag eindrangen.
Die Übermacht ist groß; sowjetische Bataillone greifen schwache Kompanien und Züge an, die in den Dörfern aus dem Schlaf geschreckt werden. Erstaunt beobachten deutsche Offiziere, wie der Gegner, dem sie sich bisher überlegen fühlten, geschickt Schwächen ihrer Stützpunktverteidigung ausnützt. Wo er liegen bleibt, da fesselt er die Deutschen, bis sie von rückwärts überwältigt werden.
5 Bataillone der 36. Infanterie-Division (mot) haben die Nordflanke der Panzergruppe 3 General Reinhardts zwischen der Sestra und dem Wolgastaubecken zu sichern. Sie sind aufgesplittert auf viele Dörfer und Häusergruppen. Der aus den Waldzonen hervortretende Gegner wird hier abgewehrt, dort nur aufgehalten. Ist ein Stützpunkt genommen, so wird sofort die Stützpunktlinie von der Flanke bedroht und aufgebrochen. Die Überraschung ist manchmal so groß, daß der Gegner mit Panzern und aufgesessener Infanterie schon im Dorf ist, ehe die schweren Waffen der Deutschen einen Schuß abgefeuert haben.
Alexander Conrady, damals Bataillonskommandeur, hält dies in seinem Buch *Rückzug vor Moskau* fest: »Auf jedem der vier schweren Panzer saßen oder lagen ungefähr zehn bis zwanzig Mann. Die Panzer näherten sich mit ungewöhnlicher Geschwindigkeit, die Infanteristen sprangen ab und bekämpften von den ersten Häusern aus die 1. Kompanie. Eine Pak wurde niedergewalzt. Geschützführer und Funker dieser Pak brachten im Auspuff des russischen Panzers, dessen Gleisketten beschädigt waren, eine Handgranate zur Detonation, die den Panzer auseinanderriß. Zwei weitere Panzer wurden abgeschossen, der letzte fuhr davon.«
Mit den Panzern waren sie fertig geworden, auch mit der sie begleitenden Infanterie. Dann aber greifen zwei Kompanien aus dem Walde an, die im Sperrfeuer liegen bleiben. Mit ihren

Gewehren und Maschinengewehren schießen die Deutschen im Stehen. Auch dieser Gegner wird abgeschlagen, er zieht sich in den Wald zurück. Aber während des Kampfes dringen zwei Panzer von Süden in den Ort ein. Sie suchen die beiden noch vorhandenen Pak-Geschütze, auf einzelne Männer machen sie Jagd.
Conrady berichtet: »Einer dieser Panzer wurde vernichtet. Die Besatzung des zweiten Panzers hatte die 5-cm-Pak entdeckt und fuhr mit erhöhtem Tempo auf sie zu. Bei der Pak klemmte der Verschluß. In letzter Sekunde sprang die Bedienung zur Seite. Dreimal überfuhr der Panzer das Geschütz, ehe er von der letzten Pak abgeschossen wurde. Die Verluste waren auch auf unserer Seite erheblich. Der Kompaniechef, Oberleutnant Bunge, war als erster gefallen. In der Ortschaft bot sich jetzt ein schauriges Bild. Die Munition der beiden brennenden Panzer explodierte. Zahlreiche Gefallene lagen auf der Straße und Verwundete schrien um Hilfe. Artillerie schoß in den Ort. Um 12.00 Uhr kam ein Fahrzeug des Pakzuges und brachte eine 3,7-cm-Pak und Munition. Gefallene und Verwundete nahm das Fahrzeug mit.«
Nachdem die Artillerie das Dorf in Brand geschossen hat, müssen die Verteidiger sich aus dem Ort zurückziehen. Sie liegen im Schnee und frieren schrecklich. Wieder greift der Gegner an, aber bei Dunkelheit ist der Angriff abgewehrt.
Die unheimliche Ruhe, die sich nun ausbreitet, ist trügerisch. In der Nacht greift der Russe erneut an. Die Deutschen wehren sich verzweifelt. Keiner will in Gefangenschaft fallen. Es ist, wie Conrady schreibt, »ein stummes Ringen«, es geht um Überleben oder Sterben.
Spätabends am 6. Dezember muß sich die Panzergruppe 3 zum Rückzug entschließen, da die weit nach Moskau vorgedrungenen Panzerspitzen durch den erfolgreichen russischen Angriff am Wolgastaubecken abgeschnitten werden könnten.
Die eigenen Linien waren zu schwach, sie wurden durchbrochen.
In dieser Nacht werden 40 Grad unter Null gemessen; es häufen sich Erfrierungen. Die blutigen Verluste des Tages werden

durch die Verluste, die von der Kälte zugefügt werden, vermehrt. Um Verwundete versorgen zu können, brauchte man Häuser, Weiler, Dörfer. Doch sie brannten im feindlichen Feuer nieder.
Am 7. Dezember wird die zurückweichende 36. I. D. (mot) durch die Lehrbrigade 900 verstärkt, aber was heißt hier »verstärkt.« Sie kann mit ihren schwachen Kräften nur kurze Zeit aufhalten, was in den Stäben als immer gefährlicher erkannt wird, den russischen Vorstoß auf die Straße Klin–Moskau. Gelingt er, dann sind die bis kurz vor Moskau vorgestoßenen Divisionen abgeschnitten. Sie haben keine Rückzugsstraße mehr. »Es war«, berichtet Conrady, »ein verzweifeltes Ringen, Überleben oder Sterben, Stunde um Stunde. Da in der letzten Phase dieses Abwehrkampfes ein heftiger Schneesturm ausbrach, der bis in die Morgenstunden tobte, kamen die Männer auch in dieser Nacht nicht zur Ruhe, gequält von tiefer Sorge, überrumpelt zu werden.« Da keine Verpflegung nach vorn kommt, wird Roggen gebrannt, mit Hämmern zerschlagen und daraus ein Getränk gewonnen, das Hunger und Durst stillen muß.
In der Nacht vom 6. zum 7. Dezember begannen die 6. und 7. Panzer-Division sowie die 14. I. D. (mot) ihre Absetzbewegungen. Sie müssen Panzer sprengen, die nicht mehr einsatzbereit sind, aber sie waren nur mit wenigen Panzern vor Moskau angekommen; was bleibt ihnen noch? Bis zuletzt feuern ihre Geschütze, dann werden sie gesprengt.
Für die Angreifer zeigt sich in dieser kalten Winternacht ein Erfolg: Die Deutschen verbrennen ihre Fahrzeuge, die Nacht wird hell von den Feuern.
Ist das der napoleonische Rückzug? Geht wieder eine große Armee unter?
Am 8. Dezember ist die einzige Rückzugstraße nach Klin von einer endlosen Fahrzeugkolonne verstopft. General Model landet neben der Straße im »Fieseler Storch«, greift ein. Um der 1., 6. und 7. Panzer-Division, die zu neuem Einsatz befohlen sind, das Vorwärtskommen möglich zu machen, läßt er alle nicht fahrbaren Kraftfahrzeuge neben die Straße bringen und anzünden. Dann können die Kampftruppen ihren Weg fortsetzen. Sie

fahren vorbei an brennenden, glühenden, qualmenden Fahrzeugwracks, und das Gewicht der Niederlage beginnt sie zu drücken. Es wiegt immer schwerer, aber Panik tritt nicht auf, die Schukow erwartet hatte.

Am 10. Dezember hat der Gegner die Stadt Klin umfaßt. Jetzt müssen die Kampftruppen die Rückmarschstraße der Panzergruppe 3 (sie wird ab 1. 1. 1942 3. Panzerarmee heißen, obwohl sie kaum noch Panzer hat, die Bezeichnung ist irreführend) dem Gegner abringen.

Sie greifen nach Westen und Norden an. Der Gegner weicht zurück. Sie entkommen der Einkesselung. Am letzten Tage dieser Durchbruchskämpfe nach Westen, am 14. Dezember, wird Klin aufgegeben.

Tschaikowskis Wohnhaus ist zerstört, die Stadt liegt in Trümmern, bald wird sie der britische Außenminister Anthony Eden aufsuchen.

Den ersten befreiten Ort konnte Armeegeneral Schukow am 8. Dezember melden. Es war Krjukowo. Dort hatte der Unteroffizier Schrodek das Schild »Moskwa 18,5 Kilometer« am 1. Dezember gesehen und angenommen, es sei nun wirklich nicht mehr weit bis zum Kreml.

Am 11. Dezember wird Solnetschnogorsk als befreit gemeldet, am 15. Dezember Klin.

An diesem Tag räumen die Deutschen die Stadt Istra an der Wolokolamsker Chaussee. Die Stadt und die mittelalterliche Anlage des Wehrklosters »Neues Jerusalem« waren zwei Tage nach der Einnahme durch die Deutschen von der sowjetischen Luftwaffe zerbombt worden, damit die Deutschen keine Winterquartiere beziehen konnten.

In der Nähe des Klosters, dessen Glockenturm einstürzte, hatte Anton Tschechow als Arzt am Krankenhaus von Woskressensk in den Jahren 1883/84 gearbeitet. Es ist eine Tschechowlandschaft, aus der viele Personen seiner Erzählungen stammen. Am 16. Dezember zieht in Istra das 1203. Schützenregiment ein. Die Stadt hatte 7000 Einwohner, nun finden die Soldaten nur noch vier Häuser vor. Das Regiment tritt zum Appell an, eine Resolution wird gefaßt, in der es heißt: »Die Rache wird nicht auf-

hören, solange wir nicht die völlige Vernichtung der Hitlerbanditen erreicht haben.«
Veteranen dieser Kämpfe erzählen später, sie seien damals von einer »kalten und doch brennenden Wut« vorwärtsgetrieben worden, denn zum ersten Male sei man auf dem Vormarsch gewesen und habe gesehen, was dieser Krieg anrichtete.
An diesem 16. Dezember entläßt Hitler den schwer herzkranken Oberbefehlshaber des Heeres, Feldmarschall von Brauchitsch, der schon alles verloren gibt. Hitler macht sich selbst zum Oberbefehlshaber des Heeres, er ist jetzt, wie Napoleon in ähnlicher Lage, »General«. Mit einem »Haltbefehl« verbietet er kategorisch jede weitere Ausweichbewegung der Heeresgruppe Mitte vor Moskau.
Mittags hatte Generaloberst Halder den Feldmarschall von Bock angerufen und dabei mitgeteilt, daß nun stehengeblieben werden müsse.
Bock erwiderte: »Ich melde erneut, daß ich keine Reserven habe, keinen Mann. Ich bitte, dies unverzüglich dem Führer zu melden.«
Um 22.40 Uhr telefoniert Halder wieder mit Bock, er versucht, ihm den Haltbefehl begreiflich zu machen. Bock erwidert: »Der Führer muß wissen, daß hier absolut va banque gespielt wird. In seinem Befehl sagt er, ich solle alle verfügbaren Reserven einsetzen, um die Lücken zu schließen. Ich habe heute zwei Polizeibataillone aus dem rückwärtigen Gebiet herausgezogen. Das sind meine Reserven. Mehr habe ich nicht.«
Nach Mitternacht ruft Hitler aus Ostpreußen Feldmarschall von Bock an. Er sagt ihm, daß es in dieser Lage nur einen Entschluß geben könne, und der sei jetzt gefallen, er verlange, keinen Schritt mehr zurückzugehen, die Lücken zu stopfen und zu halten.
Bock meldet Hitler, daß ein Befehl in diesem Sinne von ihm bereits gegeben sei, er müsse aber melden, daß die Situation so gespannt sei, daß die Heeresgruppenfront stündlich irgendwo zerreißen könne.
Darauf Hitler: »Das muß ich dann in Kauf nehmen.«

In zehn Tagen hatte sich die Lage vor Moskau entscheidend verändert.
Die Schlacht erhielt eine andere Dimension; sie ging in eine neue Phase über, die bis Ende März 1942 anhalten sollte.

36. KAPITEL

Stehenbleiben im tiefen Schnee

Kriegspfarrer Wolf ist seit dem 13. Dezember auf dem Rückzug. Er war mit der 18. Panzer-Division am Oberlauf des Don, südostwärts von Moskau eingetroffen. Die Lage sah hier günstig aus. Der Rückzugsbefehl kam überraschend, aber der Kriegspfarrer wußte, daß die West-Front Schukows mit der neuen 10. Armee links von der Division angriff, die Südwestfront Timoschenkos in der rechten Flanke angetreten war, um direkt auf Orel vorzustoßen und die Panzerarmee Guderian an ihrer Wurzel zu treffen und dort abzuschneiden, in der Stadt, in der sich die großen Versorgungslager befanden. Dorthin mußte man also zurück, wieder »nach Hause«, wie Wolf sagte, denn Orel hatte er in diesen wilden russischen Wochen wie etwas Heimatliches empfunden, mit seinem Freund, dem alten Popen, dem Quartier bei dem zaristischen Offizier und der Möglichkeit, sich richtig waschen zu können. Seit vier Wochen war ihm Orel immer weiter in die Ferne gerückt. Er hatte sich von dieser Stadt fortbewegt, anderen Städten entgegen, die noch viel schöner als Orel sein mußten. Man kam ja in die weitere (und wie man dachte komfortable) Umgebung der Hauptstadt.

Aber dies, wie er ins Tagebuch notiert, bei »viehischer Kälte bis zu 40 Grad, unter Schneestürmen, daß man keine Hand vor Augen sehen kann.«

Für die Fortbewegung beim Rückzug, den General Nehrings Division geordnet durchführt (von Panik ist nichts zu merken, die Schützen verlassen die Stellungen, um wieder neue Stellungen zu beziehen, weiter rückwärts, wenn es befohlen wird) – für dieses Zurückfahren hat der Kriegspfarrer bis zum Morgen des 17. Dezember einen Kübelwagen, der für den Luftschutz vorgesehen war. Statt des Maschinengewehrs deckt eine Plane den Wagen ab. Es ist ein friedfertiges Fahrzeug, dieses Kfz 4, das ihm das Panzerregiment überließ.

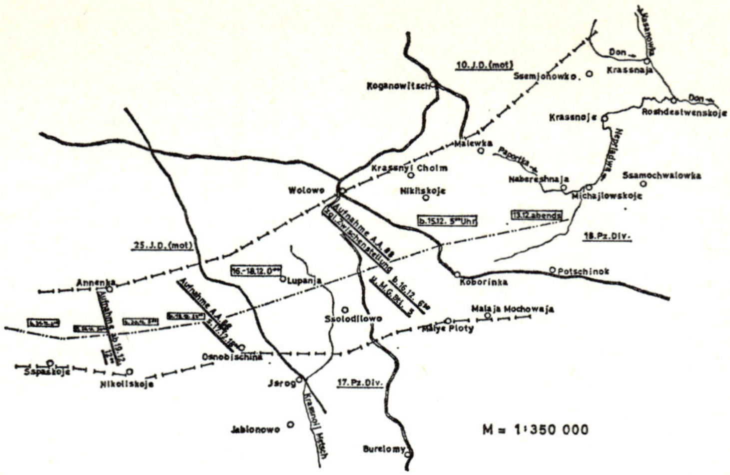

Abb. 20: Absetzbewegung der 18. Panzer-Division (2. Pz. A.) im Raum südlich Moskau. Dezember 1941

Unter der Plane ist der Meßkoffer, der ihm stets die Gewißheit gibt, denen immer nahe zu sein, die ihn für ihre letzte Stunde brauchen. Ein junger sterbender Mediziner hat ihm kürzlich gesagt: »Pfarrer und Arzt sind schöne Berufe. Sie bewahren den Blick für die wesentlichen Dinge des Lebens.«
In den vier Tagen des Rückzugs mußten viele Fahrzeuge liegengelassen werden. Man kann sie nicht reparieren, auch wenn sie nur kleine Schäden haben. Denn der Russe drängt nach. Morgens fallen ihm die »Freudenfeuer« auf, die angezündet werden, um bei der barbarischen Kälte das Anspringen der Motoren zu erzwingen.
An diesem 17. Dezember fährt gegen 9 Uhr morgens sein Fahrer gegen eine hartgefrorene Schneewehe. Der Wagen fällt beinahe auseinander. Es ist aus. Wolf ist fassungslos vor Schreck. Achsschenkelbruch. Ein Schwingarm ist gebrochen. Eine Katastrophe für ihn: »Was nun, wo soll ich mit meinem Gepäck hin, weit und breit kein Mensch zu sehen. Vielleicht schnappt uns jetzt auch noch der Russe. Mir ist jetzt alles egal. Ich habe es satt, der ewige Ärger mit den Fahrzeugen frißt an der Nerven-

kraft. Man möchte die ganze Sache an den Nagel hängen. Sie sollen sehen, wie sie ohne mich fertig werden.« Diese Eintragung ins Tagebuch ist typisch für diese Dezembertage. Plötzlich geschieht etwas, das doch immerzu geschieht, aber nun trifft es den einzelnen, und er merkt, daß seine Nervenkraft zu Ende ist. In diesem Augenblick kommt zwar nicht Hilfe, aber der Pfarrer wird wieder einbezogen in das Schicksal der ganzen Division. Denn der Stab der Panzeraufklärungsabteilung, die weit jenseits des Don, schon in Skopin war, fährt an seinem steckengebliebenen Fahrzeug vorbei. Ihr Kommandeur, Oberstleutnant von Seidlitz, läßt anhalten: »Herr Pfarrer, herzliches Beileid, da ist nichts mehr zu machen. Hauen Sie eine Handgranate darunter und laden Sie alles bei uns auf, auch den Meßkoffer.«

Diese Anrede: »Herr Pfarrer« und die freundliche Einladung geben ihm wieder Halt. Er erwidert: »Herzlichen Dank, Herr Oberstleutnant, aber ich will versuchen, ob ich den Wagen nicht bis zur nächsten Sicherungslinie zurückschleppen kann.« — »Unmögliche Sache«, ruft der Oberstleutnant, »aber versuchen Sie es nur.« Dann fährt er weiter, und der Pfarrer denkt, was der Oberstleutnant auch denken mag: »Armer Irrer! Tausende von Fahrzeugen bleiben liegen, ausgerechnet er will jemanden finden, der seine Karre abschleppt.«

Zum Fahrer sagt Wolf: »Sie bleiben hier und passen auf das Fahrzeug auf. Ich versuche, eine Artillerie-Batterie zu finden und von dort Hilfe zu bekommen.« Dann macht er sich auf die Suche. Er muß jetzt zu Fuß gehen, er rennt, es wird ihm heiß (er hat drei Mäntel an, den einen über dem anderen, einen Russenmantel, zwei deutsche Mäntel; er sieht unbeholfen und rührend aus, wenn er über den vereisten Schnee läuft).

Nach zehn Kilometern trifft er die Batterie, die gerade Stellungswechsel machen will, und erzählt von seinem Kummer. Er erfährt, daß er nur vier Stunden Zeit hat, seinen Wagen zu reparieren, dann räumen auch die Schützen ihre Stellung. Der Batteriechef will ihm helfen. Er holt den Schirrmeister, der sagt: »Herr Pfarrer, Sie brauchen Ersatzteile, dann können wir die Karre wieder zusammensetzen. Aber das kostet eine Kleinigkeit. Fünfhundert Meter von hier vor der letzten Infanteriestellung, also schon im Niemandsland, steht in einer Mulde ein ausgebrannter Wagen, wie Sie ihn haben. Da muß man die Ersatzteile holen, ausbauen und bei Ihnen wieder einbauen. Wenn Sie wollen, gebe ich Ihnen einen Monteur und ein Krad mit.« Sie fahren nach vorn. Der letzte Sicherungsposten fragt sie, ob sie zum Russen überlaufen wollen. Sie finden das Fahrzeug. Während der Obergefreite montiert, paßt der Pfarrer auf, ob der Russe schon kommt; das Krad steht mit laufendem Motor neben dem verbrannten Fahrzeug.

Nach mühseliger Arbeit hat der Obergefreite das Ersatzteil ausgebaut, sie fahren zum Wagen des Pfarrers, dort wird wieder montiert. Es ist Nacht geworden, früher Nachmittag ist jetzt schon Nacht. Die letzten Schützengruppen ziehen vorüber, als der Wagen endlich anspringt.

Am 18. Dezember wird die Munition knapp. Aber es gelingt, neue Munition heranzubringen. Funkstellen fallen durch die Kälte aus, die Lage wird undurchsichtig. Die Division hört nichts mehr von ihren Nachbarn. Ein Spähtrupp wird vorn abgeschlagen, bei dem sich Betrunkene befinden. Der Gegner scheint zu triumphieren. Er sieht, was die Deutschen zurücklassen müssen. Am 19. Dezember funkt Generaloberst Guderian eine Anerkennung für die Leistungen der Truppe, der es gelang, den Durchbruch der Russen zur Rollbahn der Panzerarmee bei Tschern zu verhindern.

Im Kriegstagebuch der 18. Panzer-Division heißt es am 19. Dezember: »Durch die außerordentlichen körperlichen und moralischen Belastungen der letzten Zeit, auch aller Führer, waren die Meldungen über die Ereignisse oft übertrieben. Eine wirkliche große Gefährdung des Divisionsabschnittes hat es nicht gegeben. Vermehrte Fliegertätigkeit, die Wege sind stark verweht, es ist kalt und trübe.«

Am nächsten Tag, dem 20. Dezember, folgt der Feind erst am Nachmittag mit schwachen Kräften. Auch er scheint am Ende zu sein. Um 19 Uhr wird er blutig abgewiesen.

Das Kriegstagebuch hält fest: »Der Kräftezustand der Männer, verbunden mit dem noch nicht abzusehenden Ende dieses anstrengenden Rückmarsches, gibt der Division zu ernsten Bedenken Anlaß. Die Kampfkraft der Kompanien ist bereits sehr stark zusammengeschmolzen. Einem großen Teil der Leute fehlt ausreichende warme Bekleidung gegen die unerhörte Witterung. Nachts bis zu minus 40 Grad, Schneetreiben, nur wenige erkundete Wege sind brauchbar.«

Am 21. Dezember hofft man auf eine kurze Kampfpause. Doch vom Panzerkorps wird befohlen, in der kommenden Nacht wieder zurückzugehen. »Die restlos überanstrengte Truppe wird wieder keine Ruhe finden«, heißt es im Kriegstagebuch. Sie ist jetzt dort angekommen, von wo sie vor mehr als vier Wochen zum Angriff auf Jefremow antrat.

Da tritt ein unerwartetes Ereignis ein. Um 15.00 Uhr wird die Division vom Panzerkorps angerufen: »Auf ausdrücklichen Befehl des Führers werden die augenblicklichen Stellungen gehalten. Die für heute abend befohlenen Bewegungen finden demnach nicht statt.«

Diese Bewegungen hatten das Ziel, schrittweise die Winterstellung an der Suscha bei Mzensk einzunehmen.

»Dieser Befehl«, heißt es im Kriegstagebuch, »gibt der Truppe einen unerhörten Auftrieb. Nicht nur, weil die körperlichen und seelischen Anstrengungen des Rückzugs damit ein Ende haben, sondern weil nun auch der letzte Mann wieder Klarheit über die Absicht der Führung erhält.«

Vor der Sicherungslinie steht der Gegner mit schwachen Kräften. Wenn die letzten eigenen Panzer sich zeigen, verhält er sich still. Gegen 20.15 Uhr ruft das Panzerkorps wieder an: »In Abänderung des Führerbefehls bleibt Suschastellung Winterstellung. Ausweichen fortsetzen.«

Dazu das Kriegstagebuch: »Die durch den Führerbefehl entstandene gehobene und entschlossene Stimmung der Truppe wurde durch den Gegenbefehl zwar kurz erschüttert, aber auch der letzte Mann sah ein, daß das derzeitige Gelände so ungünstig wie nur möglich sei. Trotzdem blieb der Truppe das Bewußtsein, daß der Rückzug bald ein Ende haben würde. Ihr Selbstvertrauen und ihr Vertrauen zur Führung wurde mächtig gehoben.«

Was hatte sich ereignet?

In der Nacht zum 17. Dezember hatte Hitler morgens 3.00 Uhr mit Generaloberst Guderian eine fernmündliche Aussprache, in der er die Schwierigkeiten der Panzerarmee anerkennt, aber betont, daß »eine Front unter allen Umständen gehalten werden müsse« (Kriegstagebuch der 2. Panzerarmee). Er versprach 500 Mann Ersatz. Im Kriegstagebuch der 2. Panzerarmee heißt es dann: »Die Panzerarmee solle versuchen, in eine Stellung zu kommen, die zu verstärken ist. Generaloberst Guderian meldet, daß Geländeverstärkungen und Eingraben bei dem tiefgefrorenen Boden nicht möglich ist.«
3.35 Uhr geht ein Fernschreiben der Heeresgruppe Mitte ein, »worin der Oberbefehlshaber der Heeresgruppe Mitte unter anderem befiehlt, daß in Zukunft jedes Absetzen von Divisions-Verbänden an aufwärts, seiner persönlichen Genehmigung bedürfe.«
Am 17. Dezember besucht Guderian drei seiner vier Armeekorps. Deren Kommandierende Generale melden ihm, daß die Truppe an der obersten Führung zu zweifeln beginne, die »den letzten verzweifelten Vorstoß in vollkommen falscher Feindeinschätzung befohlen« habe. Guderian und die drei Generale stimmen überein, »daß es mit den vorhandenen Kräften unmöglich sei, eine Linie vorwärts der Oka zu halten. Es komme vielmehr darauf an, die Kampfkraft der Truppe zu erhalten, bis durch Zuführung frischer Kräfte eine Verteidigung aussichtsreich erscheint«. Nach Mitternacht teilt Guderian dem Chef des Stabes der Heeresgruppe Mitte telefonisch mit, daß die täglich und stündlich wechselnde Lage an der Front es nicht mehr gestattet, vor jedem beabsichtigten Absetzen einer Division die Genehmigung der Heeresgruppe Mitte einzuholen. Guderian erbittet »völlige Entschlußfreiheit«. Er teilt mit, daß er den Auftrag Hitlers so ausführen wird, daß von der Panzerarmee so viel wie möglich erhalten bleibt. »Es wird kein Gelände gehalten werden, wenn dadurch die Truppe Gefahr liefe, zerschlagen zu werden.«
»Nachts liege ich viel schlaflos und zermartere mir mein Gehirn«, schreibt Guderian an seine Frau, »was ich noch tun kann, um meinen armen Männern zu helfen, die in diesem

wahnsinnigen Winterwetter schutzlos draußen sein müssen. Es ist furchtbar, unvorstellbar. Die Leute beim OKH und OKW, die die Front nie gesehen haben, können sich keinen Begriff von diesen Zuständen machen. Sie drahten immer nur unausführbare Befehle und lehnen alle Bitten und Anträge ab.«

In dieser Lage sind die Oberbefehlshaber der Armeen nicht bereit, Hitlers Haltbefehl und die Pflicht, jede Absetzbewegung ab Division der Heeresgruppe zu melden, blind zu befolgen. Guderian faßt den Entschluß, sich bei Hitler zu melden, wenn es ihm die Heeresgruppe gestattet. Sie ist einverstanden. In einem Ferngespräch mit dem Chef des Stabes der Heeresgruppe, General von Greiffenberg, sagt Guderian am 19. Dezember mittags: »Ich lege jetzt ganz besonderen Wert auf den Vortrag beim Führer. Den Führerbefehl an die Truppe zum restlosen Einsatz habe ich noch nicht weitergegeben. Das Deutsche Heer, besonders die Panzerwaffe, ist schon immer hervorragend gewesen und hat in diesem Kriege jedes Opfer gebracht. Ich bringe es nicht übers Herz, das noch einmal extra zu befehlen... Ich bin bereit, diese Befehle entgegenzunehmen und zu den Akten zu legen. Weiter gebe ich sie nicht, selbst auf die Gefahr hin, daß ich vor ein Kriegsgericht gestellt werde...«

Im Kriegstagebuch der Heeresgruppe Mitte heißt es am 19. Dezember: »Die Rückschläge sind auf den weit unter der Grenze der Leistungsfähigkeit herabgesunkenen körperlichen und seelischen Zustand der eigenen Truppe, die Furcht, in russische Gefangenschaft zu geraten, die dezimierten Gefechtsstärken, den Betriebsstoffmangel, die angespannte Versorgungslage und den schlechten Zustand der Pferde zurückzuführen. Hinzu kommt das Gefühl der Wehrlosigkeit gegen die schweren russischen Panzer. Die Angriffsfreudigkeit (des Russen) ist nicht so groß, so daß bei normalem Zustand der eigenen Truppe oder durch Einsatz weniger frischer Kräfte die feindlichen Angriffe ohne weiteres abgewehrt und eine offensive Verteidigung durchgeführt werden könnte.«

Jetzt führte Feldmarschall von Kluge die Heeresgruppe Mitte. Feldmarschall von Bock hatte sich am 18. Dezember von Kluge verabschiedet, nachdem er im ostpreußischen Hauptquartier angefragt hatte, ob ihm Hitler die Krankmeldung nicht als Sitzenlassen in schwerer Stunde ankreiden werde. Hitler hatte ihn wissen lassen, daß er ihn bald wieder brauche, er solle nur seine Gesundheit wieder herstellen. Bock hatte die »russische Krankheit«, eine ruhrartige Erscheinung, der Jüngste war er zudem auch nicht mehr. Überhaupt, der Krieg, den er jetzt führte, den wollte er nicht, er hatte am 1. Dezember davor gewarnt: »Die Absichten der Führung sind mir unbekannt. Soll die Heeresgruppe aber den Winter abwehrbereit überstehen, so ist das im allgemeinen Zuge ihrer Aufstellung nur bei Zuführung starker Reserven möglich, damit Einbrüche aufgefangen und die erschöpften Divisionen der Kampffront zeitweise zu Ruhe und Auffrischung herausgezogen werden können. 12 neue Divisionen werden hierzu nötig sein.«

In den ersten Dezembertagen hatte Bock gezeigt, daß er an die Grenze des Möglichen zu gehen bereit war, um nicht alles zu einer erneuten Marneschlacht werden zu lassen.

Bis zum 16. Dezember erlaubte er seinen Verbänden, sich auf rückwärtige Stellungen abzusetzen. Guderian wollte in die Suscha-Oka-Stellung; er glaubte, sie halten zu können. Aber die Front wankte, der Gegner triumphierte. Jetzt, da Hitler seinen Haltbefehl erließ, machte sich dieser selbst zum »General« vor Moskau. Da war es Zeit für Fedor von Bock, abzutreten.

Er würde nicht, wie einst Napoleon, seine Soldaten hinter die Beresina zurückführen (woran Brauchitsch gedacht hatte, als Hitler ihn entließ), mit der Garde unter den Letzten sein, die über den Fluß setzen. Diese Schlacht um Moskau fand in größeren Dimensionen statt, sie bekam etwas Endgültiges, aber sie beendete das Drama nicht. Bock dachte an Napoleons letztes Bulletin aus Rußland, das zum ersten Male die Katastrophe enthielt: »Menschen, die die Natur nicht genug gestählt hat, um über alle Wandlungen des Schicksals und des Glückes erhaben zu sein, verloren Gleichmut und Laune, sie träumten von nichts als von Unglück und Niederlage. Wer aber alledem überlegen war, der bewahrte Stimmung und Haltung und sah in neuen Schwierigkeiten neuen Ruhm.«

Bock glaubt noch bis Weihnachten, er sei nur vorübergehend

abwesend von seiner Heeresgruppe, als er erfährt, daß der Abschied endgültig ist. Moskau wird bald als Kriegsziel von Hitler gestrichen, er wird sich dem Süden zuwenden, dem Erdöl, den unterirdischen Schätzen, die er ausbeuten lassen will. Im Januar 1942 wird Bock Nachfolger des verstorbenen Reichenau in der Führung der Heeresgruppe Süd. Er wird noch einmal siegen, bei Charkow, im Juli wird er abberufen. Feldmarschälle gehen nie aus dem Dienst, sie bleiben immer aktiv; Bock wird nicht mehr verwendet, das trifft ihn tief. Der Mann, der Moskau erobern wollte, fällt am 3. Mai 1945, auf der Flucht vor den in Deutschland vordringenden sowjetischen Armeen, bei einem Tieffliegerangriff auf seinen Wagen, mit ihm sterben seine Frau, eine Tochter und der Fahrer. So hatten die Russen den Mann nun doch noch eingeholt, der ihnen 1941 so gefährlich geworden war.

Vorn, in der ersten Linie, weiß man nicht, in welcher Lage sich die Armee, die Heeresgruppe, das Ostheer befindet. Die Einsicht in die große Lage ist verwehrt. Verloren kommen sich jetzt die Deutschen in der Weite des riesigen Schlachtfeldes vor, aber sie vertrauen, daß ihnen geholfen wird. Je tiefer die Einsicht in die Lage, in die man jetzt geraten war, um so pessimistischer mußte sie gesehen werden. Vorn, da dachte man noch, es gäbe Reserven, aber der Befehlshaber des Ersatzheeres, Generaloberst Fromm, hatte Hitler nur viereinhalb neuaufgestellte Divisionen zusagen können, mehr habe er nicht in der Heimat. »Unsere Operationen wurden endgültig festgelegt«, schreibt Schukow, »als Hitlers Truppen allem Anschein nach unseren Gegenschlägen nicht standhalten konnten.«

Aus diesen Worten klingt Vorsicht. Der Respekt vor dem deutschen Heer ist groß.

Guderian, dessen 2. Panzerarmee derjenige Großverband war, der am weitesten nach Osten vorgestoßen und deshalb bei dem »Umkippen« der Schlacht um Moskau äußerst gefährdet war, fliegt am 20. Dezember mittags von Orel nach Ostpreußen. Er hat seine Vorgesetzten über alles informiert, was er beabsichtigt und befahl, auch jetzt, in dieser schwierigen Lage. Orel erscheint gefährdet, die 2. Armee erwartet den Durchbruch der

Russen von Osten in Richtung auf diese Stadt, in der sich viele Versorgungseinrichtungen befinden. Er wird, wie stets, klar und offen Hitler sagen, was gesagt werden muß.
Er hat die Absicht, seinen Einfluß auf Hitler geltend zu machen, den Mann, der ihm manchen Sieg (und die Panzerwaffe) verdankt. Er wird ihm sagen, daß ein starrer Haltbefehl unerträglich für Führung und Truppe sei.
Schon einmal, am 23. August 1941, war er zu Hitler geflogen, um ihn für den Marsch auf Moskau doch noch zu gewinnen, statt in die Ukraine zu gehen und die Entscheidung des Feldzuges riskant zu verzögern. Er war damals, allen operativen Gründen zuwider, gescheitert.
Wieder, wie am 23. August, fehlt Halder, als Hitler den Generalobersten gegen 18.00 Uhr empfängt.
Nur Keitel, der Wehrmachtadjutant Schmundt und einige Offiziere des OKW sind anwesend. Guderian erschrickt, als er bei der Begrüßung zum ersten Male in Hitlers Augen einen starren, feindseligen Zug bemerkt. Er weiß nicht, daß Kluge und Halder bei Hitler sich gegen ihn ausgesprochen haben. Der Generaloberst, der aus der tiefen Kälte des Ostens kommt, wird vom Obersten Befehlshaber nicht freundlich, wie er es erwartet hatte, sondern kühl behandelt.
Guderian trägt vor, was er beabsichtige, nämlich die 2. Panzerarmee und die 2. Armee, die ihm unterstellt wurde, abschnittsweise auf die Suscha-Oka-Stellung zurückzuführen (was er schon machen läßt, er sagt es nur nicht so deutlich). Hitler verbietet es ihm. Guderian ist überrascht. Feldmarschall von Brauchitsch hatte es ihm genehmigt, als er zum letzten Male am 14. Dezember bei der Heeresgruppe Mitte gewesen war. Und Hitler selbst hatte an diesem Tag das Ausweichen der Armeegruppe Guderian erlaubt.
Aber Brauchitsch ist entlassen. Hitler verlangt jetzt: »Dann müssen Sie sich in den Boden einkrallen und jeden Quadratmeter Boden verteidigen.«
Es kommt zu einem Disput über die Unmöglichkeit, Verhältnisse des Ersten Weltkriegs mit diesen Verhältnissen in Rußland zu vergleichen. Guderian, der einen Stellungskrieg im ungeeig-

neten Gelände fürchtet, der hier im Osten wie nach der Marneschlacht im Westen 1914 ausbrechen könnte, entgegnet: »Wir werden dann die gleichen Materialschlachten und die gleichen ungeheuren Verluste erleben, wie damals, ohne eine Entscheidung erkämpft zu haben.« Er kann nicht wissen, nur ahnen, daß genau dies eintreten wird, später, in den kommenden Jahren, und die letzte Entscheidung wird der Gegner herbeiführen, nicht das Ostheer. Darauf Hitler: »Glauben Sie, die Grenadiere Friedrichs des Großen wären gerne gestorben? Sie wollten auch leben, und dennoch war der König berechtigt, das Opfer ihres Lebens von ihnen zu verlangen. Ich halte mich gleichfalls für berechtigt, von jedem deutschen Soldaten das Opfer seines Lebens zu fordern.«

Guderian entgegnet: »Jeder deutsche Soldat weiß, daß er im Kriege sein Leben für sein Vaterland einzusetzen hat, und unsere Soldaten haben bisher wahrhaftig bewiesen, daß sie bereit sind, dieses Opfer auf sich zu nehmen. Man darf dieses Opfer aber nur verlangen, wenn sich der Einsatz lohnt. Ich bitte zu bedenken, daß nicht der Feind uns viele blutige Verluste zugefügt hat, sondern daß die abnorme Kälte uns doppelt so viele Leute kostet als das feindliche Feuer. Wer die Lazarette mit den Erfrorenen gesehen hat, weiß was das zu bedeuten hat.«

Damit ist Hitler nicht zu beeindrucken. Der Gefreite des Ersten Weltkriegs hat auch gelitten. Er denkt jetzt, als Oberster Befehlshaber, nicht daran, die Leiden des Soldaten in sein Kalkül einzubeziehen. Der Fortgang des Krieges wird zeigen, daß ihm die Leiden der Soldaten nichts bedeuten.

Er sagt zu Guderian: »Ich weiß, daß Sie sich eingesetzt haben und viel bei der Truppe waren. Ich erkenne das an. Aber Sie stehen den Ereignissen zu nahe. Sie lassen sich zu sehr von den Leiden der Soldaten beeindrucken. Sie haben zuviel Mitleid mit den Soldaten. Sie sollten sich mehr absetzen. Glauben Sie mir, aus der Entfernung sieht man die Dinge schärfer.«

Als es noch den Feldherrnhügel gab, da war Kriegsführung und das Ansehen der Leiden der Soldaten eins. Guderian weiß jetzt, daß er hier nichts ausrichten wird. Hitler, der soeben den Ober-

befehl über das Heer übernommen hat, distanziert sich sofort von den Leiden der Soldaten.
Als er später beim Abendessen neben Hitler sitzt, versucht er ihm Einzelheiten über das Leben an der Front zu erzählen. Hitler bleibt unbeeindruckt; er hält Guderians Geschichten für übertrieben.
Guderians Begleitoffizier, Oberleutnant von Lehsten, beobachtet, wie die Berichte Guderians von der Front auf die Zuhörer aus der nächsten Umgebung Hitlers wirken. Er ist betroffen, weil Hitlers Umgebung alles für übertrieben und unglaubwürdig hält. Ihn setzt die Sicherheit, in der man sich hier wiegt, in Erstaunen.
Dem Generalobersten gelingt nur eines. Er kann Hitler nachweisen, daß die Winterbekleidung für seine Panzerarmee zur Zeit auf dem Bahnhof in Warschau liegt – und zwar seit Wochen. Die Sammelaktion von Wollsachen, die nun eingeleitet wird, ist die Folge. Doch für diesen Winter kommen die Wollsachen zu spät an die Front.
Mit zwei Schützengräbenöfen, die ihm Rüstungsminister Todt schenkt, darf Guderian nach Orel zurückfliegen.
Er hat Hitler noch vorgeschlagen, die Umgebung auszuwechseln, Frontoffiziere ins ostpreußische Hauptquartier zu holen, damit man dort weiß, was das für ein Krieg in Rußland geworden ist, aber Hitler kann sich jetzt nicht von seinen Stabsoffizieren trennen, er lehnt entrüstet ab.
»Diesen Mann habe ich nicht überzeugt«, sagt Hitler zu Keitel, als Guderian geht.
Wer sollte hier überzeugt werden? Guderian war, wie ihm befohlen wurde, mit tausend Panzern über den Bug gegangen, mit vierzig Panzern sollte er Ende November von Osten und Süden Moskau einschließen. Da er davon aber nicht überzeugt war, konnte Hitler ihn auch nicht überzeugen; er fühlte sich im Stich gelassen. Er hielt diese Kriegsführung für Dilettantismus, davor hatte er gewarnt. Am 26. Dezember entläßt Hitler seinen besten Panzergeneral. Der Anlaß hierzu ist der ungerechtfertigte Vorwurf Feldmarschall von Kluges, Guderian habe die Räumung der kleinen Stadt Tschern befohlen. Dort war die 10. Infante-

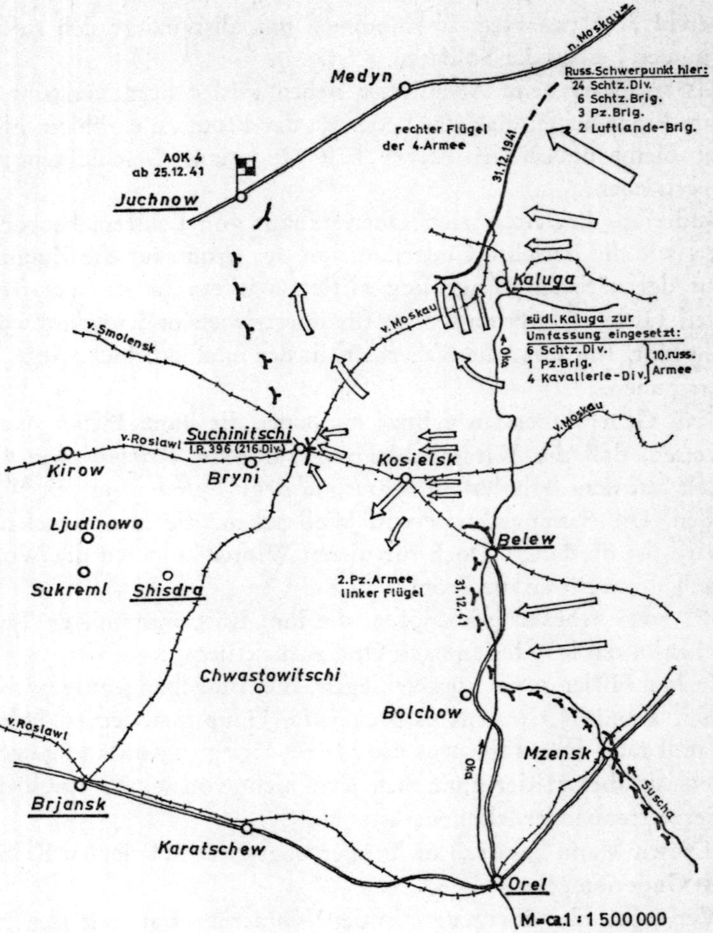

Abb. 21: Innere Flügel der 2. Panzer-Armee und der 4. Armee (25. bis 31. 12. 1941)

rie-Division (mot) angegriffen worden, die Stadt ging verloren. Guderian hatte Kluge am Tag vorher darauf aufmerksam gemacht, daß er — bei weiterem Zurückgehen der links anschließenden Truppen — nicht in der Lage sei, die vorspringende

Linie halten zu können. Die Notwendigkeit, Tschern aufzugeben, habe er Kluge gemeldet. Der Konflikt zwischen Guderian und Kluge, der sich hier zeigt, ist alt. Er reicht weit zurück; hier spielt er im Unterbewußtsein Kluges eine Rolle, denn jetzt kann er Guderian ausschalten. Kluge ruft Halder an und stellt den Generalstabschef vor die Alternative: »Entweder er oder ich.«
Guderian beantragt, wie am Tage vorher schon einmal, bei der Heeresgruppe Mitte seine Enthebung vom Posten des Oberbefehlshabers der 2. Panzerarmee, der jetzt die 2. Armee unterstellt ist. Er begründet seinen Antrag damit, daß er den Eindruck habe, das Vertrauen seiner Vorgesetzten nicht mehr zu besitzen.
Es nützt nichts, daß der Wehrmachtadjutant Schmundt wenige Tage später, am 29. Dezember, von einem Besuch bei der 2. Panzerarmee in Orel ins ostpreußische Hauptquartier telefonisch meldet: »Generaloberst Guderian ist unrecht getan worden. Seine Beurteilung der Lage war richtig. Die ganze Armee hängt an ihm. Wir müssen uns überlegen, wie wir das Unrecht wieder gutmachen.«
Kluge hatte noch versucht, den letzten Tagesbefehl Guderians an seine Panzerarmee zu verhindern, da er fürchtete, Guderian würde darin Vorwürfe gegen Vorgesetzte erheben. Die »Feindschaft« zwischen Kluge und Guderian sollte andauern.
Auch das gab es damals, und es ist doch nicht zu vergleichen mit der Erleichterung, die bei Schukow und Stalin aufkommt, als sie hören, daß Guderian entlassen wurde. Ihnen war er sehr gefährlich. Wenn Hitler seiner gefährlichsten Generale nicht mehr sicher war und sie ablösen mußte, dann war die Lage der Deutschen katastrophal. Auch General Hoepner, der die Panzergruppe 4 kommandiert, wird abgelöst, weil er den Haltbefehl nicht ausführte. Am 20. Juli 1944 gehört er zu den Verschwörern. Er wird gehenkt.

Über die Fahrt in die Suschastellung notiert Kriegspfarrer Wolf am 24. Dezember: »Heiliger Abend 1941. Im weiten Umkreis brennen die Dörfer, ein schauriges Bild. Die weite, unendliche

Landschaft weiß verschneit, Dämmerlicht, die roten Flammen der brennenden Katen. Arme, jammernde Menschen, ein apokalyptisches Bild. Der weite Raum beginnt seine magische Wirkung auf uns zu übertragen, wir können uns ihr nicht entziehen.«

Eine Kompanie des Schützenregiments 101 war in der Nacht zum 24. Dezember eingeschlossen worden. Sie schlägt sich nach Mzensk durch und bringt 30 Gefangene mit. Ein Russe in Zivil führte sie aus dem Einschließungsring. Denn Landkarten hatte die Kompanie nicht. Sie kannte nur den Namen des Ortes, in dem sie erwartet wurde.

General Nehring schickt den eintreffenden, klein gewordenen Kompanien Feldküchen entgegen, damit sie endlich wieder warme Verpflegung bekommen.

Die Suschastellung, die Guderian auswählte und in der bis Silvester die 18. Panzer-Division eintrifft, um sie zu halten, zusammen mit den anderen Divisionen der 2. Panzerarmee, wird bis Juli 1943 besetzt gehalten.

Dann wird auch diese Division nach vielen anderen Einsätzen dort wieder eingetroffen sein, die in der offensiven Phase des Rußlandkrieges (22. 6. 1941 bis 31. 12. 1941) 1009 Gefallene verlor, 3560 Verwundete, 480 Vermißte und 2274 Kranke, unter denen viele mit Erfrierungen waren. Mißt man diese Zahlen an der Stärke, in der die 18. Panzer-Division über den Bug ging, so hatte sie die Hälfte eingebüßt. Aber geschlagen fühlte sie sich nicht.

Am 31. Dezember 1941 diktiert Hauptmann Freiherr von Seebach, der Ic und Feindlagenbearbeiter, folgenden »Feindeindruck« seinem Schreiber für das Kriegstagebuch: »Die Winteroffensive der Russen ist im Abschnitt der 2. Panzerarmee gescheitert. Trotz seiner großen Erfahrungen im harten Winterkrieg und der besseren Ausnutzung des tief verschneiten Geländes, trotz Einsatz großer Ski- und Kavallerieverbände ist es ihm nirgends gelungen, einen wesentlichen Kampferfolg zu erringen.«

Schukow meint später, als er sein Urteil für die Geschichtsbücher abgibt: »Der Erfolg der Gegenoffensive im Dezember am

Schwerpunktsabschnitt im Zentrum war bedeutend. Die Stoßgruppen der deutschen Heeresgruppe Mitte hatten eine schwere Niederlage erlitten und wichen zurück.
Doch insgesamt war der Feind noch stark genug, und dies nicht nur vor der West-Front, sondern auch an den anderen Ab-

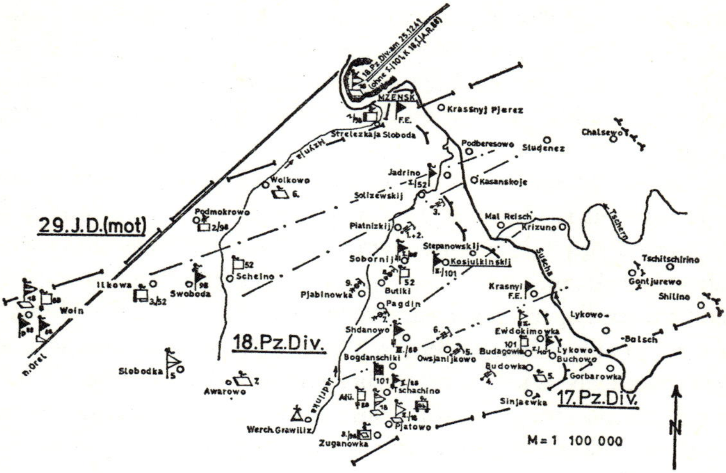

Abb. 22: Das 47. Panzerkorps in der Suschastellung nordostwärts von Orel (26. 12. 1941 bis Januar 1942)

schnitten. Am zentralen Frontabschnitt leistete der Gegner erbitterten Widerstand, während sich die erfolgreich begonnenen Offensiven unserer Truppen bei Rostow und Tichwin festliefen.«
Schukow fühlte sich damals nicht als Sieger; die Deutschen hatten nur eine Niederlage erlitten, die er für schwer hielt. Ein ordinärer Rückzug, wie Schlieffen sagte, war es nicht. Es war viel Material liegengeblieben, Panzer und Fahrzeuge mußten zerstört zurückgelassen werden. Aber auch auf russischer Seite gab es hohe Verluste und viele Erfrierungen. Die Kälte, die so ungewöhnlich groß in jenen Tagen und Nächten war, traf alle

Soldaten, gleichgültig, welche Uniform sie trugen und wem sie gehorchten.

Im ostpreußischen Hauptquartier ist Halder mit dem Haltbefehl Hitlers einverstanden. Das Scheitern der Offensive auf Moskau, die er noch immer »Herbstoffensive« nennt, führt Halder auf die großen Zeitverluste und Kräftevergeudungen zurück, die durch den Entschluß, die Schlacht von Kiew zu schlagen und Moskau erst später anzugreifen, Ende August entstehen mußten. Moskau hatte man schon bei Kiew verloren. Jetzt, Ende Dezember, hat das im Osten stehende Heer jeden vierten Mann verloren, 25,6 Prozent von 3,2 Millionen, das sind 830903 Mann!

Im Tagebuch eines sowjetischen Oberleutnants steht unter dem 3. Januar 1942: »Schaust du auf deinen Gegner, so erfaßt dich ein Gefühl des Mitleids mit dem Menschen. Welche Grausamkeit gehört dazu, eine Armee in diesem Zustand zu lassen. Auf den Straßen liegen Hunderte erschossener Pferde, Kraftfahrzeuge und Tanks. Wegen des schlechten Straßenzustandes und Benzinmangels wird alles zurückgelassen. Die automatischen Waffen versagen, Munition kommt nicht heran. Die Kälte, die schlechte Bekleidung und Ernährung und unsere Angriffe sind schuld daran...«

In Moskau fährt die Untergrundbahn wieder, der Generalstab übernachtet nicht mehr in der Metrostation. Theater und Kinos sind geöffnet. Tschaikowskis sechste Sinfonie in h-Moll, die *Pathétique* aus dem befreiten Klin, wird in den Konzertsälen gespielt.

Als der Leningrader Rundfunk meldet, daß die Skiklubs die Saison in gewohnter Weise eröffnet hätten – der Ladogasee ist zugefroren, über sein Eis hat die Stadt nun einen Weg ins Freie –, erscheint in der deutschen Wochenzeitung *Das Reich* eine Glosse, die ein Unwissender verfaßt hat: »Man rüstet sich für den Wintersport. Neuer Grundlack von schöner roter Farbe kommt unter die Bretter, die Stiefel werden geschmiert und nicht weniger das menschliche Gebein, damit es der Grätsche wie der Hocke hinreichend gewachsen sei... In diesem Sinne grüßen wir die Leningrader Skiklubs.«

So arrogant und unwissend sind die Deutschen in Berlin, die jetzt Welten von den Soldaten auf beiden Seiten der Front trennen. »Die Heimat weiß noch nichts vom Umschlag der Kriegslage«, sagt General Nehring in Mzensk-Süd zu Kriegspfarrer Wolf, der ihn gefragt hat, wie alles weitergehen soll; er erhält die Antwort: »Das weiß niemand.«

Er liest in einem Buch, das ihm sein Fahrer aus Orel mitgebracht hat, und grübelt über diesen Sätzen: »Weißt du, was ist, wenn einer zwischen Leben und Tod steht, nicht mehr dem Leben angehört und noch nicht dem Tode? Vielleicht ist einer nie mächtiger als in dieser Stunde, seiner Dinge gewisser.« Aber was sind unsere Dinge, und weshalb fühlen wir uns nicht mächtiger, sondern noch geringer als sonst? Der eine ist General, der andere Pfarrer, beide haben nicht viel Gemeinsames. Der eine redet nicht viel, der andere muß viel reden.

Aber sie sind beide betroffen, in ihrer Sprache ist nun etwas, das nicht mehr getilgt werden kann.

Als Generaloberst Heinz Guderian zu Silvester in Berlin eintrifft, könnte er meinen, aus Romny zu kommen, dem letzten Quartier Karls XII. vor Poltawa, aus dem er sich Ende September ahnungsvoll entfernte, um seine Panzerarmee nach Moskau zu führen oder wenigstens über die Oka bei Rjasan und Kaschira im Jahre 1941. Aber er kommt aus Orel; dort hat er sich am 26. Dezember von seinem Stab verabschiedet, der nicht glauben wollte, daß man diesen fähigen Panzerführer nicht mehr verwendete. Die einzige zu befahrende Straße in diesem Schneewinter führt ihn an den Stätten der Erinnerung vorüber, es sind Roslawl und Smolensk, Orscha und Borissow an der Beresina. »Meine Gedanken begleiten Euch auf Eurem schweren Gang«, hieß es im Armeetagesbefehl, mit dem er seine Soldaten zurücklassen mußte. 1943 würde er sie wiedersehen, aber in welcher Lage waren sie dann ...

Nach Grjasi, dem kleinen Dorf mit den Sommerdatschas in der Nähe Moskaus, kommt Alexander Twardowskij. Auch dort sind die Deutschen gewesen.

Der Bach, der ihm am Morgen des 22. Juni rötlich gefärbt vor-

kam, liegt unter Eis und Schnee. Schnee lag auch damals in der Schlucht, als er Wasser holte.
Er denkt an Sagorje, sein Heimatdorf bei Smolensk, in dem die Deutschen noch sind.
Der Himmel im Westen ist unruhig.
Weit hatten sich die Deutschen nicht zurückgezogen.

37. KAPITEL

Opfer

Keiner weiß vom Gegner, wie es ihm geht. Sie haben sich gegenseitig fürchterliche Schläge zugefügt. Beide scheinen jetzt zu taumeln. Aber der andere sieht es nicht, hofft es nur. Die Deutschen zählen die Gefallenen, die vor ihren Stellungen liegen bleiben. Die Russen zählen die Gefangenen, die zerstörten Panzer und Fahrzeuge, die erschossenen und verreckten Pferde.
Als Sieger fühlt sich keiner auf diesem riesigen Schlachtfeld. Keiner hat den Krieg, den Feldzug, die Schlacht verloren. Es gab Niederlagen.
Nur Stalin meint, der Gegner sei erschüttert, es bedürfe nur des allgemeinen Angriffs an allen Fronten, um ihn endgültig zu besiegen. Doch Stalin erschien nie auf dem Schlachtfeld vor Moskau. Er blieb im Kreml, in der Datscha. Er sah die Schlacht auf Generalstabskarten. Auch Hitler mied das Schlachtfeld vor Moskau. Beide lassen sich Filmberichte, Wochenschauen vorführen, in denen etwas von dem enthalten ist, was sie nicht betrachten wollen.
Für die Gegenoffensive im Dezember hatte die Stavka alles herangeholt, was noch personell und materiell aufzutreiben war. Menschen gab es genug. Sie wurden rücksichtslos eingesetzt. Aber im Januar und Februar erhielt Schukow kaum noch Munition. Von den 82-mm-Wurfgranaten, die er Anfang Januar anforderte, traf nur ein Prozent ein. Mit 20 bis 30 Prozent der angeforderten Artilleriemunition mußte er zufrieden sein. Von den angeforderten 50-mm-Wurfgranaten bekam seine West-Front im Januar nur 2,7 Prozent, von den 120-mm-Wurfgranaten 36 Prozent, von den 82-mm-Wurfgranaten 55 Prozent, von den Artilleriegeschossen 44 Prozent. 316 Bahnwaggons sollten seine West-Front in den ersten zehn Tagen des Februar versorgen, es traf kein einziger ein. Die Stalinorgeln mußten teilweise ins Hinterland abgezogen werden, da es für sie kaum noch Mu-

nition gab. Jetzt konnte jedes Geschütz täglich nur einen oder zwei Schuß abfeuern. Schukow mußte der Stavka berichten, daß der Munitionsmangel Artilleriefeuer unmöglich macht. »Deshalb wird die Feuerkraft des Gegners nicht vernichtet, und unsere Truppen erleiden beim Vorstoß auf fast intakte Stellungen sehr hohe Verluste, ohne entsprechende Erfolge zu erzielen.« In der Stavka wird nun kaum noch beraten. Jetzt befiehlt wieder Stalin, ohne die Mitglieder dieses höchsten Kriegsrates der Sowjetunion zu fragen.

Als am Abend des 5. Januar im Arbeitszimmer Stalins im Kreml, unter den Porträts der Marschälle Suworow und Kutusow, die jetzt an den in heller Eiche getäfelten Wänden hängen, die Stavka Stalins Plan beraten will, an der ganzen Front, vom Ladogasee bis zum Schwarzen Meer zur Offensive überzugehen, merkt Schukow, daß hier nicht mehr Rat gesucht wird, sondern nur noch Befehle entgegenzunehmen sind.

Der Generalstabschef Schaposchnikow trägt vor, dann sagt Stalin: »Bei den Deutschen herrscht nach der Niederlage bei Moskau Verwirrung. Sie sind schlecht auf den Winter vorbereitet. Jetzt ist der geeignete Zeitpunkt gekommen, zum allgemeinen Angriff überzugehen.«

Schukow ist erschrocken, als er hört, daß die Heeresgruppe Mitte im Raum Rshew, Wjasma und Smolensk einzukesseln und zu vernichten ist, aber gleichzeitig soll die Heeresgruppe Nord zerschlagen und die Blockade Leningrads beseitigt werden. Der Heeresgruppe Süd ist, wie Schaposchnikow vorträgt, eine Niederlage beizubringen, das Donezbecken soll befreit und die Krim von der Kaukasus-Front mit der Schwarzmeerflotte zurückerobert werden.

Er hält das für maßlos und wendet ein, daß hier zuviel verlangt würde. Er schlägt vor, auf die Offensive gegen die Heeresgruppe Nord zu verzichten, dafür seine West-Front mit Mannschaften und Kriegsgerät aufzufüllen und ihr Reserven zuzuführen, vor allem Panzertruppen.

Wosnessenski unterstützt Schukow: »Wir haben jetzt nicht die Mittel für eine gleichzeitige Offensive an allen Fronten.« Er wird von Stalin angefahren: »Ich habe mit Timoschenko ge-

sprochen. Er ist für eine Offensive. Man muß die Deutschen rascher aufreiben, damit sie im Frühjahr nicht mehr angreifen können.« Niemand will jetzt etwas sagen.
Stalin fragt: »Wer möchte sich noch dazu äußern?«
Keiner.
»Na also«, sagt Stalin, »dann beenden wir die Diskussion.«
Als sie das Arbeitszimmer verlassen, in dem ein großer Globus an der Stirnseite des Kartentisches steht, der die Generale irritierte (das erschien ihnen etwas zu hoch gegriffen, ihre Arbeit hatten sie immer noch vor Moskau, Leningrad und Rostow zu leisten), sagt Schaposchnikow zu Schukow: »Sie hätten keine Einwände erheben sollen. Der Oberste Befehlshaber hatte die Sache schon vorher entschieden.«
»Weshalb hat er mich dann nach meiner Meinung gefragt?« erwidert Schukow.
Schaposchnikow räuspert sich, ihn scheint auch dieser Alleingang Stalins zu bedrücken: »Das weiß ich nicht, mein Lieber.«
Nach ihren Erfolgen vor Moskau waren die sowjetischen Generale nicht übermütig geworden, nur Stalin wurde es, und vor ihm hatten sie wieder mehr Furcht als Respekt, wie vor dem 22. Juni 1941. Sie hatten es wieder mit dem Diktator zu tun, den sie von früher kannten.
Er kam wie Hitler nicht zu seinen Soldaten. Er kommandierte die Generale, die Moskau vor den Deutschen gerade gerettet hatten.
Die Angriffe, die am 10. Januar 1942 begannen und erst Ende März aufhörten, führten zu Opfern an Menschen wie kaum wieder während des Krieges. Auch die Deutschen mußten hohe Verluste einstecken, aber diese standen in keinem Verhältnis zu den Blutopfern der Sowjets.
Am 2. Februar trägt Halder ins Tagebuch ein: »Die sich durch diese Kämpfe hinter der Front ergebenden Bilder sind grotesk und zeigen, daß dieser Krieg zu entarten beginnt in eine Prügelei, die sich von allen bisherigen Formen des Krieges loslöst. Dazu gehört auch das sinnlose Entsenden einer Mehrzahl von Divisionen in die tiefe Flanke der Heeresgruppe Mitte. Sie ist operativ sinnlos und wird keine Entscheidung bringen.«

Diese sowjetischen Angriffe in den drei ersten Monaten des Jahres 1942 bewirken, daß sich die deutschen Kampftruppen wieder fangen und dem tapferen und harten Gegner sich endlich wieder überlegen fühlen.

Hätte Stalin konzentriert an wenigen Stellen angreifen lassen, wie Schukow es vorschlug, dann wäre es vielleicht möglich gewesen, Teile der Heeresgruppe Mitte nicht nur einzukesseln, sondern auch zu vernichten. Hitlers Haltbefehl lud dazu operativ ein. Wer stehenbleiben mußte, den konnte man abschneiden, einschließen und endlich ausschalten. Dann wäre es für die Deutschen kaum möglich gewesen, sich den unmenschlichen Bedingungen dieses Winterkrieges anzupassen, wieder Selbstvertrauen zu gewinnen und darauf das Gefühl der Überlegenheit wieder zu erlangen, das sie jetzt verlassen hatte. Aber Stalin zählte nur die Menschen, die ihm gehorchten; es war ihm wohl gleichgültig, wieviele starben. Aber auch Hitler sollte ihm darin immer ähnlicher werden.

Eine Episode, die sich im Januar ereignete, sollte beweisen, daß die Deutschen nicht am Ende ihrer Kraft waren. Der Angriff einer Panzer-Division zur Rettung eingeschlossener Verbände unter unvorstellbaren Schwierigkeiten gibt das Beispiel, das den Charakter eines Signals für beide Diktatoren haben wird.

Die 10. Armee der West-Front Schukows hatte Ende Dezember Befehl erhalten, mit Vorausabteilungen sich in den Besitz des wichtigen Eisenbahnknotenpunktes Suchinitschi zu setzen, um dann die Bahnlinie Wjasma—Brjansk zu erreichen und damit einen Teil der Versorgung der Heeresgruppe Mitte zu unterbrechen. In die Stadt Suchinitschi waren jedoch kurz vorher Teile der aus Frankreich anrollenden 216. Infanterie-Division unter ihrem Kommandeur Generalmajor Freiherr von und zu Gilsa gekommen, die nun eingeschlossen wurden.

Hitler befahl Gilsa, der während der Olympischen Sommerspiele 1936 Kommandeur des Olympischen Dorfes in Döberitz bei Berlin gewesen war, Suchinitschi »wie den Alkazar« zu halten, wobei er an den spanischen Bürgerkrieg dachte.

General Golikov, Führer der 10. Armee, stieß weiter nach Westen und Südwesten vor. Suchinitschi ließ er einschließen.

Die deutsche 2. Panzerarmee, die General Rudolf Schmidt am 26. Dezember von Generaloberst Guderian übernommen hat, erhält von Hitler den Auftrag, Gilsa in Suchinitschi zu befreien und endlich die Frontlücke zu schließen, die an der Seite von ihr zur 4. Armee bei Kaluga immer größer geworden ist.
Das eingeschlossene Suchinitschi liegt im Rücken von mehreren russischen Divisionen zwischen Kirow und Juchnow. Dorthin wird General Nehrings 18. Panzer-Division befohlen, verstärkt durch das Schützenregiment 12 der 4. Panzer-Division und einige schwache Infanteriebataillone. Bei leichtem Schneefall, starken Verwehungen, auf kaum befahrbaren Straßen, einer Mittagstemperatur von minus 9,5 Grad beginnt der Abmarsch am 8. Januar aus dem Suscha-Abschnitt nördlich Orel. Auf Kraftfahrzeugen und mit der Bahn treffen die Verbände bis zum 16. Januar im Bereitstellungsraum bei Brjansk ein. Sie fahren auch durch Karatschew, das sie im Oktober 1941 einnnahmen, und sie wissen nun, daß der Krieg andere Aufgaben für sie haben wird als damals. Die Versammlung hat wegen des Winterwetters, der schlechten materiellen Ausrüstung und der Entfernung eine Woche gedauert.
Oberst Jollasse, der am 5. Januar nach Hause geschrieben hatte: »Jetzt haben wir unsere endgültige Winterstellung erreicht, lassen uns langsam einschneien, fahren Ski und Schlitten«, erhält den Befehl, mit seiner Kampfgruppe auf Ljudinowo anzugreifen, während Oberstleutnant Kuzmany, Kommandeur des I. R. 338, mit seiner Kampfgruppe auf Bukan anzutreten hat.
Da der Schneefall motorisierte Bewegungen außer auf geräumten Wegen unmöglich macht, stellt sich die Division auf Schlittenverkehr um. Die Gruppe des Obersten von Lüttwitz (Schützenregiment 12) soll in der linken Flanke vorgehen. Bei ihr sind noch zwei Panzer; die Panzerabteilung der 18. Panzer-Division hat am Morgen des Angriffstages 6 Panzer.
Gefangene haben ausgesagt, daß die russische 323. Schützendivision, gegen die angetreten wird, schwach sei. Sie habe nur noch 12 Geschütze. Die Soldaten litten unter Erfrierungen, 40 Mann seien in letzter Zeit desertiert, 10 wieder gefangen und erschossen worden.

Die 10. Armee Golikovs, die von dem Angriff völlig überrascht wird, ist seit dem 6. Dezember 1941 im Einsatz. Sie bedrohte damals am oberen Don die linke Flanke der 18. Panzer-Division. Seitdem hatte sie keinen Mann Ersatz mehr bekommen. Ihre Regimenter hatten eine Durchschnittsstärke von 250 Mann, sie hatten kaum noch Munition. Am 5. Januar schrieb General Golikov einen Brief an Marschall Schukow, in dem er ihn auf die Schwäche seiner Armee hinweist. Zur Antwort erhielt er, daß es bis Ende Januar keinen Ersatz gebe. Transportbataillone für den Nachschub an Munition seien nicht vorhanden und Panzer könnten erst nach Freikämpfen der Bahnstrecke über Kaluga nachgeführt werden.
Am Nachmittag des ersten Angriffstages, dem 17. Januar, nimmt die Gruppe Jollasse die Stadt Ljudinowo mit Luftwaffenunterstützung. Am 19. Januar trifft die Gruppe Lüttwitz in Ljudinowo ein, um Jollasse abzulösen. An diesem Tag erhält General Nehring den Auftrag, die Gruppe Gilsa aus dem Raum um Suchinitschi herauszuholen, das Bahnhofsgelände nachhaltig zu zerstören und dann, wenn der Abmarsch der Gruppe Gilsa einschließlich aller Verwundeter durchgeführt ist, nach Gegend Bryni zurückzugehen. Mittags herrschen minus 22 Grad, um 20.00 Uhr minus 30 Grad. Nehring erinnert sich später: »Die Erschwerungen durch den harten Winter waren kaum vorstellbar: keine Winterausstattung, kein Winteröl für Waffen und Fahrzeuge, die Funkgeräte froren ein, Schneehöhe bis zu 80 cm. Schneepflüge fuhren dicht hinter der Spitzensicherung, um den Weg benutzbar zu machen. Die Spitzenkompanien wühlten sich zu beiden Seiten des Weges durch den Schnee bis zum nächsten Dorf und griffen in schmaler, aber tiefer Gliederung an. Weit vorn sind die Granatwerfer eingesetzt, um schnellen Erfolg zu haben und Menschenleben zu sparen. Der Nachschubweg ist kaum gesichert, er ist deshalb immer gefährdet. So schiebt sich die verstärkte 18. Panzer-Division langsam, aber unerschütterlich ihrem weit entfernten Ziel zu. Sie gleicht einer Raupe, deren Glieder sich strecken, aufschließen und wieder strecken. Der Marschweg war zugleich Frontlinie. Die eigenen Flankensicherungen, Jollasse und Lüttwitz, folgten nicht wie üblich auf der

dem Feind zugekehrten Seite, sondern mit Abstand hinter der vordersten Kampfgruppe. Damit war ein großes Risiko gegeben. Für den Russen wäre es eigentlich leicht gewesen, unser Vorgehen zu verhindern, mindestens aber gefährlich lange zu verzögern. Glücklicherweise waren aber die feindlichen Kräfte durch die Tatsache und Art unseres Angriffs völlig überrascht,

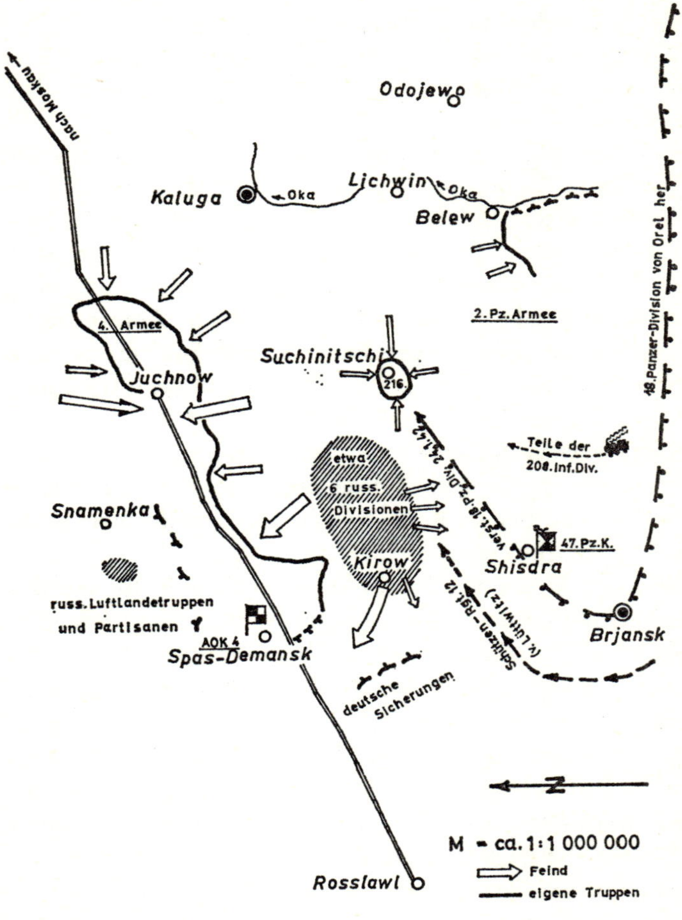

Abb. 23: Lage auf den inneren Flügeln der 2. Panzer-Armee und der 4. Armee (10. bis 24. 1. 1942)

außerdem damals noch schwerfällig in ihrer Führung (die 10. Armee hatte 75 Prozent ihrer Offiziere verloren), sie hatte auch nur wenige Panzer, litt ebenfalls erheblich unter Kälte und Schnee und mangelhaftem Nachschub, wobei sich die Sperrung des großen Bahnknotenpunktes Suchinitschi durch die Gruppe Gilsa auswirkte.«

Erfolge werden von Nehrings Vorgesetzten nicht erwartet, nur erhofft; sie sehen auf diese »Raupe im Schnee«.

Nehring ist sich seiner Leute sicher. Denn sie haben ein großes Ziel vor sich: eingeschlossene Kameraden zu befreien, die Verwundeten zu bergen.

An diesem 20. Januar 1942 findet in einer Villa am Großen Wannsee in Berlin die »Wannsee-Konferenz« statt, auf der die »Endlösung der Judenfrage« festgelegt wird: Arbeitseinsatz in Arbeitskolonnen (Trennung der Geschlechter; Dezimierung durch Zwangsarbeit bei unzureichender Ernährung; entsprechende Behandlung des »Restbestandes«, Abtransport aller europäischen Juden nach Osten, Unterbringung von Schwerkriegsbeschädigten und Juden mit Kriegsauszeichnungen in der Festung Theresienstadt in Böhmen).

Davon werden Nehring und alle diejenigen, die mit ihm überlebten, erst nach dem Kriege erfahren, aber sie müssen die Schande, von der sie nicht wissen, daß sie jetzt von Hitler angeordnet wird, tragen.

Nicht sie, die am 21. Januar bei grimmiger Kälte antreten, um unter Qualen Kameraden zu befreien, bei einer Kälte von über minus 40 Grad, die den ganzen Tag anhält, werden mit der Geschichte etwas zu tun haben. Sie könnten sie auch nicht ändern, wüßten sie, als sie starben oder verwundet wurden, ihre Glieder erfroren, an Fleckfieber erkrankten, daß ihr Oberster Befehlshaber die Bedingungen des Massenmords an den europäischen Juden ausarbeiten ließ. Sie wissen nichts, deshalb kämpfen sie, nehmen tief verschneite Dörfer in einem Land, aus dem sie sich fort wünschen, das sie nicht mehr ertragen können.

Wer würde ihnen das alles, diese Zusammenhänge und Konsequenzen, einmal erklären? Wenn sie davonkämen, müßte es ihnen schwerfallen, sich vorzustellen, daß sie unwissentlich die

Voraussetzungen schufen, um das Geheimnis zu hüten, hinter ihrem Rücken die Mordwerkstätten aufzubauen, das tödliche Gift bereit zu stellen. Churchill erfährt in diesen Tagen, daß die Deutschen den Gaskrieg vorbereiten. Er warnt Stalin, der verlangt, daß auch England damit antworten sollte, falls Hitler den Gaskrieg tatsächlich eröffnete. Aber war es nicht das Gas, das die Juden töten sollte? Und diese Bestimmung wird erst viel später in England bekannt.
Die Kampfgruppe des einarmigen österreichischen Oberstleutnants Kuzmany erringt am 21. Januar einen Sieg, erobert Geschütze und Pak, Feldküchen, eine Kriegskasse. An diesem Morgen begräbt Kriegspfarrer Wolf die Gefallenen der vergangenen Nacht. Der Gegner überfällt den Divisionsgefechtsstand. Es kommt zu einem nächtlichen Gefecht, in dem 182 Russen fallen. Ins Tagebuch schreibt Wolf: »Ein treuer Junge ist gefallen, Leutnant Sternberg. Sein Bruder war Pfarrvikar in der Nähe von Siegen. Er freute sich wie ein Kind auf den Studienurlaub. Doch der Urlaub wurde gestrichen und er mußte bleiben.«
Aus Ostpreußen kommt der Befehl, daß die Gruppe Gilsa der 18. Panzer-Division entgegenstoßen soll, aber Suchinitschi wie bisher zu halten habe. Mit letzter Kraft erfüllen die Soldaten Nehrings am 24. Januar ihren Auftrag.
Als die Befreier die Eingeschlossenen unter feindlichem Granatwerferfeuer auf einem Schneefeld bei Popkowo treffen, weinen sie.
»Für uns alle«, berichtet Oberleutnant Petri von der Gruppe Gilsa, »war der Anblick unserer Befreier erschütternd: keine Handschuhe, dafür Strümpfe über die Hände gezogen, Tuchmäntel, viele ohne Kopfschützer, Lumpen und Felle um die Stiefel gewickelt, also nicht besser versorgt als wir, eher schlechter, und dabei immer im Angriff. Es war erschütternd. Die Tränen flossen nicht nur aus Freude über die Erreichung des Zieles.«
In Moskau fürchtet Stalin an diesem Tage, die Deutschen seien bei Suchinitschi wieder auf dem Vormarsch in Richtung Moskau. Er zieht von der Kalinin-Front die 16. Armee unter Gene-

ral Rokossowskij ab und entsendet sie nach Suchinitschi mit ihren Gardedivisionen.

Er nimmt an, die Heeresgruppe Mitte habe mit ihren Reserven zum Gegenschlag ausgeholt.

An diesem Abend waren die Wege für Kraftfahrzeuge von der Truppe und den Einwohnern wieder befahrbar gemacht worden. Bei minus 25 Grad erstarrten nachts alle Kampfhandlungen im Abschnitt der 18. Panzer-Division.

Nehrings Division muß in den nächsten Tagen Gegenangriffe auf die »Raupe im Schnee«, die nun liegen geblieben ist, abweisen. In Suchinitschi werden die Schwerverwundeten in finnische Papiersäcke verstaut und auf die mit Heu gepolsterten Schlitten gelegt. Jeder Schwerverwundete erhält einen Schlitten, sonst wurden zwei liegende oder drei hockende Verwundete abtransportiert.

Panzer decken die Rückfahrt der Schlittenkolonnen, die vom nahen Gegner unter Feuer genommen werden.

Die Schlittenfahrer sind Landeseinwohner, die Kolonnen führen ein Wachtmeister und ein Gefreiter, der von Beruf Pfarrer ist. So gelangen 954 Verwundete und Kranke bis Shisdra, um von dort mit der Bahn nach Brjansk ins Kriegslazarett zu fahren. Die Rettungsaktion besorgten 410 Panjeschlitten; sie wird am 29. Januar beendet.

Die Generale Nehring und von Gilsa treffen zusammen und erklären, daß es nicht möglich sei, den Führerbefehl auszuführen und Suchinitschi zu halten. Da sie auch direkt am Stadtrand keine brauchbare Abwehrstellung erkennen, schlagen sie dem Generalkommando in Shisdra vor, Suchinitschi zu räumen und die bisherigen Stellungen zur Abwehr einzurichten.

Die Reste der Gruppe Gilsa werden von der 18. Panzer-Division aufgenommen.

Diese hat noch eine Kampfstärke von 3149 Mann, sieben bewegliche und drei unbewegliche Geschütze und 29 Panzer, von denen 14 nur bedingt einsatzbereit sind. Die Besatzung von Suchinitschi hatte ursprünglich aus 5000 Mann bestanden, darunter waren auch die Goslarer Jäger, die Guderian am 3. Dezember mit Tränen in den Augen zum letzten Angriff in Richtung

Moskau aufgefordert hatte. Da in Suchinitschi alles vernichtet werden mußte, was auf dem Rückzug in die Stellungen der Befreier nicht mitgenommen werden konnte, vernichteten die Goslarer Jäger auch ihre Musikinstrumente.
An Militärmusik war jetzt nicht mehr zu denken.
Hitler richtete einen Erlaß an diese Truppen, in dem er meinte: »Eure Leistung wird in die Geschichte eingehen, als Beweis dafür, daß deutsche Soldaten auch im russischen Winter zu kämpfen wissen.«
Was in die Geschichte eingeht, das bestimmt sie selbst. Die Wannsee-Konferenz sollte in die Geschichte eingehen, nicht die Befreiung der Eingeschlossenen von Suchinitschi.
Doch die 18. Panzer-Division hat die Garde-Divisionen General Rokossowskijs auf sich gezogen. Sie wird es bald zu spüren bekommen. Jetzt aber bewegt es die Männer, eingeschlossene Kameraden befreit zu haben. Jeder weiß, daß man sich aufeinander verlassen kann.
Daß Eingeschlossene wieder freigekämpft werden, setzt sich von nun an in den Köpfen der Soldaten des Ostheeres fest. Erst in Stalingrad werden sie merken, daß diese Kameradenpflicht Grenzen kennt. Nach Stalingrad wird alles anders sein.
General Nehring, der gezeigt hat, daß in diesem schrecklichen Winter eine Panzer-Division angreifen und sogar siegen kann, wird zu Rommel nach Afrika versetzt.
Bei Turdej, in der Nähe des oberen Don, hat er Mitte Dezember 1941 an der Tatarensäule gestanden, die für den Sieg über diese Angreifer Moskaus einst errichtet worden war. Ein gewaltiger Obelisk, auf dem ein Kreuz sich über dem liegenden Halbmond erhebt. Von diesem Punkt begann für ihn der Rückzug vor Moskau.
Er wurde Kommandierender General des Deutschen Afrikakorps bei Tobruk, bei El Alamein in Ägypten; dort traf es auch ihn; er wurde verwundet.
Dann hatte er als erster deutscher General gegen Amerikaner im Brückenkopf Tunis zu kämpfen, um wieder dorthin zurückzukehren, wo er jetzt ist — in die Winter und Sommer des Ostens, bis alles ein Ende haben wird.

Am 1. Februar 1942 trifft sein Nachfolger bei erträglicher Kälte und Schneefall auf dem Divisionsgefechtsstand ein. Generalmajor Freiherr von Thüngen wird von Nehring informiert, daß neuer Feind aufgetreten ist, der einen sehr aktiven Eindruck mache und rücksichtslos angreife – so schnell rückten Rokossowskijs Gardesoldaten an.

Die 18. Panzer-Division wird jetzt von einem General geführt, der mit ihr noch viele Monate kämpfen und leiden muß, ehe ihm seine Einsicht in die Lage befiehlt, sich den Männern des 20. Juli anzuschließen. An diesem Tage ist er in Berlin bereit, den Befehl über das Wehrkreiskommando III zu übernehmen, um den Aufstand auf eine sichere militärische Grundlage zu stellen, die nicht vorhanden war. Doch die Ereignisse entwickelten sich zu schnell, in einem anderen Sinne, als General von Thüngen es erwartet hatte. So wurde ihm der Prozeß gemacht. Sein Pflichtverteidiger versuchte ihn zu retten, da ihm kaum etwas zu beweisen war. Aber Thüngen weigerte sich, die »Brücke zum Freispruch« zu betreten. Er haßte Hitler, und nach seinem christlichen Weltbild mußte er den vorgezeichneten Weg gehen.

Generalleutnant Freiherr von Thüngen starb am 24. Oktober 1944 am Galgen in Berlin-Plötzensee.

Was ist das für eine Geschichte, die von den Deutschen geschrieben wird.

Sie ist tödlich, wohin man auch sieht.

38. KAPITEL

Die Wende blieb aus

Ende Januar 1942 mußte Stalin einsehen, daß seine Offensive, die er gegen den Willen Schukows und Wosnessenskis befohlen hatte, gescheitert war. Die Deutschen waren vor Moskau nicht demoralisiert, sie griffen wieder an.

Hitler, der am 15. Januar seinen Haltbefehl wieder aufgehoben und Feldmarschall von Kluge eine begrenzte Freiheit, die er überwachte, gegeben hatte, um die Front wieder beweglicher zu machen, hielt am 30. Januar 1942 im Berliner Sportpalast eine Rede. Es war der Jahrestag der Machtübernahme. Das Heer vor Moskau war gerettet, es hielt stand, es litt maßlos, und Hitler rief vor seinen Zuhörern nicht mehr die Vorsehung an, sondern den Herrgott, daß er dem deutschen Volke in diesem Kampf beistehen möge. Da Hitler aber kürzlich erst die Ermordung der Juden befohlen hatte, sollte weder ihm noch dem deutschen Volk der Herrgott helfen, wenn dieser überhaupt bereit wäre, diesem oder jenem Volk beizustehen. Aber auch der Kriegsgott, den Hitler gemeint haben könnte, war nicht mehr auf seiner Seite; auch dieser launische Gott wandte sich von einem Manne ab, dem er bisher günstig gesonnen war. Wer unschuldige Menschen, eine ganze Rasse, ein Volk abschlachten läßt, während seine Soldaten Schlachten schlagen sollen, dem steht weder ein christlicher Herrgott noch ein mythologischer Kriegsgott bei. Aber im Grunde seiner Seele gab er den Krieg verloren, wenn er auch diese Erkenntnis vor anderen verbarg. Von jetzt an würde er der Schauspieler sein, der wie Napoleon nach der Abreise aus Rußland 1812, nach der Verabschiedung von seiner an den Winter verlorenen Grande Armee an der Beresina in Warschau ankam und einem polnischen Adligen sagte: »Ich kann nicht verhindern, daß es friert. Jeden Morgen hieß es, nachts sind 10 000 Pferde verreckt. Unsere normannischen Pferde können nicht so viel aushalten wie die russischen, ebenso die Solda-

ten. Sie sind also hier sehr besorgt? Die Armee ist herrlich.« Was Hitler im Sportpalast sagte, das war wie Spreu im Wind. Hitler hatte am 22. Juni den Zweifrontenkrieg entfesselt, der nur zum Erfolg führen konnte, wenn es gelang, an einer Front den Gegner vernichtend zu schlagen. »Es fehlte nicht viel«, schrieb Generaloberst Jodl 1946 im Nürnberger Gefängnis, »aber das Wenige genügte mit der Kältekatastrophe, daß Hitlers Siegeslaufbahn nach einem Kulminationspunkt in die absteigende Bahn überging.«
Zu dieser Zeit hat das Ostheer fast 1 Million Mann verloren – bei einer Durchschnittsstärke von 3,2 Millionen. Die Schlacht vor Moskau hatte die Heeresgruppe Mitte vom 1. 10. 1941 bis 31. 1. 1942 einen Gesamtverlust von 369 500 Mann gekostet, dafür war bis Ende Januar ein Ersatz von rund 60 000 Mann eingetroffen.
»Wenn uns dieser Krieg eine Viertelmillion Tote und 100 000 Verkrüppelte kostet«, sagte Hitler am 28. Januar im ostpreußischen Hauptquartier, »sie sind uns durch den Geburtenüberschuß wiedergeschenkt, den das deutsche Volk von der Machtübernahme an aufweisen kann. Eine wirkliche Weltherrschaft kann nur auf das eigene Blut gegründet werden.«
Aber es wurde nicht nur gestorben. Im Januar 1942 traten 92 563 Erfrierungsschäden auf, dazu kamen 58 934 Kranke.
Das hieß, 14 deutsche Divisionen waren dieser Zahl entsprechend bis zum letzten Mann durch Krankheiten und Erfrierungen ausgefallen.
Starke Schneefälle legten im Januar die Eisenbahn lahm. »Die Transportlage«, notierte Halder, »für die nunmehr der Reichsverkehrsminister zuständig ist, hat sich zu einer Katastrophe entwickelt.«
Aber beim Gegner sah es nicht anders aus. Fast ohne Verpflegung mußten die 3. und 4. Stoßarmee antreten, um zwischen der deutschen Heeresgruppe Nord und Mitte ein Loch zu brechen.
Den Soldaten wurden die großen deutschen Verpflegungslager in Toropez als Beute versprochen, wenn sie die Stadt nahmen, was ihnen dann, hungrig wie Wölfe, auch gelang. Nordwestlich

Rshew waren russische Verbände der Kalinin-Front nach Süden durchgebrochen, deren Spitze endlich im deutschen Hauptquartier der 9. Armee, in Szytschewka, ausreichende Verpflegung vorfand, die ihr doch sofort streitig gemacht wurde. Die 1. Panzer-Division traf mit einer Vorausabteilung weit im Rücken der Ostfront ein, um den Russen die erbeuteten Sektkisten wieder zu entreißen. Dieser zurückeroberte Sekt versetzte die deutschen Soldaten in eine Fröhlichkeit, die sie seit dem 22. Juni nicht mehr gekannt hatten. Ihre Unternehmungen, die der neue Oberbefehlshaber der 9. Armee, General der Panzertruppe Model, jetzt leitete, waren erfolgreich. Eine zweite Front wurde nach Westen aufgebaut. Von dorther kamen andere Verbände, die willkürlich zusammengeworfen worden waren. Es gelang der 1. Panzer-Division, die bis über die Autobahn Smolensk—Moskau vorgedrungenen russischen Verbände abzuschneiden, sie einzukesseln und zu vernichten.

Am 10. Februar meldete Models 9. Armee, daß sie 4830 Kriegsgefangene gemacht, 26650 russische Gefallene gezählt sowie 190 Panzer und 340 Geschütze vernichtet oder erbeutet habe.

In der Geschichte der 1. Panzer-Division ist darüber zu lesen: »Der Gegner schlug sich mit unerhörter Tapferkeit und verteidigte in den Ortschaften Haus für Haus, die in erbittertem Ringen gestürmt werden mußten. In Bol. Krassnoje blieben am 28. Januar 500 Tote des Gegners zurück. Hier traten zum ersten Mal wieder T 34 auf. Bei starkem Schneetreiben, schlechter Sicht und minus 40 Grad, die wegen der immer noch ungenügenden Winterbekleidung besonders qualvoll waren, taten die Soldaten der angreifenden Einheiten über alle Erwartungen hinaus ihre Pflicht. In heftigen Gegenangriffen, die bis in die Nacht andauerten, versuchte der Gegner unter sinnloser Opferung seiner Infanteriemassen die verlorenen Orte wiederzugewinnen. Er wurde jedoch abgewiesen.« Die Division hatte nur noch wenige Panzer. Ihr Panzerregiment kämpfte zu Fuß, es war mit Skiern und Schlitten ausgerüstet. Eine Kompanie bestand aus 40 bis 60 Mann, die sieben bis neun Maschinengewehre, zwei Pak und einen Granatwerfer hatte. Es gab aber

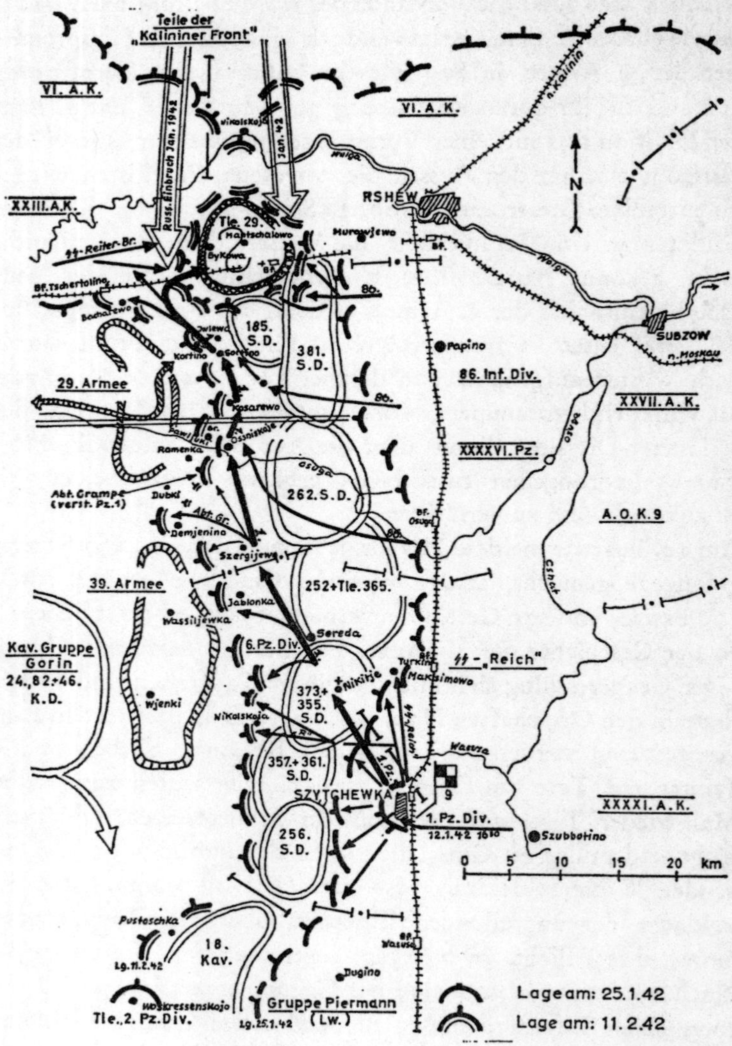

Abb. 24: Abwehrkampf und Kesselschlacht nördlich Szytschewka (Januar/Februar 1942)

auch Panzerkompanien, die nur mit Gewehren ausgerüstet werden konnten.
Die Divisionen halfen sich gegenseitig mit Panzern und Schützenpanzerwagen aus. Aber es waren nur noch wenige, die in Panzern und auf Schützenpanzerwagen fuhren. Die Kesselschlacht von Szytschewka wurde fast nur infanteristisch geschlagen.
Am 5. Februar meldet Generaloberstabsarzt Dr. Handloser dem Chef des Generalstabes Halder, daß in den Armeen des Ostheeres 60 000 Mann erkrankt seien und 977 Offiziere. Fleckfieber sei bisher in 4400 Fällen aufgetreten, 729 am Fleckfieber Erkrankte seien gestorben.
Erkrankte Offiziere erledigten auf Krankenbahren ihre Arbeit. Im rückwärtigen Gebiet vieler Divisionen mußten »Fleckfieberhäuser« eingerichtet werden.
Als am 24. Februar die Mittagstemperaturen auf nur noch minus 4 Grad sinken, nehmen die Krankheitsfälle besorgniserregend zu. Viele Bataillone sind überhaupt nicht mehr einsatzfähig, da fast alle Soldaten an Grippe und Darmstörungen erkrankt waren.
Die 18. Panzer-Division nördlich Shisdra hat nach den Unterlagen des Divisionsarztes vom 1. 1. 1942 bis 24. 2. 1942 764 Mann verloren, aber die Zahl der Kranken, die länger als drei Wochen abwesend sind, ist viel höher, es sind 1193 Mann.
Da am 25. Februar das erste Tauwetter dieses Winters einsetzt, mit Mittagstemperaturen bis plus 5 Grad, kann befohlen werden, Kraftfahrzeuge mit Mannschaftsgepäck aus Brjansk heranzuziehen. Seit Januar befand sich dort der Gepäcktroß. Die Zunahme der Erkrankungen läßt sich darauf zurückführen, daß die Männer in diesen Wochen ihre Unter- und Überbekleidung nicht wechseln konnten. Am 28. Februar hat die Division 77 Fleckfieberkranke. Der Divisionsarzt vermerkt, daß die Sterblichkeit (Morbidität) 5% betrage.
Aber dem Gegner erging es nicht besser.
»Wir überschätzten die Möglichkeiten unserer Truppen und unterschätzten den Gegner«, schrieb Schukow. »Die Nuß, die es zu knacken gab, erwies sich als härter, als wir geglaubt hatten.

Im Februar und März verlangte das Hauptquartier, unsere Angriffshandlungen in westlicher Richtung zu verstärken, doch die Fronten hatten zu diesem Zeitpunkt ihre Mittel und Kräfte erschöpft.«

Die seelische Erschöpfung entspricht der materiellen auf russischer Seite. Stalins Botschaften an Roosevelt werden dringlicher. Bisher wird das Kriegsmaterial, das die USA liefern, von amerikanischer Seite den Russen »vorgeschossen«. Es mußte bezahlt werden. Am 16. März erhält Stalin von Roosevelt die Mitteilung, daß die USA das Leih- und Pachtgesetz auf die Sowjetunion ausdehnen können.

Churchill hatte Roosevelt dazu gedrängt. Am 12. März 1942 schreibt er an Stalin: »Der unaufhörliche Vormarsch der russischen Armeen und die bekannten furchtbaren Verluste des Feindes sind für uns natürlich Quellen größter Ermutigung in dieser schweren Zeit.«

Stalin antwortet am 14. März: »Ich bringe meine feste Überzeugung zum Ausdruck, daß die gemeinsamen Anstrengungen unserer Truppen, ungeachtet einzelner Mißerfolge, im Endergebnis die Kräfte unseres gemeinsamen Feindes zerschlagen werden und daß das Jahr 1942 die entscheidende Wende an der Kampffront gegen den Hitlerfaschismus bringen wird.«

Stalin, der Anfang Januar noch übermütig meinte, die Heeresgruppe Mitte einschließen und vernichten zu können, sieht zwei Monate danach in der immer noch andauernden Schlacht vor Moskau *keine* Wende; er hofft auf die Wende, aber erst im Laufe des Jahres 1942. Und die Wende sieht er nur, wenn er sie gemeinsam mit Großbritannien und den USA erreichen kann. Er weiß zu dieser Zeit, daß die Sowjetunion allein Hitler nicht schlagen kann. Später wird er es vergessen.

Als am 23. Februar die Angriffe ausbleiben, die Halder erwartet, da es der »Tag der Roten Armee« ist, notiert er ins Tagebuch: »Ein im ganzen auffallend ruhiger Tag!« In Ruhe kann man sich im ostpreußischen Hauptquartier den sowjetischen Dokumentarfilm über die Befreiung Moskaus vorführen lassen. Die Befreiung Moskaus, das sind Halders eigene Worte.

Der Generalstabschef, der mit Brauchitsch im Dezember zurücktreten wollte, aber blieb, um sein Heer vor Hitler zu vertreten (oder zu retten), muß nun selbst mit Hand anlegen, um eine Zentralisation der Kommandogewalt einzuführen, die nach seiner Ansicht dem Geist der Heeresführung widerspricht. Entscheidungen nach den allgemeinen Weisungen werden nicht mehr an der Front, von den Führungen der Heeresgruppen und Armeen getroffen. Mit Hitler muß um jedes Detail gerungen werden. Halder macht sich Gedanken, wie es weitergehen soll. Ihn beginnt Hitler zu drängen, sich mit einer neuen Offensive zu befassen. Halder lehnt ab. Nachdem es ihm nicht gelang, die Militärmacht Sowjetunion vor Moskau zu schlagen, hat er sich an Clausewitz zu halten: »Nun ist der Krieg nicht das Wirken einer lebendigen Kraft auf eine tote Masse, sondern, weil ein reines Dulden auf der einen Seite kein Krieg wäre, so ist er immer der Stoß zweier lebendiger Kräfte gegeneinander. Solange ich den Gegner nicht niedergeworfen habe, muß ich befürchten, daß er mich niederwirft. Ich bin also nicht Herr meiner selbst, sondern er gibt mir das Gesetz, wie ich es ihm gebe.«

Das heißt für Halder, die Ostfront neu zu ordnen, gefährliche Punkte zu beseitigen, sie in einer kräftesparenden Linie zu festigen. Hitler lehnt verächtlich diesen Vorschlag Halders ab.

Nachdem er sich gerade von dem Schrecken erholt hat und Stalins zweite Gegenoffensive im Januar zum Erliegen gekommen ist, meinte er, daß die Russen ihre letzten Kräfte dabei verbraucht hätten.

Er hätte nicht von »letzten Kräften« sprechen sollen, sondern von der Willenskraft, die aufgebracht wurde.

Sie wuchs bei seinem Gegner, als die sowjetischen Truppen Anfang Dezember Moskau verteidigten. Sie ließ in dem Maße nach, wie sie sich bei den Deutschen nach den Rückschlägen, die sie hinnehmen mußten, wieder festigte.

Die Stärke der Willenskraft läßt sich aber, nach Clausewitz, viel weniger bestimmen als die Größe und der Umfang der vorhandenen Mittel, die man zur Kriegführung braucht. Wenn auch die russische Seite, wie Hitler glaubte, jetzt stark geschwächt war, sie auf Material warten mußte, das erst noch in den nach Osten verlegten Fabriken hergestellt werden mußte, sowie auf

Rüstungslieferungen der Westmächte, so erkannte er doch nicht die Stärke des Willens, die auf eine auch seelische Erleichterung zurückzuführen war, daß die Bedrohung Moskaus abgewehrt werden konnte.

Auch die Unterschätzung der Willenskraft der sowjetischen Führung und ihrer Soldaten, die bei Hitler aus den Erfahrungen der Wintermonate Januar, Februar und März 1942 entstanden war, führte im Sommer in den Kaukasus und nach Stalingrad. Halder hatte ihn vor dieser Unterschätzung gewarnt.

Als die Sommeroffensive zum Stillstand kam, konnten sich Hitler und Halder gegenseitig nicht mehr ertragen; Halder wurde entlassen. Zwei Jahre später war Franz Halder im Konzentrationslager. Er überlebte es.

Schukow beurteilt die zweite Gegenoffensive sehr zurückhaltend, gegen die er gewesen war. Doch Stalin war seinen Bedenken nicht gefolgt.

»Die Truppen der Westfront hatten dem Feind 70 bis 100 Kilometer abgerungen und die allgemeine operativ-strategische Lage im westlichen Abschnitt etwas verbessert.«

39. KAPITEL

Unauffindbar in russischer Erde

Gegen Ende des Winters sehen die Gesichter der Männer, die der Frost nachdunkelte, alt aus. Sie sind sich auf beiden Seiten auch äußerlich ähnlich geworden durch die zur Gewohnheit gewordene Anspannung, durch die immer wieder die Grenze des Erträglichen überschreitende Erschöpfung und den Ernst, den sie nie wieder verlieren werden.
Zu unterscheiden ist zwischen einem Russen und einem Deutschen nur noch nach der Ausrüstung, auch die Sprache trennt sie. Ihre Gespräche sind einfach, sie handeln von Krieg und Frieden, aber an den Frieden glauben sie nicht mehr. Sie stellen sich vor, daß der Krieg auch dort eingebrochen ist, wo sie einmal gelebt haben, obwohl die Deutschen die Gewißheit noch haben, daß ihr Land unversehrt blieb vom Erdkrieg, von Okkupation und Verwandlung aller Dinge, die dort den Alltag bestimmen. Bei den Russen im anderen Graben ist es anders.
Alexander Twardowskij läßt einen Offizier im März 1942 sagen: »Weißt du, in allen Gegenden, wo ich geboren bin, wo ich zur Schule ging und diente, wo ich meine Familie gründete, überhaupt wo ich jemals in meinem Leben war, in fast allen Orten sitzen jetzt die Deutschen. Schau mal: Geboren wurde ich und gelebt habe ich bis zur Einberufung in der Gegend von Smolensk. Smolensk ist nicht mehr. Den Armeedienst leistete ich in Bobruisk, in Belorußland. Belorußland ist nicht mehr. Studiert habe ich in Leningrad. Leningrad ist umzingelt. Zweimal in meinem Leben war ich im Kurort, beide Male auf der Krim, im Erholungsheim für Kommandeure in Jalta. Jalta ist nicht mehr. Das wär's. Weiter nach Osten bin ich noch nicht gekommen. Bleibt mir also nur noch Moskau. Allerdings war ich dort auch nur auf der Durchreise, aber immerhin. Aber Moskau ist immer noch frontnahe Stadt.« Twardowskij war es, als spräche dieser Offizier leise und nachdenklich, als könne er es noch nicht so recht glauben.
Da fällt Twardowskij ein, daß die Deutschen auch in Sagorje,

dem Dorf bei Smolensk, sind. »Der Weg zu unserem Hof breitete sich vor mir wie im Kino aus; nicht von der Seite ›unseres Landes‹, sondern aus Nachbar Kowaljows Sträuchern, so als würde ich mit meinem Vater in einem Pferdekarren von dort her nach Hause fahren.«

Kriegspfarrer Wolf hat, vielleicht an diesem Tage oder einige Tage später – was weiß man voneinander – einen geräumigen Unterstand ausgesucht, um endlich Feldgottesdienst abzuhalten. Über den gesäuberten Tisch aus Kistenbrettern hat er ein weißes Laken gebreitet. Darauf steht das Kreuz, an die lehmgelbe Wand gelehnt, umstellt von brennenden Kerzen. Das ist nun der Altar, den er für 35 Soldaten errichtet hat, nicht weit von Brjansk.

Singen können sie nicht, der Gegner ist nahe, er könnte es hören (aber was wäre, wenn er es hörte? Auch er betet, auch er ist nicht anders, hat auch das Kreuz, das er auf der Brust trägt, hat die Ikone, und auch das Singen ist ihm nicht fremd, er kann schöner als die Deutschen singen), deshalb beten sie die Messe nach dem Feldgesangbuch. Pfarrer Wolf erteilt nach der Wandlung die Generalabsolution, und fast alle empfangen in der Kommunion den Leib des Herrn.

Die anderen im Unterstand, die nicht katholisch sind, beten mit. Das Vaterunser kennen sie alle.

Wolf bedrückt der Gedanke, daß es der letzte Gottesdienst für manchen sein dürfte. Und die Soldaten wissen es auch.

In Bukan, hinter der Front im Schnee, hat der Kriegspfarrer eine Friedhofsordnung auf dem Friedhof angebracht. »Zur Zeit liegt noch alles wirr durcheinander«, schreibt er ins Tagebuch, »der Friedhof unter schwerem Beschuß. Die meisten, die dort ihre Last abladen, sind erleichtert, wenn sie diesen Ort der Schrecken hinter sich haben, selbst die Toten haben keine Ruhe.«

Noch einmal, am 5. März, wird die 18. Panzer-Division in schwere Abwehrkämpfe verwickelt. Sie ist keine Panzer-Division mehr, nur eine Schlittendivision mit 1134 Pferden, wenigen Kraftwagen und neun Panzern. Am ersten Kampftag zerschlägt die Artillerie den Angreifer, der fast tausend Tote zurückläßt.

Am zweiten Tag dringt der Feind, Soldaten der 16. Armee General Rokossowskijs, in ein Dorf ein, die eigenen Verluste steigen an, Tag und Nacht bombardieren feindliche Flugzeuge die Dörfer und Stellungen, die eigene Luftwaffe kann nicht helfen, die Division hat auch keine Flugabwehr. Gezählt werden 2000 Schuß Artilleriefeuer auf die beiden Ortschaften Popkowo und Petschenkino.

Oberst Jollasse läßt seine Schützen vom Regiment 52 zum Gegenstoß antreten. Abends dringt der Gegner in Popkowo ein, dort, wo sich Ende Januar die Befreier und Eingeschlossenen von Suchinitschi trafen. Aus dieser Stadt kam der Gegner, nachdem der Bahnverkehr schon längst wieder aufgenommen worden war. Die Deutschen hatten keine weitreichenden Geschütze, um dies zu verhindern. Es ist immer noch kalt und der Schnee war grau geworden, pulvergeschwärzt von den Granateinschlägen.

General von Thüngen hat als letzte Reserve eine Panzerkompanie zu Fuß. Ein Panzerzug aus Suchinitschi stößt gegen die Verteidiger vor. In der Kirche von Popkowo halten sich am Morgen des 8. März noch acht Mann, es sind deutsche Sanitäter, die dort einen Truppenverbandsplatz aufgeschlagen haben, und Leutnant Ditschke, der Artilleriebeobachter mit einem Funkgerät auf dem Turm.

Der Entsatz dieser Gruppe in der Kirche mißlingt. Die beiden daran beteiligten Panzer werden beschädigt, nachdem sie einen feindlichen Panzer abgeschossen haben.

Dennoch halten die Eingeschlossenen in der Kirche aus, während der Leutnant das Artilleriefeuer leitet. Aber er muß melden, daß er nicht mehr lange Widerstand leisten kann, wenn nicht sofort Hilfe kommt. Denn vier russische Panzer schießen die Kirche zusammen.

General von Thüngen befiehlt den letzten beiden Panzern seiner Division, sofort nach Popkowo vorzustoßen und die Leute zu retten. Er sorgt sich auch um die Kampfstärke seiner Verbände. Das Panzerkorps in Shisdra tröstet ihn, 800 Mann Infanterie seien für ihn gerade in Brjansk eingetroffen. Aber das ist weit.

Gegen Mittag funkt der Artilleriebeobachter auf dem Kirchturm von Popkowo: »Russen in die Kirche eingedrungen«. Um 12.20 Uhr meldet er, daß der Russe sie feierlich zur Übergabe aufgefordert habe.

Aber sie ergeben sich nicht.

Zwei Stunden später funkt der Leutnant etwas, das General von Thüngen nicht glauben will. Er wird diesen Funkspruch in seinem Gedächtnis behalten, bis er stirbt: »An Panzer funken: Rücksichtslos auf Kirche schießen, dort größter Widerstand, Feind in Kirche eingedrungen, Eingeschlossene im Keller.« Fünf Minuten später gibt der General den Befehl, auf die Kirche zu schießen.

Vom Panzerkorps in Shisdra erfährt der General, daß genügend Munition vorhanden sei. Es dürfen jetzt täglich 3000 Schuß Artilleriemunition verbraucht werden.

In der Abenddämmerung erreichen die letzten beiden Panzer mit einigen Schützenpanzerwagen endlich die Kirche von Popkowo, die sie um 22.00 Uhr wieder verlassen.

Alle Verwundeten sind geborgen, die Eingeschlossenen kehren zurück.

Da im Ostteil von Popkowo fünfzehn schwere russische Panzer stehen, wird der Ort nicht wieder besetzt.

Ein anderes Bild, das er für erinnernswert hält, beschreibt an diesem Tag Kriegspfarrer Wolf: »Kälte, Schneestürme, unbarmherzige weiße Landschaft, endlos, maßlos, der Himmel grau: dazwischen brennende Häuser, Tote, Erfrorene. Die Männer seit Tagen ohne Schlaf und Verpflegung. Alles ist steinhart gefroren und muß erst mühsam aufgetaut werden, das Brot wie Stein, die Butter, die Wurst hartgefrorene Steine.

Winterschlacht im Osten. In einer kleinen Kate Sterbende. Ein Sanitäter dabei. Brustdurchschüsse, Lungendurchschüsse, es ist nichts mehr zu machen. Einem spende ich die heilige Ölung. Er liegt mit offenen, starren Augen. Das Lebenslicht flackert noch einmal auf, er ist nicht mehr ansprechbar. Mit Handgranaten versuchen wir, Löcher in den Schnee und die eisige Erde zu sprengen, um die Toten beerdigen zu können.

Ob die in der Heimat eine Vorstellung von dem haben, was wir

hier alles machen müssen? Wohl kaum, und es ist auch gut so.«
Bald werden die Angriffe schwächer. Auch der Gegner ist erschöpft. Am 22. März herrscht endlich Ruhe.
Die Deutschen weichen nicht, sie müssen dort bleiben. Ein Bataillonskommandeur meldet: »Durch den Einsatz der letzten Wochen hat eine übermäßige Beanspruchung der Leute stattgefunden, die sich in Einzelfällen in Zusammenbrüchen auswirkte. Sie ist auch bedingt durch den absoluten Mangel an Hygiene, unregelmäßige Verteilung der warmen und nicht ausreichenden Verpflegung. Diese Mängel haben vor allem zu einem Anwachsen der Zahl der Kranken geführt. Im allgemeinen sind jedoch alle Leute willig und einsatzbereit.«
Die Schlacht um Moskau endet in allgemeiner Erschöpfung.
Um Moskau zu nehmen, wie es ihr am 21. Juni 1941 vom 47. Panzerkorps am Bug befohlen wurde (»Unser Ziel ist weitgesteckt, es ist die feindliche Hauptstadt Moskau.«), verlor die 18. Panzer-Division bis zum 31. März 1942 14 094 Mann. Es dürfte sie eigentlich nicht mehr geben. Denn in dieser Stärke zog sie in den Rußlandkrieg.
Aber die Stimmung ist gut, wie General von Thüngen an das Panzerkorps in seinem Zustandsbericht meldet, nachdem die Division zu Ostern für wenige Tage aus der Front gezogen wird, die sie gehalten hat.
»Dank der vorbildlichen Haltung, vor allem der Offiziere, ist die Truppe fest in der Hand ihrer Führer. Jeder Mann weiß jetzt, um was es geht. Die schweren Kämpfe der letzten Zeit haben das Gefühl der Überlegenheit wieder gefestigt.
Jedoch ist der physische Zustand durch die andauernde Kälte, die manchmal nicht ausreichende Verpflegung und unausgesetzte körperliche und seelische Überbelastung schlechter geworden. Die vorhandenen Waffen sind im allgemeinen einsatzbereit. Der Zustand der Geschütze hat sich in den letzten Wochen weiter verschlechtert. Ersatzteile werden nicht ausreichend geliefert.«
Schukow wollte die Heeresgruppe Mitte auf ihre Ausgangsstellung für die Herbstoffensive »Taifun« zurückwerfen.
Es ist ihm nicht gelungen. Sie steht noch gefährlich nahe der

sowjetischen Hauptstadt, aber Geschützdonner dringt nicht mehr bis Moskau vor.
Im ostpreußischen Hauptquartier wird die Sommeroffensive vorbereitet. Neue Truppen und neue Panzer werden der Heeresgruppe Süd zugeleitet. Die Heeresgruppe Mitte hat sich zu verteidigen.
Moskau wird nicht mehr genannt. Der Name entschwindet auch aus den Tagebüchern und Papieren, die von jenem Krieg übrig geblieben sind. Jene Stadt, die man doch erobern wollte, scheint es für den an der Front stehenden deutschen Soldaten nicht mehr zu geben.
Gschatsk, an der Autobahn nach Moskau, liegt noch hinter der deutschen Front und wird einmal Gagarin heißen, nach dem sowjetischen Kosmonauten, der als erster Mensch die Schwerkraft der Erde überwand.
Links und rechts der Straßen, die nach Moskau führen, blieben in Waldlichtungen und an den Hügeln die Massengräber zurück, die der Russe Bratskaja mogila nennt, Brudergrab.
Dort ruhen auch, aber heute unauffindbar, die gefallenen Deutschen. Ihre Gräber wurden von Panzerketten zermahlen, Planierraupen ebneten sie ein. Wie sie zusammen kämpften und fielen, bleiben die toten Soldaten, auch ohne Gedenkstätte, einander verbunden.
Tote Soldaten sind nie allein.

40. KAPITEL

Soviel Feuer und so viele schwere Räder

Geschichte kommt aus weiten Räumen, aus großen Entfernungen auf uns zu. Sie besteht nicht aus Moral, aber sie hat Moral. Sie stiftet sie.
»Wäre ich 1812 in Rußland Sieger geblieben«, schreibt Napoleon auf St. Helena kurz vor seinem Tode im Testament, das für seinen Sohn bestimmt ist, »so wäre das Problem eines hundertjährigen Friedens gelöst worden, ich hätte den gordischen Knoten des Völkerzwistes durchhauen. Mögen die Könige verständigt werden: in Europa gibt es keinen Stoff mehr, um den Haß zwischen den Nationen zu unterhalten. Die Vorurteile verschwinden, die Interessen erweitern, vermengen, die Handelswege vervielfältigen sich. Es ist keiner Nation mehr möglich, das Handelsmonopol zu behaupten.«
Wohin gehört die Schlacht um Moskau 1941/42, nachdem die Soldaten fast vergessen sind, die damals aufeinander trafen? Kämpften und starben sie für einen hundertjährigen Frieden, aber welchen? »Im dritten Kriegsfrühjahr spricht das Schicksal sein Urteil«, schreibt Charles de Gaulle in seinen Memoiren. »Die Würfel sind gefallen. Das Zünglein an der Waage schlägt nach der anderen Seite aus. In den Vereinigten Staaten werden gewaltige Mengen Rohstoff in Kampfmittel umgewandelt. Rußland fängt sich; man wird es in Stalingrad sehen. Während die Anstrengungen Deutschlands ihre Grenzen erreicht haben, in Italien die Moral zerfällt, die Ungarn, Rumänen, Bulgaren und Finnen ihre letzten Illusionen verlieren, ... deutet alles darauf hin, daß die Alliierten schlagen werden, anstatt Schläge hinzunehmen.«
Hitler war kein Napoleon, sein Krieg hat mit den napoleonischen Kriegen nur die historische Ähnlichkeit, die freilich den gleichen Kulminationspunkt für beide Alleinherrscher aufweist: Moskau.

Von seinem Sohn verlangte Napoleon im Testament:
»Wenn er aus bloßer Nachahmung und ohne zwingende Notwendigkeit meine Kriege wieder anfangen wollte, würde er nur mein Affe sein. Man kann dieselbe Sache nicht zweimal in einem Jahrhundert tun.«
Die Geschichte beweist, daß man es kann. Sie verfügt über ein retardierendes Moment, sie kann sich rückwärts bewegen; vom Fortschritt ist nicht die Rede.
Als Hitler, ohne zureichenden Grund, den gordischen Knoten durchhieb, um seine Truppen über den Bug gehen zu lassen, damit sie dem Sieg und der Verzweiflung am Sieg nahe kommen würden in jenen Monaten vor Moskau, war das militärisch Erreichbare auf Messers Schneide geraten.
Aber Sieg und Niederlage wurden einander ähnlich, sie waren bald die beiden Seiten einer Medaille, die geworfen wurde und fiel – mit der Niederlage, die von der Medaille nun für die Deutschen angezeigt wurde.
Zwei Siege erfroren 1941/42 vor Moskau: der deutsche Sieg bis zum 5. Dezember 1941; der sowjetische Sieg bis Ende Januar 1942. Sie erfroren tatsächlich und sie erfroren symbolisch. Es mußten noch andere Siege und Niederlagen hinzukommen, ehe die erfrorenen Siege im Umkreis der Hauptstadt der Sowjetunion den Deutschen wie der Anfang ihrer Katastrophe vorkamen; abgewendet das napoleonische Schicksal von 1812 durch beispiellose Willenskraft, Leiden und Tapferkeit, aber doch nur vertagt, in eine andere Dimension des Rückzuges verwiesen, der von 1943 bis 1945 andauern sollte.
Der Historiker Arnold Toynbee meint: »Unsere geschichtliche Schau gleicht dem Gesichtsfeld, wie es etwa ein Pferd zwischen seinen Scheuklappen oder ein U-Boot-Kommandant beim Blick durch sein Periskop hat.«
Diese Bemerkung entstammt der Verzweiflung des Geschichtsschreibers über die Geschichte, die ihn zum Narren hält. Über den Zweiten Weltkrieg scheint heute alles ausgesagt zu sein. Die Generale und Kriegstagebuchschreiber, die Archivare und Dokumentaristen haben ihre Karten ausgespielt. Alles liegt offen vor uns. Und doch muß denjenigen der Zweifel überkom-

men, der die Bücher und Papiere betrachtet, weil sich ihm der Zweck des Ganzen nicht enthüllen will.
Weshalb bediente sich die Geschichte der Figur eines Hitler, um den Deutschen ins Ohr zu flüstern, daß sie die Ergebnisse des Ersten Weltkrieges umkehren könnten? Wenn sie 1914 an der Marne sieglos blieben, so sollten sie 1941 zwar immerzu siegen, nur den letzten Sieg bekamen sie in einem Zustand, vor dem es sie graute.
Und für die Sowjetunion, die diese Deutschen bis Berlin in mehr als drei weiteren Kriegsjahren verfolgte, ist der Sieg im Zweiten Weltkrieg doch nicht ihr alleiniger Sieg gewesen; sie mußte ihn mit anderen Mächten teilen.
Die sechs deutschen Divisionen, die seit Januar 1942 aus Frankreich zur Heeresgruppe Mitte transportiert wurden, hatten Anfang Dezember gefehlt, als es um die letzten Bataillone vor Moskau ging. Der Zweifrontenkrieg zeigte zum ersten Male wieder seit 1914 für die Deutschen die Unmöglichkeit, sich endgültig zu behaupten. 1914 waren während der Entscheidung im September an der Marne zwei Armeekorps nach Ostpreußen im Westen abgezogen worden. Dieselbe Anzahl von Verbänden lag 1941 in Frankreich, um England davon abzuhalten, an der Kanalküste zu landen. Ob diese sechs Divisionen den Ausgleich auf der Waage des fahrlässig herbeibeschworenen Schicksals zustande gebracht hätten, ist hier gleichgültig. Es sollen nur die historischen Wiederholungen aufgezeigt werden, über die man sich, beim Blick in die Geschichte, wundern kann.
Merkwürdig ist auch, daß bei den Planspielen im Dezember 1940 in Berlin, in denen das »Unternehmen Barbarossa« überprüft wurde, sich schon die Entscheidungen zeigten, die dann in die tatsächlichen Ereignisse eingriffen. Beim Planspiel ergaben sich Meinungsverschiedenheiten über die Fortsetzung der Operationen, als man – auf der Landkarte, noch nicht im Lande selbst – bei Smolensk Ende Juli, Anfang August angekommen war.
Moskau oder Kiew stand in Berlin 1940 ebenso zur Diskussion wie ein halbes Jahr später, aber nun ganz im Ernst und ohne

die Möglichkeit einer Korrektur mit dem Bleistift auf der Generalstabskarte.
Im Planspiel, das General Paulus leitete, wurde auch die Kesselschlacht von Wjasma–Brjansk entworfen, die Anfang Oktober 1941 begann. Sie sollte 40 Tage nach Angriffsbeginn geschlagen werden: das hieß am 2. August schon, und nicht erst zwei Monate später.
Für den letzten Angriff, den nördlich von Tula die Panzerbrigade der 4. Panzer-Division vom 2. bis 5. Dezember 1941 fuhr, hatte sie noch 21 Panzer zur Verfügung. Am 6. Dezember erhielt sie mit nur noch 15 Panzern den Rückzugsbefehl. Die Kradschützenkompanie, die ihr unterstellt war, bestand aus 45 Mann.
Mit 15 Panzern und 45 Kradschützen hätte sie nie auf dem Roten Platz in Moskau ankommen können; die Operation »Taifun« mit dem letzten Unternehmen, das »Schlußjagd« genannt wurde, war am Ende doch zum Scheitern verurteilt, obwohl die Heeresgruppe Mitte an Zahl der Soldaten der Kalinin-Front Konjews, der West-Front Schukows und der Südwestfront Timoschenkos vor Moskau 1941/42 überlegen war.
Schukow schreibt: »Unsere Gegenoffensive im Winter 1941/42 vollzog sich unter den erschwerenden Bedingungen eines schneereichen und harten Winters und, vor allem anderen, *ohne* eine zahlenmäßige Überlegenheit unserer Truppen über den Gegner. Zudem verfügten die Fronten über keine vollwertigen Panzer- oder mechanisierten Verbände, und ohne diese kann man, wie die Praxis des Krieges erwiesen hat, keine groß angelegten Offensiven durchführen.«
»Wenn man mich danach fragt«, heißt es weiter bei Schukow, »welches Ereignis sich mir im vergangenen Krieg am stärksten eingeprägt hat, so antworte ich stets: Die Schlacht um Moskau. Unter harten, oft ungemein schwierigen Kampfbedingungen wurden unsere Truppen abgehärtet, gestählt und kriegserfahren. Nachdem sie ein Minimum an notwendigem Kriegsgerät in die Hand bekommen hatten, verwandelten sie sich aus einer zurückweichenden, sich verteidigenden in eine mächtig angreifende Kraft. Die Generationen nach uns werden sich immer dank-

bar an die aufopferungsvolle Arbeit des Sowjetvolkes und die Heldentaten seiner Soldaten aus jener Zeit erinnern. Ich möchte allen Teilnehmern dieser Schlacht, die noch am Leben sind, Dank sagen und mit tiefer Achtung derjenigen gedenken, die bis zum letzten Atemzug kämpften, aber den Feind nicht ins Herz unserer Heimat, in die Hauptstadt, in die Heldenstadt Moskau hineinließen. Wir alle stehen zutiefst in ihrer Schuld.«

In der Stalin-Ära wurde die Schlacht um Moskau von der Kriegsgeschichtsschreibung der Sowjetunion verdrängt. Erst in den sechziger Jahren erhielt sie ihren Rang wieder, den sie für die Geschichte dieses Landes besitzt. Dann war es auch möglich, jene überdimensionale Panzersperre zwischen dem Flughafen Scheremetjewo und Moskau zu errichten, die anzeigt, wie schwierig alles 1941 für die Sowjetarmee vor Moskau geworden war.

Über die blutigen Verluste der Verteidiger Moskaus gibt es keine Zahlen. Die Heeresgruppe Mitte büßte über 300 000 Mann ein – dreimal soviel wie die Reichswehr der Weimarer Zeit stark war.

Die Operation »Taifun« begann die 2. Panzerarmee Guderians am 30. September 1941 mit 280 einsatzbereiten Panzern; mit 150 Panzern griff sie noch einmal südostwärts Tula am 18. November 1941 an, kurz vor Weihnachten besaß sie noch 40 Panzer. Mit 1000 Panzern war sie über den Bug gegangen.

Auf dem Höhepunkt des deutschen Vordringens nach Moskau, am 1. Dezember 1941, hatte die Kalinin-Front nur noch 17 Panzer, Schukows West-Front 618 und die Südwestfront in der Flanke Guderians 43 Panzer.

Aber die beiden deutschen Panzergruppen 3 und 4, die von Westen und Nordwesten Anfang Dezember bis auf 20 Kilometer, eine Panzerfahrstunde, an Moskau herangekommen waren, hatten mehr Panzer als Schukows gesamte Westfront.

Hitler hatte seine aggressive Strategie auf den »Blitzkrieg« gegründet. Vor Moskau erkannte er, daß er damit gescheitert war. Er war – sofern man ihm diese Überlegungen überhaupt zubilligen kann, da diesen Mann vor allem andere Gesichtspunkte bewegten, die in einem demagogischen Irrationalismus zu su-

chen sind – jetzt mit seinen deutschen Heeren in derselben Lage wie Kaiser Wilhelm II. nach dem Rückzug vor Paris im September 1914. Es war vorauszusehen, daß diese Überanstrengung der eigenen Kräfte zum Verlust des Krieges führen mußte, wenn nicht rechtzeitig politische Lösungen gefunden wurden.
So wiederholte sich noch einmal an der Moskwa, was an der Marne einst eingetreten war.
Die Deutschen mußten nun auch im Osten einsehen, daß sie nie das letzte Bataillon haben würden, so, wie sie es 1914 bis 1918 im Westen lernten.
Aber ihre Kraft reichte dennoch aus, nach dem Scheitern an Marne und Moskwa, einige Jahre den Feinden ein furchtbarer Gegner zu bleiben, bis die totale Niederlage 1945 in die äußerste Erschöpfung führte.
Daß der einzelne, der in solche ungeheuerliche Ereignisse hineingeraten muß, aus ihnen die Einsicht in die Unerbittlichkeit der Geschichte gewinnen sollte, ist begreiflich. Man muß tief zu den Gründen von Siegen und Niederlagen hinabsteigen, um Gewißheit über die eigenen Möglichkeiten zu erhalten.
Die Heeresgruppe Mitte ging im Sommer 1944 im Hinterland ihrer Stellungen vor Moskau 1941/42 unter, nachdem sie noch zwei Sommer und zwei Winter in der Nähe der Stadt sich verteidigt hatte, die sie erreichen wollte. Nach dem Ende ihres Kampfes, im frühen Herbst des Jahres 1944, sieht Alexander Twardowskij die »jetzt erkaltete Feuerlinie« ostwärts des Dnjepr: »Stille, die Stille des unübersehbaren, leicht gewellten Feldes, auf dem alles so geblieben ist, wie es von dem durch die Gewalt unseres Feuers aus seinen Stellungen vertriebenen Gegner und von unseren Truppen verlassen wurde, die dem Feind nachstießen. Das Gewirr der Gräben, der Verbindungsgänge und Deckungslöcher, der Brustwehren aus trockenem, von keinem Grashalm bewachsenen Lehm, das Netzwerk des rostigen Stacheldrahts. Wenn man von diesem Stacheldraht nach Osten blickt, erkennt man einen halben oder ganzen Kilometer weit weg eine andere, nämlich unsere gegen Westen gerichtete Linie. Das alles wurde auf der Wintersaat gegraben und gebaut, das weiße, ausgetrocknete, über alle Fristen hinaus nicht abgeerntete

Getreide, das *soviel Feuer und so viele schwere Räder* ertragen mußte, ragt da und dort aus der wie Felsgestein leblos gelben oder grauen wüsten Erde.«

Das tosende Meer kam zur Ruhe. Die leblos wüste Erde, in die alles, was hier erlitten wurde, eingegangen ist, blüht wieder; es herrscht Frieden.

Die längste Schlacht jenes Krieges, die hier ausgetragen wurde, gehört der Geschichte an.

Ein ungeheurer Aschenhaufen, aus dem jemand wenige glückliche Momente, viele heroische Taten und gewaltige Tragödien zusammenscharren kann.

Wozu dies alles, und wofür? Die Geschichte hat diese Frage allen beantwortet, die an der Schlacht um Moskau teilgenommen haben.

Nachwort

Die Lebenden und die Toten von damals haben Tagebücher, Feldpostbriefe, Dienstakten, Memoiren und Erlebnisberichte hinterlassen, auf denen der Moder der vergehenden Jahrzehnte sich niederlassen will. Wenn schon Geschichte durch Kriege ihre Richtung erhält, dann dürfen diese Dokumente nicht in Vergessenheit geraten. Der Verfasser, der an der Schlacht um Moskau bis zu seiner Verwundung teilgenommen hat, suchte von diesen Papieren Auskunft zu erhalten, um für seine Generation und für diejenigen, die ihr folgen, zu erzählen, wie es dazu gekommen ist und was wirklich geschah.

In die Erzählung hatte er seine eigenen Erlebnisse einzubringen, um nicht in den Verdacht zu geraten, er habe von allem nur gelesen und gehört. So ist, obwohl in sich abgeschlossen, der »Erfrorene Sieg« des Verfassers eine Fortsetzung von »Entscheidung im September – Das Wunder an der Marne 1914« geworden, in dem der Vater des Verfassers als Husarenwachtmeister Koch aufzufinden ist. Der Sohn, Leutnant der Reserve Koch, findet seinen Krieg, den er, wie sein Vater 1914, im Tagebuch festhielt. Zwei Generationen, die von der Führung des Reiches in den Krieg geschickt werden, sind in der Marneschlacht und in der Schlacht um Moskau vertreten.

Im Militärarchiv des Bundesarchives in Freiburg im Breisgau befinden sich die Dokumente, Landkarten und Papiere der Schlacht. Dort fand der Verfasser auch die Dienstakten der 18. Panzer-Division, die im Buche – zusammen mit anderen Divisionen – den Leser den Blick auf die untere Etage der Kriegsführung richten läßt, zu denen, die den Krieg tatsächlich zu ertragen hatten.

Divisionsgeschichten, geschrieben von Soldaten, erschienen im Selbstverlag oder im Buchhandel, wurden außerdem herangezogen. Sie sind nur einem kleinen Kreis bekannt. Über das Kriegsgeschehen auf sowjetischer Seite geben nur wenige ins Deutsche übersetzte Bücher Auskunft. Die russische Literatur

zur Schlacht um Moskau ist in Klaus Reinhardts 1972 erschienenem Buch »Die Wende vor Moskau« (Deutsche Verlags-Anstalt, Stuttgart) hervorragend ausgewertet und zum Teil übersetzt worden. Diesem 13. Band der »Beiträge zur Militär- und Kriegsgeschichte«, herausgegeben vom Militärgeschichtlichen Forschungsamt in Freiburg im Breisgau, verdankt der Verfasser viel.
Als unentbehrliche Quellen sind außerdem zu nennen: Generaloberst Halder »Kriegstagebuch«, Band II und III, herausgegeben vom Arbeitskreis für Wehrforschung Stuttgart (W. Kohlhammer Verlag, Stuttgart); Heinz Guderian: »Erinnerungen eines Soldaten« (Vowinckel, Heidelberg); Heidemarie Gräfin Schall-Riaucour: »Aufstand und Gehorsam – Leben und Wirken von Generaloberst Franz Halder, Generalstabschef 1938–1942« (Limes Verlag, München) sowie Rolf Stoves: »Die 1. Panzer-Division« (Podzun Verlag, Bad Nauheim). Den Verlagen W. Kohlhammer, Stuttgart; Limes Verlag, München; Podzun Verlag, Bad Nauheim; Deutsche Verlagsanstalt, Stuttgart; Vowinckel, Heidelberg, sagen Autor und Verlag Dank für die freundliche Genehmigung, Zitate aus den genannten Büchern hier abzudrucken.

Das Tagebuch des Majors Schabalin wurde dem Verfasser von General der Panzertruppe a. D. Walther K. Nehring zugänglich gemacht, der es schon 1941 vor Ort gelesen und als erstaunliche Quelle bezeichnet hatte. Nehring war dem Verfasser ein unentbehrlicher Berater bei der Durchsicht der Druckfahnen, wie auch Generalmajor der Bundeswehr a. D. Heinz Guderian, der Sohn des Generalobersten, der dem Verfasser wichtige Hinweise und Dokumente aus dem Nachlaß seines Vaters zur Verfügung stellte. Die Generale der Panzertruppe Heinrich Eberbach und Smilo Freiherr von Lüttwitz, sowie Generalleutnant Erwin Jollasse halfen dem Verfasser durch Briefe, die sie damals, wohl unter Umgehung der Zensur, von verwundeten Offizieren in die Heimat mitnehmen ließen, oder durch Stellungnahmen zum Kampfgeschehen.
Hans Schäufler in Fürstenfeldbruck erschloß dem Verfasser wertvolle Quellen. Als Kriegspfarrer (für die Dauer des Krieges

eingezogener katholischer Pfarrer) zeichnete Pfarrer Heinz Wolf seine Eindrücke auf; diese Quelle besitzt ihren eigenen, seltenen Rang.

Der Verfasser dankt den Genannten und allen anderen, die aufzuzählen dieses Nachwort allzu sehr ausweiten würde.

Für einen Augenblick will es dem Verfasser scheinen, als sei das, was er niederschrieb, gar nicht gewesen. Aber es ist alles geschehen, und es hinterläßt eine eigene Wahrheit für das deutsche Volk und die Völker der Sowjetunion.

Die Gliederung der Heeresgruppe Mitte vom 27. 6. 1941 abends
Panzergruppe 2
24. Panzerkorps mit 1. K. D., 4. Pz., 3. Pz., 10. Inf. Div. (mot)
47. Panzerkorps mit 18. Pz., 17. Pz.
46. Panzerkorps mit SS »Reich« 10. Pz., I. R. »Großdeutschland«.
4. *Armee* (286. Sich., 255. I. D., 267. I. D., 293. I. D.)
12. A. K. mit 34. I. D., 31. I. D.
43. A. K. mit 131. I. D., 134. I. D., 252. I. D.
9. A. K. mit 292. I. D., 17. I. D., 137. I. D., 263. I. D.
7. A. K. mit 268. I. D., 7. I. D., 23. I. D., 221. Sicherungsdiv., 258. I. D.
13. A. K. mit 78. I. D.
53. A. K. mit 52. I. D., 45. I. D., 167. I. D.
9. Armee (403. Sich., Lehrbrigade mot. 900, 102. I. D.)
42. A. K. mit SS Verb., 87. I. D.
20. A. K. mit 162. I. D., 129. I. D., 256. I. D.
8. A. K. mit 8. I. D., 28. I. D.
5. A. K. mit 161. I. D., 5. I. D., 35. I. D.
6. A. K. mit 6. I. D., 26. I. D.
Panzergruppe 3
57. Panzerkorps mit 12. Pz., 19. Pz., 18. Inf. Div. (mot)
39. Panzerkorps mit 7. Pz., 20. Pz., 20. Inf. Div. (mot),
14. Inf. Div. (mot)

Die Gliederung der Heeresgruppe Mitte vom 2. Januar 1942
Heeresgruppenreserve: 208. I. D. im Antransport
2. *Armee*
48. Panzerkorps mit 1/3 168. I. D., 16. mot., 9. Pz.
55. A. K. mit 95. I. D., 1/3 299. I. D., SS Brig. 13. Pz., 1/3 168. I. D.
45. I. D., 221. Sich.
Höheres Kommando 35 mit 1/3 56. I. D., 134. I. D., 262. I. D., 293. I. D.

2. Panzerarmee

47. Panzerkorps mit 17. Pz., 18. Pz., 29. mot., 25. mot.

53. A. K. mit Teile 10. mot,., 4. Pz., 112. I. D. + 1/3 56. I. D., 167. I. D., 296. I. D., I. R. »Großdeutschland«.

24. Panzerkorps mit Gruppe Eberbach, Teile 10. mot., Gruppe Usinger.

4. Armee

40. Panzerkorps mit Masse 19. Pz., 216. I. D., Tle. 10. mot., Tle. 403. Sich., Tle. 56. I. D.

43. A. K. mit 137. I. D. + Polizei-Regiment, 31. I. D. + SS Rgt. 4, 131. I. D., 1/3 52. I. D.

13. A. K. mit 2/3 52. I. D., 260 I. D., 268. I. D.

12. A. K. mit 263. I. D., 17. I. D.

57. Panzerkorps mit 98. I. D., Tle. 19. Pz., 34. I. D.

20. A. K. mit Tle. 10. Pz., 183. I. D., 15. I. D., 258. I. D., 292. I. D.

4. Panzerarmee

7. A. K. mit 7. I. D., 267. I. D., 197. I. D., 3. mot., 255. I. D, französisches Regiment.

87. I. D., 20. Pz., 18. I. D., 252. I. D.

46. Panzerkorps mit SS »R« + Tle. 10. Pz., 5. Pz. + 11. Pz.

5. A. K. mit 35. I. D., 6. Pz. + 106. I. D., 23. I. D.

Der 4. Panzerarmee unterstellt

3. Panzerarmee

56. Panzerkorps mit 14. mot. + Lehrbrigade mot. 900, 7. Pz.

41. Panzerkorps mit 2. Pz., 1. Pz., 36. mot.

9. Armee (SS Kav. Brig.)

27. A. K. mit 86. I. D., 251. I. D., 162. I. D., 129. I. D

6. A. K. mit 161. I. D., 110. I. D., 6. I. D., 26. I. D., 1/3 339. I. D.

23. A. K. mit 1/3 81. A. K. (im Antransp.), 256. I. D., 20.6. 102. I. D., 253. I D.

Literaturverzeichnis

Arnold-Forster, Mark: *The World at War.* New York 1974

Besymenski, Lew: *Sonderakte Barbarossa.* Stuttgart 1968

Briefwechsel Stalins mit Churchill, Attlee, Roosevelt und Truman 1941 – 1945. Berlin (Ost) 1961

von Clausewitz, Karl: *Grundgedanken über Krieg und Kriegführung.* Leipzig (o. J.)

Conrady, Alexander: *Rückzug vor Moskau 1941/42.* Neckargemünd 1974

Gallagher, Matthew P.: *The Soviet History of World War II.* New York, London 1963

Görlitz, Walter: *Paulus und Stalingrad, Lebensweg des Generalfeldmarschalls Friedrich Paulus,* Frankfurt am Main 1964

Görlitz, Walter: *Model. Strategie der Defensive.* Wiesbaden 1975

Halder, Franz: *Kriegstagebuch.* Band II und III. Stuttgart 1963

Guderian, Heinz: *Erinnerungen eines Soldaten.* Heidelberg 1951

Günther, Joachim: *Das letzte Jahr.* Hamburg 1948

Katzen, Ilja: *Die Moskauer Untergrundbahn.* Berlin 1946

Kran, Karl: *Rote Hoffnung. Grauer Alltag.* Esslingen 1972

Ludwig, Emil: *Napoleon.* Berlin 1926

Maser, Werner: *Adolf Hitler. Mein Kampf. Fahrplan eines Welteroberers. Geschichte / Auszüge / Kommentare.* Esslingen 1974

Nagels Enzyklopädie-Reiseführer: *Moskau und Umgebung.* Genf, Paris, München 1974

Nehring, Walter K.: *Die Geschichte der deutschen Panzerwaffe 1916 – 1945.* Stuttgart 1974 (2. Auflage)

Paul, Wolfgang: *Zum Beispiel Dresden. Schicksal einer Stadt.* Frankfurt am Main 1964

Paul, Wolfgang: *Tagebuch 1939 – 1945.* (Manuskript, zum Teil veröffentlicht)

Paul, Wolfgang: *Geschichte der 18. Panzer-Division 1940/43.* Selbstverlag. Im Manuskript vervielfältigt. Auslieferung durch Horst Thiemann, 326 Rinteln, Bruchwiesenweg 18.

Philippi, Alfred und Heim, Ferdinand: *Der Feldzug gegen Sowjetrußland 1941 — 1945*. Stuttgart 1962

Pörzgen, Hermann: *100mal Sowjetunion*. München 1972

Reinhardt, Klaus: *Die Wende vor Moskau*. Stuttgart 1972

Schaub, Oskar: *Aus der Geschichte Panzer-Grenadier-Regiment 12 (S. R. 12)*. Bergisch Gladbach 1957

Schäufler, Hans: *Der Weg war weit. Panzer zwischen Weichsel und Wolga*. Neckargemünd 1973

Schäufler, Hans: *So lebten und so starben sie. Das Buch vom Panzerregiment 35*. Bamberg (o. J.)

Schramm, Percy Ernst: *Kriegstagebuch des Oberkommandos der Wehrmacht (Wehrmachtführungsstab) 1940 — 1945*. Band I: 1. August 1940 — 31. Dezember 1941. Zusammengestellt und erläutert von Hans-Adolf Jacobsen. Band II: 1. Januar 1942 — 31. Dezember 1942. Zusammengestellt und erläutert von Andreas Hillgruber. Erster Halbband. Frankfurt am Main 1965 bzw. 1963

Gräfin Schall-Riaucour, Heidemarie: *Aufstand und Gehorsam. Offizierstum und Generalstab im Umbruch. Leben und Wirken von Generaloberst Franz Halder, Generalstabschef 1938—1942*. Wiesbaden 1972

Schukow, G. K.: *Erinnerungen und Gedanken*. Stuttgart 1969

Stoves, Rolf: *Die 1. Panzer-Division*. Bad Nauheim 1961

Twardowskij, Alexander: *Heimat und Fremde*. München 1972

Schabalin: *Das Kriegstagebuch des sowjetischen Majors der Staatlichen Sicherheit Schabalin (Brjansker Front)*, eingeleitet und herausgegeben von Hans Georg Lehmann. *»Wehrforschung«* 2/1974

Wolf, Heinz: *Kriegstagebuch 1940 — 1943*. (Manuskript)

Abbildungen

23. Lage auf den inneren Flügeln der 2. Panzer-Armee und der 4. Armee (10. bis 24. 1. 1942).
24. Abwehrkampf und Kesselschlacht nördlich Szytschewka (Januar/Februar 1942).

Quellenverzeichnis der Abbildungen

Karte auf Vor- und Nachsatz: „Die Schlacht um Moskau", mit freundlicher Genehmigung des Süd-West-Verlags, München

Abb. 1, 3, 8—11, 13, 14, 18, 20—23: mit freundlicher Genehmigung von Horst Thiemann, Rinteln/Weser

Abb. 2, 4—7, 16: mit freundlicher Genehmigung des Verlags Kurt Vowinckel, Neckargemünd bei Heidelberg, aus dem dort erschienenen Buch von Heinz Guderian „Erinnerungen eines Soldaten", Heidelberg 1951.

Abb. 12, 15, 17, 24: mit freundlicher Genehmigung des Verlags Podzun, Friedberg, aus dem dort erschienenen Buch »I. Panzer-Division 1935/1945«, von Rolf O. G. Stoves, Bad Nauheim 1961.

Abb. 19: mit freundlicher Genehmigung von Hans Schäufler, Fürstenfeldbruck.

Besprechungen zu:

Wolfgang Paul: ENTSCHEIDUNG IM SEPTEMBER — Das Wunder an der Marne 1914. Bechtle Verlag Esslingen und München 1974, 416 S., 6 Kartenskizzen, Bestellnummer ISBN 3–7628–0356–0.

Der Spiegel, Nr. 24, 9. 6. 75: »Wolfgang Paul versteht es in der Tat, Geschichte lebendig zu machen. Als Romancier weiß er, wie man Leser über weite Textstrecken hinweg festhält, als ehemaliger Panzer-Oberleutnant des Zweiten Weltkrieges besitzt er militärische Grundkenntnisse, die ihm die Darstellung einer komplizierten Schlacht erleichtern. Selten hat ein Autor engagierter und emotionaler über eine Schlacht geschrieben. Die Rezensenten waren denn auch ausnahmslos entzückt.«

Die Welt, 21. 11. 74: »Auch wer sich selbst viel mit Problemen der Führung im Ersten Weltkrieg beschäftigt hat, ist gefesselt. Wolfgang Pauls ‚Marneschlacht' ist eine respektable Leistung.«

Bücherkommentare, 1. 12. 75: »Sein Buch kann man getrost als großen Wurf bezeichnen.« *Toni Meissner*

Wehrkunde, XXIV, 1. 1. 75: »Sein Werk ragt aus der bisherigen Literatur hervor und kann daher nur wärmstens empfohlen werden.« *Prof. Gotthard Jäschke, Münster*

Dr. Albert Herzog zu Sachsen, 1. 6. 75: »Das vorliegende Werk ist hervorragend geschrieben, wobei der Verfasser immer bestrebt ist, die großen Zusammenhänge heraustreten zu lassen. Dem Bechtle Verlag ist es zu danken, daß er damit ein grundlegendes Werk der sächsisch-mitteldeutschen Geschichte in sein Verlagsprogramm aufgenommen hat.«

29.80

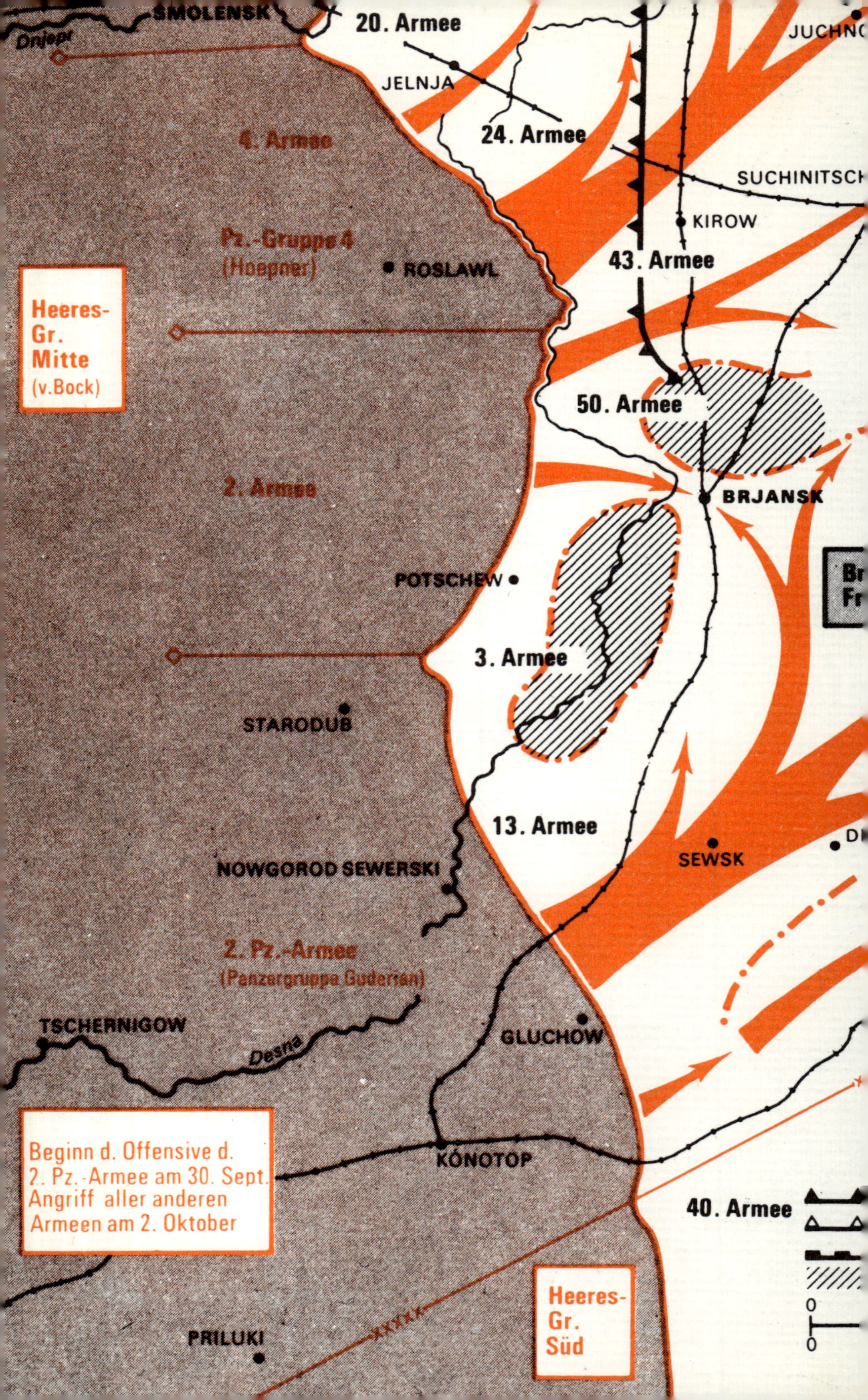

SMOLENSK
Dnjepr
20. Armee
JUCHNO
JELNJA
24. Armee
4. Armee
SUCHINITSCH
KIROW
Pz.-Gruppe 4
(Hoepner)
ROSLAWL
43. Armee
Heeres-Gr. Mitte
(v. Bock)
50. Armee
2. Armee
BRJANSK
POTSCHEW
3. Armee
STARODUB
13. Armee
SEWSK
NOWGOROD SEWERSKI
2. Pz.-Armee
(Panzergruppe Guderian)
TSCHERNIGOW
GLUCHOW
Desna
Beginn d. Offensive d. 2. Pz.-Armee am 30. Sept.
Angriff aller anderen Armeen am 2. Oktober
KONOTOP
40. Armee
Heeres-Gr. Süd
PRILUKI